# ABITUR

Prüfungsaufgaben
mit Lösungen

2013



# Deutsch

Grund- und Leistungskurs
Gymnasium
Sachsen

2007–2012

STARK

ISBN 978-3-8490-0120-9


18. neu bearbeitete und ergänzte Auflage
www.stark-verlag.de

# Inhalt



*Fortsetzung siehe nächste Seite*

## Abiturprüfungsaufgaben Grundkurs 2008



## Abiturprüfungsaufgaben Leistungskurs 2008



## Abiturprüfungsaufgaben Grundkurs 2009



## Abiturprüfungsaufgaben Leistungskurs 2009



## Abiturprüfungsaufgaben Grundkurs 2010



## Abiturprüfungsaufgaben Leistungskurs 2010



*Fortsetzung siehe nächste Seite*

**Abiturprüfungsaufgaben Grundkurs 2011**



**Abiturprüfungsaufgaben Leistungskurs 2011**



**Abiturprüfungsaufgaben Grundkurs 2012**



**Abiturprüfungsaufgaben Leistungskurs 2012**



Jeweils zu Beginn des neuen Schuljahres erscheinen
die neuen Ausgaben der Abiturprüfungsaufgaben mit Lösungen.

**Lösungen der Aufgaben:**


Grundkurs: Sylke Liehr (2007–2012)
Leistungskurs: Elke Richtsteig (2007–2012), Wolfgang Mohn (2011–2012),
Uwe Leonhardt (2007–2010)
Übungsaufgaben: Dr. Klaus Gladiator (S. 1 ff.), Dr. Anja Fandel (S. 8 ff.),
Wolfgang Mohn (S. 16 ff.), Sylke Liehr (S. 26 ff.)

# Vorwort

Liebe Abiturientinnen und Abiturienten,

Sie werden 2012 das Abitur im Kernfach Deutsch ablegen. Der vorliegende Band hilft Ihnen dabei, sich effektiv auf die Prüfung vorzubereiten. Das einführende Kapitel „**Hinweise und Tipps**“ informiert Sie über die offiziellen Rahmenvorgaben, macht Sie mit den Arbeitsanweisungen (Operatoren) vertraut und erläutert die verschiedenen Schwierigkeitsstufen (Anforderungsbereiche) innerhalb jeder einzelnen Aufgabe. Es schließen sich konkrete Tipps an, was Sie bei der Bearbeitung der unterschiedlichen Aufgabenarten beachten müssen. Hinweise zur mündlichen Prüfung runden diesen Teil ab.

Daran schließen sich **Übungsaufgaben** zum adressatenbezogenen Schreiben sowie zum adressatenbezogenen Schreiben auf der Basis untersuchenden Erschließens pragmatischer Texte und eine Auswahl **offizieller Abiturprüfungsaufgaben** von **2007** bis **2012** an, die sich ideal zur Vorbereitung auf das Abitur eignen. Zu jedem Klausurbeispiel finden Sie einen ausführlichen **Lösungsvorschlag**, mit dem Sie Ihre eigene Ausarbeitung vergleichen können. Den Lösungsvorschlägen vorangestellt sind **Hinweise und Tipps**, die Ihnen bei der Erschließung der einzelnen Arbeitsanweisungen helfen.

Vergegenwärtigen Sie sich bei Ihrer Vorbereitung immer wieder die genaue Aufgabenstellung sowie die verwendeten Operatoren und lesen Sie die Erklärung der unterschiedlichen Aufgabenarten in den Hinweisen nach. Auf diese Weise wiederholen Sie auch die im Unterricht gelernten Inhalte und Methoden.

Ein **Stichwortverzeichnis** erleichtert die gezielte Nutzung dieses Buches und ermöglicht Ihnen einen schnellen Zugriff auf zentrale Sachverhalte.

Sollten nach dem Erscheinen dieses Bandes noch **wichtige Änderungen** für die Abiturprüfung 2013 vom Sächsischen Staatsministerium für Kultus und Sport bekannt gegeben werden, finden Sie aktuelle Informationen dazu im Internet unter: www.stark-verlag.de/info.asp?zentrale-pruefung-aktuell.

Autoren und Verlag wünschen Ihnen eine gute Vorbereitungsphase und viel Erfolg in der Abiturprüfung!

# Stichwortverzeichnis

## Sachregister

## Werkregister



## Personenregister

# Hinweise und Tipps zur schriftlichen Abiturprüfung

## 1 Grundlagen

### 1.1 Vorgaben für das Zentralabitur Deutsch 2013

Die schriftlichen Prüfungsaufgaben richten sich in Aufbau und Inhalt nach:

- den gültigen Richtlinien und Lehrplänen Deutsch Sekundarstufe II – Gymnasium für den Freistaat Sachsen (siehe: http://www.sachsen-macht-schule.de/apps/lehrplandb/downloads/lehrplaene/lp_gy_deutsch_2011.pdf),
- den bundesweit verbindlichen Einheitlichen Prüfungsanforderungen in der Abiturprüfung (EPA), im Internet zu finden unter: www.kmk.org/fileadmin/veroeffentlichungen_beschluesse/1989/1989_12_01-EPA-Deutsch.pdf,
- den jährlich aktualisierten „Hinweisen zur Vorbereitung auf die Abiturprüfung und Ergänzungsprüfungen an allgemein bildenden Gymnasien, Abendgymnasien und Kollegs im Freistaat Sachsen".

### 1.2 Auswahl, Zeitrahmen und Hilfsmittel

In der Abiturprüfung im Fach Deutsch werden Ihnen drei unterschiedliche Aufgaben vorgelegt, von denen Sie eine auswählen müssen. Zur Bearbeitung (einschließlich Auswahl) stehen Ihnen im Grundkurs 4 Stunden (240 Minuten) und im Leistungskurs 5 Stunden (300 Minuten) zur Verfügung. Als Hilfsmittel ist ein Wörterbuch der deutschen Rechtschreibung zugelassen.

## 2 Prüfungsstoff

Das sächsische Kultusministerium hat auch für das Jahr 2013 eine Liste mit literarischen Werken festgelegt, die als potenzieller Prüfungsstoff gelten und deren Kenntnis vorausgesetzt wird. Mit diesen sollten Sie sich daher bei der Abiturvorbereitung intensiv auseinandersetzen. Im Jahr 2013 können folgende Ganzschriften oder Teile des literarischen Werks Gegenstand der Prüfung sein:

Im **Grundkurs**:

- Jurek Becker: *Jakob der Lügner*
- Friedrich Dürrenmatt: *Die Physiker*
- J. W. v. Goethe: Naturlyrik

Im **Leistungkurs**:

- Jurek Becker: *Jakob der Lügner*
- Friedrich Dürrenmatt: *Der Besuch der alten Dame*

- Friedrich de la Motte Fouqué: *Undine*
- Juli Zeh: *Corpus delicti*
- Antigone-Stoff (Bearbeitungen von Sophokles und Rolf Hochhuth)

- Rainer Maria Rilke: Leben und lyrisches Werk
- Franz Kafka: *Der Prozess*
- Friedrich Schiller: *Maria Stuart*
- William Shakespeare: *Hamlet*
- Juli Zeh: *Corpus delicti*
- Antigone-Stoff (Bearbeitungen von Sophokles und Jean Anouilh)

## 3 Aufgabenarten

Die EPA unterscheidet drei wesentliche fachspezifische Erschließungsformen von Texten: das Untersuchen, das Erörtern und das Gestalten. Kombiniert man diese drei Formen mit einer Textart (literarisch oder pragmatisch), ergeben sich folgende Aufgabenarten:

| Erschließungsform | Textart | Aufgabenart |
|---|---|---|
| untersuchend | literarisch<br>pragmatisch | Textinterpretation<br>Textanalyse |
| erörternd | literarisch<br>pragmatisch | literarische Erörterung<br>Texterörterung<br>freie Erörterung |
| gestaltend | literarisch<br>pragmatisch | gestaltende Interpretation<br>adressatenbezogenes Schreiben |

(zitiert nach EPA, S. 19)

### 3.1 Textinterpretation

Die häufigste Aufgabenart ist die Textinterpretation. Zugrunde liegen kann ein Textausschnitt aus einem bekannten epischen, lyrischen oder dramatischen Werk oder ein unbekannter Text, der meistens zusammenzufassen, zu erschließen und zu interpretieren sowie mit Bekanntem zu vergleichen ist. Es geht darum, den Text in seiner Besonderheit zu verstehen und dieses Verständnis sprachlich zum Ausdruck zu bringen. Es ist ratsam, ihn zunächst mehrfach zu lesen, Auffälliges zu markieren, Beobachtungen zu notieren, Fragen an ihn zu stellen und sich zu überlegen, was charakteristisch und wesentlich daran ist. Sie sollen ihre Deutung aus solchen Beobachtungen heraus entwickeln und mit Zitaten belegen. In der Regel beinhaltet die Aufgabe auch eine persönliche Auseinandersetzung mit dem Erkannten, die oft auch dazu auffordert, ein eigenes Urteil zu formulieren. Eine beliebte Variante stellt der Textvergleich dar, bei dem zwei Werke unterschiedlicher Gattungen, Autoren, Epochen oder Form einander gegenüberstehen und unter einem bestimmten Gesichtspunkt in Beziehung zueinander gesetzt werden sollen. Häufig handelt es sich dabei um Ähnlichkeitsbeziehungen bzw. Kontraste von Themen und Motiven oder um unterschiedliche Verarbeitungen desselben Stoffes.

### 3.2 Textanalyse

Die Textanalyse bezieht sich auf pragmatische Texte, also Sachtexte, die in ihrer Aussage und Struktur, ihrer Argumentation und Intention zu erschließen und in ihren Thesen oder spezifischen Positionen zu erläutern sind. Üblicherweise handelt es sich um journalistische Texte, Berichte, Kommentare, Kritiken, Reden und Essays. Im Unterschied zu literarischen Texten sind sie nicht fiktional: Nicht ein lyrisches Ich oder ein erdachter Erzähler, sondern reale Persönlichkeiten ergreifen um einer spezifischen Botschaft (Intention, Wirkungsabsicht) willen das Wort. Sie wollen appellieren und überzeugen, manchmal aber auch provozieren. Dementsprechend sollte auch der Adressat des Textes herausgearbeitet werden. Die für das Abitur ausgewählten Sachtexte setzen sich meistens mit kultur- und gesellschaftspolitischen Fragen sowie Standortbestimmungen auseinander und sind in der Regel Ausgangspunkt für erörternde Darstellungsformen.

### 3.3 Literarische Erörterung

Die literarische Erörterung geht über eine reine Textinterpretation hinaus. Das Verständnis der literarischen Vorlage bzw. der im Hintergrund zu einem Textzitat stehende Volltext ist Grundlage für die im Zentrum stehende Erörterung. Bei dieser Aufgabenart müssen Sie also sowohl über literarische (Werk-)Kenntnisse verfügen als auch folgerichtig argumentieren und Gesichtspunkte gegeneinander abwägen können, um daraus ein eigenes Fazit zu gewinnen.

### 3.4 Textgebundene Erörterung

Diese Aufgabenart beinhaltet auf der Grundlage untersuchenden Texterschließens die Auseinandersetzung mit Problemgehalten von pragmatischen Texten. Die darin enthaltenen Auffassungen, Meinungen und Urteile beziehen sich in der Regel auf Inhalte des Deutschunterrichts. Somit können beispielsweise Rezensionen zu Pflichtlektüren oder Reflexionen über sprachliche Phänomene zum Gegenstand des Erörterns werden. Schwerpunkt der Bewertung sind aber weniger die dargelegten Kenntnisse zum behandelten Sachverhalt als vielmehr deren argumentative Entfaltung.

### 3.5 Freie Erörterung

Die freie Erörterung basiert auf einer Problemfrage oder einer These, etwa in Form eines Zitats. Es kommt darauf an, einen komplexen Sachverhalt (meist aus dem literarischen Bereich) von verschiedenen Seiten zu beleuchten, mögliche Betrachtungsweisen abzuwägen und einen eigenen, kritisch reflektierten Standpunkt zu entwickeln.

### 3.6 Gestaltende Interpretation

Die Aufgabenstellung ist in der Regel dreiteilig. Im ersten Schritt ist die literarische Vorlage zu erschließen, woraufhin Sie sich im zweiten Teil gestaltend mit ihr auseinandersetzen, also selbst literarisch produktiv werden sollen. Erwartet wird vor allem, Formen, Stilebenen und Kommunikationsbezüge so auszuarbeiten, dass sie zu den Figuren passen, die zum Beispiel in ein fiktives Gespräch zu verwickeln sind oder über ihre Probleme monologisieren oder aus deren Perspektive ein Brief an einen bestimmten Adressaten geschrieben bzw. ein Tagebucheintrag verfasst werden soll. Die dritte Teilaufgabe fordert oft, das eigene gestalterische Vorgehen zu reflektieren und zu begründen.

Die gestaltende Interpretation beinhaltet folgende Arbeitsschritte:

- Erfassen der Vorlage und Erkennen der Möglichkeiten für die eigene Gestaltung unter Beachtung vorgegebener Annahmen bzw. Situationen,
- Erarbeiten einer schlüssig strukturierten Gesamtkonzeption,
- Anwenden von Kenntnissen literarischer Muster und Textsorten,
- Gestalten eines originellen, einfallsreichen Textes, Erreichen einer sprachlich-stilistischen Korrespondenz zwischen der Vorlage und dem eigenen Text,
- plastische, anschauliche Figurenzeichnung: Aufnehmen und Ausgestalten von Motiven aus der Vorlage.

## 3.7 Adressatenbezogenes Schreiben

Die Aufgabenart basiert auf dem untersuchenden Erschließen eines oder mehrerer Sachtexte (ggf. auch visueller Darstellungen wie z. B. Grafiken). Nach einer Untersuchung der inhaltlichen Aussagen sowie der jeweiligen Argumentations- und Gestaltungsweise gilt es, eine produktive Antwort darauf zu verfassen. Als Beispiele für pragmatische Texte, bei denen der Adressatenbezug wichtig ist, eignen sich die Textsorten Rede, Interview, Rezension, Kommentar, Gutachten, Essay und Glosse. Bei der Auseinandersetzung mit der Textvorlage sind von Ihnen Kommunikationssituation und Verwendungszweck zu berücksichtigen. Die eigene Ausgestaltung ist in der Regel abschließend zu erläutern und begründen.

## 3.8 Tipps zur Arbeit mit Texten

Jede gelungene Prüfungsarbeit entsteht aus einem Zusammenspiel von genauem Eingehen auf die Aufgabenstellung und individuellem Zugang, also der Fähigkeit, den Text „zum Sprechen“ zu bringen. Für die Prüfungssituation sollten Sie über ein **Repertoire an Fragen** verfügen, mit denen Sie an literarische Texte herangehen.

**Interpretation einer dramatischen Szene**

- Wie sieht die Kommunikationssituation aus? Wie sind die Redeanteile bemessen?
- Welche Spannung liegt in der Szene? Wie spitzt sich die Auseinandersetzung zu?
- Gibt es einen Höhe- und Wendepunkt? Wo liegt er?
- Welche Rolle spielen der Schauplatz und eventuell ein Requisit oder eine Geste?
- Was tragen die Regieanmerkungen zum Verständnis bei?
- Was bleibt hinter dem gesprochenen Wort unausgesprochen und ist mitzudenken und lässt uns ahnen, wie es in der Figur wirklich aussieht und was sie vielleicht plant?
- Welchen Platz hat die Szene im Handlungszusammenhang? Welche Funktion kommt ihr zu? (Was wäre, wenn sie gestrichen wäre?)

**Gedichtinterpretation**

- Aus welcher Perspektive wird im Gedicht gesprochen?
- Was ist mit dem Ich, das implizit oder explizit sich und seine Sicht der Welt zum Ausdruck bringt? Wie spricht es? Welche Sprache wählt es?
- Was entwickelt sich vom ersten bis zum letzten Vers? Denn auch in Gedichten passiert etwas.
- Welche Versgruppen gehören zusammen?
- Ergibt sich eher fließend ein Erlebniszusammenhang mit einer spürbaren Atmosphäre? Oder ist es ein eher spröder, intellektuell gedachter und gebauter Text, durchsetzt von Konjunktionen, Einsprüchen und Antithesen?
- Wie ist ein Motiv durchgeführt und inwieweit wandelt es sich?
- Wie unterstützt die formale Gestaltung die inhaltliche Aussage?
- Bei Gedichten sollten Sie nicht mechanisch das Metrum bestimmen, wenn Sie nicht wissen, was es ausdrückt und bewirkt.

Sie sollten hinhören und überlegen, wie das Gedicht wirkt, und untersuchen, wodurch diese Wirkung zustande kommt. In der ersten halben Stunde einer Gedichtinterpretation sollten Sie den Text auf sich wirken lassen, Fragen sammeln und noch nicht losschreiben. Und noch etwas: Wie das eine oder andere letztlich zu verstehen ist, kann nicht immer eindeutig entschieden werden: Gedichte haben einen offenen Deutungsraum. Die Interpretation muss daher nach Plausibilität streben, indem sie sich nahe am Gedicht bewegt und die Thesen durch konkrete Textbelege stützt.

**Interpretation von epischen Texten**

- Bei erzählender Literatur sollten Sie sich davor hüten, sich in der Fülle des Stoffes zu verlieren und zu viel Inhaltliches zu rekonstruieren.
- Sie müssen meistens den Romanausschnitt erst einmal im Romanganzen (im Kontext) verankern (situieren) und eine Zusammenfassung geben, bevor Sie zur Untersuchung übergehen. Die Konzentration auf Wesentliches, auf den thematisierten Erzählstrang oder Aspekt und die Strukturierung der eigenen Darstellung sind hier besonders nötig.
- Entscheidend für das Verständnis ist es sehr oft, die Erzählperspektive und Haltung des Erzählers zu erkennen und zu deuten. Weiß er nicht mehr, als die einzelne Person wissen kann, erzählt er gleichsam aus ihr heraus personal? Oder überschaut er eine Welt? Oder verschwindet er ganz hinter einem erzählenden Ich? Hegt der Erzähler Sympathie für seine Helden oder bleibt er ironisch distanziert?
- Wird linear-chronologisch erzählt oder gebrochen in Zeitsplittern, Facetten, Vorwegnahmen und Rückblicken?
- Entsteht ein Abbild der Wirklichkeit oder erscheint sie ins Artifizielle, Groteske, Absurde verfremdet?
- Welches Bild von der erzählten Zeit wird entworfen, mit welchen Fragen setzt sich der Autor in seinem Text auseinander?

**Analyse von Sachtexten**

- Bei Sachtexten ist es wichtig, Textsorte, Adressatenbezug und Kommunikationszusammenhang zu klären, denn oft reagieren Autoren auf ganz bestimmte Situationen, greifen mit ihrem Beitrag in eine öffentliche Debatte ein oder lösen eine solche aus. Bei der Wahl dieser Themen sollten Sie also über Hintergrundinformationen verfügen.
- Entscheidend ist es, das zentrale Problem zu erfassen, die Intention des Autors aus der Fülle der Aussagen herauszuschälen und die wichtigsten Argumente zu finden, die die vorgetragene Intention stützen.
- Bei Reden wäre zu fragen, ob überzeugend argumentiert oder ob eher überredet, manipuliert, verschleiert und mit Emotionalität und Suggestion Stimmung erzeugt wird. Aufschlussreich bei der Untersuchung von Reden ist es, nach Merkmalen zu suchen, die vielleicht eine Wir-Gruppe von einer Feind-Gruppe abgrenzen.
- Der Übergang zu literarischen Texten ist dann fließend, wenn die Autoren Dichter sind und in der Form des Essays schreiben.
- Bei Glossen und Polemiken kommt es sehr darauf an, Mittel der Ironie, der ironischen Übertreibung und Zuspitzung, nicht zu überlesen.

Einen guten Eindruck macht es immer, wenn Sie korrekt **zitieren** können. Sie sollten nicht zu umfangreich zitieren oder dem Leser das Zitat kommentarlos präsentieren. Zitate, oft nur ein Satzfetzchen oder ein besonderes Wort, werden gewählt, weil sie aufschlussreich und vielsagend sind: Man muss also damit arbeiten, sie erläutern und kommentieren. Überhaupt ist es das A und O aller Interpretation, das Vorgefundene in die eigene Sprache zu überführen. Wer nur wiederholt, was der Autor sagt, bleibt erkenntnisblind. Die Anstrengung dagegen, Fremdes selbstständig in der eigenen Sprache wiederzugeben, wirft unwillkürlich Fragen auf und bedeutet damit den ersten Schritt zum Verständnis eines Textes.

Sehr ratsam ist es, über zentrale **Fachbegriffe** so zu verfügen, dass Sie über Erzähltes und Dargestelltes präzise sprechen können. Sie sollten etwa schreiben können: „Die Peripetie erkenne ich in dem Moment, in dem …“ Oder: „Hier wird der Beziehungsaspekt wichtiger als der Inhalt.“ Oder: „In diesen Ellipsen, diesen Kurzsätzen ohne Prädikat, drückt sich aus, wie …“ – Sehen Sie zu, dass Sie Wortarten, Satzteile und Nebensatztypen korrekt bezeichnen können. Üben Sie, die wichtigsten rhetorischen Figuren zu erkennen, die gestalteter Sprache ihre Wirkung verleihen.

(Eine wertvolle Hilfe bei der Prüfungsvorbereitung stellt folgender Band dar: Werner Winkler, *Prüfungswissen Oberstufe,* Stark Verlag, Titel-Nummer 94400. Dort findet sich auch eine gute Übersicht über rhetorische Figuren auf den Seiten 17–22.)

## 4 Anforderungsbereiche und Operatoren

### 4.1 Anforderungsbereiche (AFB)

In den EPA werden **drei Anforderungsbereiche** definiert, die sich in jeder Aufgabe – in jeweils leicht variierenden Anteilen – wiederfinden. Die einzelnen Bereiche bauen aufeinander auf und verlangen von Ihnen einen zunehmenden Grad an Abstraktionsfähigkeit und Problemlösungsvermögen. In jedem Bereich gilt es, eine Verstehensleistung, eine Argumentationsleistung und eine Darstellungsleistung zu erbringen.

- **Anforderungsbereich I** betrifft die **Reproduktion**: die Wiedergabe von gelernten Sachverhalten sowie die wiederholende Zusammenfassung, die sehr oft in Teilaufgabe 1 der Abiturprüfung verlangt ist. Der im Unterricht erarbeitete Hintergrund an Lektüre- und Faktenwissen, fachspezifische Arbeitstechniken, Methoden der Texterschließung sowie Darstellungstechniken sollen zum Einsatz gebracht werden.
- **Anforderungsbereich II** zielt auf die Anwendung erworbener Arbeitsweisen, auf **Reorganisation von Bekanntem und Transferleistungen**. Meistens sind in der zweiten Teilaufgabe solche Anforderungen gestellt, die ein selbstständiges Auswählen, Ordnen, Erläutern, Interpretieren oder Vergleichen verlangen. Erwartet wird von Ihnen eine eigenständige, argumentativ begründete Interpretation bzw. Erörterung, die zeigt, dass Sie in der Lage sind, Gelerntes auch auf unbekannte Zusammenhänge anzuwenden. Auf dem AFB II liegt in der Abiturprüfung das Hauptgewicht, die Teilaufgabe wird auch entsprechend stark bewertet.
- **Anforderungsbereich III** betrifft die gedankliche Selbstständigkeit der Leistung, die oft besonders in der letzten Teilaufgabe nötig wird: Hier müssen Sachverhalte und Zusammenhänge eigenständig ausgewertet, durchdacht und begründet beurteilt oder gestaltet werden. Sie sollen zu einer differenzierten und kritischen Wertung von Texten und Sachverhalten gelangen und Ihre Fähigkeit zu **Reflexion und Problemlösung** beweisen.

Nicht alle Aufgabenstellungen müssen dreiteilig aufgebaut sein; oftmals wird nur ein umfassender Operator (Arbeitsanweisung) wie „erörtern“, „interpretieren“ oder „analysieren“ eingesetzt, der Leistungen in allen drei Anforderungsbereichen erfordert. Wird die Aufgabe nicht weiter differenziert, entfällt damit auch eine erste Strukturierungshilfe, die die einzelnen Teilaufträge bieten würden. Folglich haben Sie weniger Orientierungspunkte, aber auch mehr Freiraum beim Gliedern Ihres Aufsatzes.

### 4.2 Operatoren

**Operatoren** sind Arbeitsanweisungen. Sie machen deutlich, welche Art von Aufgabenstellung gemeint ist, lassen sich den einzelnen Anforderungsbereichen zuordnen und geben einen Hinweis auf das Niveau der entsprechenden Aufgabe. Durch ihre konkreten Vorgaben dienen Operatoren sowohl dazu, Arbeitsaufträge eindeutig zu formulieren und voneinander abzugrenzen, als auch einheitliche Bewertungs- und Korrekturmaßstäbe zu setzen. Die folgende Operatorenliste basiert auf den Vorgaben der EPA und bietet ein breites Spektrum an Arbeitsaufträgen, die Ihnen in einer Abiturprüfung begegnen können.

**Anforderungsbereich I (Reproduktion)**

| | | |
|---|---|---|
| **(be)nennen** | Hier sollen Sie zielgerichtet Informationen zusammentragen, ohne diese zu kommentieren. | *Nennen Sie die wesentlichen Merkmale* eines Sonetts. |
| **beschreiben** | Textaussagen oder Sachverhalte müssen in eigenen Worten strukturiert und fachsprachlich richtig dargestellt werden. | *Beschreiben Sie die äußere Form* des Gedichtes. |
| **wiedergeben** | Sie sollen Informationen aus dem Vorwissen bzw. dem Material zusammenfassend in eigenen Worten präsentieren. | *Geben Sie die Hauptgedanken* der Rede *wieder.* |
| **zusammen-fassen** | Es wird von Ihnen erwartet, dass Sie Inhalte, Aussagen, Zusammenhänge komprimiert wiedergeben. | *Fassen Sie die* unterschiedlichen *Meinungen* zum Thema X *zusammen.* |
| **darstellen** | Sie haben die Aufgabe, einen Sachverhalt, Zusammenhang, eine methodische Entscheidung zu formulieren. | *Stellen Sie die Wirkungsabsicht dar*, die der Autor mit seinem Text verfolgt. |

**Anforderungsbereich II (Reorganisation und Transfer)**

| | | |
|---|---|---|
| **untersuchen, erschließen** | Hier müssen Sie an Texten, Textaussagen, Problemstellungen, Sachverhalten kriterienorientiert arbeiten. | *Untersuchen Sie*, inwiefern *die rhetorischen Mittel* die Aussageabsicht verstärken.<br>*Erschließen Sie* anhand der Bildsprache *die Grundstimmung des Textes.* |
| **einordnen** | Sie sollen einen Inhalt, eine Problemstellung, einen Sachverhalt auf einen vorgegebenen oder selbst gewählten Kontext beziehen. | *Ordnen Sie* dieses Naturgedicht *epochal ein.* |
| **charakteri-sieren** | Es wird erwartet, dass Sie eine Person oder Sache in ihren Eigenheiten darstellen, treffend und anschaulich beschrieben. | *Charakterisieren Sie den Protagonisten* in Goethes Drama *vor dem Hintergrund der Epoche* des Sturm und Drang. |
| **vergleichen** | Sie sollen Texte, Problemstellungen, Sachverhalte unter vorgegebenen oder selbst gewählten Aspekten gegenüberstellen, in Beziehung setzen und Gemeinsamkeiten bzw. Unterschiede feststellen. | *Vergleichen Sie die Figurenkonstellation* mit derjenigen im Drama X.<br>*Vergleichen Sie Art und Wirkung der Metaphorik* in beiden Gedichten. |
| **kennzeichnen** | Es kommt bei dieser Aufgabe darauf an, Typisches herauszustellen. | *Kennzeichnen Sie das vorliegende Gedicht* als expressionistisch. |
| **erklären** | Es wird von Ihnen erwartet, dass Sie Textaussagen und Sachverhalte auf der Basis von Kenntnissen differenziert darstellen. | *Erklären Sie* Brechts Dramentheorie *anhand des vorliegenden Textausschnittes.* |

| | | |
|---|---|---|
| **erläutern** | „Erläutern" entspricht „erklären", enthält jedoch den zusätzlichen Aspekt, dass Sie Ihre Ergebnisse durch Zusatzinformationen und Beispiele veranschaulichen sollen. | *Erläutern Sie* Schillers Theaterverständnis *unter Einbeziehung* seines Dramas X. |
| **in Beziehung setzen** | Sie haben die Aufgabe, Analyseergebnisse, Textaussagen, Sachverhalte, Problemstellungen mit vorgegebenen oder selbst gewählten Aspekten in Verbindung zu bringen. | *Setzen Sie Ihr Analyseergebnis in Beziehung* zur aktuellen Medienkritik am Privatfernsehen. |

## Anforderungsbereich III (Reflexion und Problemlösung)

| | | |
|---|---|---|
| **beurteilen** | Sie müssen hinsichtlich eines Textes, der ästhetischen Qualität eines Textes oder hinsichtlich eines Sachverhaltes zu einem selbstständigen, begründeten Sachurteil gelangen, und zwar nicht gestützt auf subjektive Werte, sondern auf fachliches Wissen. | *Beurteilen Sie den Versuch des Autors*, die Ereignisse und Folgen des 11. Septembers 2001 in lyrischer Form darzustellen. |
| **bewerten** | Es wird von Ihnen erwartet, dass Sie zu einem Sachverhalt, Text oder Problem selbstständig Stellung nehmen und dies(en) unter Bezug auf eine Wertordnung angemessen beurteilen. | *Bewerten Sie* Jandls lyrische „Sprachspiele" vor dem Hintergrund Ihres eigenen Verständnisses von der Aufgabe der Lyrik in der Gegenwart. |
| **(kritisch) Stellung nehmen** | Hier geht es darum, die Einschätzung einer Problemstellung, eines Sachverhaltes, einer Wertung auf der Grundlage fachlicher Kenntnis und Einsicht nach kritischer Prüfung und Abwägung zu formulieren. | *Nehmen Sie zu den Aussagen* des Autors kritisch *Stellung*, indem Sie Erkenntnisse der Sprachsoziologie berücksichtigen. |
| **begründen** | Es ist wichtig, dass Sie ein Analyseergebnis, ein Urteil, eine Einschätzung, eine Wertung fachlich und sachlich absichern (durch einen entsprechenden Beleg, Beispiele, eine Argumentation). | Schreiben Sie dem Verfasser eine Antwort; *begründen Sie* anschließend die von Ihnen gewählte Darstellungsform und die von Ihnen gewählten Stilmittel. |
| **sich auseinandersetzen mit** | Sie sollen zu einer (fachlichen) Problemstellung oder These eine Argumentation entwickeln, die zu einem begründeten und nachvollziehbaren Ergebnis führt. | *Setzen Sie sich mit der Position* des Schriftstellers vor dem Hintergrund Ihrer Kenntnisse des Vormärz *auseinander.* |
| **prüfen, überprüfen** | Hier müssen Sie eine Textaussage, These, einen Sachverhalt auf der Grundlage eigener Kenntnisse, Einsichten oder Textkenntnis auf ihre/seine Angemessenheit hin untersuchen. | *Überprüfen Sie die Stimmigkeit* der Aussage anhand der Gliederung und der rhetorischen Mittel. |
| **gestalten** | Erarbeiten Sie hier in Verbindung mit einer Textvorlage auf der Grundlage einer konkreten Arbeitsanweisung einen eigenen Text nach ausgewiesenen Kriterien. | *Gestalten Sie ein Flugblatt* textlich und grafisch, das die Intention der analysierten Rede widerspiegelt. |

| | | |
|---|---|---|
| **analysieren, interpretieren** | **Literarische Texte:**<br>Texterfassung, Textbeschreibung, Textdeutung (unter Berücksichtigung des Wechselbezuges von Textstrukturen, Funktionen und Intentionen, Erfassen zentraler strukturbildender, genretypischer, syntaktischer, semantischer und rhetorischer Elemente und ihrer Funktionen für das Textganze), kritische Reflexion und ggf. Wertung.<br>**Sachtexte:**<br>Texterfassung, Textbeschreibung, Textuntersuchung (Zusammenhang Textstruktur und Textintention, strukturbildende semantische, syntaktische Elemente unter Berücksichtigung der sprachlichen Funktion); Erfassen der pragmatischen Struktur des Textes unter besonderer Berücksichtigung der Argumentationsweise; Erkennen und ggf. Beurteilen des Zusammenspiels von Struktur, Intention und Wirkung im Rahmen des historischen und aktuellen Verstehenshorizontes. | *Interpretieren Sie* das vorliegende Gedicht.<br>*Analysieren Sie* beide Gedichte vergleichend.<br>*Interpretieren Sie* den vorliegenden Text im Zusammenhang mit den Ihnen bekannten Dramentheorien.<br>*Analysieren Sie* die Rede unter Berücksichtigung der Anmerkungen.<br>*Analysieren Sie* den vorliegenden Text *im Hinblick auf die Argumentationsstruktur.* |
| **erörtern** | Es wird von Ihnen erwartet, dass Sie eine These oder Problemstellung, eine Argumentation durch Pro- und Contra-Argumente auf ihre Stichhaltigkeit hin prüfen und auf dieser Grundlage eine Schlussfolgerung bzw. eigene Stellungnahme dazu entwickeln. | *Erörtern Sie die Notwendigkeit* von Sprachförderkonzepten im Zusammenhang mit den Aussagen der beiden vorliegenden Texte. |

## 5 Tipps

### 5.1 Praktische Tipps

Die **Wahl der Aufgabe** sollte sorgfältig getroffen werden, denn von der „richtigen" Aufgabe hängt ganz wesentlich der Erfolg der Arbeit ab. Deshalb sollten Sie nicht nur die Textvorlage, sondern auch die Aufgabenstellung genau lesen und für sich selbst folgende Fragen beantworten:

- Was genau wird verlangt: Reproduktion, Erarbeitung, Beurteilung, Stellungnahme, Vergleich, Eigengestaltung?
- Welches ist die Schwerpunktaufgabe? Liegt sie mir?
- Welche Aufgabe fordert mich heraus? Wo kann ich meine Stärken einbringen?
- Ausschlaggebend sollte nicht die vermeintliche Leichtigkeit einer Aufgabe sein, sondern die Möglichkeit, sie auf ergiebige und gehaltvolle Weise zu lösen. Auch die Gelegenheit, Kenntnisse aus dem Unterricht einzubringen, ist ein Aspekt bei der Entscheidungsfindung.

Grundsätzlich werden Leistungen in zwei Aufgabenbereichen gefordert: bei der **Reproduktion** und der **Erarbeitung**.

- Zum ersten Typus gehört alles, was Sie „im Kopf" haben sollten, wenn Sie den Prüfungsraum betreten: Wissen um Gattungen, Epochen, Autoren, Stoffe, Werke – das Hintergrundwissen, das für jede Bearbeitung und Einordnung nötig ist. Sie sollten es parat haben und nur noch entscheiden, was davon im jeweiligen Zusammenhang relevant ist.
- Beim Erarbeitungsteil liegt das Wissen noch nicht bereit, es ist mithilfe geeigneter Methoden erst noch zu erschließen. Das ist natürlich arbeits- und zeitaufwendiger als das Reproduzieren. Erarbeitungsaufgaben sind daher immer Schwerpunktaufgaben.

Ist die Entscheidung gefallen, sollten Sie möglichst nicht mehr wechseln, denn das wäre verschenkte Zeit. Eine grobe **Zeitplanung** ist immer hilfreich. Die 240 Minuten Bearbeitungszeit des Grundkurses (LK: 300 Minuten) entsprechen einem knapp fünfstündigen Unterrichtsvormittag (LK: sechsstündig). Es liegt also nahe, eine Grobplanung im 45-Minuten-Takt vorzunehmen. Bei Analyseaufgaben könnten Sie zum Beispiel zwei Unterrichtsstunden für die Konzeptphase ansetzen – Textmarkierungen, Skizzen, Aufsatzgliederung, Disposition, Ausformulierung von Kern- und Gelenkstellen –, etwa eine Stunde für die Reinschrift (LK: zwei Stunden) und eine Stunde für die Durchsicht und Feinkorrektur. Damit wären etwa vier (LK: fünf) Stunden verplant, sodass abzüglich der Pausen noch ein Puffer von einer knappen Stunde bleibt. Pausen sollten Sie erst nach Beendigung eines Arbeitsganges einlegen, im Idealfall erst vor der Reinschrift.

## 5.2 Hinweise zu den Bewertungskriterien

Das sächsische Kultusministerium betont, dass die Note nicht durch Addition von auf die Anforderungsbereiche bezogenen Teilnoten errechnet wird, sondern eine Gesamtwürdigung der erbrachten Leistung darstellt.
Bei der Bepunktung werden folgende Bewertungskategorien berücksichtigt:
- inhaltliche Leistung,
- methodische Leistung,
- sprachliche Leistung/Darstellungsleistung.

Besonders viel Gewicht wird in der Bewertung darauf gelegt, dass Ihre Ausfertigung
- sachlich richtig ist,
- Ihre Aussagen folgerichtig und begründet sind,
- Ihre Darstellung und Ihr Verständnis der Thematik den prinzipiellen Ansprüchen eines Grund- bzw. Leistungskurses entsprechen,
- Ihre Arbeit einen bestimmten Grad an Selbstständigkeit, z. B. in der Entwicklung von Gedankengängen, aufweist,
- über einen klaren Aufbau und eine klare Sprache verfügt,
- eine grundlegende Sicherheit im Umgang mit der Fachsprache und den entsprechenden Methoden aufzeigt und
- sprachlich richtig und in ihrer äußeren Form angemessen ist.

# Hinweise und Tipps zur mündlichen Abiturprüfung

## 1 Allgemeines

Eine mündliche Abiturprüfung gibt es in jedem Fall im vierten und fünften Abiturfach. Daneben sind weitere mündliche Prüfungen im ersten bis dritten Abiturfach möglich, wenn die Leistung in den Abiturklausuren mit null Punkten bewertet worden ist oder ein Prüfling sich für eine freiwillige mündliche Prüfung meldet, z. B. um seinen Abiturdurchschnitt zu verbessern. Für mündliche Prüfungen im ersten bis dritten Fach gilt, dass sie nicht dem Stoffgebiet der Abiturklausur entsprechen dürfen.

Die mündliche Prüfung enthält in der Regel zwei gleichwertige Elemente, durch die einerseits die Fähigkeit zum **Vortrag**, andererseits die Fähigkeit zur Beteiligung am **Prüfungsgespräch** überprüft wird. Es gelten ansonsten grundsätzlich dieselben Kriterien für die Bewertung wie bei den schriftlichen Anforderungen, wobei es besonders darauf ankommt, dass man auch in mündlicher Rede gewandt und präzise argumentiert, ohne den Faden zu verlieren.

Zunächst erhalten Sie eine Aufgabenstellung, die aus einer oder mehreren Teilaufgaben bestehen kann. Für die Bearbeitung dieser Aufgabe stehen Ihnen im Vorbereitungsraum 20 Minuten zur Verfügung. Innerhalb dieser Zeit sollen Sie einen 10- bis 15-minütigen Vortrag vorbereiten, der in sich geschlossen und logisch untergliedert ist. Während des Vortrages können Sie sich auf die Texte sowie auf Ihre stichwortartigen Aufzeichnungen stützen.

Die Kürze der Vorbereitungszeit schließt aus, dass Sie Ihren Vortrag schriftlich ausformulieren; vielmehr ist es, ähnlich wie bei der Sichtungsphase in der Klausur, notwendig, den Vortrag durch sinnvolles Markieren und knappe Anmerkungen vorzubereiten.

Der zweite Prüfungsteil besteht aus einem Prüfungsgespräch, in dem Ihr Hintergrundwissen und Ihre Fähigkeit, größere fachliche und sachliche Zusammenhänge zu erschließen, überprüft werden.

## 2 Prüfungsteil I: Eigenständiger Vortrag

Die größten Schwierigkeiten bei der mündlichen Abiturprüfung liegen erfahrungsgemäß im ersten Teil, also in dem mindestens 10-minütigen zusammenhängenden, gegliederten Vortrag. Da es für solch lange Vorträge kaum echte Übungsmöglichkeiten im Unterricht gibt, zumindest nicht für jeden Einzelnen, fehlt es weitgehend an konkreten Vorerfahrungen; daher im Folgenden einige Tipps, wie Sie sich auf diese Prüfungssituation vorbereiten und Ihren Vortrag ansprechend gestalten können.

**Tipps für die 20-minütige Vorbereitung**

- Themenstellung: Was ist die Zielrichtung der geforderten Bearbeitung?
- Operatoren: Welche konkreten Anforderungen werden gestellt? Bei Mehrteiligkeit: Welche Gliederungshilfe bieten die Teilaufgaben? Welcher Aufgabe kommt das größte Gewicht zu?
- Einstieg: Mit welcher Einleitung führt man den Vortrag schnell und stringent zum Kern der Aufgabenstellung?
- Texte: Fachbegriffe an den Rand schreiben, Quellen-Anmerkungen ergänzen, Stichwörter für den Vortrag festlegen; wichtige Zitatstellen markieren.
- Gliederung: Nummerieren Sie Ihre Markierungen, damit Sie Ihren Vortrag anhand dieser Reihenfolge gestalten können.
- Beenden Sie Ihren Vortrag mit einem klaren Fazit.
- Grobstruktur: Nennung der Aufgabenstellung – Einleitung – Bearbeitung der Teilaufgaben – Schlussteil.

**Tipps für den Vortrag**

- Zeitmanagement: Legen Sie eine Armbanduhr neben Ihr Konzept, schreiben Sie, bevor Sie zu sprechen anfangen, den konkreten Zeitraum für Ihren Vortrag auf Ihr Konzept – so haben Sie klare zeitliche Anhaltspunkte.
- Nutzen Sie die Anmerkungen, die Sie während der Vorbereitungszeit angefertigt haben, als Leitfaden Ihres Vortrages.
- Sprechen Sie möglichst frei, klammern Sie sich nicht an Ihr Konzept.
- Sprechen Sie klar, deutlich und hinreichend laut.
- Achten Sie auf ein angemessenes Sprechtempo. Versuchen Sie, nicht zu schnell zu sprechen.
- Vermeiden Sie sowohl „Endlossätze“ als auch Aneinanderreihungen und monotone Satzanfänge („Und … und … und …“).
- Verwenden Sie die Fachsprache, die Sie gelernt haben, um zu verdeutlichen, dass Sie Ihr Metier beherrschen.
- Zitate/Textbelege: Verdeutlichen Sie während des Vortrages, woher Sie Ihre Aussagen beziehen, indem Sie Kernstellen mit Zeilenhinweis anführen.
- Ein gelegentlicher Blickkontakt zu Ihrem Prüfer oder den übrigen Beisitzern zeugt von einem souveränen Umgang mit der Situation und den Kommunikationsregeln.
- Bewegen Sie sich bei Ihrem Vortrag auf einer einheitlichen Sprachebene und vergegenwärtigen Sie sich, dass die Adressaten Ihres Vortrages Deutschlehrerinnen und Deutschlehrer, also Fachleute sind.

Sie können diesen ersten Teil der mündlichen Prüfung üben, indem Sie Arbeitsaufträge aus diesem Band zugrunde legen, die Vorbereitungszeit exakt einhalten und zwei Kursmitglieder als fiktive Prüfungskommission hinzuziehen. Lassen Sie sich anschließend von Ihrer „Prüfungskommission“ begründet darlegen, ob Ihr Vortrag sprachlich und inhaltlich verstanden wurde.
Ebenso können Sie natürlich in der Familie oder im Freundeskreis das Referieren üben oder zu diesem Zweck Ihren Vortrag selbst aufnehmen und überprüfen.

Die zeitliche Dauer des zweiten Prüfungsteils entspricht derjenigen des ersten Teils: 10 bis 15 Minuten je nach Verlauf. Das Thema des Prüfungsgesprächs muss einem anderen Kurshalbjahr entnommen sein als der für den vorangegangenen Vortrag vorgegebene Gegenstand. Meistens stellt der Prüfer durch eine kurze Überleitung einen Zusammenhang zwischen Ihrem Vortrag und dem Gegenstand des zweiten Teils der Prüfung her; das gibt auch Ihnen die Gelegenheit, an Ihren Vortrag anzuknüpfen. Sie sollten sich dabei aber nicht wiederholen oder gar den Eindruck erwecken, dass Sie dem Thema des Prüfungsgesprächs ausweichen wollen.
Im weiteren Verlauf sollen Sie Ihre Kommunikationskompetenzen im Rahmen eines Fachgesprächs unter Beweis stellen: Zeigen Sie sich also als gewandter Gesprächspartner, der adressatengerecht und sachkundig die Fragen und Impulse aufgreift und möglichst selbstständig und ergiebig damit umgeht.

**Tipps für das Prüfungsgespräch**

- *Sprechanteil:* Je eigenständiger und umfassender Sie als Prüfling mit den Fragen und Impulsen umgehen, desto besser! Begnügen Sie sich nicht mit Kurzantworten, führen Sie länger aus.
- *Erfassen der Frageintention:* Achten Sie auf die Operatoren und auf fachliche Kernbegriffe! Führen Sie sinnvolle Beispiele oder Vergleiche aus dem Unterricht an, zeigen Sie Ihr Hintergrund- und Allgemeinwissen. Aber schweifen Sie nicht ab, bleiben Sie beim Thema.
- *Gesprächsaufbau durch den Prüfer:* In der Regel gestaltet der Prüfer ein solches Gespräch nach dem Prinzip „Vom Einfachen zum Schwierigen, vom Einzelfallbeispiel zum Allgemeinen/Modellhaften“. Wenn Sie einen Bezug zu einer Ihnen passend erscheinenden Theorie oder zu einem aus dem Unterricht bekannten Beispiel selber herstellen können: Tun Sie dies!
- *Unterrichtsbezüge:* Hintergrund aller Fragen und Impulse ist das aus dem Unterricht Bekannte. Stellen Sie also dort nach Möglichkeit über das gerade angesprochene Einzelbeispiel hinaus Vergleiche zu dem im Unterricht Behandelten an, weisen Sie auf Gemeinsamkeiten oder auch auf Unterschiede hin. Machen Sie somit deutlich, dass Sie den Gesprächsgegenstand aus dem Prüfungsgespräch in größere Zusammenhänge einordnen können.
- *Verständnisproblem:* Sollten Sie mit einer einzelnen Frage einmal nichts anfangen können: Verlieren Sie keine Zeit, bitten Sie an einer solchen Stelle um eine kurze ergänzende Erläuterung.
- *Unterbrechungen:* Lassen Sie sich nicht irritieren. Der Prüfer möchte Ihnen entweder zurück auf den Haupt(frage)weg helfen oder den Themenschwerpunkt wechseln, was vielleicht nur daran liegt, dass die Prüfungszeit allmählich knapp wird: Werten Sie solche Unterbrechungen in jedem Fall als für Sie günstig und hilfreich.
- *Mimik und Gestik:* Lassen Sie sich nicht durch Äußerlichkeiten irritieren: Die Prüfer werden sich bemühen, eine neutrale Atmosphäre herzustellen. Wenn das Prüfungsgespräch beispielsweise weniger persönlich verläuft als eine normale Unterrichtsstunde, ist das kein beunruhigendes Zeichen.

## Übungsaufgabe 1 zum adressatenbezogenen Schreiben
## Grundkursniveau

### Material 1: Nikolas Westerhoff, *Die unheimliche Macht des Klischees*

Blondinen sind nicht alle dumm, es macht nur Spaß, die Witze zu erzählen, mag sich manch einer denken. Aber oft genug erzählt, brennen sich solche Vorurteile dann doch tief ins Gehirn ein. Sie bestimmen unser Denken, auch wenn sie dabei äußerst diskret vorgehen. Ihr Auftrag ist es, die Welt in simple Kategorien zu unterteilen – in Gut und Böse, schön und hässlich, anziehend und abstoßend. Vorurteile machen das Unüberschaubare überschaubar. „Menschen sind kognitive Geizhälse", sagt der Psychologe Christian Fichter von der Universität Zürich. Vorurteile ersparten ihnen Denkarbeit. Sie erlaubten es, sich schnell ein Bild zu machen. Das habe sich im Laufe der Evolution durchaus als Vorteil erwiesen.

Die Nachteile aber lassen nicht lange auf sich warten: Vorurteile führen allzu oft in die Irre. Fichter hat ein und denselben Artikel über Mobilfunkanbieter in zwei verschiedenen Zeitungen platziert: in dem Boulevardblatt *Blick* und in der Qualitätszeitung *Neue Zürcher Zeitung* (NZZ). Der NZZ-Beitrag sei wesentlich besser als derselbe Artikel in *Blick,* meinten Testleser einhellig. „Das Image zählt eben mehr als der Inhalt", sagt Fichter. Und geübte Zeitungsleser ließen sich ebenso von ihren Vorurteilen leiten wie Lesemuffel. Nicht nur Produkte haben ein Image, sondern auch Menschen. Amerikanische Unternehmer sind an einem Bewerber erheblich stärker interessiert, wenn er einen Durchschnittsnamen wie Greg hat, fand die Ökonomin Marianne Bertrand von der University of Chicago heraus, indem sie Bewerbungsmappen an verschiedene Arbeitgeber versendete, in denen sie lediglich den Namen des Bewerbers austauschte. Wählte sie ausländisch anmutende Namen wie Lakisha oder Jamal, hagelte es Absagen.

Der bloße Name genügt, und schon glauben wir zu wissen, was für ein Mensch sich dahinter verbirgt. Das gilt auch für Namen, die alle demselben kulturellen Hintergrund entspringen. Wie attraktiv sind Anna, Johanna und Horst?, fragte der Sozialpsychologe Udo Rudolph von der Technischen Universität Chemnitz. Anna kam dabei meist gut weg, Horst galt dagegen meist als unattraktiver Gesell. Hintergrund ist offenbar eine automatisch ablaufende Vorurteilskaskade: Zunächst beurteilten die Befragten, ob die Namen in ihren Ohren altmodisch, zeitlos oder modern klangen. Daraus leiteten sie dann das vermeintliche Alter der Personen ab und zogen daraus wiederum Rückschlüsse auf deren Attraktivität. Hier haben die Befragten also gleich drei Vorurteile aneinandergereiht.

Aber woher kommen die vermeintlichen Weisheiten, die wir dabei benutzen? Wem von klein auf immer wieder gesagt wird, er solle nicht wie ein Bauer essen, der assoziiert „Bauer" irgendwann mit „grob" und „unzivilisiert". Solche gedanklichen Automatismen lassen sich später nur schwer durchbrechen, wie die Psychologin Patricia Devine von der University of Wisconsin in zahlreichen Experimenten nachwies.

Allerdings seien die gedanklichen Verknüpfungen, so ärgerlich sie auch sein mögen, gar nicht das eigentliche Problem, so Devine. Niemand müsse sich für sie rechtfertigen. Entscheidend sei jedoch, ob Menschen sich dieser Assoziationen bewusst seien und sich ihrer schämten. Ohne ein Gefühl von Schuld oder Scham ließen sich Vorurteile nicht aufbrechen.

Doch auch mit Schuld und Scham gelingt es nicht immer, Vorurteile wieder loszuwerden. In seinem Buch „Kleine Einführung in das Schubladendenken" berichtet der Sozialpsychologe Jens Förster von einem Kollegen, der offen zugibt, sich vor Sex zwischen Männern zu ekeln. Zwar schäme er sich dafür, doch befreien könne er sich von dem Gefühl des Ekels nicht. Dieses Beispiel illustriert, dass Vorurteile mehr sind als irrige Ansichten oder falsche Meinungen. Anders als stereotype Einstellungen („Afrikaner können schneller laufen als Europäer") weisen Vorurteile eine starke emotionale Tönung auf. Sie lassen uns nicht kalt, sondern lösen in uns Ekel, Angst oder Verachtung aus. Und just diese Gefühle sind es, die das Vorurteil als etwas Legitimes erscheinen lassen, schließlich gelten Emotionen gemeinhin als echt und authentisch. Wer käme schon auf die Idee, seine Gefühle zu hinterfragen oder sie als falsch und rückständig zu geißeln? Ohne kollektiv gelerntes Wissen gäbe es keine emotionsgeladenen Vorurteile. So weiß jedes Kind, dass Schwaben für geizig gehalten werden. Doch woher dieses Klischee stammt, können die wenigsten sagen. Französische Vokabeln lernt man willentlich; Vorurteile hingegen unwillentlich, quasi en passant. [...]

Eine Zeitlang hatten Psychologen die Hoffnung, Vorurteile zerstören zu können, indem sie Menschen mit der bunten Vielfalt der Wirklichkeit konfrontieren. Hält ein Mann Frauen für mathematisch unbegabt, dann müsse man ihm einfach eine Frau vorstellen, die gut rechnen kann, so die Logik. Doch leider funktioniere das nicht, sagt die Sozialpsychologin Maya Machunsky von der Universität Jena. Informationen, die mit den eigenen Vorurteilen nicht übereinstimmen, spaltet ein solcher Mann einfach ab. Eine mathematisch begabte Frau sieht er als untypisch für die Kategorie Frau an. Stattdessen erfindet er eine neue Schublade, etwa die der „Mannsweiber". Diesen mittlerweile gut erforschten Mechanismus nennen Psychologen Substereotypisierung. [...]

Das Gehirn aktiviert die Klischeevorstellungen ohne unser Zutun. Und oft genug auch gegen unseren Willen. [...] Implizit gemessene und offen geäußerte Vorurteile können Hand in Hand gehen, sie müssen es aber nicht. Das zeigt auch eindrucksvoll ein Experiment der Sozialpsychologen Joshua Correll von der University of Chicago und Bernadette Park von der Colorado University.

Auf einem Bildschirm sind in stetem Wechsel schwarze und weiße Männer zu sehen. Manche von ihnen halten eine Waffe in der Hand, andere ein Handy. „Erschieße die gefährlichen Männer mit der Pistole und lass die unbewaffneten am Leben." So lautet der Auftrag in diesem Computerspiel. Die Probanden müssen in Sekundenschnelle entscheiden: Ist der gerade eingeblendete Mann bewaffnet oder nicht? Von dieser Einschätzung hängt es ab, ob sie sich fürs Schießen oder fürs Nicht-Schießen entscheiden.

Die Versuchspersonen erschossen häufiger unbewaffnete schwarze als unbewaffnete weiße Männer. Offenbar assoziierten sie die Hautfarbe eines dunkelhäutigen Menschen automatisch mit Gefahr und Kriminalität. Dieser Effekt trat bei allen Versuchspersonen gleichermaßen auf. Auch Vertreter ethnischer Minderheiten erschossen eher unbewaffnete Schwarze als unbewaffnete Weiße. Da es sich um blitzschnelle Entscheidungen handelt, sind die Probanden ihren vorurteilsbehafteten Denkprozessen mehr oder weniger schutzlos ausgeliefert. Sie handeln also rassistisch, ohne sich darüber im Klaren zu sein und ohne es richtig zu finden.

Vorurteile wirken sich sogar auf das Selbstverständnis aus. „Rechnet ein Mensch damit, dass andere ihm Vorurteile entgegenbringen, dann fühlt er sich bedroht", sagt der Sozialpsychologe Johannes Keller von der Universität Mannheim. Dieses Gefühl blockiere ihn. Zahlreiche Studien des Psychologen Claude Steele von der Stanford University sind hierfür ein Beleg: So schnitten Studentinnen in einem Mathematiktest schlechter ab, wenn ihnen zuvor gesagt wurde, dass Frauen mathematisch weniger begabt seien als Männer. Die bloße Erwähnung dieses Vorurteils verschlechterte ihre Leistungen erheblich – gleichgültig, ob die Frauen das Vorurteil selbst absurd fanden oder nicht. Und es genügte sogar, wenn sie auf der ersten Seite nur ihr Geschlecht ankreuzen mussten. Vorurteile sind demnach alles andere als witzig. Sie sind nicht einmal harmlos. Ihnen ist eine Erwartung eingeschrieben, der sich Menschen – wider Willen – unterwerfen.

*Aus: Süddeutsche Zeitung Nr. 81, 7. April 2009, S. 16.*

## Material 2: Max Frisch, *Andorra*

*In dem Drama „Andorra" von Max Frisch wird gezeigt, wie die Vorurteile, welche die Andorraner gegenüber dem jungen Andri, dem außerehelichen Sohn des Lehrers Can, aufbauen, Schritt für Schritt eine Mechanik entwickeln, der sich niemand mehr entziehen kann. Am wenigsten gelingt dies Andri, der das Bild, das man sich von ihm gemacht hat, schließlich selbst übernimmt.*

ANDRI Seit ich höre, hat man mir gesagt, ich sei anders, und ich habe geachtet drauf, ob es so ist, wie sie sagen. Und es ist so, Hochwürden: Ich bin anders. Man hat mir gesagt, wie meinesgleichen sich bewege, nämlich so und so, und ich bin vor den Spiegel getreten fast jeden Abend. Sie haben recht: Ich bewege mich so und so. Ich kann nicht anders. Und ich habe geachtet auch darauf, ob's wahr ist, daß ich alleweil denke ans Geld, wenn die Andorraner mich beobachten und denken, jetzt denke ich ans Geld, und sie haben abermals recht: Ich denke alleweil ans Geld. Es ist so. Und ich habe kein Gemüt, ich hab's versucht, aber vergeblich: Ich habe kein Gemüt, sondern Angst. Und man hat mir gesagt, meinesgleichen ist feig. Auch darauf habe ich geachtet. Viele sind feig, aber ich weiß es, wenn ich feig bin. Ich wollte es nicht wahrhaben, was sie mir sagten, aber es ist so. Sie haben mich mit Stiefeln getreten, und es ist so, wie sie sagen: Ich fühle nicht wie sie. Und ich habe keine Heimat. Hochwürden haben gesagt, man muß das annehmen, und ich hab's angenommen. Jetzt ist es an Euch, Hochwürden, Euren Jud anzunehmen.

*Aus: Suhrkamp Taschenbuch 277, Frankfurt/M. 1981, S. 86.*

## Material 3: Vorurteil

**Vor|urteil**, kritiklos, ohne persönl. Urteilsbildung oder Erfahrung übernommene Meinung, die einer sachl. Argumentation nicht standhalten kann. V. dienen der psych. Entlastung des Urteilenden in Angstsituationen mangels Orientierung und dem Abbau von Unsicherheit in sozialen Handlungsfeldern. Gruppen-V., mit denen eigenes Unvermögen dadurch kompensiert wird, dass dieses u. a. auf fremde Völker oder nat. Minderheiten und/oder deren Wertsysteme übertragen wird, werden oft durch Manipulation vermittelt oder bestärkt.

*Aus: Brockhaus Universallexikon; Band 25, Leipzig: F. A. Brockhaus Verlag 2003, S. 8130.*

### Arbeitsanweisungen

1. Fassen Sie den Inhalt des Beitrags von Nikolas Westerhoff (Material 1) zusammen.
2. Schreiben Sie, ausgehend von Ihren Ergebnissen und unter Einbeziehung der weiteren Materialien, einen inhaltlich und sprachlich eigenständigen Kommentar zum Thema *Bösartige Auswirkungen und Zähigkeit von Vorurteilen.* Wählen Sie dazu eine passende Überschrift.

## Lösungsvorschlag in Grundzügen

*Die Aufgabenstellung erfordert eine zweigliedrige Bearbeitung; die* ***Inhaltsangabe*** *hat nur den Text von Nikolas Westerhoff zum Gegenstand und sollte mit einer zum Thema hinführenden Einleitung versehen sein.*
*Der* ***Kommentar*** *gilt als Form des adressatenbezogenen Schreibens. Die Ausführung, die auch essayistische Elemente enthalten kann, soll eine eigenständige Auseinandersetzung mit dem Thema und den zur Verfügung gestellten Materialien sein, d. h. vorgefundene Argumentationen sollten nicht einfach übernommen, sondern veranschaulicht und problematisiert werden. Ein essayistischer Text wie z. B. ein Kommentar ist ein assoziativer Gedankenspaziergang, der sich durch seine lockere, offenere Gedankenführung von der strenger aufgebauten und präziser argumentierenden Erörterung unterscheidet. Er dient der subjektiven Positionsbestimmung und soll den Leser in unterhaltsamer, anschaulicher, dabei stilistisch wie gedanklich durchaus anspruchsvoller Schreibweise zu einer eigenen Meinungsbildung auffordern.*
*Inhaltlich orientieren Sie sich an den Informationen, die Sie aus den Materialien gewinnen; es müssen dabei nicht alle Unterlagen gleichwertig und gleichgewichtig verwendet werden. Ein abrundender Schluss wird nicht erwartet. Allerdings müssen Sie für Ihren Kommentar eine geeignete Überschrift finden.*

### 1. Inhaltsangabe

Wenn die Überschrift eines Zeitungsartikels den Begriff „Klischee“ enthält, erwartet der Leser die Auseinandersetzung mit einer Form der Bewertung und Beurteilung, welche in einschlägigen Lexika als „billige Nachahmung“ bezeichnet wird, also gleichsam als nachgeplappertes Urteil gelten kann, das in seinen Umrissen vollständig feststeht und so übernommen wird. Dies entspricht auch dem Ursprung des Begriffs, der als Druckstock in der Drucktechnik ja auch etwas eng Umrissenes, starr Fixiertes bedeutet. Wer den Aufsatz von Nikolas Westerhoff jedoch zu lesen beginnt, merkt sehr schnell, dass er den Begriff „Klischee“ kaum verwendet, sondern fast nur noch von „Vorurteilen“ spricht. Klischees sind in gewisser Weise Vorurteile, also vorgeformte Meinungen, aber Vorurteile sind mehr als Klischees: Sie sind in der Regel komplexer, nicht selten auch schwerer durchschaubar, in ihren Wirkungen tiefer greifend und damit auch mühsamer auszulöschen. Die Ausführungen von Westerhoff geben eine Vorstellung davon, wie schwer es ist, Vorurteile zu erklären, mit ihnen umzugehen und sie eben nicht nur als „Klischees“ zur Kenntnis zu nehmen.

Auch nur witzig gemeinte **Vorurteile**, z. B. jenes über die Blondinen, entfalten ihre Wirkung nicht nur an der Oberfläche, sondern hinterlassen ihre Spuren auch in den Tiefen der Psyche. Sie liefern den Menschen **einfache Strukturen von der sie umgebenden Welt** und erleichtern ihnen damit das Denken. Dies wurde von dem Psychologen Christian Fichter festgestellt (Z. 6 ff.).

Der Psychologe weist aber auch darauf hin, dass Vorurteile sehr oft in die Irre führen, d. h. **Denkprozesse nachhaltig beeinträchtigen und manipulieren**. Dies veranschaulicht er am Beispiel eines Artikels, der in zwei Zeitungen unterschiedlicher Qualität völlig identisch veröffentlicht wurde. Die Probanden hielten den Artikel in der qualitativ hochwertigeren Zeitung aufgrund ihrer Voreingenommenheit für besser.

Den bisher geäußerten Feststellungen über Vorurteile im Zusammenhang mit Produkten schließt Westerhoff Gedanken über das Image von Personen an, wobei der Begriff „Image“ – übernommen von Fichter – letzten Endes nichts anderes ausdrückt als das Ergebnis von Vorurteilen. Der Verfasser führt an – wobei er seine Thesen im Wesentlichen auf Untersuchungen von Sozialpsychologen stützt –, dass etwa der Name eines Menschen bereits genügt, um ihm bestimmte Eigenschaften nachzusagen, daraus Rückschlüsse auf sein Alter und seine

Attraktivität zu ziehen und um danach schließlich z. B. seine Stellenbewerbung anzunehmen oder abzulehnen (Z. 27 ff.).

Ein wesentlicher Grund dafür, dass ein Mensch Vorurteile entwickelt, sind sogenannte **gedankliche Automatismen**, die sich aufgrund von ständigen, seit der Kindheit wiederholten und damit für ihn als unumstößlich geltenden „Weisheiten" in das Denken eines Menschen eingelagert haben. Die Psychologin Patricia Devine hält dies aber für weniger gravierend als das Fehlen von Schuld oder Scham im Hinblick auf eine vorschnell hergestellte Assoziation. Ohne solche Reuegefühle seien Vorurteile nicht zu überwinden (Z. 39 f.).

Dass Schuld und Scham nicht immer ausreichen, um Vorurteile zu tilgen, veranschaulicht der Sozialpsychologe Jens Förster anhand eines Beispiels über Probleme eines Kollegen mit dem Sex zwischen Männern. Der Hauptgrund für die tiefe **Verwurzelung von Vorurteilen** sei in ihrer „starke[n] emotionale[n] Tönung" (Z. 47) zu sehen, d. h. sie lösen im Menschen Gefühle wie Angst, Ekel oder Verachtung aus und gelten daher – ebenso wie die beteiligten Gefühle – als authentisch und damit als legitim. Die **Emotionen** sind der Grund dafür, dass der Mensch seine Vorurteile für richtig hält, denn Gefühle – so scheint es ihm – können nicht trügen. Dieser Aspekt unterscheidet Vorurteile auch wesentlich von „irrige[n] Ansichten" oder „stereotype[n] Einstellungen" (Z. 45 f.).

Das in einer Gesellschaft „kollektiv gelernte[ ] Wissen" (Z. 52) ist laut Westerhoff eine Bedingung für das Entstehen von Vorurteilen: Dieses Wissen entspricht in etwa den bereits angeführten „gedanklichen Automatismen" (Z. 33) und bewirkt gemeinsam mit den beteiligten Gefühlen die Langlebigkeit von Vorurteilen.

Der von Psychologen unternommene Versuch, Vorurteile dadurch zu zerstören, dass man einem mit Vorurteilen behafteten Menschen **Gegenbeispiele** vor Augen führte, die dessen Vorurteile eigentlich widerlegten, erwies sich als missglückt, da nach Aussagen der Sozialpsychologin Maya Machunsky Informationen, die nicht mit den eigenen Vorurteilen übereinstimmen, als atypisch zurückgewiesen werden. Für diese atypischen Fälle werden dann ganz einfach neue Sammelbegriffe festgelegt. Dieser Vorgang wird von den Psychologen „Substereotypisierung" bezeichnet (Z. 63 f.).

Auch die Tatsache, dass Vorurteile ohne unser Zutun, also unfreiwillig, und häufig gegen unseren Willen, also unabsichtlich, ihre Wirkung entfalten können, ist durch Reaktionstests bestätigt worden. Ein bemerkenswertes Experiment in den USA hat zudem gezeigt, dass **Vorurteile oft unbewusst unser Denken und Handeln bestimmen**: Die Probanden sollten in einem Computerspiel sekundenschnell entscheiden, ob ein auf dem Monitor gezeigter Mann bewaffnet ist oder nicht, und im ersteren Fall auf ihn schießen. Es wurden schwarze und weiße Männer eingeblendet. Es zeigte sich, dass die Schwarzen häufiger „erschossen" wurden als die Weißen, auch dann, wenn sie unbewaffnet waren. Mit den Schwarzen wurde in der Regel „Gefahr" assoziiert, die ethnische Zugehörigkeit der Probanden spielte dabei keine Rolle. Das Bedenkliche am Ergebnis dieses Experiments ist vor allem, dass die Probanden sich gegen ihre Vorurteile überhaupt nicht wehren konnten, sondern falsch, also rassistisch handelten, ohne es in diesem Augenblick zu wollen (Z. 80 ff.).

Auf das Ausmaß der Wirkung von Vorurteilen hat der Sozialpsychologe Johannes Keller aufmerksam gemacht: Seine Experimente zeigten, dass ein Mensch, der sich Vorurteilen ausgesetzt sieht, ein **Gefühl der Bedrohung** empfindet (Z. 84 ff.). Dieses Gefühl führt dazu, dass er in der Folge nicht das leistet, was er eigentlich könnte und wollte. Dabei muss das Vorurteil nicht einmal persönlich gegenüber dem betroffenen Menschen geäußert werden, es genügt bereits, wenn es allgemein formuliert ist, also z. B. *Frauen sind mathematisch weniger begabt*. Ja lediglich eine Andeutung genügt, um die Probanden in ihrem Können negativ zu beeinflussen (vgl. Z. 90 f.). Westerhoff betont abschließend, dass Vorurteile weder witzig noch harmlos seien, da Menschen ihnen oft gegen ihren Willen ausgeliefert sind.

## 2. Kommentar: Nichts gegen ein gesundes Vorurteil?

„Vorurteil" ist einer derjenigen Begriffe, mit denen eigentlich niemand etwas Positives assoziiert. Menschen, denen man gründliche Überlegungen im Hinblick auf Personen und Sachverhalte abspricht, gelten als „mit Vorurteilen behaftet", d. h. als äußerst oberflächlich oder auch als böswillig. Wer sich „von Vorurteilen leiten lässt", ist nach allgemeiner Ansicht nicht fähig, selbstständig und unabhängig zu urteilen. „Gegen Vorurteile kann man nichts ausrichten, gegen sie ist kein Kraut gewachsen" – selbst mit den besten Argumenten kann man sie nicht aushebeln. Und: An jemanden, „der sich mit Vorurteilen panzert", kommt man nicht heran, er kann auf sie vertrauen, denn sie sind zäh und haben sich bewährt.

Das alles sind keine Lobeshymnen auf das Vorurteil, und Lobeshymnen hat es ja auch nicht verdient. Nicht umsonst hat der Journalist Nikolas Westerhoff in seinem Beitrag *Die unheimliche Macht des Klischees* eine ganze Reihe führender Sozialpsychologen aufgeboten, um zu demonstrieren, dass Vorurteile oberflächlich und gleichzeitig subtil, unwillentlich und emotional, zäh und langlebig, rückwirkend und irritierend sind. Wie die Ausführungen Westerhoffs zeigen, hat die Psychologie mittlerweile schon ziemlich genau erforscht, wie Vorurteile entstehen und wie sie sich auswirken können, und dass es vor allem bequem ist, sich ihrer zu bedienen, denn sie ersparen Denkarbeit, erlauben also, „sich schnell ein Bild zu machen". Diese Formulierung Westerhoffs verweist im Übrigen – vom Verfasser wohl gar nicht beabsichtigt – auf die besondere Bedeutung des Vorurteils, die Max Frisch seinem modellhaften Stück *Andorra* zugrunde legt: Danach ist ein Vorurteil über einen Menschen nichts anderes, als sich ein „Bildnis von ihm zu machen", und dies wiederum heißt, sich eine genaue Vorstellung davon zu machen, welche Eigenschaften, welchen Charakter der Mensch hat, welcher Schicht oder welchem Volk er angehört, was er glaubt, denkt, fühlt. Diese umfassende Art und Weise der Urteilsbildung über einen Menschen ist extrem bedenklich, denn sie erfolgt ohne konkretes Wissen und wagt sich auch an das Innerste des Menschen. Sie erlaubt sich also, auf dieser Basis andere Menschen einzuordnen, ihnen Kategorien zuzuweisen und damit möglicherweise auch den eigenen Stellenwert so zu bestimmen, wie es der selbst geschaffene Bezugsrahmen eben zulässt.

„Du sollst dir kein Bildnis machen …" heißt es bereits im Alten Testament (2. Mose 20,4), und wer sich ein Bildnis von einem Menschen macht, ihn also vollständig als gesamte Persönlichkeit in einen Käfig vorgefasster Meinungen einsperrt, hindert den auf diese Weise abgestempelten Menschen daran, er selbst zu sein. Dieser Effekt wird dadurch noch verstärkt, dass Vorurteile und ihre Verkünder es auf die Dauer so weit bringen, dass der Betroffene selbst an das (Vor)urteil glaubt, sich mit seinem Inhalt identifiziert – mag es noch so falsch oder verlogen sein. Genau dies hat Max Frisch ja mit seinem Stück *Andorra* gezeigt: Andri wird so lange mit den Vorurteilen der Andorraner hinsichtlich seines vermeintlichen Judentums verfolgt und gequält, bis er selbst von diesem überzeugt ist und am Ende ablehnt, die tatsächliche Wahrheit zu akzeptieren.

Eben an dieser Art der Vorurteilsbildung zeigt sich auch ein Phänomen, welches Hellmuth Karasek die „tödliche Mechanik des Vorurteils" genannt hat. Diese „tödliche Mechanik" ist darin zu sehen, dass der Eingefangene oder Abgestempelte kaum Chancen hat, sich dem Vorurteil zu entziehen, und schließlich selbst daran glaubt. Aber nicht nur er, sondern auch der Urteilende hält seine Ansichten für legitim, weil er ja, worauf Westerhoff hinweist, seinen eigenen Gefühlen nicht misstrauen will. Zieht man in Betracht, dass sich Vorurteile nicht nur gegen Einzelpersonen, sondern gegen ganze Völker oder Religionen, z. B. Juden oder Muslime, richten, dann erkennt man, dass Vorurteile mehr sind als nur vorgefasste falsche Ansichten über Banalitäten.

Dies wird klar, wenn man den Beitrag von Nikolaus Westerhoff gelesen hat und sich darüber hinaus Gedanken über die „tödliche Mechanik" des „Bildnisses" gemacht hat, unter dessen Räder der junge Andri in *Andorra* gerät. Genauso klar wird aber, dass auch die Elite der Sozialpsychologie ziemlich ratlos ist, wenn es um die Zerstörung und Auflösung von Vorurteilen geht. Sie erforscht zwar das Phänomen, ein ‚Mittel gegen das Vorurteil' hat sie bisher jedoch nicht gefunden.

Soll man sich also geschlagen geben, soll man einfach akzeptieren, dass es unzählige Vorurteile gibt, dass sie zählebig sind und unterschiedlichste Auswirkungen, auch auf den oder die Auslösenden, haben können? Daran, dass es sie gibt, wird man nur wenig ändern können. Das sollte aber nicht heißen, dass man auch akzeptiert, was sie beinhalten. Widerspruch und Widerstand gegenüber jedem Vorurteil, das man als solches erkannt hat, kann niemals verkehrt sein.

Ein anderer Weg erscheint dagegen weniger empfehlenswert, nämlich Vorurteile als Ausflucht zu verwenden, also auch dort Vorurteile zu unterstellen, wo sie gar nicht vorhanden sind, wo es sich etwa um gut recherchierte Fakten und nicht um unsachliche, oberflächliche Behauptungen handelt. Mit dieser Waffe, recht oft in der Politik eingesetzt, werden seriöse Positionen in Frage gestellt, Personen diskriminiert und Vorgänge manipuliert. Die Unterstellung, eine (politische) Position nur mit Vorurteilen zu belegen, ist bereits selbst wieder zum Vorurteil geworden, und wie viele Vorurteile ist es infam und äußerst praktisch. Man kann damit intrigieren, attackieren und von sich selbst ablenken.

Aus dieser Vielzahl negativer Auswirkungen von Vorurteilen erwächst die Einsicht, dass die Existenz „Salomonischer", d. h. weiser Vorurteile wohl tatsächlich anzuzweifeln ist.

**Übungsaufgabe 2 zum adressatenbezogenen Schreiben**
**Leistungskursniveau**

## Maxim Biller: Aus Tropfen werden Meere. Eine Liebeserklärung an die Kurzgeschichte

Wie riecht eine gute Kurzgeschichte? Vielleicht wie der Boulevard Raspail nachmittags um fünf, Ende Mai, Anfang Juni. Die Luft ist süß von den Linden im Jardin du Luxembourg, es stinkt nach Abgasen, und eine Frau um die dreißig geht schnell vorbei. Sie hat heute mehr von ihrem Männerparfum benutzt als sonst, sie ist zu jung und zu alt für ihr Alter, ein Mensch, der nicht erwachsen werden will und darum ständig schlechte Erfahrungen macht. Wo war sie? Bei ihrem Freund. Wohin geht sie? Zu ihrem Mann. „Und jetzt?“, wird sie sagen. „Jetzt“, wird er antworten, „gehen wir zusammen ein bisschen spazieren. Und wenn wir wieder zu Hause sind, lese ich dir die Seiten vor, die ich heute geschrieben hab.“ „Über uns?“, wird sie sagen. „Nein, über euch.“

Und wie riecht ein guter Roman? Eigentlich gar nicht, höchstens nach der Druckerei, aus der er stammt. Ein guter Roman ist bloß ein sehr dickes Buch, das im Regal steht, und irgendwann nimmt man es raus, man liest es, dann stellt man es wieder zurück und hat das meiste, was drin war, vergessen. Ein Roman, sagt man, ist die ganze Welt auf fünfhundert Seiten. Wie soll das gehen? Passt ein Ozean in einen Wassertropfen? Eine Erzählung tut dagegen gar nicht erst so, als beinhalte sie alles, was gerade auf dieser Erde gedacht, getan und falsch gemacht wird. Eine Erzählung – je kürzer, desto besser – zeigt einen oder zwei Menschen, die vor dem Hintergrund eines sehr gegenwärtigen Großen-Ganzen etwas sagen oder tun.

Das Beste an einer Kurzgeschichte ist natürlich, dass man als Leser ernst genommen wird. Dass man nicht – so wie bei den Extrem-Romanciers Pynchon, Nabokov oder Musil[1] – unentwegt Nachhilfeunterricht in Geschichte oder Naturwissenschaften oder was auch immer bekommt. Dafür ist gar keine Zeit. Hier tritt nicht Trotzki persönlich auf, um über Marxismus zu dozieren – er kommt höchstens als Foto im Portemonnaie des Kosaken in Babels[2] „Reiterarmee“ vor, der mit seinem Pferd auf eine Mine tritt. Als bei Hemingway am Weihnachtsabend drei Chirurgen im Krankenhaus über diesen Jungen reden, der kastriert werden will, weil er zu viel onaniert, fällt – Gott sei Dank – kein einziger lähmender Fachbegriff, und die Amputation, die am Ende wegen seiner Dummheit vorgenommen wird, kommt nur als schaurige Erinnerung in einem knappen Dialog vor. […]

Die echte Welt – zusammengesetzt aus Politik, Natur und Wissenschaft – ist wie eine Leinwand, vor der man so gelassen wie möglich eine kurze, poetische Geschichte erzählen muss, damit auf ihr alles andere sichtbar wird. Dann werden manchmal sogar aus Tropfen Meere.

Paris, etwas später: Statt spazieren zu gehen, sind der Mann und die Frau an diesem Abend zu Hause geblieben. Sie haben versucht, miteinander zu schlafen, aber seit er ihr gesagt hat, dass er alles über ihre Affäre weiß, kann er nicht mehr den Geruch des anderen Mannes in ihren Kleidern ignorieren. Jetzt sitzen sie vor der offenen Balkontür und rauchen, und er sagt: „Sie haben heute noch mal geschrieben.“ „Und?“, sagt sie mit einem ängstlichen Blick. „Es ist nichts zu machen“, sagt er. Plötzlich ist wieder dieser serbische Akzent in seinem kultivierten Französisch, den er sich in den letzten Jahren abgewöhnt hat – „Wann?“, sagt sie. „Ich könnte wegrennen“, sagt er. „Ich könnte den Rest meines Lebens von Wohnung zu Wohnung ziehen, und Leute, die ich nicht kenne, werden zuerst freundlich zu mir sein, dann werde ich ihnen von unseren Heldentaten erzählen müssen, und dann werden sie sagen, ich soll mir ein neues Versteck suchen.“ „Ich will nicht, dass du weiterziehst“, sagt sie.

Ist das nicht aufregend? Ein paar Sätze hier, ein paar Gesten dort, und schon stellt man sich hundert Fragen: Was ist das für eine Ehe, in der einer von beiden ein Illegaler ist? Liebt diese Frau ihren Mann doch mehr als ihren Liebhaber? Darf man einen Kriegsverbrecher überhaupt lieben?

Leser von Kurzgeschichten wissen, dass sie nach der Lektüre weniger wissen werden als vorher. Das genügt ihnen, sie denken selbst weiter nach und werden noch klüger. Leser von Romanen wollen aber Antworten, lange Antworten: So war der Zweite Weltkrieg, so ist es, wenn man immer nur an Sex und Juden denkt, so enden alle Fixer, so tragisch kann religiöse Verblendung sein. Und sie wollen sich in einem Roman wie in einem anderen Leben bewegen, sie wollen sich in die Gestalten einer endlosen, komplizierten, tausendseitigen Geschichte verwandeln, ohne das Risiko, dabei selbst draufzugehen oder sogar die eine große, radikale Wendung zum Glück vollziehen zu müssen, die sie sonst immer scheuen.

Mir geht es meist genau andersherum. Was weiß ich, was gestern in diesem neuen, dicken Philip-Roth-Buch passiert ist, das seit Monaten wie ein Mühlstein auf meinem Nachttisch liegt? Und was hatte es eigentlich mit mir zu tun? Aber wenn ich eine kleine Bohumil-Hrabal-Erzählung[3] lese – in zehn Minuten, in einer halben Stunde –, habe ich hinterher sofort den großen Verstehensflash, so wie andere Leute, nachdem sie es mit einem Gedicht zu tun hatten. Ich weiß plötzlich wieder genau, dass das Leben nur ein anderes Wort für Verzweiflung oder Glück ist, je nachdem, und dann lösche auch ich das Licht und freue mich auf den nächsten Tag – und auf dieses schöne, leichte Buch, das ich gerade lese. Mehr kann man von Literatur als Leser nicht wollen. [...] (858 Wörter)

*Aus: Der Spiegel 14/2007, S. 182 ff. [gekürzt*

[1] **Thomas Pynchon:** (*1937), US-amerikanischer Schriftsteller, der in 40 Jahren nur sechs Romane geschrieben hat, die sich durch enzyklopädische Informationsfülle auszeichnen.
**Vladimir Nabokov:** (1899–1977), russisch-amerikanischer Schriftsteller, Autor zahlreicher Romane, deren bekanntester 1955 unter dem Titel „Lolita" erschien.
**Robert Musil:** (1880–1942), österreichischer Schriftsteller, bekannt geworden vor allem durch den unvollendeten dreiteiligen Roman „Der Mann ohne Eigenschaften" (1931/32).

[2] **Isaak Babel:** (1894–1940), russischer Journalist und Schriftsteller, emigrierte als Jude aus dem russischen Zarenreich. In dem Erzählzyklus „Die Reiterarmee" verarbeitete er seine Erfahrungen, die er als Korrespondent während des Russisch-Polnischen Krieges (1920/21) machte.

[3] **Bohumil Hrabal:** (1914–1997), tschechischer Schriftsteller, schrieb u. a. zahlreiche Erzählungen.

## Arbeitsanweisungen:

1. Fassen Sie die Aussagen Maxim Billers strukturiert zusammen.
2. Sie müssen als Lektor in einem belletristischen Verlag für die Redaktionskonferenz eine Rede verfassen, in der Sie Empfehlungen für die Programmgestaltung geben. Dabei sollen Sie darlegen, ob der Verlag sich künftig stärker auf die Veröffentlichung von Kurzgeschichten oder Romanen konzentrieren sollte. Schreiben Sie diese Rede.
3. Reflektieren Sie in einem kurzen Kommentar Ihre Intention und die formalen und sprachlichen Mittel, die Sie in Ihrer Rede verwendet haben.

Erlaubte Hilfsmittel: Ein Wörterbuch der deutschen Rechtschreibung

## Lösungsvorschlag

### 1. Teilaufgabe

*Das adressatenbezogene Schreiben knüpft an eine Textvorlage an, die Sie zu einer produktiven Auseinandersetzung mit deren inhaltlichen Aussagen sowie deren Argumentations- und Gestaltungsweise herausfordern soll.*

*Die Aufgabenstellung umfasst daher drei Schritte:*

1. *Zunächst wird von Ihnen erwartet, die wesentlichen Aussagen des Ausgangstextes, dessen Gestaltung und Intention differenziert zu erfassen und geordnet darzustellen.*
2. *Der Kern der Aufgabe ist Ihre eigene Antwort auf den Text, der ein Gestaltungsauftrag für eine bestimmte Textsorte zugrunde liegt, z. B. eine vorgegebene Kommunikationssituation oder ein Verwendungszweck.*
3. *Abschließend erläutern Sie Ihren eigenen Text hinsichtlich der gewählten Argumentationsstrategie und der eigenen Gestaltungsmittel.*

*Beginnen Sie die* ***strukturierte Inhaltsangabe*** *des Ausgangstextes (Aufgabe 1) mit einem* ***einleitenden Satz****, der Autor, Titel, Textart und das Thema des Textes wiedergibt. Fassen Sie die* ***Position des Autors*** *möglichst prägnant zusammen. Stellen Sie die Intention des Autors und die entsprechende Gestaltung des Textes zusammenfassend dar. Geben Sie einen Überblick über den Aufbau des Textes und benennen Sie zentrale Thesen, Argumente und Beispiele, die der Autor in seiner Argumentation anführt. Auffällige sprachliche Mittel, wie rhetorische Fragen, Ironie o. Ä. können in diesem Zusammenhang genannt werden. Beachten Sie, dass dieser Aufgabenteil nur die Grundlage für Ihre eigene Gestaltung einer produktiven Antwort auf den Text sein soll. Im Wesentlichen sollen Sie zeigen, dass Sie* ***Inhalt, Aufbau und Intention des Textes*** *erfasst haben. Schreiben Sie in eigenen Worten, gliedern Sie Ihre Ausführungen und vermeiden Sie eine Paraphrase des Textes.*
*Es ist sinnvoll, von der* ***Kommunikationssituation des Textes*** *auszugehen: An wen richtet sich der Autor? Was will er mit seinem Text erreichen? Welche Mittel setzt er dazu ein? Die Komplexität des vorliegenden Artikels liegt darin, dass Maxim Biller geschickt zwischen der sachlichen Argumentation des Zeitungstextes und Passagen im Stil einer Kurzgeschichte wechselt. Diese Verschränkung zweier Stilebenen müssen Sie deutlich machen.*
*Eine Bewertung von Inhalt, Aufbau und Sprache des Textes ist in diesem Teil nicht gefragt. Machen Sie durch den korrekten Gebrauch des Konjunktivs deutlich, dass Sie die Aussagen des Autors wiedergeben.*

Bei dem Auszug aus dem Essay „Aus Tropfen werden Meere“ von Maxim Biller handelt es sich um „eine Liebeserklärung an die Kurzgeschichte“. Maxim Biller stellt darin den **Vorzug einer kurzen und prägnanten Erzählung bzw. Kurzgeschichte** (beide Begriffe werden im Essay synonym gebraucht) gegenüber einem langatmigen Roman heraus, der seiner Ansicht nach vor allem in der **Verdichtung** liegt. „Eine Erzählung – je kürzer, desto besser, zeigt einen oder zwei Menschen, die vor dem Hintergrund eines sehr gegenwärtigen Großen-Ganzen etwas sagen oder tun“ (Z. 16 ff.), was den Leser in den Bann ziehe, zu Fragen und zum Nachdenken anrege und somit dem Anspruch an Literatur vollends gerecht werde. „Mehr kann man von Literatur als Leser nicht wollen“ (Z. 66).
Zur Veranschaulichung seiner These versetzt er den Leser seines Essays in die **Rezeptionshaltung des Lesers einer Kurzgeschichte**. Er beginnt unvermittelt mit der überraschenden Frage: „Wie riecht eine gute Kurzgeschichte?“ (Z. 1). Durch die Sinneswahrnehmung „**riechen**“ in Verbindung mit Literatur weckt er das Interesse des Lesers. Als Antwort darauf schildert er eine Szene aus einer Kurzgeschichte, in der es um eine Ehekrise geht, und wirft Fragen auf, die sich der Leser bei der Lektüre stellen könnte. Von der atmosphärischen Schilderung eines Frühlingsspaziergangs in Paris gelangt er über die Fragen des Lesers zu

einem Dialogausschnitt aus der Geschichte, der eine überraschende Wende nimmt und somit einen Spannungsbogen erzeugt.
Dagegen beschreibt er im nächsten Abschnitt den „Geruch" eines Romans als äußerst ernüchternd. Ein **Roman rieche gar nicht**, sei „bloß ein sehr dickes Buch, das im Regal steht" (Z. 11), irgendwann gelesen und sofort wieder vergessen werde. Biller behauptet, dass der Roman „die ganze Welt auf fünfhundert Seiten" (Z. 13 f.)darstellen wolle, und verdeutlicht das Irrationale dieser Intention mit der rhetorischen Frage „Passt ein Ozean in einen Wassertropfen?" (Z. 14). Demgegenüber erhebe die Erzählung gar nicht erst den Anspruch, dem Leser die Welt erklären zu wollen, sondern zeige am Beispiel weniger Menschen einen **bedeutsamen Ausschnitt aus dem Großen-Ganzen**.
Um seine These der unterschiedlichen Wirkungsabsichten der beiden Gattungen zu stützen, zitiert er **konkrete Beispiele aus der Weltliteratur**. Mit wertenden Formulierungen wie „dozieren" (Z. 23), „kein einziger lähmender Fachbegriff" (Z. 26 f.) und „knappe[r] Dialog" (Z. 28) sollen die Beispiele zeigen, dass der Roman in seiner Ausführlichkeit dem Leser „Nachhilfeunterricht" in umfassenden Lebensbereichen wie Geschichte oder Naturwissenschaft erteile, während eine Kurzgeschichte **komplexere Zusammenhänge** nicht darstelle, sondern **nur andeute** und damit den Leser ernst nehme. Politik, Natur und Wissenschaft der echten Welt dienten der Kurzgeschichte dabei nur als Leinwand, als Hintergrund einer kurzen, poetischen Geschichte, die exemplarisch alles andere sichtbar mache, und somit „werden manchmal sogar aus Tropfen Meere" (Z. 31 f.). Die „Tropfen" stehen hierbei für einzelne Erzählungen, die sich in ihrer Wirkung und Tiefe zu einem ganzen „Meer" zusammenfügen und ausweiten können.
Nach diesem Rückgriff auf die **Wassermetaphorik**, die bereits im Titel anklingt, kehrt Biller wieder zurück in die eingangs erwähnte Kurzgeschichte und schildert szenisch den weiteren Fortgang des Gesprächs zwischen den Eheleuten. „Ist das nicht aufregend?" (Z. 45), fragt er und formuliert Fragen, die sich der Leser dieser Kurzgeschichte stellen könnte und die auf den existenziellen Hintergrund und komplexere Zusammenhänge der geschilderten Situation hinweisen, wie die Frage: „Darf man einen Kriegsverbrecher überhaupt lieben?"(Z. 47 f.).
Im letzten Abschnitt des Auszugs geht Biller auf die **Rezeptionshaltung der Leser unterschiedlicher literarischer Gattungen** ein. Während Leser von Kurzgeschichten seiner Meinung nach Fragen stellen, zum Nachdenken angeregt werden möchten und dadurch „noch klüger" (Z. 50) werden, wollen Leser von Romanen Antworten, in ein anderes Leben eintauchen, sich in andere Gestalten verwandeln, ohne daraus Konsequenzen für das eigene Leben ziehen zu müssen.
Abschließend schildert Biller anschaulich am Beispiel seiner **eigenen abendlichen Leseerfahrung** sein Desinteresse am Inhalt eines dicken Romans, der „wie ein Mühlstein" (Z. 59) auf seinem Nachttisch liege und stellt dieser negativen Darstellung den „**Verstehensflash**" (Z. 62) gegenüber, den ihm die Lektüre einer kurzen Erzählung ermögliche, die ihm ein neues Verständnis des Lebens eröffne und in ihm Lebens- und Lesefreude auslöse.

## 2. Teilaufgabe

*In der zweiten Aufgabe wird von Ihnen erwartet, dass Sie sich an die Textvorlage anknüpfend argumentativ mit dem vorgegebenen Thema auseinandersetzen. Im Gegensatz zur textgebundenen Erörterung wird Ihnen eine bestimmte Kommunikationssituation vorgegeben, die Sie beim adressatenbezogenen Schreiben unbedingt beachten müssen. Sie nehmen dabei eine* ***Rolle*** *ein. In der vorliegenden Aufgabe ist es die eines Lektors bzw. einer Lektorin in einem belletristischen Verlag. Außerdem wird eine bestimmte* ***Textsorte*** *gefordert, hier eine Rede, die in einem vorgegebenen Kontext (auf einer Redaktionskonferenz) gehalten werden soll. Diese Vorgabe hat Auswirkungen auf den Stil und den Inhalt Ihres Textes.*
*Eine* ***Rede*** *ist ein zum mündlichen Gebrauch bestimmter Text und richtet sich an einen speziellen Zuhörerkreis. Ziel der Rede ist es, die Zuhörer zu beeinflussen, sie von Ihrem Standpunkt zu überzeugen.*

*Stellen Sie sich zur Verdeutlichung der **Kommunikationssituation** folgende Fragen: An wen richten sich meine Ausführungen? Vor welchem Publikum spreche ich? Welche Interessen vertrete ich? Welche Vorkenntnisse und Interessen kann ich bei meinen Zuhörern voraussetzen? Welches Ziel verfolge ich mit meiner Rede? Ob Sie nun für Kurzgeschichten oder Romane plädieren, bleibt Ihnen überlassen. Wählen Sie am besten die Position, zu der Ihnen die stichhaltigsten Argumente einfallen.*
*Berücksichtigen Sie im vorliegenden Fall, dass Sie vor Fachkollegen sprechen und als Lektor die Interessen des Verlages (also möglichst hohe Verkaufszahlen) vertreten.*
*Machen Sie sich das **Thema** Ihrer Rede klar: Bei der vorliegenden Aufgabe geht es um die Frage, ob Kurzgeschichten mehr gelesen und gekauft werden als Romane.*
*Bevor Sie Ihre Rede verfassen, müssen Sie sich überlegen, welchen **Standpunkt** Sie vertreten wollen und welche Argumente diesen Standpunkt stützen. Machen Sie sich dazu zunächst **Notizen**. Lesen Sie den Ausgangstext noch einmal und überlegen Sie, welche Aspekte Sie in Ihrem eigenen Text verwenden wollen. Sie können Argumente Billers übernehmen, ergänzen oder Gegenargumente anführen. Gibt es eventuell Zitate, die Sie nutzen könnten? Sammeln Sie anschauliche, aussagekräftige Beispiele. Beziehen Sie auch Argumente der Gegenposition mit ein, die Sie in Ihrer Rede entkräften.*
***Gliedern** Sie anschließend Ihre Notizen in Einleitung, Hauptteil und Schluss. Sprache und Stil der Rede müssen nicht nur sachlich sein; neben informativen Aspekten und sachlichen Argumenten setzt eine Rede auch manipulative **sprachliche Mittel** ein, wie rhetorische Fragen, Provokationen, Polemik, Übertreibungen, emotionalisierende Vergleiche o. Ä.*
*In jedem erörternden Text, aber ganz besonders in der mündlich vorgetragenen Rede kommt dem **Schluss** eine große Bedeutung zu, da dies der letzte Eindruck ist, den die Zuhörer aufnehmen, und er daher entscheidend für die Wirkung der Rede ist.*

Sehr geehrte Chefredakteurin, liebe Kolleginnen und Kollegen,

wie in jedem Jahr sind wir auch heute wieder zusammengekommen, um über das Verlagsprogramm im nächsten Jahr zu entscheiden. Bevor wir uns mit der Auswahl bestimmter Titel und Autoren beschäftigen, sollten wir uns die grundsätzliche Frage stellen, ob der Verlag sich künftig stärker auf die Veröffentlichung von Kurzgeschichten als von Romanen konzentrieren sollte.
Maxim Biller, der mich mit einem Plädoyer für die Kurzgeschichte im „Spiegel" zu diesen Gedanken angeregt hat, schreibt: „Ein guter Roman ist bloß ein sehr dickes Buch, das im Regal steht, und irgendwann nimmt man es raus, man liest es, dann stellt man es wieder zurück und hat das meiste, was drin war, vergessen" (Z. 11 ff.). Ein vernichtendes, vorschnelles Urteil über den Roman, mögen Sie jetzt denken und ich gebe Ihnen recht. Ein guter Roman ist sicher immer noch der Lektüre wert und kann durchaus im Gedächtnis der Leser haften bleiben. Das Problem besteht meiner Ansicht nach nicht darin, dass die Leser aus der Lektüre eines guten Romans keinen Nutzen ziehen, sondern dass kaum noch „gute Romane" gelesen werden. Warum?
Ich möchte Sie dazu einladen, die Perspektive unserer Kunden, der Buchleser, einzunehmen. Welche Art Bücher werden gekauft und wahrscheinlich auch gelesen? Ein Blick auf die Bestseller-Listen zeigt, dass Krimis wie „Glennkill", Thriller wie „Sakrileg", Fantasy wie die Harry-Potter-Bände, Liebesromane und historische Romane sich ungebrochener Beliebtheit erfreuen. Damit geben die Leser selbst eine Antwort auf die Frage „Warum lese ich einen Roman?": Ich möchte unterhalten werden, von meinem Alltag entspannen, abtauchen in eine andere Welt, eine andere Perspektive einnehmen, mich mit fremden Schicksalen identifizieren, meiner Fantasie freien Lauf lassen, Spannung erleben.
Biller beantwortet die Frage nach den Motiven für die Lektüre eines Romans wie folgt: „Leser von Romanen wollen […] sich in einem Roman wie in einem anderen Leben bewegen, sie wollen sich in die Gestalten einer endlosen, komplizierten, tausendseitigen Geschichte ver-

wandeln, ohne das Risiko, dabei selbst draufzugehen oder sogar die eine große, radikale Wendung zum Glück vollziehen zu müssen, die sie sonst immer scheuen" (Z. 51 ff.).
Mein Eindruck ist, dass eine derart intensive Auseinandersetzung mit einem Roman nur für die wenigsten Leser gilt. Gefragt ist vielmehr Unterhaltungsliteratur, die sich schnell konsumieren lässt, ja geradezu durch eine Sogwirkung zu schneller Lektüre animiert. „Wenn Sie die ersten Seiten gelesen haben, werden Sie das Buch nicht mehr aus der Hand legen" – so lauten die zurzeit gängigen Werbetexte, die offenbar tatsächlich zum Kauf animieren.
Zeit ist also ein wichtiger Faktor. Zeit ist in unserer schnelllebigen Gesellschaft Mangelware. Die meisten Menschen klagen über Zeitmangel, sind familiär und beruflich so sehr eingespannt, dass sie nur in ihrem Urlaub oder allenfalls an Feiertagen dickere „Schmöker" lesen. Im Alltag übernehmen andere Medien, allen voran das Fernsehen, und vielfältige Freizeitangebote die Unterhaltungs- und Entspannungsfunktion. Zum Lesen bleiben vielen, wenn überhaupt, zehn Minuten vorm Einschlafen. Diese Zeit reicht nicht, um sich auf komplexe Romanhandlungen einzulassen und sich in den Erzählrhythmus eines dicken Romans hineinzufinden, geschweige denn intellektuell anspruchsvolle Gedankengänge nachzuvollziehen.
Demgegenüber scheinen Kurzgeschichten und Erzählungen sehr viel mehr dem heutigen Zeitgeist und dem gegenwärtigen Leseverhalten zu entsprechen. „Eine Erzählung – je kürzer, desto besser – zeigt einen oder zwei Menschen, die vor dem Hintergrund eines sehr gegenwärtigen Großen-Ganzen etwas sagen oder tun" (Z. 16ff.), so definiert Biller diese Textsorte. In der Tat sind Verdichtung, Prägnanz und die Beschränkung auf das Wesentliche entscheidende Charakteristika von Kurzgeschichten. Statt, wie Biller polemisch formuliert, die Welt auf fünfhundert Seiten zu erklären, werfen Kurzgeschichten in ihrer Offenheit Fragen auf. Statt „unentwegt Nachhilfeunterricht in Geschichte oder Naturwissenschaften oder was auch immer" (Z. 21 f.) zu erteilen, machen Kurzgeschichten am ausschnitthaften Beispiel komplexere Zusammenhänge spürbar und sind somit – um mit Wolf Dietrich Schnurre zu sprechen – „ein Stück herausgerissenes Leben".
So passt doch der verdichtete Blick auf eine Beziehungskrise am Beispiel einer konkreten Alltagssituation besser in eine Zeit, in der Familienstrukturen und Rollenbilder sich zunehmend auflösen, als eine opulente Familiensaga. Wir leben nicht mehr in einer festgefügten Gesellschaft mit allgemein geltenden Wertvorstellungen wie zu Zeiten Fontanes oder Thomas Manns, die in ihren Romanen komplexe Gesellschaftsbilder nachzeichnen, sondern in einer Welt, die für viele durch Wertverlust und mangelnde Sinnorientierung gekennzeichnet ist. Vereinzelung, Bindungsangst, die Monotonie des Alltags, Arbeitslosigkeit, Existenzängste sind aktuelle Themen, die die Menschen berühren, ihre Sorgen widerspiegeln. Ebenso gilt es, in scheinbar alltäglichen Erlebnissen, im zwischenmenschlichen Bereich oder in der Natur Momente des Glücks zu erkennen. Texte, denen es gelingt, diese Erfahrungen zu vermitteln, müssen nicht lang sein, um dem Leser einen Perspektivwechsel und Identifikation zu ermöglichen. So ist doch häufig eine anschaulich geschilderte Situation mit der Konzentration auf ein oder zwei Personen viel eher geeignet, existenzielle Betroffenheit zu verdeutlichen, als komplizierte Handlungsstränge mit zahlreichen Personen.
Kurze Texte werden auch dem gegenwärtigen Leseverhalten sehr viel gerechter. Es braucht nicht viel Zeit, um in den Genuss guter Literatur zu kommen. Ich kann vor dem Einschlafen oder auf einer Zugfahrt eine Erzählung lesen, nicht aber einen ganzen Roman. Die Lektüre wird zu einem in sich geschlossenen Erlebnis und zieht sich nicht über Wochen hin. Ich muss nicht fürchten, in den nächsten Tagen keine Zeit zum Lesen zu haben und mich dann nicht mehr an die Personen und inhaltlichen Zusammenhänge erinnern zu können. Ein Sammelband mit Erzählungen ist ein Angebot, das ich nach Belieben nutzen kann, ein dicker Roman wird schnell zu einer Verpflichtung, die einzugehen ich mich scheue. Wenn ich in einem Roman den Faden verloren habe, wird das Lesen frustrierend, statt bereichernd und entspannend zu sein. Viele Menschen, zu denen auch ich mich zähle, brechen ungern die Lektüre von Büchern ab, sondern sind bestrebt, ein einmal begonnenes Buch auch durchzulesen. Je dicker der Roman, desto größer ist die Hemmschwelle, ihn zu beginnen. Wenn es mich „packt", fehlt mir

die Zeit zum Lesen oder für andere Dinge, fasziniert der Text mich nicht, zieht sich die Lektüre schleppend hin.
„Was weiß ich, was gestern in diesem neuen, dicken Philip-Roth-Buch passiert ist, das seit Monaten wie ein Mühlstein auf meinem Nachttisch liegt? Und was hatte es eigentlich mit mir zu tun?“ (Z. 58 ff.) So formuliert Biller treffend eine Haltung zu einem dicken „Wälzer“ der Hochliteratur, die sicherlich viele teilen.
Erzählungen von Kafka, Hemingway, Peter Bichsel, Judith Hermann oder Maxim Biller sind dagegen eher wie ein guter Kinofilm. Ich sehe die Welt für eine begrenzte Zeit aus anderer Perspektive, nehme teil an einem anderen Leben als dem meinigen, identifiziere oder distanziere mich, lache oder weine. In jedem Fall weiß ich aber, wenn ich das Kino verlasse, dass der Film zu Ende ist. Wenn er gut war, denke ich auch in den nächsten Tagen noch an einzelne Szenen oder Personen und sehe vielleicht auch das eine oder andere in meinem Leben mit anderen Augen.
Da ich diese Erfahrung auch unseren Lesern wünsche, plädiere ich für eine stärkere Berücksichtigung von Erzählungen und Kurzgeschichten in unserem Verlagsprogramm. Vorstellbar sind Sammelbände kurzer Texte eines Autors bzw. einer Autorin oder Sammlungen von Texten verschiedener Autoren zu einem Thema. Entscheidend ist, das Angebot an kurzen Texten zu erweitern, in der Hoffnung, dass sich mehr Leser auf diese Texte einlassen und vor dem Einschlafen nach der Lektüre einer abgeschlossenen Erzählung Maxim Biller zustimmen, wenn er schreibt: „Ich weiß plötzlich wieder genau, dass das Leben nur ein anderes Wort für Verzweiflung oder Glück ist, je nachdem, und dann lösche auch ich das Licht und freue mich auf den nächsten Tag – und auf dieses schöne, leichte Buch, das ich gerade lese. Mehr kann man von Literatur als Leser nicht wollen“ (Z. 63 ff.).

Ich danke für Ihre Aufmerksamkeit.

### 3. Teilaufgabe

*In der dritten Aufgabe sollen Sie die von Ihnen gewählte Argumentations- und Schreibstrategie erläutern. Sie kommentieren Ihren eigenen Text und zeigen damit, dass Sie Inhalt und Aufbau der Rede bewusst gestaltet haben und die eingesetzten rhetorischen Mittel und deren Funktion benennen können. Zu diesem Zweck sollten Sie Ihre Notizen ebenfalls heranziehen und Ihren Text aufmerksam lesen. Sie sollten Ihren eigenen Argumentationsgang am besten chronologisch beschreiben und die sprachlichen Mittel zusammenfassend benennen. Auch in dieser Aufgabe ist nicht etwa eine Paraphrase des gesamten Textes gefragt, sondern der Blick auf den Text, der in seiner grundlegenden Struktur beschrieben werden soll. Gliedern Sie auch in dieser Aufgabe Ihre Ausführungen und achten Sie darauf, dass Sie sich sachlich zu Ihrem eigenen Text äußern. Nicht gefragt ist die selbstkritische Bewertung des eigenen Textes.*

Einleitend nenne ich den **Redeanlass, das Thema** und stelle den Bezug zu dem Artikel von Maxim Biller her. Die zitierte Äußerung Billers zum Roman soll provozierend wirken. Ich spreche die Zuhörer direkt an, um ihre Aufmerksamkeit zu erhalten, führe deren mutmaßlichen Widerspruch zu Billers Ansicht an und leite zu der für den Verlag wichtigen **Frage** über, **warum Romane gelesen werden**. Für die Argumentationsstrategie von zentraler Bedeutung ist der **Perspektivwechsel zum Leser**. Während Biller in seinem Artikel von der Intention und der Wirkung des jeweiligen Textes ausgeht, legt die Rede den Fokus auf die Leser, deren Interessen das Verlagsprogramm bestimmen. Als **Faktenargument** für die Vorlieben der Leser dienen die **Bestseller-Listen**, die für jeden Verlag von Bedeutung sind. Aus den Ergebnissen werden Rückschlüsse auf die Lesemotivation der Buchkäufer gezogen und einem weiteren Biller-Zitat gegenübergestellt. Mir geht es dabei weniger um die Frage des Anspruchs der jeweiligen Textsorte, sondern mehr darum, das **konkrete Leseverhalten der Kunden** zu **betrachten**. Die Bedeutung des **Zeitfaktors** betone ich durch die Anapher „Zeit“ und verweise auf die Funktion anderer Medien, die mit dem Buch konkurrieren.

Das Zeitargument, das gegen Romane spricht, ist zugleich ein Argument für kürzere Texte. Mit den Aspekten **Zeitgeist und Leseverhalten** sind meine wichtigsten Argumente für die Bedeutung von Kurzgeschichten genannt, die nachfolgend näher ausgeführt werden. Das Biller-Zitat zur Definition einer Kurzgeschichte gibt Gelegenheit, wichtige Kennzeichen von Kurzgeschichten aufzuführen und diese mit Billers polemischen Äußerungen zum Roman zu kontrastieren.
Die These, dass Kurzgeschichten eher dem **Zeitgeist** entsprechen, wird mit Beispielen zum Lebensgefühl und den Strukturen der modernen Gesellschaft belegt, die sich thematisch in Kurzgeschichten wiederfinden. Eine Aufzählung bietet Beispiele für „moderne" Themen, womit auf die **zeitgemäße Wirkung kurzer Texte** verwiesen wird.
Nach diesen inhaltlichen Argumenten folgen praktische Gründe, die dafür sprechen, dass kurze Texte eher dem **Leseverhalten heutiger Leser** entsprechen, die ich anschaulich an konkreten, situativen Beispielen belege. Dabei kontrastiere ich die Kurzgeschichte mit dem Roman und bringe eigene Leseerfahrungen mit ein, in denen sich die Zuhörer selbst wiederfinden sollen. Diesen Gedankengang rundet ein polemisches Zitat Billers ab. Demgegenüber beschreibt eine Aufzählung die Wirkung guter Kurzgeschichten, für die bekannte Autoren als Beispiel genannt und die mit guten Kinofilmen verglichen werden.
Am Schluss nehme ich durch die Formulierung „unsere Leser" wieder explizit die Perspektive des Verlages ein und plädiere ausdrücklich für meinen konkreten **Vorschlag**, **Kurzgeschichten stärker zu berücksichtigen**. Meine Rede schließt mit einem Zitat aus dem Biller-Artikel, das aus der Perspektive des Lesers die Wirkung von Kurzgeschichten ausgesprochen positiv darstellt. Das Zitat vereint die Frage von Anspruch und Intention der Textsorte mit dem Wohlbefinden des Lesers und erscheint mir daher im Kontext der Redaktionssitzung besonders geeignet, um meine Zuhörer von meinem Standpunkt zu überzeugen.

## Übungsaufgabe 1 zum adressatenbezogenen Schreiben auf der Basis untersuchenden Erschließens pragmatischer Texte

**Aufgabe**
Aus Anlass des 100-jährigen Schuljubiläums wird an Ihrem Gymnasium ein neues Medienkabinett eingeweiht. Als Schülersprecher/-in sind Sie gebeten worden, Ihre Perspektive auf dieses Ereignis bei der Einweihungsfeier in einer Rede vorzustellen.

**Arbeitsanweisungen**

1. Analysieren Sie die vorliegenden Materialien hinsichtlich ihrer Verwendbarkeit für die Rede zum Thema „Eröffnung des neuen Medienkabinetts zum 100-jährigen Schuljubiläum – ein Blick zurück nach vorn". Fertigen Sie dazu eine tabellarische Übersicht an, die inhaltliche Bezugspunkte in den einzelnen Beiträgen deutlich werden lässt.
2. Schreiben Sie die Rede.
3. Begründen Sie wesentliche inhaltliche und gestalterische Entscheidungen.

Hinweis: Die Aufgaben sind separat zu lösen. Den Schwerpunkt mit etwa der Hälfte der Gesamtleistung bilden die Ausführungen zu Aufgabe 2.

**Materialien**

Material 1: Albert Einstein: Rede zur Eröffnung der 7. Großen Deutschen Funkausstellung am 22. August 1930
Material 2: Dietrich Kerlen: Einführung in die Medienkunde – Auszüge aus der Einleitung
Material 3: Dietrich Kerlen: Einführung in die Medienkunde – Auszug aus dem III. Teil (Medienmoderne seit 1750), 7. Kapitel (Hörfunk)
Material 4: Jurek Becker: Das Verschwinden der Wörter
Material 5: Lehrplan Gymnasium Deutsch: Bildungs- und Erziehungsziele (Auszug)
Material 6: Lehrplan Gymnasium Deutsch: Klassenstufe 8 (Auszug)
Material 7: Infografik: So nutzen wir die Medien

**Material 1: Albert Einstein: Rede zur Eröffnung der 7. Großen Deutschen Funkausstellung am 22. August 1930**

„Verehrte An- und Abwesende! Wenn Ihr den Rundfunk höret, so denkt auch daran, wie die Menschen in den Besitz dieses wunderbaren Werkzeuges der Mitteilung gekommen sind. Der Urquell aller technischen Errungenschaften ist die göttliche Neugier und der Spieltrieb des bastelnden und grübelnden Forschers und nicht minder die konstruktive Phantasie des technischen Erfinders. Denkt an Oersted, der zuerst die magnetische Wirkung elektrischer Ströme bemerkte, an Reis, der diese Wirkung zuerst benutzte, um auf elektromagnetischem Wege Schall zu erzeugen, an Bell, der unter Benutzung empfindlicher Kontakte mit seinem Mikrophon zuerst Schallschwingungen in variable elektrische Ströme verwandelte. Denkt auch an Maxwell, der die Existenz elektrischer Wellen auf mathematischem Wege aufzeigte, an Hertz, der sie zuerst mit Hilfe des Funkens erzeugte und nachwies. Gedenket besonders auch Liebens, der in der elektrischen Ventilröhre ein unvergleichliches Spürorgan für elektrische Schwingungen erdachte, das sich zugleich als ideal einfaches Instrument zur Erzeugung elektrischer Schwingungen herausstellte. Gedenket dankbar des Heeres namenloser Techniker, welche die Instrumente des Radio-Verkehres so vereinfachten und der Massenfabrikation anpaßten, daß sie jedermann zugänglich geworden sind.

Sollen sich auch alle schämen, die gedankenlos sich der Wunder der Wissenschaft und Technik bedienen und nicht mehr davon geistig erfaßt haben als die Kuh von der Botanik der Pflanzen, die sie mit Wohlbehagen frißt.

Denket auch daran, daß die Techniker es sind, die erst wahre Demokratie möglich machen. Denn sie erleichtern nicht nur des Menschen Tagewerk, sondern machen auch die Werke der feinsten Denker und Künstler, deren Genuß noch vor kurzem ein Privileg bevorzugter Klassen war, der Gesamtheit zugänglich und erwecken so die Völker aus schläfriger Stumpfheit.

Was speziell den Rundfunk anlangt, so hat er eine einzigartige Funktion zu erfüllen im Sinne der Völkerversöhnung. Bis auf unsere Tage lernten die Völker einander fast ausschließlich durch den verzerrenden Spiegel der eigenen Tagespresse kennen. Der Rundfunk zeigt sie einander in lebendigster Form und in der Hauptsache von der liebenswürdigen Seite. Er wird so dazu beitragen, das Gefühl gegenseitiger Fremdheit auszutilgen, das so leicht in Mißtrauen und Feindseligkeit umschlägt. Betrachtet in dieser Gesinnung die Ergebnisse des Schaffens, welche diese Ausstellung den staunenden Sinnen des Besuchers darbietet."

*Erstmals publiziert in: „Die Naturwissenschaften", Jahrg. 48/1961, Heft 2, S. 33*

**Material 2: Dietrich Kerlen: Einführung in die Medienkunde – Auszüge aus der Einleitung**

„Medium" ist ein schillernder Begriff. Ein Gegenstandsbezug zu einem klar identifizierbaren Objekt lässt sich im Fall von „Medium" deshalb nicht ausmachen, weil es sich um einen Beziehungsbegriff handelt: „Medium" bezeichnet lateinisch ‚die Mitte', also etwas, was „in medio", das heißt mitten zwischen zwei sich aufeinander beziehenden Gegenständen, existiert. Es ist offenkundig von diesen beiden Größen abhängig und von ihnen her erst zu definieren, hat also zunächst keinen Eigenwert. Erst als gestalteter Inhaltsträger zwischen Produzent und Rezipient, zwischen Gestalter und Nutzer gewinnt ein Medium Identität. Auch ist „Medium" nicht Gattungsbegriff von Gegenständen, weil schon auf der Gegenstandsebene keine Klarheit des Begriffes vorliegt. Die Palette der Definitionen, die wir in der Literatur finden, ist folglich kein Indiz für ungenaues Denken der Medienwissenschaftler, sondern erklärt sich aus ganz verschiedenen Hinsichtnahmen auf den Begriff, den es in der Sprache ja offenkundig gibt, und zwar – lateinischen Ursprungs – in vielen Sprachen der Welt. Seine Karriere in Deutschland ist erst jüngeren Datums: Weder im Lexikon *Geschichtliche Grundbegriffe* noch im *Historischen Wörterbuch der Philosophie* (beide Großwerke wurden in den 1960er-Jahren konzipiert) wurde dieser Begriff mit einem eigenen Eintrag behandelt. (S. 9)

[...]

Die Zunahme [in Bezug auf die Mediennutzung, W.M.] bei allen auf materiellen Trägern vermittelten Medien ist außerordentlich und rechtfertigt die Auffassung, wir lebten in einem Medienzeitalter. Schaut man auf das Leitmedium der Alltagswelt, so scheint das Personal der Fernsehsendungen unser Leben mehr zu berühren als die reale Nachbarschaft. Und die multimedialen Vernetzungen sind seit Jahren im Vordergrund der Aufmerksamkeit, weil sie vor allem die ökonomischen Verhältnisse grundlegend ändern. Dennoch sollten wir nicht vergessen, dass das Neue sich zu allen Zeiten in den Vordergrund drängt – ohne dass das immer schon Gültige deshalb verschwunden wäre. Diesen Grundsatz beachten wir in dieser Medienkunde insofern, als wir auf die Stetigkeiten der Mediennutzung aufmerksam machen. (S. 12 f.)

*In: Kerlen, Dietrich: Einführung in die Medienkunde. Ditzingen: Reclam 2003*

**Material 3: Dietrich Kerlen: Einführung in die Medienkunde – Auszug aus dem III. Teil (Medienmoderne seit 1750), 7. Kapitel (Hörfunk)**

[…]

Zur Einordnung des Hörfunks in die historische Entwicklung und die Systematik der Medienfunktionen: Das Übermitteln steht bei diesem Medium im Vordergrund. Fixieren und Speichern geschieht allenfalls zu Archiv- und Dokumentationszwecken, differenziertes Urteil und intellektuelle Sensibilität (früher in Hörspielen und Features gepflegt) werden heute in Nischenprogrammen angeboten. (S. 219)

[…]

Gilt als „Tagesbegleitmedium" das Fernsehen, so passt dieses Etikett erst recht auf den Hörfunk als „Nebenbeimedium". Fernsehen erfordert immer noch eine partielle visuelle Aufmerksamkeit, kann also kaum oder nur begrenzt alltägliche Aktivitäten begleiten. Der Hörfunk hingegen kann die Nutzer rund um die Uhr beschallen. Folglich sind das Auto (wo die Augen nicht abgelenkt werden dürfen), die Küche, die Werkstatt oder das Büro (wo Routine dominiert, nicht die Konzentration) die bevorzugten Orte, wo das Radio läuft. Diese Funktion ist primär die Übermittlung – auch wenn es im musikalischen Bereich auf gespeicherte Konserven zurückgreift. Es wird mehr und mehr zur Vermittlungsinstanz des „casual talk", bietet also – darin Teilen des Fernsehprogramms ähnlich – Alltagsverdopplung statt anspruchsvolle Botschaften. Diese sind auf Spartenhörfunk beschränkt. Seit der Einführung privater Hörfunksender in Deutschland hat sich die Werbewirtschaft dieses Mediums massiv bemächtigt. Die Werbespots werden gleichwertiger Teil des unterhaltenden Angebotsensembles.

[…]

Die Medienwirkungen des Hörfunks sind kaum auf der Inhaltsebene zu verorten, sondern auf der strukturellen. Der Umstand, dass der Funk eingeschaltet ist, wird zum Alltagsbegleiter und Stabilisator, verbannt Gefühle der Einsamkeit oder Langeweile, erzeugt wird indirekte Teilnahme an einer medial übermittelten Welt. (S. 220)

*In: Kerlen, Dietrich: Einführung in die Medienkunde. Ditzingen: Reclam 2003*

**Material 4: Jurek Becker: Das Verschwinden der Wörter**

[…]

Ich habe mich nie mit der Geschichte des öffentlich-rechtlichen Rundfunks befasst, aber ich glaube, dass zu Beginn so etwas wie ein Sendeauftrag gestanden haben muss. Und dabei dürfte es eine Rolle gespielt haben, der Bevölkerung eine gewisse Dienstleistung zu erweisen: sie über wesentliche Vorgänge auf dem Laufenden zu halten, sie auf eine Weise zu unterhalten, die nicht unbedingt die billigste sein muss, und womöglich ihren Sinn für Demokratie und Gerechtigkeit zu stärken oder zu wecken. Falls ich mich mit dieser Vermutung nicht täusche, lässt sich sagen, dass die Sender sich der ihnen zugewiesenen Arbeit zunehmend verweigern, ob nun aus Unfähigkeit oder aus Faulheit.

Der Rausschmiss der Wörter aus den Rundfunkprogrammen, man könnte auch sagen – der Rausschmiss der Gedanken, rührt also nicht nur daher, dass die Wünsche des statistischen Durchschnittshörers befolgt werden. Er hat seine Ursache vor allem in der Gedankenlosigkeit der Programmmacher. Auch wenn sie in Privatgesprächen gern zu verstehen geben, ihre Sendungen sähen anders aus, wenn es nach ihnen ginge, so folgen sie im Wesentlichen doch den eigenen Intentionen.

Der Druck, dem ausgesetzt zu sein sie vorgeben, existiert in Wirklichkeit nicht, und wenn doch, dann ist er nicht annähernd so groß, dass man ihm nicht widerstehen könnte. Nein, die Ansprüche, nach denen die Sender sich richten, sind nichts anderes als die Ansprüche der Leute vom Sender. Ich bezweifle aber, dass es ein demokratisch zu nennender Vorgang ist, wenn der erwähnte statistische Durchschnittshörer mehr und mehr zum Redakteur wird.

Das Hören von Worten, zumal von gescheiten, ist unverzichtbare Schule der Imagination (die Taubstummen mögen mir verzeihen, doch sie haben ihre eigenen Methoden). Dem Hörer bleibt nichts anderes übrig, als sich etwas vorzustellen, etwas richtig oder falsch zu finden. Er ist gezwungen, seinen Kopfinhalt einer Bewegung auszusetzen.

Den ganzen Tag Musik zu hören, Popmusik, wie es so viele junge Leute tun, oder Operette, wie eine meiner Nachbarinnen es tut, ist wie ein Sich-Sperren gegen Phantasie. Wahrscheinlich aber ist Phantasie eine wesentliche Voraussetzung, um mit seinem Leben fertig zu werden.

Der pausenlose Ausstoß von Musik hätte somit auch etwas Verantwortungsloses: Als wollte man die Hörer ruhigstellen wie die Insassen einer geschlossenen Anstalt für Verwirrte. Als sei es erstrebenswert, sie im Zustand der Denkstille zu halten, in einer Atmosphäre der Dumpfheit.

Und die Begründung, dass man auf diese Weise senden müsse, weil die Leute sonst zur Konkurrenz wechselten, ist geradezu schändlich. Es gibt Geschäfte, die nur ohne Rücksicht auf Verluste gemacht werden können – an denen muss ein vom Einzelnen zwangsweise bezahlter Rundfunk sich nicht beteiligen. Man nimmt, indem man das Programm den Debilensendern angleicht, den Hörern jede Alternative.

Oder man macht die Suche nach einer Alternative so mühselig, dass viele sie aufgeben. Man schafft den einzig überzeugenden Grund aus der Welt, sich ein öffentlich-rechtliches Rundfunksystem zu leisten.

Viele Fehlentwicklungen in unserem Land, zumal unter jungen Leuten, sehe ich mit dem Zustand des Rundfunks in Zusammenhang. Woran liegt es wohl, dass Nachdenken in den Ruf gekommen ist, lästig zu sein? Dass die Qualität einer Mitteilung an ihrem Unterhaltungswert gemessen wird? Dass die Bereitschaft, sich auf Erörterungen einzulassen, die länger als fünf Sekunden dauern, so rasant im Schwinden begriffen ist?

Es wird ringsum immer weniger verstanden und immer mehr empfunden – das ist die Methode der Sprachlosen, um den Bedrohungen des sogenannten Alltags zu begegnen. Man wird kaum ergründen können, welchen Anteil der Rundfunk daran hat; dass es diesen Anteil aber gibt und dass er nicht unerheblich ist, das halte ich für sicher.

Damit wird nichts anderes behauptet, als dass das allmähliche Verschwinden der Wörter von den Sendern mitverantwortlich für Rechtsradikalismus und Gewalthinwendung in unserer Gesellschaft ist. Und es stellt kein Gegengewicht dazu dar, wenn von Zeit zu Zeit der Moderator eines Jugendmagazins ins Mikrophon hinein sagt, Ausländerfeindlichkeit sei mega-out. Nicht so sehr das Ausbleiben von Orientierungshilfen ist das Problem, viel schwerer wiegt, dass die Fähigkeit verkümmert, sich selbst um Orientierung zu bemühen.

[…]

*In: DER SPIEGEL 2/1995 vom 09.01.1995*

**Material 5: Lehrplan Gymnasium Deutsch: Bildungs- und Erziehungsziele (Auszug)**

Die Schüler eignen sich systematisch intelligentes Wissen an, das von ihnen in unterschiedlichen Zusammenhängen genutzt und zunehmend selbstständig angewendet werden kann. *[Wissen]*

Sie erwerben Wissen über die Gültigkeitsbedingungen spezifischer Erkenntnismethoden und lernen, dass Erkenntnisse von den eingesetzten Methoden abhängig sind. Dabei entwickeln sie ein differenziertes Weltverständnis. *[Methodenbewusstsein]*

Sie lernen, Informationen zu gewinnen, einzuordnen und zu nutzen, um ihr Wissen zu erweitern, neu zu strukturieren und anzuwenden. Entscheidend sind Beschaffung, Umgang, Bewertung und Präsentation von Informationen. *[Informationsbeschaffung und -verarbeitung]*

Sie erweitern und vertiefen ihre Kenntnisse über Medien, Mediengestaltungen und Medienwirkungen. Sie lernen, mediengeprägte Probleme zu erfassen, zu analysieren und ihre medienkritischen Reflexionen zu verstärken. *[Medienkompetenz]*

Die Schüler erwerben Lernstrategien, die selbstorganisiertes und selbstverantwortetes Lernen unterstützen und auf lebenslanges Lernen vorbereiten. *[Lernkompetenz]*

Sie erwerben Problemlösestrategien. Sie lernen, planvoll zu beobachten und zu beschreiben, zu analysieren, zu ordnen und zu synthetisieren. Sie entwickeln die Fähigkeit, problembezogen deduktiv oder induktiv vorzugehen, Hypothesen zu bilden sowie zu überprüfen und gewonnene Erkenntnisse zu transferieren. Sie lernen in Alternativen zu denken, Phantasie und Kreativität zu entwickeln und zugleich Lösungen auf ihre Machbarkeit zu überprüfen. *[Problemlösestrategien]*

Sie entwickeln vertiefte Reflexions- und Diskursfähigkeit, um ihr Leben selbstbestimmt und verantwortlich zu führen. Sie lernen, Positionen, Lösungen und Lösungswege kritisch zu hinterfragen. Sie erwerben die Fähigkeit, differenziert Stellung zu beziehen und die eigene Meinung sachgerecht zu begründen. Sie eignen sich die Fähigkeit an, komplexe Sachverhalte unter Verwendung der entsprechenden Fachsprache sowohl mündlich als auch schriftlich stringent darzulegen. *[Reflexions- und Diskursfähigkeit]*

Sie entwickeln die Fähigkeit, effizient mit Zeit und Ressourcen umzugehen, sie lernen, Arbeitsabläufe zweckmäßig zu planen und zu gestalten sowie geistige und manuelle Operationen zu automatisieren. *[Arbeitsorganisation]*

Sie üben sich im interdisziplinären Arbeiten, bereiten sich auf den Umgang mit vielschichtigen und vielgestaltigen Problemen und Themen vor und lernen, mit Phänomenen mehrperspektivisch umzugehen. *[Interdisziplinarität, Mehrperspektivität]*

Sie entwickeln Kommunikations- und Teamfähigkeit. Sie lernen, sich adressaten-, situations- und wirkungsbezogen zu verständigen und erkennen, dass Kooperation für die Problemlösung zweckdienlich ist. *[Kommunikationsfähigkeit]*

Die Schüler entwickeln die Fähigkeit zu Empathie und Perspektivwechsel und lernen, sich für die Rechte und Bedürfnisse anderer einzusetzen. Sie lernen unterschiedliche Positionen und Wertvorstellungen kennen und setzen sich mit ihnen auseinander, um sowohl eigene Positionen einzunehmen als auch anderen gegenüber Toleranz zu entwickeln. Sie entwickeln interkulturelle Kompetenz, um offen zu sein, sich mit anderen zu verständigen und angemessen zu handeln. *[Empathie und Perspektivwechsel]*

Sie nehmen natürliche Lebensräume differenziert wahr, entwickeln Interesse und Freude an der Natur und lernen verantwortungsvoll mit Ressourcen umzugehen. *[Umweltbewusstsein]*

Die Schüler entwickeln ihre individuellen Wert- und Normvorstellungen auf der Basis der freiheitlich-demokratischen Grundordnung in Achtung vor dem Leben, dem Menschen und vor zukünftigen Generationen. *[Werteorientierung]*

Sie entwickeln eine persönliche Motivation für die Übernahme von Verantwortung in Schule und Gesellschaft. *[Verantwortungsbereitschaft]*

*In: Sächsisches Staatsministerium für Kultus und Sport: Lehrplan Gymnasium Deutsch, S. VIII f. Dresden 2004/2009/2011*

**Material 6: Lehrplan Gymnasium Deutsch: Klassenstufe 8 (Auszug)**

| **Kennen von Möglichkeiten des Hörfunks** | |
|---|---|
| Vorstellen unterschiedlicher Hörfunkprogramme | Zielgruppe, Themen, Inhalte, Besonderheiten des Sprachgebrauchs |
| Unterscheiden von Moderationstypen und Textsorten | Ansage, Überleitung, Zusammenfassung; Nachricht, Reportage, Interview |
| Vergleichen von Zeitungsmeldung und Hörfunknachricht | Wirkungsvergleich durch Umformen |
| Gestalten von Bausteinen für ein Hörfunkfeature | Festlegen eines Ablaufplans, Auswahl von Musik, Aufnahme von Sprechertexten, Zusammenstellen der Bausteine, Präsentation des Features, Arbeit in Gruppen |

*In: Sächsisches Staatsministerium für Kultus und Sport: Lehrplan Gymnasium Deutsch, S. 28. Dresden 2004/2009/2011*

**Material 7: Infografik: So nutzen wir die Medien**

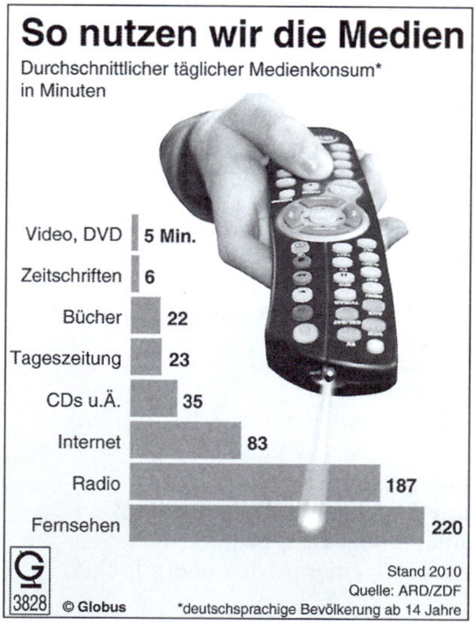


*picture-alliance/dpa-infografik*
*© dpa-infografik*

## Lösungsvorschläge

*Die hier vorliegende Aufgabe ist eine Variante des adressatenbezogenen Schreibens. Sie wurde in den vergangenen Jahren entwickelt, um Schülerinnen und Schülern durch die Art der Aufgabenstellung zu verdeutlichen, dass die im Deutschunterricht erworbenen Kompetenzen nicht dem Selbstzweck dienen. In lebensnahen Situationen nachgebildeten oder ihnen wenigstens nahekommenden Vorgaben können Sie unter Umständen auch eigene Erfahrungen wiederfinden.*
*Die Aufgabe erfordert zunächst eine Sichtung, Auswertung und Bearbeitung der vorgelegten Materialien. Dabei müssen der situative Rahmen (Redeanlass) und der Adressatenbezug berücksichtigt werden. Bei der Fülle der angebotenen Texte müssen Sie sich auf diejenigen konzentrieren, die Ihnen gemäß der Aufgabenstellung für den Redebeitrag am geeignetsten erscheinen. Das erfordert Kompetenzen im selektiven Lesen. Es wird nicht erwartet, dass Sie jeden Text genau analysieren. Stattdessen bietet der Lösungsvorschlag zur Aufgabe 1 hier zwei Arbeitsstufen an: zunächst die geforderte tabellarische Form der Basisinformationen in Stichpunkten (die einem Exzerpt nahekommt) und die darauf gründende zweite Auswahlstufe, deren Ergebnis hier durch Fettdruck hervorgehoben ist.*
*Bei der Bewertung der Gesamtaufgabe wird der gestaltende Teil 2 in der Regel am stärksten gewichtet. Dabei finden sowohl Kompetenzen aus dem Lernbereich „Gestaltung von Reden" als auch medienkundliche Kenntnisse sowie Ihre Reflexions- und Diskursfähigkeit Berücksichtigung.*
*In der abschließenden dritten Teilaufgabe sollen Sie Ihre Gestaltungsentscheidungen hinsichtlich Inhalt und Sprache begründen. Zusätzlich können Sie hier auch auf das verweisen, was es* ***nicht*** *bis in die Rede geschafft hat – es ist die Gelegenheit zu zeigen, wie strukturiert man vorgegangen ist und wie viel mehr man von seinen Fähigkeiten gern noch gezeigt hätte.*

### 1. Übersicht

| | |
|---|---|
| 1 Einstein-Rede | – „Verehrte An- und Abwesende!"<br>– **„Sollen sich auch alle schämen, die gedankenlos sich der Wunder der Wissenschaft und Technik bedienen und nicht mehr davon geistig erfaßt haben als die Kuh von der Botanik der Pflanzen, die sie mit Wohlbehagen frißt."**<br>– Techniker „machen auch die Werke der feinsten Denker und Künstler der Gesamtheit zugänglich und erwecken so die Völker aus schläfriger Stumpfheit"<br>– Rundfunk: „einzigartige Funktion … im Sinne der Völkerversöhnung" |
| 2 Medienkunde, Einleitung | – „als gestalteter Inhaltsträger zwischen Produzent und Rezipient, zwischen Gestalter und Nutzer gewinnt ein Medium Identität"<br>– **Medienzeitalter: „die multimedialen Vernetzungen … im Vordergrund der Aufmerksamkeit"** |
| 3 Medienkunde, Hörfunk | – „differenziertes Urteil und intellektuelle Sensibilität (früher in Hörspielen und Features gepflegt) werden heute in Nischenprogrammen angeboten"<br>– Hörfunk „kann die Nutzer rund um die Uhr beschallen"<br>– **„Alltagsverdopplung statt anspruchsvolle Botschaften"**<br>– „verbannt Gefühle der Einsamkeit oder Langeweile"<br>– erzeugt wird indirekte Teilnahme an einer medial übermittelten Welt |

| | |
|---|---|
| 4 Becker, Verschwinden | – „Gedankenlosigkeit der Programmacher"<br>– **„Das Hören von Worten … ist unverzichtbare Schule der Imagination".**<br>– „die Fähigkeit verkümmert, sich selbst um Orientierung zu bemühen" |
| 5 Lehrplan, Präambel | – intelligentes Wissen, differenziertes Weltverständnis, **medienkritische Reflexionen**, adressaten-, situations- und wirkungsbezogene Verständigung, **persönliche Motivation für die Übernahme von Verantwortung** |
| 6 Lehrplan, Klassenstufe 8 | – **Gestalten von Bausteinen für ein Hörfunkfeature**<br>– Festlegen eines Ablaufplans, Auswahl von Musik, Aufnahme von Sprechertexten, Zusammenstellen der Bausteine, Präsentation des Features, Arbeit in Gruppen |
| 7 Infografik | – Quelle: öffentlich-rechtliche Rundfunkanstalten<br>– **veranschaulicht (passive?) tägliche Mediennutzung, Medienkonsum → Inwiefern ist aktive Nutzung z. B. des Internets mit dem Begriff „Konsum" kompatibel?**<br>– undifferenzierte Altersstruktur („über 14 Jahre")<br>– 51 Minuten Printmedien vs. 530 Minuten elektronische Medien |

**2. Rede**

Sehr geehrte Anwesende, liebe Abwesende!

Die neuen Medien – und vor allem unser neues Medienkabinett – machen es möglich, dass ich sowohl unsere Gäste hier im Raum herzlich begrüßen, als auch euch, liebe Mitschülerinnen und Mitschüler, als die zukünftigen Nutzer dieser Einrichtung zu derselben ganz herzlich beglückwünschen kann.
In dieser Festwoche anlässlich des hundertsten Jahrestags der Schuleinweihung unseres Gebäudes nimmt die heutige Veranstaltung eine besondere Rolle ein. Sie bietet zum einen Gelegenheit, zurückzuschauen und derer zu gedenken, die den Grundstein für unser heutiges Handeln legten. In der Besinnung auf die Tradition unserer Schule liegt aber eben zum anderen auch die Chance, die Wege zu verfolgen, die wir bis hierhin gegangen sind und die uns die Richtung vorgeben, in der wir uns weiter bewegen wollen. So bietet die bewusste Reflexion von hundert Jahren Schulgeschichte am heutigen Tag auch die Gelegenheit, mit der Eröffnung des Medienkabinetts ebenfalls ein neues Kapitel dieser Schulgeschichte zu beginnen. Ohne diese Möglichkeit, der Tradition immer wieder auch Innovation hinzuzufügen, wären einhundert Jahre Chronik nicht zu schreiben gewesen.
Ohne diese Chronik jetzt im Einzelnen referieren zu wollen, sei darauf verwiesen, dass in diesen 100 Jahren nicht nur Schul-, sondern auch Mediengeschichte in exorbitantem Ausmaß stattgefunden hat. Als unsere Schule eingeweiht wurde, steckte der Film noch in den Kinderschuhen, der Rundfunk als Massenmedium war noch nicht einmal geboren. Wenn wir nicht die lange Geschichte des Gebäudes, sondern nur die unseres 1992 neu gegründeten Gymnasiums im Blick haben, so können wir den Siegeszug des Computers und des Internets vergleichend hinzuziehen.
Im vergangenen Jahrhundert wandelten sich nicht nur die Lebenswirklichkeiten, sondern auch die medialen Möglichkeiten, sich in diesen Lebenswirklichkeiten zu orientieren. Es liegt auf der Hand, dass diesen Veränderungen auch in den Lehrplänen Rechnung getragen wird. Während die meisten unserer Urgroßeltern überhaupt nur acht Klassen Schule hatten, dürften die Großeltern jedenfalls kaum über Filme und Hörspiele geredet haben im Unterricht. Der aktuelle Lehrplan hingegen sieht vor, „Bausteine für ein Hörfunkfeature" gestalten zu lassen.

Dafür sind neben den gestalterischen auch jede Menge technische Fähigkeiten nötig, was wiederum deutlich macht, in welcher Komplexität heute wir Schüler unseren Unterrichtsalltag bewältigen müssen. Der von uns erwartete Erwerb von „Lernkompetenz“ und „Problemlösestrategien“ bedeutet, dass jede Menge Selbstständigkeit und Eigenverantwortung gefragt sind. Wir sollen also aufhören, uns an Schablonen und Schemata zu orientieren, und uns stattdessen mehr des eigenen Verstandes bedienen als des Sachverstandes unserer Lehrer.
In einer Welt, die sich in einem „Medienzeitalter“ wähnt, in der Medien die Beziehungen zwischen den Individuen maßgeblich bestimmen und der Umgang mit und die sichere Beherrschung von Medien über Erfolg oder Misserfolg in der Schule und im Beruf entscheiden können, ist deshalb auch die Ausbildung der entsprechenden Medienkompetenz von kaum zu unterschätzender Bedeutung.
Immerhin gilt es zu bedenken, in welchem Umfang heutzutage Medien unseren Alltag bestimmen. Während nach einer Erhebung von ARD und ZDF die deutschsprachige Bevölkerung ab 14 Jahren täglich etwa eine Stunde mit dem Lesen von Zeitungen, Zeitschriften und Büchern verbringt, werden der Internetnutzung fast eineinhalb Stunden und dem – freilich oft schon kaum mehr bewusst wahrgenommenen – Konsum der Medien Rundfunk und Fernsehen drei bis vier Stunden gewidmet. Diese Zahlen beziehen sich auf das Jahr 2010; inzwischen dürfte eine weitere Verschiebung stattgefunden haben.
Diese Einstellung, Medien sozusagen nebenbei zu konsumieren, muss zunächst einmal erkannt und bewusst werden, um daraus Aufgaben für einen sinnvollen Mediengebrauch abzuleiten. Zum richtigen Umgang mit Medien zählt deshalb nicht allein, die richtigen Mausklicks oder Formatierungen zu beherrschen – nein, vor allem ist es wohl essentiell, über seine eigene Verantwortung dabei zu reflektieren. Welche Wirkung kann ich mit diesem Medium erzielen, wie beeinflusse ich damit – als Sender – denjenigen, dem ich meine Botschaft in dieser oder jener Form – als Empfänger – übermittle? Welche Wirkung hat ein Medienprodukt „Hörspiel“ heutzutage, wo die Rundfunkkanäle von Dudelmusik überschwemmt werden und Wortbeiträge unterzugehen drohen?
Welche Inhalte will ich mit meinen Worten transportieren, zu welchen Reaktionen möchte ich meine Zuhörer veranlassen? Das sind die Fragen, die sicher sogar wichtiger sind als die Kenntnis der richtigen Schnittstelle oder des neuesten Bearbeitungsprogramms.
Zugegeben: Ohne die notwendige Hardware bleibt Medienkunde eine rein virtuelle Angelegenheit. Wenn Einblicke in die Filmproduktion sich in der Erstellung von Drehbüchern erschöpfen, wird sich die Schülerbegeisterung in Grenzen halten. Wenn andererseits das neueste Equipment ohne ausreichende theoretische Fundierung zum Laufen gebracht werden soll, wird es mit der gleichen Sicherheit ein halbherziges Unterfangen bleiben.
Von dieser Annahme, dass man als User nicht nur die Benutzeroberfläche seiner Medien kennen, sondern auch Ahnung davon haben müsse, nach welchen Prinzipien sie funktionieren, ist übrigens schon Albert Einstein ausgegangen, als er zur Eröffnung der Funkausstellung im Jahre 1930 sagte: „Sollen sich auch alle schämen, die gedankenlos sich der Wunder der Wissenschaft und Technik bedienen und nicht mehr davon geistig erfasst haben als die Kuh von der Botanik der Pflanzen, die sie mit Wohlbehagen frisst.“
In diesem Sinne, meine ich, sollten wir einen vernünftigen Gebrauch von der uns heute zur Verfügung gestellten Technik machen wollen. Filme nicht bloß angucken, sondern sehen lernen, Hörspiele nicht nur hören, sondern selbst gestalten, und in medialen Netzwerken so auftreten, dass man auch in zwanzig Jahren noch dazu stehen kann.
Da ist genug Arbeit für uns alle.

### 3. Begründung

Die Aufgabenstellung erfordert es, verschiedene Texte zur Medienwahrnehmung und zur Schulwirklichkeit selektierend durchzuarbeiten, um eine anlassbezogene Rede im öffentlichen Raum Schule vorzubereiten.

Dazu habe ich mir die **Situation** vorgestellt, in der eine solche Einweihungsfeier stattfinden kann. In der Anrede „Sehr geehrte Anwesende, liebe Abwesende" nehme ich darauf Bezug, indem ich die geladenen Gäste (Schulleitung, Schulträger, Schulamt) mit der gehobenen Grußformel begrüße. Die „Abwesenden", die ebenfalls begrüßt werden, sind die Mehrzahl der Schüler und der Lehrer, die aber aufgrund der neuen Technik immerhin über Videoaufzeichnung und Beamer-Projektion an der Veranstaltung teilnehmen können.
Der erste Teil der Rede thematisiert den Anlass der Zusammenkunft im Rahmen der Festwoche zum 100-jährigen Bestehen der Schule. Dabei werden Gedanken zur Geschichte des Hauses und zur **Mediengeschichte** parallel geführt, um durch diese Analogie zum Hauptthema zu gelangen. Konkrete Beispiele (Film, Rundfunk, Computer) aus der Geschichte der Massenmedien werden durch Metaphern (Kinderschuhe, Geburt, Siegeszug) für den Zuhörer veranschaulicht. Dabei wird im Sinne Einsteins derer gedacht, „die den Grundstein für unser heutiges Handeln legten".
Davon ausgehend wende ich mich den **Lehrplänen** zu, die mit den darin festgelegten Lernzielen beschreiben, welchen Auftrag Schule im Hinblick auf eine an der Wirklichkeit orientierte Ausbildung hat. Dabei werden die abstrakten pädagogischen Fachbegriffe „Lernkompetenz" und „Problemlösestrategien" in die umgänglicheren Formulierungen von „Selbstständigkeit" und „Eigenverantwortung" übersetzt. Die Alliteration „Schablonen und Schemata" wird der Anspielung auf Kants berühmtes Aufklärungs-Motto (sich seines eigenen Verstandes bedienen) kontrastiv gegenübergestellt.
Um die Nutzung des eigenen Verstandes geht es auch in den folgenden Abschnitten. Dort wird einerseits Bezug genommen auf die Studie zur **Mediennutzung**, wobei die Aussagen zum Leseverhalten und zur Nutzung elektronischer Medien im Ansatz auch hinterfragt werden. Eine ausführlichere Erörterung wäre lohnenswert, dafür ist die Redesituation jedoch leider nicht der gegebene Anlass.
Stattdessen wird übergeleitet zum abschließenden Teil der Rede. Hier geht es weniger um die passive Nutzung der Medien (wie in der Studie), als vielmehr um Möglichkeiten und Anforderungen (durch den Lehrplan), sich selbst als aktiver Gestalter von Medien und medialen Inhalten zu verwirklichen. Der Hinweis auf fehlende Schülerbegeisterung bei der Erstellung von Drehbüchern kann als Hinweis darauf verstanden werden, dass man sich im Unterricht oft lediglich auf den Umgang mit Texten beschränkt, während die spannende technische Umsetzung aus verschiedenen Gründen (z. B. Zeitmangel, Hemmschwellen der Lehrkräfte) außen vor bleibt.
Zum Abschluss verweist das **Einstein-Zitat** zusammenfassend auf die Bedeutung einer bewussten Auseinandersetzung mit den neuen Medien. Die doppelte Antithese („Filme nicht bloß angucken, sondern sehen lernen, Hörspiele nicht nur hören, sondern selbst gestalten") greift den mediengeschichtlichen Ansatz vom Beginn wieder auf. Mit dem Verweis auf die sozialen Netzwerke endet die Rede in der unmittelbaren Gegenwart und schließt mit einer in die Zukunft gerichteten Forderung nach einem vernünftigen Gebrauch von Facebook & Co.

## Übungsaufgabe 2 zum adressatenbezogenen Schreiben auf der Basis untersuchenden Erschließens pragmatischer Texte

**Aufgabe**
Im Rahmen einer Projektwoche hat sich Ihr Deutschkurs mit der Entwicklung der deutschen Sprache auseinandergesetzt. Das Ergebnis dieser Woche soll in einer Projektzeitung zusammengefasst und veröffentlicht werden. Sie möchten dazu einen Kommentar zum Thema „Hat die deutsche Sprache überhaupt noch eine Zukunft? – Aktuelle Tendenzen im Deutsch der Gegenwart“ beitragen.

**Arbeitsanweisungen**

1. Strukturieren Sie die in den vorliegenden Materialien zum oben genannten Thema „Hat die deutsche Sprache überhaupt noch eine Zukunft? – Aktuelle Tendenzen im Deutsch der Gegenwart“ vorgebrachten Argumente in einer Tabelle.
2. Schreiben Sie auf der Grundlage der Materialien und Ihres Wissens aus dem Alltag und des Deutschunterrichts den Kommentar für die Projektzeitung.
3. Erläutern Sie wesentliche Aspekte der inhaltlichen und sprachlichen Gestaltung.

Hinweis: Die Aufgaben sind separat zu lösen. Den Schwerpunkt mit etwa der Hälfte der Gesamtleistung bilden die Ausführungen zu Aufgabe 2.

**Materialien**
Material 1: Peter Schlobinski: Fremde Wörter: Verfällt die deutsche Sprache?
Material 2: Rudolf Grimm: Deutschstunde für Werber
Material 3: Jens Jessen: Die verkaufte Sprache
Material 4: Zeit der Leser: Mein Wort-Schatz
Material 5: Uwe Hinrichs: Hab isch gesehen mein Kumpel
Material 6: Infografik: Mit vielerlei Zungen

### Material 1: Peter Schlobinski: Fremde Wörter: Verfällt die deutsche Sprache?

Zu inkriminierender Aufkleber *(Sticker): Fasten seat belt.* 50 DM Strafe für jeden Taxifahrer, der diesen Aufkleber in seinem Taxi anbringt, forderte unlängst der Vorsitzende des Vereins deutsche Sprache, Walter Krämer, der sich den Kampf gegen Anglizismen auf die Fahne geschrieben hat. Damit nicht genug. Im April dieses Jahres schlug der Innensenator Berlins, Eckart Werthebach, ein Sprachreinigungsgesetz nach französischem Vorbild vor, um die Flut der englischen Fremdwörter einzudämmen. Zu einem Gesetzesentwurf kam es nicht, aber: Die Diskussion um Sprachverfall versus sprachliche Variation und Sprachwandel, Sprachpurismus versus Sprachpflege fand nunmehr in der Medienöffentlichkeit statt. Sind ‚fremde‘ Wörter die Gastarbeiter der deutschen Sprache oder kolonisieren sie das Deutsche, sind sie Fremde und dringen in das Deutsche ein und zerstören seine Grundstrukturen?

Wenn man laienlinguistischen und populistischen Meinungen glauben darf, ist es um die deutsche Sprache schlecht bestellt, denn sie „ist von Verwirrung bedroht. Sie wird bis zum Verlust der allgemeinen Verständlichkeit verändert und mit fremdem Sprachgut vermischt“, schreibt Gerhard Illgner in dem im letzten Jahr erschienenen Band *Die deutsche Sprachverwirrung. Lächerlich und ärgerlich: Das neue Kauderwelsch.* Und in der Tat: sind nicht Wörter wie *light, Customer Service, Event, Trailer, downloaden* überflüssige, weil kaum verständliche Wörter, die zudem nicht in das grammatische System des

Deutschen passen? Das Joghurt (früher Yoghurt, türkisches Lehnwort) ist *light*, aber gibt es ein *lightes* Joghurt? Wie ist der Plural von *Datscha* und *Trailer*, heißt es *downgeloadet* oder *gedownloadet*? Dass Wörter fremdsprachlicher Herkunft nicht in das deutsche System integriert werden können und seine Tiefenstrukturen beschädigen, ist ein hartnäckiges Vorurteil, das der bekannte Grammatiker Peter Eisenberg mehrfach widerlegt hat. Ein *lightes* oder *lighter Joghurt* klingt vielleicht ungewöhnlich, aber die Bildung ist regelmäßig, wenn auch das Genus schwankend ist. *Datschas* ist die normale Pluralform bei auf Vollvokalen endenden Lehnwörtern, wenn auch *Datschen* möglich ist. Analog zu *runtergeladen* wird *downgeloadet* gebildet. Die Bildung komplexer Wörter wie *Fahrzeugservice, interneterfahren, megacool* bildet ebenso kein Problem wie die lautliche und orthografische Integration: *Tip/Tipp, getimed/getimt,* in jedem Falle gesprochen „geteimt". Probleme bei der Bildung wie z. B. *geupgradet* versus *upgegradet* sind keineswegs typisch für Fremdwörter, sondern hausgemachte, man vergleiche *gebauspart* vs. *baugespart*, zu *bausparen* vs. *bauzusparen*. Mit der Integration von fremden Wörtern gibt es keine ernst zu nehmenden Probleme. Erstaunlich ist vielmehr, wie reibungslos die Integration erfolgt und wie wenig Zweifelsfälle es gibt.

Ein zweites Vorurteil besteht darin, dass es zu einer „Überflutung, Überschwemmung" durch Fremdwörter, insbesondere Anglizismen komme. Seit 1945 sind allerdings allenfalls etwa 3 500 englische Wörter in den Allgemeinwortschatz aufgenommen worden. Viele der als überflüssig beklagten Anglizismen sind Fachwörter (Computerwortschatz, Wirtschaftswissenschaften) oder begegnen uns für kurze Zeit in der Werbung, in der Mode, in der Popmusik, um dann ebenso sang- und klanglos zu verschwinden wie die *Radio-DDR-Tip-Parade*. Andererseits: Viele Wörter sind so fest im Wortschatz des heutigen Deutsch verankert, dass sie als Entlehnungen weder bekannt noch bewusst sind, wie zum Beispiel aus dem deutsch-lateinischen Sprachkontakt *Mauer* und *Straße*, *Fenster* und *Keller*, *Apfel* und *Birne*.

[…]

Wie wir sprechen bzw. schreiben ist immer auch Ausdruck unserer Haltung gegenüber anderen Sprechern, unseren Zielen, die wir zu erreichen suchen, unseren sprachästhetischen Vorstellungen, unserer kulturellen Zugehörigkeit. Man mag englische und französische Modewörter gut finden oder nicht, man mag englische Fachtermini an der Börse für angemessen halten oder nicht, man sage Fahrkarte anstelle von Ticket und Droschke statt Taxi. Man kritisiere Worthülsen und Plastikwörter, engagiere sich für das Deutsche als Nationalsprache, spreche politisch korrekt und vermeide Vulgarismen – all dies sei jedem freigestellt. Aber man lasse die deutsche Sprache sich entwickeln, frei von Sprachreinigungsgesetzen und sprachdiktatorischen Listen auszumerzender Fremdwörter. Denn „Sprache ist ein wichtiges Element der Demokratie", heißt es in einer kürzlich publizierten Stellungnahme der Gesellschaft für deutsche Sprache zur Diskussion um das Sprachreinigungsgesetz. „Mündigen Bürgerinnen und Bürgern sollte es vorbehalten bleiben, Sprache in ihrem Sinne einzusetzen." (15.5.2001)

*In: Schlobis Linguistic Corner/Leibniz Universität Hannover (http://www.linguistic-corner.uni-hannover.de/_fremdewrter.html), 08.01.2010*

## Material 2: Rudolf Grimm: Deutschstunde für Werber

***Sprachkultur.*** *Firmen gehen zunehmend zu deutschen Werbesprüchen über. Das soll das Verständnis fördern und den Verkauf ankurbeln.*

Einst warb McDonald's mit dem Spruch „Every time a good time" für seine Hamburger – mittlerweile spricht selbst die ur-amerikanische Fast-Food-Kette ihre Kunden in Deutsch an: „Ich liebe es", heißt der neue Slogan. Eine Entwicklung, die bei vielen Unternehmen zu beobachten ist: Englisch ist in der deutschen Werbung auf dem Rückzug.

Über die möglichen Gründe wird viel spekuliert: Hat die in Deutschland seit dem Irakkrieg beobachtete amerikakritische Stimmung einen sprachlichen Nebeneffekt gehabt? Sind die Menschen von der Häufung von Anglizismen im Allgemeinen und in der Werbung im Speziellen genervt? Werden englische Werbesprüche möglicherweise von einem Teil der Bevölkerung nicht oder falsch verstanden?

Auf jeden Fall hat die Parfümeriekette Douglas im Oktober ihren besonders bekannten Slogan „Come in and find out" in „Douglas macht das Leben schöner" geändert. Das habe aber nichts mit den Ergebnissen von Studien über Anglizismen in der Werbung zu tun, versichert das Unternehmen. An anderer Stelle hält Douglas weiter an Anglizismen fest – das Magazin „Find out. Das Beauty-Magazin für Girls" erscheint nach wie vor drei Mal im Jahr mit diesem Titel – „ein Beleg dafür, dass wir unsere Kommunikation eigenständig gestalten und unseren Erfahrungen vertrauen können". Das Magazin verwendet als „Info-Guide" für junge Kundinnen besonders viele englische Wörter.

In einer Umfrage der Marktforschungsfirma Dialego in Kooperation mit dem „Handelsblatt" unter 1 000 Menschen hatte „Come in and find out" zwar unter den englischsprachigen Sprüchen den höchsten Bekanntheitsgrad, rangierte aber hinter der Bekanntheit von sieben deutschsprachigen. Die drei erstplatzierten unter 22 ausgewählten Unternehmen waren „Ich bin doch nicht blöd" (Media Markt), „Wohnst du noch oder lebst du schon?" (Ikea) und „Nichts ist unmöglich" (Toyota).

**Sprüche falsch übersetzt**

Doch nicht nur beim Bekanntheitsgrad, auch bei ihrer Entschlüsselung stoßen manche englische Begriffe an Grenzen. So untersuchte die Agentur „Endmark International Namefinding" im vergangenen Jahr das „Verständnis englischer ‚Claims' in Deutschland" mit Hilfe von persönlichen Interviews mit 1 104 Menschen. Dabei war „Every time a good time" der am besten verstandene Spruch. Es folgten „There's no better way to fly", „Come in and find out" und „Powered by Emotion" (Sat.1). Manche Befragte hatten die Sprüche aber auch komplett falsch gedeutet. „Come in and find out" wurde mit „Kommen Sie rein und finden Sie wieder raus" übersetzt. „Drive Alive" von Mitsubishi wurde auch verstanden als Aufforderung, die Autofahrt zu überleben. „Powered by Emotion" erinnerte manchen sogar an die Nazi-Parole „Kraft durch Freude". Von diesen Unternehmen haben seit der Untersuchung außer Douglas und McDonald's noch sechs andere inzwischen deutschsprachige „Claims". Zum Beispiel Lufthansa: „Alles für diesen Moment" oder Sat.1: „Sat.1 zeigt's allen".

Ganz auf Wörter aus fremden Sprachen kann die Werbung nach Auffassung des Douglas-Sprechers Michael Rotermund kaum verzichten. Dies gelte erst recht für die Parfümbranche, da die Kommunikation dort nun einmal vielfach in „weltläufiger" englischer und französischer Sprache stattfinde.

Der Werbepraktiker und -agenturchef Kay Tangermann sieht das jedoch ein wenig anders: „Heute Englisch zu sprechen, ist kein Zeichen von Weltläufigkeit, Englisch ist im Computer- und Internet-Zeitalter zu einer Arbeitssprache geworden." Anglizismenfülle führt nach seiner Auffassung zur „Standardisierung, Gleichschaltung und damit zur Abstumpfung". (dpa)

*In: Sächsische Zeitung, Ausgabe Dresden, 15. 11. 2004*

## Material 3: Jens Jessen: Die verkaufte Sprache

Aus dem Kreis der Weltsprachen ist das Deutsche schon verschwunden. Nun wird es auch in seiner Heimat zum Sanierungsfall.

Es gibt einen Typus des übellaunigen, heimattümelnden Sprachschützers, dem man nicht im Dunklen begegnen möchte. Aber es gibt auch Gründe, im hellen Mittagslicht der aufgeklärten Vernunft Sorge um den Bestand der deutschen Sprache zu empfinden. Warum ist auf Bahnhöfen kein Schalter für Auskünfte, sondern ein *Service Point?* Was hat der englische Genitiv-Apostroph in *Susi's Häkelstudio* zu suchen? Welcher Teufel trieb eine deutsche Wissenschaftsministerin zu einer Kampagne mit dem Motto „*Brain up*", was weder auf Deutsch noch auf Englisch Sinn ergibt?

Die Überflutung mit englischen Wendungen ist nur ein, wahrscheinlich der kleinste Teil des Problems. Der größere Teil besteht in ihrer kenntnislosen Aneignung zu dekorativen Zwecken. Viel spricht dafür, den Geist einer aufschneiderischen Werbung dabei am Werk zu sehen. Die deutsche Bahn will sich nicht nur technisch modernisieren; sie will auch modern wirken. Dass ihre sprachliche Modernisierung ein *fake* ist (um ein gutes englisches Wort zu verwenden), scheint ihr egal zu sein. Ähnliches gilt für ihre Neigung, jede Neuigkeit à tout prix *kommunizieren* zu müssen, anstatt sie einfach mitzuteilen.

Der Ausdruck *à tout prix* ist übrigens aus einer älteren Epoche überkommen. Den Import von französischen Wendungen des 18. Jahrhunderts hat das Deutsche allerdings gut überstanden. Die meisten Ausdrücke sind wieder verschwunden; die übrigen haben sich bis zur Unkenntlichkeit in den Wurzelbestand des Deutschen eingemoost. Von der erfolgreichen Anverwandlung zeugt sogar die Wortbildung: Die Endung *-ieren,* die ursprünglich dazu diente, französische Verben einzudeutschen *(parlieren),* wurde bald auch zu Neubildungen mit deutschen Wortstämmen benutzt *(spintisieren, verlustieren).*

Um sprachschützerische Einfalt von berechtigter Sorge zu trennen, muss man sich klarmachen, dass Deutsch seit Langem eine Hybridsprache ist, die nicht nur Fluten fremder Wörter aufgenommen hat, sondern auch in ihrer Grammatik mehrfach überformt wurde. Den Anfang machten Mönche des Mittelalters, die zahllose Lehnbildungen nach lateinischem Vorbild prägten – berühmtes Beispiel ist die Neubildung *Gewissen* nach lateinisch *conscientia.* Den zweiten Schub besorgten Humanismus und Reformation, als die Syntax dem Lateinischen anverwandelt wurde. Man vergleiche die einfachen Satzmuster des Mittelhochdeutschen mit dem Frühneuhochdeutschen, erst recht aber mit dem barocken Deutsch, in dem die Hypotaxen, die Partizipialkonstruktionen und Verschachtelungen geradezu explodieren. Die Sprache eines Kleist oder Hegel wäre ohne diese syntaktische Überfremdung nicht denkbar.

Daraus folgt freilich keine Entwarnung für die Gegenwart. Denn die früheren Übernahmen haben das Deutsche komplexer, reicher, intellektueller und expressiver, philosophischer und dichterischer, auch wissenschaftsfähiger gemacht. Unter dem Einfluss des globalisierten Englisch aber vollzieht sich eine geradezu atemberaubende Simplifizierung. Die englischen oder pseudoenglischen Ausdrücke kommen nämlich nicht einfach hinzu, sie ersetzen auch nicht nur deutsche Wörter, was schlimmstenfalls überflüssig wäre. Sie verdrängen vielmehr die natürliche Wortbildung des Deutschen, die keinerlei Schwierigkeiten mit Neologismen hätte, weil sie mit ihrer Leichtigkeit der Wortzusammensetzung sonst nur im Altgriechischen einen Vergleich hat.

Es scheint aber, dass die Eigenarten des Deutschen inzwischen selbst zum Ärgernis geworden sind, vielleicht schon als Standortrisiko gelten. Das Hauptärgernis lässt sich freilich nur schlecht leugnen. Es gibt, mit Schweiz, Österreich und Südtirol, kaum 100 Millionen Sprecher des Deutschen. Das Englische, jedenfalls in seiner globalisiert heruntergekommenen Spielart, wird dagegen auf der ganzen Welt verstanden. Es hat daher seine Logik, wenn sich der Gebrauch des Deutschen aus der Wissenschaft zurückzieht, die auf weltweiten Austausch angewiesen ist. Aber muss deshalb neu gegründeten Universitäten in Deutschland gleich das Englische als Unterrichtssprache aufgezwungen werden? Manches spricht dafür, dass hier nicht internationale Konkurrenz, sondern ein Zeitgeist-opportunismus am Werk ist, der das Deutsche wie eine überholte Technologie ablegen will. Denn es sind ja nicht Amerikaner, die uns ihre Wörter aufzwingen. Es sind Deutsche, die in ihrer Bewunderung für alles Amerikanische mit der transatlantischen Praxis zugleich die Begriffe dafür mitbringen – wie Geschenke, die glitzernd verpackt werden müssen, damit ihrem dürftigen Inhalt Respekt gezollt werde.

Es lohnt sich, bei der Psychologie des Sprachimporteurs zu verweilen. Es ist nicht deutscher Selbsthass, der ihn antreibt, wie manche Sprachschützer meinen. Der Sprachimporteur ist vor allem ein Marketingexperte in eigener Sache. Er will angeben mit der frisch erworbenen Kenntnis, er kehrt ins verschnarchte Dorf seines Ursprungs zurück und brilliert dort im Glanze seiner Glasperlen, die er den zurückgebliebenen Landsleuten andrehen will. Die Undeutlichkeit und die Euphemismen des Business-Englisch sind kein Mangel, sie sind die Voraussetzung des betrügerischen Tuns. So werden dem *Trainee* (deutsch: Lehrling) die *Karriere-Optionen* eröffnet (deutsch: Hoffnungen gemacht), zum *Asset Manager* (deutsch: Kaffeekocher) aufzusteigen. Unvergessen ist der Bertelsmann-Chef Thomas Middelhoff, dessen Lieblingsmotto „Speed, speed, speed" lautete und der selbst im internen Schriftverkehr seine leitenden Angestellten anwies, englisch zu schreiben.

Es ist nicht so, dass überpersönliche Mächte für den Unfug verantwortlich wären. Es sind identifizierbare Sprecher, die der Sprache Gewalt antun, und nur selten unterläuft es ihnen. In den allermeisten Fällen ist, was uns ärgert, auch beabsichtigt. Der Business-Schwafler will uns ein X für ein U vormachen. Der Vergleich mit den Glasperlen ist nicht zufällig gewählt. Der Sprachimporteur handelt mit Waren, die in ihrem Herkunftsland bereits als wertlos gelten. Über die Ausdrucksweise der PowerPoint-Präsentationen wird in den USA längst gespottet.

Der Geist eines ridikülen Marketings, der in der Managersprache steckt, will Exklusivität, die elitäre Anmutung eines arkanen Wissensvorsprungs. Den Zweck der Ausschließung teilt sie mit der Jugendsprache, der es seit alters darum geht, sich von der Erwachsenenwelt abzuschotten. Töricht wäre es, sich über Kürzel aufzuregen, die von den Eltern nicht verstanden werden – denn das ist ihr Sinn. Es fragt sich allerdings, was von Geschäftsleuten zu halten ist, die sich wie Kinder gebärden, die Erwachsene verblüffen und ärgern wollen.

Es liegt bei uns, die Antwort zu formulieren. Es liegt in der Macht jeden einzelnen Sprechers, die Zukunft des Deutschen zu gestalten. Das unterscheidet marodes Deutsch etwa von einem maroden Kernkraftwerk, das nur Experten reparieren können. Das Deutsche wird nicht sterben, es sei denn, die Deutschen wollen es. Es sei denn, sie kapitulieren vor der Werbung, vor der Geschäftssprache, vor dem kollektiven Hass auf alles Komplizierte, den die Medien nähren. Aber selbst wenn das Deutsche stürbe – es würde als tote Sprache weiterleben, als eine Art Griechisch oder Latein der Neuzeit. Die Zahl kanonischer Autoren, von Philosophen wie Dichtern, wird den Gelehrten das Deutsche immer attraktiv erhalten. Das ist vielleicht kein Trost – aber ein Gedankenspiel, das uns Heutigen Respekt vor der achtlos malträtierten Umgangssprache einflößen sollte.

*Jens Jessen. In: DIE ZEIT, 26.7.2007, Nr. 31*
*http://www.zeit.de/2007/31/Deutsch-Aufmacher*

## Material 4: Zeit der Leser: Mein Wortschatz

### Nr. 7, 09.02.2012:

„Aus dem **Nähkästchen** plaudern“: Wenn ich das höre, habe ich sofort bildlich vor Augen, wie eine Menge Frauen mit Nadel und Faden zusammensitzen und sich die Neuigkeiten aus Familie und Gesellschaft erzählen.

Peter Brandt, Berlin

Während meiner Tätigkeit als Lateinlehrerin kommt immer wieder der Moment, in dem das Wort *otium,* **Muße**, eingeführt wird, das schon immer mein lateinisches Lieblingswort war. Aber plötzlich fragen die Schüler: „‚Muße‘, was ist das?“ Das Wort ist ihnen ebenso unbekannt, wie es mir im gleichen Alter das Wort „Stress“ war. Ich versuche nun, nicht nur die Sache, sondern auch das Wort zu bewahren: Muße!

Hildegard Danner, Hamburg

### Nr. 8, 16.02.2012:

Der Student befindet sich immer im Zwiespalt: Was bezeichnet er als „Zuhause“, den Studienort oder das Elternhaus? Dank der kleinen sprachlichen Unterschiede innerhalb Deutschlands bin ich gegen dieses Problem gefeit: Ich bin in Norddeutschland zu Hause und in Süddeutschland **daheim**. So einfach kann es sein.

Sabine Volk, Tübingen

Bei unseren (fast) täglichen Scrabble-Partien freue ich mich, wenn ich eins der Wörter benutzen kann, die im Duden als „veraltet“ bezeichnet werden – veraltet wie wir selbst. So auch das Wort **Eidam**, obwohl sich dieses beim Scrabbeln nicht gerade empfiehlt mit seinem Missverhältnis zwischen Vokalen und Konsonanten. Ob unsere Nachkommen dieses Wort überhaupt noch kennen, weiß ich nicht. Ich stelle mir den Eidam jedenfalls als einen jungen, vielleicht auch nicht mehr ganz so jungen Mann vor, der, entsprechend gekleidet, bei den Eltern seiner Erwählten um die Hand ihrer Tochter bittet. Und natürlich hat er ein gesichertes Einkommen. Diesem Bild entsprechen die Vertreter dieser Spezies in unserer Familie nicht unbedingt, und trotzdem haben wir sie sehr gern.

Heide Harbarth, Darmstadt

Was die deutsche Sprache betrifft, bin ich keine Muttersprachlerin. Ein Leben lang außerhalb eines deutschsprachigen Raums lebend, bin ich eher eine Beobachterin. Aber ich habe auch meine Wort-Schätze. Der neueste stammt aus dem deutschen Fernsehen. Nie vorher habe ich solch ein schönes und lustiges deutsches Wort gehört wie vor Kurzem beim Wintersport schauen: **Skischuhschnalle**. Das Wort klingt so, als ob es sich die Dadaisten ausgedacht hätten. Meine achtjährige Tochter war genauso begeistert, noch bevor sie merkte, dass das Wort auch Semantik hat. Es lebe die Konsonanz!

Juliana Greňová, Nitra, Slowakei

*Aus: DIE ZEIT, Nr. 7, 09.02.2012, und Nr. 8, 16.02.2012, http://blog.zeit.de/zeit-der-leser/category/mein-wort-schatz/*

## Material 5: Uwe Hinrichs: Hab isch gesehen mein Kumpel. Wie die Migration die deutsche Sprache verändert hat

Menschen, die ihre Heimat verlassen, sei es aus Not oder aus Neigung, bringen außer ihren Hoffnungen auch ihre Sprache mit. Zu allen Zeiten und überall haben Einwanderer die Sprache ihres jeweiligen Gastlandes verändert. Überall war und ist dies ein kreativer, fruchtbarer Prozess. [...]

Seit den siebziger Jahren jedoch erleben die Deutschen zum ersten Mal, wie es ist, wenn das Leben im eigenen Land wirklich tiefgreifend von fremden Menschen, Kulturen und Sprachen mitgeprägt und der Alltag auf eine unübersehbare Weise vielsprachig wird. Vermutlich erahnen die meisten Deutschen auf der Straße, in der U-Bahn oder im Restaurant nicht einmal andeutungsweise, welche Sprache sie da gerade hören: Ob Türkisch oder Albanisch, Kurdisch oder Arabisch – das kann das ungeübte Ohr kaum entscheiden.

Aber wie hat der alltägliche Kontakt mit dem Türkischen, Arabischen, Serbischen, Bosnischen, Russischen, Kurdischen, Italienischen oder Englischen das Deutsche verändert? In großen Städten wie Berlin gibt es nicht Dutzende von Nationalitäten, sondern Menschen aus fast 200 Staaten und sicher genauso viele Sprachen und Dialekte. Diese Tatsache soll nichts relativieren, sondern nur darauf verweisen, dass Vielsprachigkeit bereits als solche sprachverändernd wirkt, ganz unabhängig davon, welche Sprachen und Sprachtypen gesprochen werden. Zweitens: Es verändert sich vor allem das gesprochene Deutsch, also die Umgangssprache, weil die alltägliche Mehrsprachigkeit fast ausschließlich mündlich auftritt. Das offiziöse Schriftdeutsch ist träge und spiegelt von den neuesten Veränderungsprozessen nur wenig wider (allenfalls in spontanen Fehlern), und so vergrößert sich die Distanz zwischen geschriebenem und gesprochenem Deutsch rapide. Und drittens: Der ständige Kontakt mit neuen, exotischen Fremdsprachen ist letztlich nur ein Motor des Sprachwandels, wenn auch ein mächtiger. Es gibt noch andere Faktoren, die wir aber hier nur benennen können: den Einfluss des Englischen und die Globalisierung; das Schnelligkeitsgebot im TV- und Radio-Entertainment; neue Kommunikationsarten wie Twitter und Facebook; schließlich die überall anwachsende Mehrsprachigkeit unter dem Dach der EU und ihrer Sprachenpolitik.

Dies alles muss man vorab bedenken, wenn man der zentralen Frage näher kommen will. Wie also haben die jüngsten Sprachkontakte das Deutsche verändert?

Zunächst ist der Sprachwandel eine natürliche Sache, und es gibt keine Sprache, die sich nicht veränderte. Hier steht auch das Deutsche in einer langen Tradition, die jeder Germanistikstudent durchdeklinieren muss: Althochdeutsch, Mittelhochdeutsch et cetera. Der Punkt ist aber, dass das Deutsche seit einigen Jahrzehnten einen rasant beschleunigten Sprachwandel durchläuft, weil es unter dem Einfluss vieler anderer gesprochener Sprachen steht. Die Veränderungen sind kontaktinduziert und gehen deshalb um ein Vielfaches schneller vor sich, als es ohne Fremdspracheneinfluss der Fall wäre.

Das Erste, was eine Sprache verliert, ist das, was sie für einfache Kommunikationszwecke mit fremden Sprechern am allerwenigsten benötigt: Das sind die Fälle, die Endungen und die Regeln ihrer Verknüpfung. Was man nicht braucht, das schleift sich schnell ab. […]

Das mehrsprachige Milieu kann auf korrekte Deklination und genaue Endungen durchaus verzichten, weil diese Art Grammatik nur Kodierungsenergie frisst, die woanders viel dringender gebraucht wird, beispielsweise um Defizite im Wortschatz auszugleichen. Außerdem liefert die Situation meist genug Anhaltspunkte für das, was jeweils gemeint ist. Hinter dem, was Puristen als Verfall, ja Verlotterung anprangern, steckt nur die Strategie, die Sprachstrukturen zu vereinfachen, um das Kommunizieren mit Nichtmuttersprachlern zu erleichtern. Deshalb baut das Deutsche zurzeit viel Grammatik ab; und viele Schulkategorien wie Konjunktiv, Plusquamperfekt oder vollendetes Futur werden in naher Zukunft wahrscheinlich kaum noch gebraucht. Wir befinden uns momentan in einer Phase, in der „falsches" und „richtiges" Deutsch in Konkurrenz liegen und beide Varianten oft direkt nebeneinander geäußert werden – ohne dass die Sprecher sich dessen bewusst wären. Dies ist ein deutliches Zeichen für beschleunigten Sprachwandel.

Eine zweite Quelle für Sprachveränderungen liegt in den Herkunftssprachen der Migranten. Einwanderer greifen auch auf Sprachstrukturen zurück, die sie aus ihrer Muttersprache mitbringen. Diese werden ins Deutsche kopiert und im zweisprachigen Milieu gefestigt. Im großstädtischen Kiezdeutsch, das die Potsdamer Linguistin Heike Wiese erforscht, gibt es etwa eine Vielzahl von Satzmustern, die aus dem Arabischen oder Türkischen stammen, etwa die Wortfolge („Hab isch gesehen mein Kumpel gestern!") oder das Fehlen der Präposition („Ich geh Schule"). Auch in der Alltags-Umgangssprache kündigen sich bereits deutlich Tendenzen an, die von vielen Migrantensprachen gestützt werden: eine neue Steigerung mit „mehr" („mehr geeignet", „mehr zuständig") oder der Zusammenfall von Ort und Richtung („die Politiker fuhren letzte Woche auf einem Finanzgipfel") sind Beispiele für neue Strukturen, die ihre Vorbilder in vielen Migrantensprachen haben. Auch die zahlreichen neudeutschen Ausdrücke mit „machen" wie „einen Film machen", „ein Tor machen", „einen Kompromiss machen" haben direkte Parallelen im Türkischen.

In der heißen Phase des kontaktinduzierten Wandels der Sprachstrukturen kommt es nun dazu, dass die „Fehler" der Migranten allmählich von den deutschen Muttersprachlern nachgeahmt werden („foreigner talk") und es irgendwann nicht mehr auszumachen ist, wer nun gerade richtig- oder falschliegt; die Grenzen verschwimmen: Sprachkontakt führt immer zu Sprachvermischung und zu neuen Sprachstrukturen. Gleichzeitig lässt die Bereitschaft der Muttersprachler, die Fehler auch als Fehler wahrzunehmen und spontan zu korrigieren, mit der Zeit nach und verschwindet irgendwann ganz. Auf lange Sicht führt dieser Prozess zu einer neuen, stabileren Situation: Das gesprochene Deutsch wird dann geprägt von neuen Sprachstrukturen, die sich durch Sprachkontakt herausgebildet haben. Die Grammatik ist reduziert, der innere Zusammenhalt der Satzteile gelockert, viele Regeln sind vereinfacht oder lösen sich ganz auf, die Sprache wird einfacher (und wird hier vom Englischen unterstützt). Wenn man es aus dem Blickwinkel der Sprachtypologie sieht, reiht sich das Deutsche passgenau in eine Tendenz ein, an der fast alle Sprachen Europas teilnehmen: Schon seit langer Zeit gibt es eine historische Drift in Richtung auf kasuslose und grammatikarme Sprachstrukturen, die die Linguisten „analytisch" nennen und die das Englische und Französische schon lange erreicht haben. Diese Drift untersucht die gerade erst entstandene neue Disziplin der Eurolinguistik, die auch herausgefunden hat, dass sich das Deutsche momentan in einer ganz und gar signifikanten, ja historisch einmaligen Entwicklungsphase befindet. [...]

*In: DER SPIEGEL 7/2012 vom 13.02.2012, S. 104f.*

**Material 6: Infografik: Mit vielerlei Zungen**

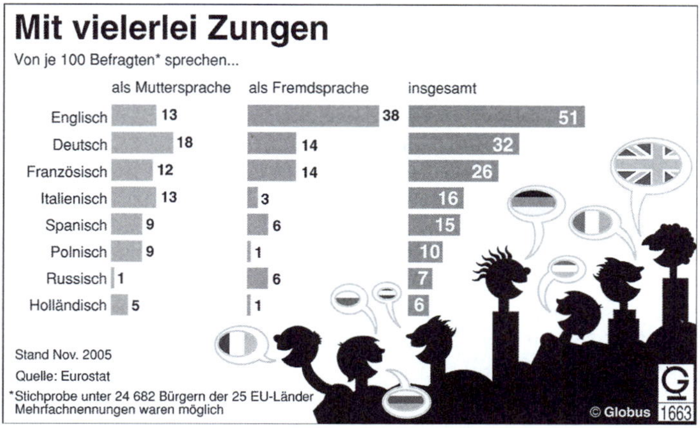


*picture-alliance/ Globus Infografik © Globus Infografik*

## Lösungsvorschläge

*Die Aufgabenstellung verlangt, dass Sie auf der Grundlage von pragmatischen Texten und einer Grafik einen adressatenbezogenen Text verfassen. Dazu müssen Sie die Materialien gründlich analysieren und zum Thema passende Argumente herausfiltern. Diese stellen Sie dann in einer Tabelle dar. Dabei ist es günstig, aufgeführte Argumente zusammenzufassen. Die Darstellungsweise, also ob Sie Stichpunkte oder Sätze formulieren, ist Ihnen überlassen. Im Lösungsbeispiel sind die Materialien angegeben, aus welchen die verwendeten Aussagen stammen. Dies dient Ihrer Orientierung, wird aber von Ihnen nicht verlangt.*
*Anschließend nutzen Sie diese Aussagen, um einen Kommentar zu verfassen. Wählen Sie dabei die für Ihre Darstellung passenden Argumente und ergänzen Sie persönliche Beispiele oder Überlegungen. Achten Sie bei der dritten Aufgabe darauf, die Textart Kommentar in Ihre Erläuterungen einzubeziehen, und wählen Sie typische Merkmale und sprachliche Besonderheiten, die diese Textart ausmachen, für Ihre Ausführungen.*

### 1. Argumente

| **Nein, denn aktuelle Entwicklungen bedrohen die deutsche Sprache** | **Ja, denn aktuelle Entwicklungen sind nützlich bzw. unbedenklich für die deutsche Sprache** |
|---|---|
| „Flut der englischen Fremdwörter“ (M 1) | reibungslose lautliche und orthografische Integration fremder Wörter, z. B. getimed/getimt (M 1) |
| „Überflutung mit englischen Wendungen“ (z. B. Service Point statt Schalter für Auskünfte oder Kampagne „Brain up“, M 3) | seit 1945 nur ca. 3 500 englische Wörter in den Allgemeinwortschatz aufgenommen (M 1) |
| Dekoration der deutschen Sprache mit englischen Wörtern (M 3) | seit jeher Fremdwörter ins Deutsche integriert, z. B. aus dem Lateinischen (Straße, Mauer, Keller, M 1) |
| Verdrängung der natürlichen Wortbildung des Deutschen durch englische und pseudoenglische Ausdrücke → „Simplifizierung“ des Deutschen (M 3) | Anglizismen = oft Fachwörter (Computerwortschatz, Bereich der Wirtschaftswissenschaften) → nötig zur globalen Verständigung (M 1) |
| kaum 100 Millionen Menschen sprechen deutsch (BRD, CH, A, Südtirol, M 3) | Kurzlebigkeit von Anglizismen in Werbung, Mode, Musik (M 1) |
| geringere Verwendung bzw. Aussterben von deutschen Wörtern (z. B. Muße, Eidam, M 4) | „Englisch ist in der deutschen Werbung auf dem Rückzug“, denn:<br>– englische Werbesprüche werden falsch verstanden, z. B. „Come in and find out“ als „Kommen Sie rein und finden Sie wieder raus“<br>– englische Begriffe „nerven“ (M 2) |
| Distanz zwischen geschriebenem und gesprochenem Deutsch vergrößert sich → Schwierigkeiten mit „richtigem“ Deutsch (M 5) | Werbung: deutsche Sprüche sind bekannter als englische Slogans (M 2) |

| | |
|---|---|
| rapide Veränderungen durch Fremdspracheneinfluss:<br>– Verlust „unnötiger“ Grammatik zugunsten der Kommunikation<br>– Einfließen von Sprachstrukturen aus den Herkunftssprachen der Migranten<br>– Nachahmung durch deutsche Muttersprachler (M 5) | frühere Übernahmen machten deutsche Sprache „komplexer, reicher, intellektueller und expressiver, philosophischer und dichterischer, auch wissenschaftsfähiger“ (M 3) |
| mehr als die Hälfte aller EU-Bürger können sich englisch verständigen, deutsch nur 32 % (M 6) | „Es liegt in der Macht jeden einzelnen Sprechers, die Zukunft des Deutschen zu gestalten“ (M 3) |
| | große Zahl deutscher Dichter und Denker → Deutsch „würde als tote Sprache weiterleben“, wenn es stürbe (M 3) |
| | Deutsch ist seit jeher „Hybridsprache“, d. h. schon immer Aufnahme fremder Wörter und grammatischer Erscheinungen (M 3) |
| | Sprache als Ausdruck kultureller Zugehörigkeit und Differenzierung von Begrifflichkeiten durch regionale Unterschiede im Deutschen möglich (z. B. daheim, M 4) |
| | immer schon „haben Einwanderer die Sprache des jeweiligen Gastlandes verändert“ = kreativer und fruchtbarer Prozess (M 5) |
| | Vielsprachigkeit (vgl. Berlin) wirkt „sprachverändernd“, v. a. im mündlichen Sprachgebrauch → kaum Veränderungen in der Schriftsprache (M 5) |
| | Einreihung des Deutschen in die europäische Tendenz „kasuslose[r] und grammatikarme[r] Sprachstrukturen“ = „historisch einmalige Entwicklungsphase“ (M 5) |

## 2. Kommentar

Hat die deutsche Sprache überhaupt noch eine Zukunft?

Die deutsche Sprache verändert sich, verdirbt, wird nicht mehr verstanden und genutzt, stirbt letztlich aus. Sie hat keine Zukunft, denn da findet sich etwa auf dem Bahnhof, den wir mit einem Coffee to go durchqueren, der Service Point. An diesem erwerben wir ein Ticket, um per Intercity zum nächsten Meeting oder Briefing oder wohin auch immer zu kommen. Wir werden überflutet mit Anglizismen: Autos sind simply clever, ich fühle the difference, Songs werden performed. Nicht alles verstehen wir, aber das macht nichts, Hauptsache, wir sind mittendrin im Denglischen und damit up to date.
Die deutsche Sprache hat keine Zukunft, denn begeben wir uns in eine Großstadt, z. B. Berlin, dann hören wir: „Hab isch gesehen mein Kumpel gestern!“ „Ich geh Schule“, tönt es uns

entgegen. Logisch, so reden nur Migranten. Von wegen! Mittlerweile bedienen sich auch Muttersprachler dieser Sprachstrukturen. Grammatik ade.
Das sind die Szenarien, über die sich Sprachwissenschaftler, Deutschlehrer, Großeltern und Eltern aufregen, weil unsere deutsche Sprache ihrer Meinung nach verfällt. Klar ist manche englische Vokabel fester Bestandteil des Deutschen geworden, z. B. im Computerbereich oder in der Musikbranche. Wir twittern und bloggen, das Verb „performen" dominiert jede Castingshow. Nur stirbt deshalb nicht gleich unsere Muttersprache aus.
Modewörter sind auch kurzlebig. Häufig bleiben sie nicht in unserem Sprachgebrauch haften, werden sogar wegen Verständnisschwierigkeiten durch deutsche ersetzt. So geschehen bei verschiedenen Werbeslogans. Oder kennt noch jemand „Every time a good time"? – Dann doch eher „Ich liebe es". Wir lassen uns nicht einfach unserer Sprache berauben. Seit 1945 gelang es übrigens nur ca. 3 500 englischen Wörtern, in unseren Wortschatz aufgenommen zu werden.
Da wir aber in einer globalisierten Welt leben, braucht es eine Sprache, die von vielen verstanden wird. So können sich mehr als die Hälfte aller EU-Bürger englisch verständigen. Auf Deutsch ist es nur ein Drittel. Außerdem sprechen kaum noch 100 Millionen Menschen Deutsch als Muttersprache und deren Anzahl nimmt weiter ab.
Das heißt aber noch lange nicht, dass Deutsch keine Zukunft mehr hat. Schon immer entwickelt sich unsere Sprache im Kontakt mit anderen und ist letztlich nur so zur heutigen geworden. Viele der Wörter, die wir heute verwenden, sind uns gar nicht mehr als fremde Wörter bewusst, denn sie haben ihren Platz im Deutschen gefunden und uns damit bessere Ausdrucksmöglichkeiten eröffnet, beispielsweise „Mauer" oder „Straße". Beide Begriffe stammen ursprünglich aus dem Lateinischen. Und auch in neuerer Zeit brachten und bringen Einwanderer neue Bezeichnungen mit, die wir nutzen, ohne lange zu überlegen, sei es beim Bestellen einer Pizza oder eines Döners. Wir „machen" auch gerne – ein Tor, einen Film usw. – und bedienen uns dabei Strukturen, die auch im Türkischen vorkommen.
Wenn eine Sprache lebt, ist es nur normal, dass auch Wörter sterben. Nämlich solche, die kaum noch eine Rolle im Alltagsleben spielen, weil neue Dinge alte ersetzen. Ein Schüler, der heute nach seinem „Schieferkästchen" gefragt würde, blickte wohl verständnislos. Klar, denn er benutzt ja auch keine Schiefertafel mehr.
Unser Schriftdeutsch hat manchmal nur wenig zu tun mit der Umgangssprache, deren Grammatik reduziert und deren Regeln vereinfacht werden. Im Mündlichen zählt einfach die Kommunikation von Menschen verschiedener Herkunft oder innerhalb einer Gruppe. Auch beim Verfassen von Kurznachrichten, die dann via Handy verschickt werden, geht oft die Grammatik verloren. Manchmal sind es nur noch sprachliche Rudimente oder Bildchen, die beim Empfänger ankommen – aber dieser versteht sie!
Sprache ist Mittel der Verständigung und in welcher Form die deutsche Sprache überlebt, hängt nicht nur von äußeren Einflüssen ab. Haben wir z. B. deutsche Lieblingswörter oder Redensarten, dann gibt es dafür Erklärungen. Vielleicht klingt es einfach schön oder eine geliebte Person hat es benutzt. Vielleicht gibt es aber auch keine passende Entsprechung in einer fremden Sprache für die Gefühle, die diese Wörter bei uns auslösen. Lesen wir gern, können wir der deutschen Sprache einiges abgewinnen, denn sie eröffnet Möglichkeiten des abwechslungsreichen und differenzierten Beschreibens. Deutsch ist eine schöne Sprache. Bewahren wir uns einen umfassenden Wortschatz, um uns klar auszudrücken. Seien wir aber auch offen für neue Bezeichnungen, wenn diese nötig sind. Dann fällt auch die Verständigung leichter.
Angst vor fremden Wörtern oder komischen Sprachstrukturen braucht keiner zu haben, denn es liegt an uns, was aus unserer Muttersprache wird. Bemühen wir uns um für alle verständliches Deutsch, lernen wir grammatische Regeln und die der Syntax und wenden sie auch an, damit die deutsche Sprache weiter eine Zukunft hat!

### 3. Erläuterung

Ein Kommentar beinhaltet neben der subjektiven Bewertung eines Sachverhaltes Informationen und Erläuterungen zum Thema. Inhaltlich stützt sich der Text hierbei auf das vorliegende Material und Beispiele aus dem Alltag. Fakten aus einzelnen Texten (Anglizismen und von Migranten benutzte Sprachstrukturen) sind Ausgangspunkt für die Schilderung des Zustandes unserer Sprache. Diese wurden durch weitere Beispiele ergänzt, um anfangs ein ziemlich drastisches Bild des aktuellen Deutsch zu malen und so den Leser zu animieren, sich dem Sachverhalt zu öffnen. Dem schließen sich im Wechsel Argumente für bzw. gegen die These, die deutsche Sprache habe keine Zukunft mehr, an. Standpunkte werden deutlich formuliert, z. B.: „Wir lassen uns nicht einfach unserer Sprache berauben." Schließlich wird ausgehend vom Funktionellen das Besondere unserer Muttersprache hervorgehoben. Am Ende findet sich ein Appell an den Leser, über sein Verhältnis zur und seinem Umgang mit der deutschen Sprache nachzudenken und sich bewusst für normgerechtes Schreiben und Sprechen zu entscheiden.

Das Personalpronomen „wir" wurde im gesamten Text verwendet, um den Leser des Kommentars mit in die Überlegungen einzubeziehen und nicht belehrend zu wirken. Auch das Thematisieren des englischen Werbeslogans von McDonald's dürfte beim Rezipienten Bekanntes abrufen. Übertreibungen, wie z. B. der erste Satz oder „Grammatik ade" sollen beim Leser Widerspruch bzw. Zustimmung wecken, auf jeden Fall Aufmerksamkeit. Konkrete Beispiele („Pizza", „twittern und bloggen") gewähren stets den Bezug zum sprachlichen Alltag der angesprochenen Lesergruppe. Da der Text für ein Unterrichtsprojekt geschrieben ist, wurde als konkreter Einzelfall von Sprachveränderungen der Sachverhalt mit dem Schieferkästchen gewählt, ein Beispiel aus dem Unterricht früherer Zeit.

Die Anapher „vielleicht" vertieft die Überlegungen zu Lieblingswörtern. Wiederholungen der Ausgangsthese, dass die deutsche Sprache stirbt, stellen in variierter Form einen „roten Faden" innerhalb des Kommentars dar. An manchen Stellen wurden Kausal- bzw. Finalkonstruktionen benutzt, um Zusammenhänge zu verdeutlichen, z. B. „Da wir aber in einer globalisierten Welt leben …" und „… damit die deutsche Sprache weiter eine Zukunft hat". Dass der Kommentar subjektive Teile enthält, zeigt sich an der Verwendung verschiedener wertender Wörter oder Wendungen, wie z. B. „aber das macht nichts" oder „schöne Sprache". Eine klare Stellungnahme erfolgt schließlich am Schluss des Textes, indem aufgezählt wird, wodurch wir selbst es in der Hand haben, der deutschen Sprache eine Zukunft zu geben. Der Kommentar schließt mit einem Imperativsatz, der erneut den Leser einbezieht, sodass sich nochmals jeder angesprochen fühlen kann.

## Grundkurs Deutsch (Sachsen): Abiturprüfung 2007
## Aufgabe 1

**Elias Canetti**[1] **(1905–1994): Der Belesene** (ohne Datierung)

*Der Belesene.* Für Anstrengungen hat B. nichts übrig. Er arbeitet nicht gern. Er lernt nicht gern. Er ist neugierig und so liest er manchmal ein Buch. Aber es muß ganz einfach geschrieben sein, in schlichten, kurzen, direkten Sätzen. Es darf keine gesuchten Worte enthalten, und auf keinen Fall Nebensätze. Man soll über nichts stolpern müssen und es soll einem alles gleich eingehen, ohne jede Überlegung. Am besten wäre es, man könnte gleich eine ganze Seite auf einen Blick erfassen. Eigentlich ist B. auf der Suche nach solchen Seiten. Er schlägt einen Band irgendwo auf, hinten, vorn oder in der Mitte und packt mit dem Auge eine Seite. Sie wehrt sich. Sie mag sich nicht auf den ersten Anhieb hingeben. Sie wünscht sich, daß man sich zwanzig oder dreißig Sekunden mit ihr befaßt. Das hält sie für Bescheidenheit, er ist andrer Meinung. Ihr Widerstand ärgert ihn, er blättert um und beißt, wenn er nicht schon zu zornig ist, in die nächste Seite. Meistens erlebt er mit ihr dasselbe. Das ist ihm zu viel und in steigender Empörung läßt er diese Partie des Buches stehen. Er straft sie, indem er eine ganz andere Stelle aufschlägt, hundert Seiten weiter hinten oder vorn. Er läßt sich von keiner Seite imponieren und liest, wo es ihm paßt. Auf diese Weise springt er kreuz und quer durch ein Buch. Da er *seine* Art hat damit umzugehen, ist es kein Wunder, daß er sich wie ein besserer Kenner vorkommt als alle diese braven Plebejer, die der Reihe nach lesen. Wirklich gewinnt er auf diese Weise eigene Vorstellungen von einem Buch. Wenn es ihn halbwegs anspricht, kennt er Stellen von zehn oder fünfzehn Seiten, aus den verschiedensten Partien aneinandergefügt und immer in ungewöhnlicher Reihenfolge.

Manchmal findet er den Mut, mit seiner originellen Vorstellung herauszurücken und Leute, die ihn nicht kennen, in Staunen zu versetzen. Mit etwas mehr Methode könnte er sich die Reputation eines eigenwilligen Geistes erwerben. Er müßte es nur ein wenig öfters tun, sagen wir jeden Monat *ein* Buch hernehmen. Das ist natürlich zu viel für ihn, und es bleibt bei zwei oder drei Büchern im Jahr. Aber da ist noch ein anderes Hindernis, das nicht verschwiegen werden darf. Es fehlt ihm jede Eigenart in der Auswahl der Bücher. Er interessiert sich nur für die, von denen alle Welt spricht. Erst müssen alle reputierlichen Kritiker aller reputierlichen Blätter ihr einstimmiges Verdikt abgegeben haben, erst muß dieses Verdikt so sein, daß jeder nach dem Buche greift, und die besseren Spatzen müssen es von den vornehmen Dächern pfeifen, erst muß man den Namen des Autors so oft hören, daß es einem ein gewisses Ansehen gäbe, ihn kennen zu lernen, dann, aber wirklich erst dann, verlockt es ihn, mit dem Blättern zu beginnen.

Doch er beginnt nicht gleich. Er geht in seine Buchhandlung, die in der vornehmsten Straße von London liegt, wo Herzoginnen ihre Einkäufe besorgen. Er kennt den Inhaber gut, er ist einer seiner besten Kunden. Dieser schickt ihm manchmal auf eigene Faust ein Buch zu, das ihn interessieren könnte, und selbst wenn er es schon hat, schickt er es nie zurück. Lieber aber, und besonders seit er in der Welt des Geistes lebt, tut er sich selber in der Buchhandlung um. Er läßt sich dies oder jenes vorlegen, lehnt es gelangweilt ab, ohne hinzublicken, und verlangt dann mit triumphierender Miene das Buch, von dem alles seit 14 Tagen spricht. Er nennt den ungefähren Titel, den Namen des Autors weiß er nicht genau; man soll Tagesberühmtheiten dieser Art, die nicht auf Generationen von Ahnen zurückblicken können, nie zu viel Ehre erweisen. Meist war es schon unter den Büchern, die ihm der Buchhändler vorgelegt und die er hochmütig weggeschoben hatte. Es gehört Takt dazu, ihn das nicht spüren zu lassen. Denn er weiß, was er will, und er will, daß man es merkt.

So nimmt er das Buch nachlässig untern Arm und wirft es auf den gepolsterten Sitz seines Bentley. Zu Hause, in einem prunkvollen, riesigen Raum, an dessen Wänden die Bilder seiner Ahnen hängen, legt er es flach auf einen großen ovalen Tisch, wo alle Neuigkeiten ausgebreitet sind, die Bücher der vergangenen Monate, die in den Augen der Kritiker besondere Gnade gefunden haben. Da liegt es bei seinesgleichen, und nie liegt etwas anderes da. Alles ist funkelnagelneu und die Neuausgabe eines alten Werkes, das sich dank dem Treiben der Sonntagszeitungen hierher verirrt haben könnte, möchte einem reichlich deplaciert erscheinen. So ist es ihm gelungen, die modische Buchhandlung mitten unter seine Ahnen zu verlegen. *Sie* konnten nicht kennen, was er hier hat; es ist das Einzige, was er vor ihnen voraushat und in stolzen Augenblicken läßt er sie's fühlen.

Nun kann er unter den Meisterwerken des modernen Lebens *seine* Auswahl treffen. Er ist begeisterungsfähig, aber er lobt nicht gern, was ihm nicht wirklich gefällt, auch er setzt Ehre in sein Urteil. Es kommt der Augenblick, da er das neuerworbene Buch entschlossen in die Hand nimmt. Er tut es sehr rasch, wie alles was er tut, mit der kühnen Bewegung eines Raubvogels. Bücher mit Nebensätzen scheiden von vornherein aus. Dafür hat er einen Adlerblick und kennt kein Erbarmen. Aber es kommt auch ein wenig auf den Gegenstand an. Alles, was sich nicht auf ihn bezieht, erscheint ihm unwahr. Er will die Wahrheit; verlogene Autoren entlarvt er rasch.

Zuweilen stößt er auf Dichter, die *ihn* durchschauen. Wenn sie es sehr flink tun, macht ihm das Eindruck. Aber letzten Endes sucht er doch nach einer Seite, die sich ihm auf den ersten Anhieb ergibt. Wenn *er* ihr Gegenstand ist und wenn er die erste Seite, die er aufschlägt, auf den ersten Blick erfaßt, dann braucht er nicht mehr weiterzulesen. Er hat ein Meisterwerk entdeckt, sein Meisterwerk, und sagt es von nun an jedem.

*Aus: Canetti, Elias: Alle vergeudete Verehrung. Aufzeichnungen 1949–1960.*
*München: Carl Hanser Verlag 1970, S. 112 ff.*

1 Träger des Nobelpreises für Literatur (1981)

**Arbeitsanweisung:**

Interpretieren Sie den Text.

## Lösungsvorschlag

*Hinweise zur Bearbeitung: Bei der Bearbeitung des vorliegenden Textes werden Kenntnisse zum Verfahren des Interpretierens von Prosatexten verlangt.*
*Die Aufgabenstellung setzt keine Aspekte oder Schwerpunkte, sodass die Struktur der Textinterpretation selbstständig zu entfalten ist.*

- *Die Einleitung kann eine Hinführung zum Thema oder zumindest eine knappe Zusammenfassung der Daten zum Autor, zur Textsorte, zur Veröffentlichung, zum Thema beinhalten.*
- *Es folgen eine inhaltliche Zusammenfassung und eine Darstellung der wesentlichen Aussagen, verknüpft mit der formalen Analyse, der Analyse der erzähltechnischen und sprachlichen Mittel. Der Sinngehalt des Textes sollte erfasst und sprachlich-stilistische Mittel in ihrer Funktion gedeutet werden. Gut gewählte, korrekte Zitate unterstützen die Textdeutung, sollten allerdings nicht inflationär eingesetzt werden.*
- *Den Abschluss können eine persönlich wertende Sicht, Überlegungen zur aktuellen Relevanz, eine inhaltliche Ausweitung oder anderes bilden. Bei Canettis Text fällt der Gegensatz zwischen dem Titel und dem Inhalt der Erzählung auf – er bietet einen Anknüpfungspunkt für Vermutungen über die Intentionen des Autors.*

### Einstieg über den Titel

Elias Canetti hat den Titel für seine Erzählung mit Bedacht gewählt. Die Überschrift „Der Belesene“ lässt einen Text über einen Mann erwarten, der viel liest und wahrscheinlich sehr gebildet ist. Denn „belesen sein“ bedeutet im alltäglichen Sprachgebrauch, eine Menge zu wissen, Aussagen zu verschiedenen Themen treffen zu können. Man erwartet von einem Menschen zu erfahren, der einen intensiven Umgang mit Literatur pflegt. Doch die Erzählung präsentiert einen ganz anderen Protagonisten.

### Der Inhalt des Textes

Die zentrale Figur des Textes ist B., der anfangs als jemand vorgestellt wird, der sich nicht anstrengen möchte, denn „Er arbeitet nicht gern. Er lernt nicht gern.“ (Z. 1 f.). Die anschließende Beschreibung des Leseverhaltens dieses Menschen, der Art, wie er seine Lektüre wählt und welcher Lesetechnik er sich bedient, verdeutlicht, dass es dem Belesenen nicht um den Inhalt der jeweiligen Bücher geht. Vielmehr will er sich nicht mit dem Text beschäftigen, denn das Buch „muss ganz einfach geschrieben sein“ (Z. 2 f.) und „jede Überlegung“ (Z. 5) lehnt er ab. „Seine Art“ (Z. 15), Bücher zu „lesen“ besteht in einem zufälligen Aufschlagen unterschiedlicher Seiten, welche er möglichst „auf einen Blick erfassen“ (Z. 6) möchte. Dies ist meist nicht möglich, sodass er auf der Suche nach solchen Seiten „kreuz und quer durch ein Buch“ (Z. 15) springt. Das Ergebnis ist, dass Herr B. eigene Vorstellungen von dem Buch gewinnt, die er ab und zu öffentlich verkündet, womit er manche Leute zum Staunen bringt. Letztlich hält er sich für einen Literaturkenner (vgl. Z. 16) und stellt sich über alle anderen, ein Buch normal lesenden Menschen. Nur ist er zu bequem, seine Methode zu perfektionieren, seine Faulheit widerspricht diesem Ansinnen genau wie die Wahl der Lektüre. Sehr großen Wert legt er darauf, Bücher auszusuchen, „von denen alle Welt spricht“ (Z. 27), die jeder liest und die von Kritikern schon rezensiert wurden. B. will demonstrieren, dass er zur Welt der Bücher und damit des Geistes gehört, was sich deutlich während des Kaufrituals zeigt, aber er lehnt jede echte Auseinandersetzung mit einem literarischen Werk ab. Der gehobenen Gesellschaft zu imponieren ist sein Ziel. Unschwer lässt sich am Text erkennen, dass B. dieser Schicht angehört, denn er kauft „in der vornehmsten Straße von London“ (Z. 33 f.), fährt einen Bentley und bewohnt ein luxuriöses Zuhause (vgl. Z. 47 ff.). Dort erhebt er sich in seinem Verständnis über seine Ahnen (vgl. Z. 54 ff.), indem er „seine Auswahl treffen“ (Z. 57) kann. Hierbei legt er Maßstäbe an die Bücher, die nichts mit literarischem Interesse zu tun haben, sondern mit Egozentrik (vgl. Z. 64 f.). Er, der alle mit seiner angemaßten, falschen Literaturkenntnis täuscht, fordert von Literatur „Wahrheit“ (Z. 64) und empört sich über ver-

logene Autoren, was nur seine Arroganz und Bequemlichkeit verrät, die es ihm verbieten, sich auf einen echten Dialog mit einem literarischen Werk einzulassen.
Wahrscheinlich geht es der Hauptfigur nur darum, in Gesellschaft mitreden zu können und dadurch Anerkennung zu erfahren. Dazu ist es scheinbar nicht unbedingt nötig, Buchinhalte zu verinnerlichen. Andererseits besteht natürlich oft auch kaum die Chance, in allen Dingen auf dem neuesten Stand zu sein. Es ist schwierig, die Fülle der Angebote zu überblicken und daraus auszuwählen. Unter diesem Aspekt betrachtet, hat B. eine für ihn gut funktionierende Methode entwickelt. Gleichzeitig entlarvt er, indem er seine Meinung kundtut, die von anderen nicht in Frage gestellt wird, sondern sogar Staunen hervorruft, die Oberflächlichkeit der Gesellschaft.

**Die sprachliche Gestaltung**

Ein **auktorialer Erzähler** beschreibt im **Präsens** scheinbar sachlich berichtend die handelnde Figur des Textes und deren **Umgang mit Literatur**. Bei genauerem Hinsehen ist festzustellen, dass der Erzähler den „Belesenen" meist auf ironische Weise wertet, z. B. in seinen Handlungen, wie „Er arbeitet nicht gern." (Z. 1), oder bei der Beschreibung seiner Wohnung, wenn von „modischer Buchhandlung" (Z. 53 f.) die Rede ist. Auch die Bezeichnung „Der Belesene", die der Titel trifft und eigentlich das Gegenteil von dem bezeichnet, was B. ist, verrät die **ironische Grundhaltung** des Erzählers. Die bornierte Einstellung von B. zur Literatur wird durch die Wortwahl bloßgestellt. Erst wenn „die besseren Spatzen [...] es von den vornehmen Dächern pfeifen" (Z. 29f.), interessiert sich B. für ein bestimmtes Buch. Diese ironisch verfremdete Redwendung sowie die Wiederholung des Wortes „reputierlich" (Z. 28) zeigen, dass es B. allein darum geht, mitreden zu können und auch bei der Auswahl seiner Lektüre seinem sozialen Status gerecht zu werden. Während er sich als „besserer Kenner" (Z. 16) versteht, betrachtet er alle ‚gewöhnlichen' Leser als „brave[...] Plebejer" (Z. 17). Indem der Erzähler die geringschätzige und verächtliche Denkweise von B. mit einem konstant ironischen Unterton wiedergibt, demaskiert er ihn als snobistischen Ignoranten.
Die Annäherung an ein Buch, so wie durch B. durchgeführt, ist eher gewaltsam als ein Leseerlebnis. Ein Kampfgeschehen wird dargestellt, die **Personifizierung** der Buchseite („Sie wehrt sich. Sie mag sich nicht auf den ersten Anhieb hingeben.", Z. 8 f.) zeigt jene als Gegner des B., Letzterer geht als Sieger aus dem Duell hervor. Sehr deutlich wird auch an dieser Stelle eine satirische Darstellungsweise. Gleichzeitig erweckt der Einsatz von Pronomen („es" für das Buch, „er" für B. und „sie" für die Seite) den Eindruck von Distanz. Der Gedanke an eine unfreiwillige Unterwerfung verstärkt sich wegen der Verwendung der **sprachlichen Bilder** vom „Raubvogel" (Z. 61) und „Adlerblick" (Z. 62) bei der Charakterisierung des Mannes. Durch die anonyme Bezeichnung „B." ist eine allgemein gültige Übertragung aufgeführter Verhaltensweisen auf andere Personen möglich.
Die genannten Stilmittel, die allesamt das Verhalten der Hauptfigur spöttisch darstellen, machen aus dem kurzen Text eine **satirische Charakteristik**.

**Abschließende Wertung**

Die Erwartungen, die der Titel des Textes auslöst, erfüllen sich beim Lesen nicht. Vielmehr werden sie systematisch zerstört. Keineswegs steht ein belesener Mensch im Mittelpunkt der Handlung, sondern eine egozentrische Person, die Bücher für ihre Profilierungssucht benutzt, sich nicht der Schönheit eines Gesamtwerkes öffnet und vielleicht durch Lesegenuss eine Bereicherung ihres Lebens erfährt. Elias Canetti greift mit seinem Text den **falschen Umgang mit Literatur** an, indem er am Beispiel von B. eine oberflächliche Konsumhaltung lächerlich macht. Für B. ist der Besitz eines aktuellen Buches bedeutsam wie ein Statussymbol, das sich neben sein wertvolles Auto und seine luxuriöse Wohnung einreiht und das seiner (offenbar adeligen) Ahnengalerie zur Ehre gereicht. B. wird als reicher Müßiggänger geschildert, dessen Bildung nur vorgeblich und scheinbar ist. Er wirkt angeberisch, dumm und innerlich leer. Seine angebliche Belesenheit ist das einzige Gebiet, auf dem er seine bedeutende Familie übertrumpft, auf dem er sich als Experte aufspielen kann – „es ist das Einzige, was er vor ihnen voraushat“ (Z. 55). Dass er sich mit seinem oberflächlichen Lektüreverhalten auch noch profilieren kann und nirgends kritisiert wird, lässt die obere Gesellschaftsschicht, in der er verkehrt, ebenso leer und ungebildet erscheinen, wie er selbst ist.

Sicher ist es schwierig, in unserer heutigen Zeit eine für jeden Einzelnen passende Literaturauswahl zu treffen, man kann sich nach Kritiken richten oder Empfehlungen anderer vertrauen. Es existiert eben eine wahre Flut von Literatur, die zum Lesen übrige Zeit ist knapp. Trotzdem kann ein solches Vorgehen, wie es B. praktiziert, nicht zu Belesenheit im eigentlichen Sinne führen, denn es findet **keine Auseinandersetzung mit Lektüre** statt, der persönliche Horizont wird nicht erweitert, eher reduziert.

**Grundkurs Deutsch (Sachsen): Abiturprüfung 2007**
**Aufgabe 2.1[1]**

**Gerhart Hauptmann (1862–1946): Bahnwärter Thiel (e. 1888)**

[…]

Er hatte seine Arbeit beendet und lehnte jetzt wartend an der schwarzweißen Sperrstange. Die Strecke schnitt rechts und links gradlinig in den unabsehbaren, grünen Forst hinein; zu ihren Seiten stauten die Nadelmassen gleichsam zurück, zwischen sich eine Gasse freilassend, die der rötlichbraune, kiesbestreute Bahndamm ausfüllte. Die schwarzen, parallellaufenden Geleise darauf glichen in ihrer Gesamtheit einer ungeheuren, eisernen Netzmasche, deren schmale Strähnen sich im äußersten Süden und Norden in einem Punkte des Horizontes zusammenzogen.

Der Wind hatte sich erhoben und trieb leise Wellen den Waldrand hinunter und in die Ferne hinein. Aus den Telegrafenstangen, die die Strecke begleiteten, tönten summende Akkorde. Auf den Drähten, die sich wie das Gewebe einer Riesenspinne von Stange zu Stange fortrankten, klebten in dichten Reihen Scharen zwitschernder Vögel. Ein Specht flog lachend über Thiels Kopf weg, ohne daß er eines Blickes gewürdigt wurde.

Die Sonne, welche soeben unter dem Rande mächtiger Wolken herabhing, um in das schwarzgrüne Wipfelmeer zu versinken, goß Ströme von Purpur über den Forst. Die Säulenarkaden der Kiefernstämme jenseits des Dammes entzündeten sich gleichsam von innen heraus und glühten wie Eisen.

Auch die Geleise begannen zu glühen, feurigen Schlangen gleich; aber sie erloschen zuerst. Und nun stieg die Glut langsam vom Erdboden in die Höhe, erst die Schäfte der Kiefern, weiter den größten Teil ihrer Kronen in kaltem Verwesungslichte zurücklassend, zuletzt nur noch den äußersten Rand der Wipfel mit einem rötlichen Schimmer streifend. Lautlos und feierlich vollzog sich das erhabene Schauspiel. Der Wärter stand noch immer regungslos an der Barriere. Endlich trat er einen Schritt vor. Ein dunkler Punkt am Horizont, da wo die Geleise sich trafen, vergrößerte sich. Von Sekunde zu Sekunde wachsend, schien er doch auf einer Stelle zu stehen. Plötzlich bekam er Bewegung und näherte sich. Durch die Geleise ging ein Vibrieren und Summen, ein rhythmisches Geklirr, ein dumpfes Getöse, das, lauter und lauter werdend, zuletzt den Hufschlägen eines heranbrausenden Reitergeschwaders nicht unähnlich war.

Ein Keuchen und Brausen schwoll stoßweise fernher durch die Luft. Dann plötzlich zerriß die Stille. Ein rasendes Tosen und Toben erfüllte den Raum, die Geleise bogen sich, die Erde zitterte – ein starker Luftdruck – eine Wolke von Staub, Dampf und Qualm, und das schwarze, schnaubende Ungetüm war vorüber. So wie sie anwuchsen, starben nach und nach die Geräusche. Der Dunst verzog sich. Zum Punkte eingeschrumpft, schwand der Zug in der Ferne, und das alte heilige Schweigen schlug über dem Waldwinkel zusammen.

„Minna“, flüsterte der Wärter wie aus einem Traum erwacht und ging nach seiner Bude zurück. Nachdem er sich einen dünnen Kaffee aufgebrüht, ließ er sich nieder und starrte, von Zeit zu Zeit einen Schluck zu sich nehmend, auf ein schmutziges Stück Zeitungspapier, das er irgendwo an der Strecke aufgelesen.

[…]

*Aus: Hauptmann, Gerhart: Bahnwärter Thiel und andere Meistererzählungen. Berlin: Ullstein Buchverlage 2006.*

1 nur für Schüler des Grundkurses Deutsch

**Figurenverzeichnis:**

Bahnwärter Thiel
Minna, *seine erste Frau*
Lene, *seine zweite Frau*
Tobias, *sein Sohn aus erster Ehe*

**Arbeitsanweisung:**

Interpretieren Sie den Text.

---

## Lösungsvorschlag

*Hinweise zur Bearbeitung: Bei dieser Aufgabe werden Kenntnisse zur Interpretation von Epik sowie zur novellistischen Studie Hauptmanns vorausgesetzt. Da es sich hier um einen Textauszug handelt, muss dieser in das Werk „Bahnwärter Thiel" eingeordnet werden. Ausführungen zur Erzählhaltung und zur sprachlichen Gestaltung sollten in die Interpretation des Textes integriert werden. Verlangt ist eine Interpretation der Textstelle, das heißt deren Erschließung nach inhaltlichen, sprachlichen und formalen Aspekten (beispielsweise der Erzählperspektive). Die Deutung muss sich ganz auf den vorgelegten Textauszug konzentrieren: Andere Werkpassagen dürfen nur in aller Kürze herangezogen werden, sofern sie ein vertieftes Verständnis der Textstelle fördern. Anschaulichkeit wird durch gezieltes Zitieren – vor allem von Kernstellen – und Verweise (Zeilenangaben) erreicht. Zitate dienen als Belege für Interpretationsthesen und werden als auszuwertendes Material – zum Beispiel im Hinblick auf sprachliche Merkmale – in den Gang der Untersuchung eingebaut.*
*Wissen über die literarische Strömung des Naturalismus muss sinnvoll in die Darstellung einfließen, wobei der Auszug deutlich macht, dass Hauptmann über eine streng naturalistische Gestaltungsweise hinausgeht.*

### Einordnung in den Handlungszusammenhang

Gerhart Hauptmanns Erzählung „Bahnwärter Thiel" entstand 1888. Im Mittelpunkt dieser **novellistischen Studie** steht der Bahnwärter, dessen Leben von zwei Dingen dominiert wird: der ordentlichen Erfüllung seiner Arbeitspflicht und der Sorge um seinen schwächlichen Sohn Tobias. Seinetwegen heiratet Thiel nach dem Tod seiner Frau Minna erneut. Lene, die zweite Frau, ist nicht nur äußerlich das Gegenteil von Minna, sie herrscht im Hause und wird als trotzig beschrieben. Der vorliegende Textauszug zeigt Thiel, nachdem er bekümmert bemerken musste, dass Lene seinen Sohn tyrannisiert. Es belastet ihn sehr, dass er nicht fähig ist, gegen diese Misshandlung vorzugehen. Auch dass Lene plant, einen Acker in der Nähe seines Arbeitsplatzes zu bestellen und somit in sein Reich einzudringen, erzeugt in ihm einen starken seelischen Druck. Jetzt ist der Bahnwärter in seiner vertrauten Umgebung. Er fühlt sich während seiner Arbeit an den Bahngleisen und in der Natur wohl. Hier kann er in Gedanken bei seiner ersten Frau Minna sein und zumindest kurzzeitig in einer verklärten Gegenwelt zur häuslichen Realität leben.

### Inhalt und Aufbau des Textauszuges

Thiel erwartet „an der schwarzweißen Sperrstange" (Z. 2) gelehnt nach getaner Arbeit den herannahenden Zug. Seine Umgebung nimmt er detailliert wahr und in sich auf.
Ein Übermaß an Natur, bezeichnet mit „unabsehbaren, grünen Forst" (Z. 3) und „Nadelmassen" (Z. 4), wird durch die darin verlaufenden Gleise gestört, welche die Natur zerschneiden (vgl. Z. 5 ff.) ) und „in ihrer Gesamtheit einer ungeheuren, eisernen Netzmasche" (Z. 6 f.)

gleichen. Die **metaphorische Beschreibung** der Drähte als „Gewebe einer Riesenspinne" (Z. 11) verstärkt den Eindruck einer Bedrohung der Natur durch die Technik.
Das Herannahen des Zuges wird vom Sonnenuntergang begleitet, welcher durch verschiedene stilistische Mittel, der **Personifizierung**: „goss Ströme von Purpur" (Z. 15), der **Metapher**: „Wipfelmeer" (Z. 15) und dem **Vergleich**: „glühten wie Eisen" (Z. 16), veranschaulicht wird. Der Blick des Betrachters richtet sich vom Boden, den glühenden Gleisen, „langsam vom Erdboden in die Höhe" (Z. 19), bis er schließlich am „äußersten Rand der Wipfel" (Z. 21) verweilt. Während Thiel „regungslos an der Barriere" (Z. 23) steht, geht von seinem Umfeld zunehmende Aktivität aus, auf ihn wirkt das Ganze still und feierlich als „das erhabene Schauspiel" (Z. 22).
Im Folgenden ändert der Bahnwärter seine Blickrichtung, die jetzt von der Horizontalen bestimmt wird. Während des Vorüberfahrens des Zuges steigern sich die Wahrnehmungen. Zuerst wird die Vergrößerung eines dunklen Punktes festgestellt, der sich „von Sekunde zu Sekunde wachsend" (Z. 24 f.) nähert. Eine **Akkumulation akustischer Signale**, wie „Vibrieren und Summen", „Geklirr", „Getöse" (vgl. Z. 26 f.), die eine Steigerung erfahren („lauter und lauter werdend"), und in einem treffenden Vergleich mit „heranbrausenden Reitergeschwader" (Z. 28 f.) gipfeln, schließt sich an. Die nahende Maschine wird durch den Betrachter in ihrer gesamten Dynamik und Gewalt erfasst.
Kurze Sätze, die in Stichworte münden, verdeutlichen nun die Beschleunigung des Zuges sowie die Lautstärke, welche ihn begleitet. **Sinneswahrnehmungen** überlagern sich, während der Zug, negativ als „das schwarze, schnaubende Ungetüm" (Z. 32) bezeichnet, vorüber fährt. Eine gewisse Sprachlosigkeit herrscht, Gedankenstriche treten an Stelle der Wörter.
Nachdem der Zug sich entfernt hat, kann „das alte heilige Schweigen" (Z. 34) wieder einziehen, die Natur kommt wieder zur Ruhe.
Mit dem Gedanken an seine verstorbene Frau erwacht der Bahnwärter „wie aus einem Traum" (Z. 36). Er geht zurück in sein Bahnwärterhäuschen.
Im Mittelpunkt des Textauszuges steht die Beschreibung des ankommenden und vorüber fahrenden Zuges und dessen Wirkung auf den Bahnwärter, wobei der Leser auf Grund der **personalen Erzählperspektive** in diesem Abschnitt das Geschehen quasi durch Thiels Augen miterlebt. Am Anfang und am Ende des Auszuges liegt das Augenmerk des Erzählers auf der Titelfigur, wodurch eine Art Rahmen entsteht. Das Beschriebene muss in Bezug auf den Bahnwärter gedeutet werden. Dieser bleibt äußerlich ruhig, er ist von den Vorgängen, die er genau beobachtet, fasziniert. Aber er empfindet das Einbrechen der Technik in die friedvolle Natur als Bedrohung.

## Gestalterische Mittel in ihrer Funktion

Gerhart Hauptmann bedient sich in seiner Novelle des **Sekundenstils** als einem Mittel naturalistischer Dichtung, durch welchen ein Vorgang komplex dargestellt werden sollte. Nicht nur visuelle, sondern auch akustische Wahrnehmungen werden detailliert wiedergegeben, eine phonografische Methode der Schilderung genutzt. Sehr deutlich zeigt sich dies bei der Beschreibung des Herannahens und Vorüberfahrens des Zuges. Aber hier bleibt der Autor nicht bei der bloßen Wiedergabe, die metaphorische Schilderung ist stark ausgeprägt und regt den Leser mit seiner Vorstellungskraft an. Der Zug fungiert als **Dingsymbol**, er bricht in die friedliche Umgebung des Bahnwärters, in die Natur, ein.
Durch Verwendung von Farbadjektiven als Attribute, wie z. B. „grüner Forst" (Z. 3), rötlicher Schimmer" (Z. 21), und Wörtern, die akustische Eigenschaften bezeichnen, wie „zwitschernde Vögel" (Z. 12), „rhythmisches Geklirr" (Z. 26), gelingt es, den Vorgang für den Leser anschaulich zu gestalten. Die geballten Metaphern und Vergleiche (Z. 15 f., 27 f.) erzeugen eine größtmögliche **sinnliche Anschaulichkeit**, spielen mit Klängen und Farben und wirken eher **impressionistisch** als naturalistisch. Auch der Satzbau unterstützt die Aussagen.
Vergleiche und verwendete Attribute vermitteln oft eine bedrohliche Wirkung, wie z. B. „feurigen Schlangen gleich" (Z. 18), „dumpfes Getöse" (Z. 27), „das schwarze, schnaubende Un-

getüm“ (Z. 32), und lassen Vorausdeutung bezüglich des weiteren Handlungsverlaufs zu. Die **zerstörerische Kraft der Technik** dringt in Thiels Idylle, den Wald ein, wo er fast andächtig die Erinnerung an seine geliebte Minna pflegt. Konflikte zwischen Mensch und Technik, aber auch zwischen den Menschen selbst erscheinen nicht abwendbar.
Lene wird in die Welt des Bahnwärters einbrechen und sein Sohn Tobias vom Zug, der in dem Textausschnitt als Gefahr beschrieben wird, erfasst. Diesen Schicksalsschlag vermag Thiel nicht zu verwinden. Nachdem er seine Frau erschlagen hat, schneidet er dem gemeinsamen Kind die Kehle durch und wird schließlich in die Irrenanstalt gebracht.

**Literaturhistorischer Hintergrund**

Gerhart Hauptmann gilt neben Arno Holz und Johannes Schlaf als einer der Hauptvertreter der literarischen Epoche des **Naturalismus** (1880–1900). Die Naturalisten legen ihr Augenmerk auf das kleinbürgerliche Elend, zeigen die Menschen in ihrer Abhängigkeit von Anlage und Trieb einerseits sowie gesellschaftlicher Umwelt andererseits. Naturalistische Darstellungsweise strebt ein **genaues Abbild der Realität** an, wozu der Sekundenstil als Gestaltungsmittel genutzt wird. Die von Holz aufgestellte Formel *Kunst = Natur - x* macht das deutlich. Sprache wird in ihrer wirklichen Erscheinung (Dialekt, Umgangssprache) verwendet, wie z. B. in Hauptmanns Drama „Die Weber“, in dem die Not der schlesischen Weber und der daraus resultierende Weberaufstand 1844 im Mittelpunkt stehen. Sein Drama „Vor Sonnenaufgang“ beinhaltet die Beschreibung einer dem Alkohol verfallenen Familie.
Die Erzählung „Bahnwärter Thiel“ trägt deutliche Züge der Epoche, was sich in der sprachlichen Gestaltung zeigt, wobei allerdings Wertungen oft, d. h. in Passagen, die nicht Thiels Perspektive wiedergeben, durch den **auktorialen Erzähler** einfließen und die Beschreibungen über eine bloße Wiedergabe hinausgehen. Auch die Wahl des Themas genügt dem Anspruch der Naturalisten, denn der Bahnwärter wird in seiner Umgebung und in seinen Beziehungen zu Frau(en) und Kind(ern) charakterisiert. So gelingt es Thiel nicht, gegen seine zweite Frau aufzubegehren, da er ihr hörig ist und sich nicht aus der Abhängigkeit von seinen Trieben freimachen kann. Er zerbricht an der für ihn nicht beeinflussbaren Situation, ist dem Schicksal ausgeliefert.
Nicht zuletzt zeigt sich an der Bezeichnung des Textes als „novellistische Studie“, dass Hauptmann Forderungen des Naturalismus erfüllt und das Leben „studiert“, also wissenschaftlich untersucht. Seine Erkenntnisse aber gibt er in Form der Novelle wieder, wobei dem Erzähler in dieser ein gestalterischer Freiraum zugestanden wird, der die Grenzen der Epoche sprengt, indem er nicht nur Beobachtetes objektiv abbildet.
Hauptmann **überschreitet die Grenzen des Naturalismus** aber auch, indem er Figuren schuf, die sich gegen ihre Lage wehren, ihr Los nicht als unabwendbar hinnehmen. Gerhart Hauptmann erweist sich als vielseitiger Autor, dessen Werk sich nicht auf eine Epoche reduzieren lässt.

**Grundkurs Deutsch (Sachsen): Abiturprüfung 2007**
**Aufgabe 2.2[2]**

## Georg Büchner (1813–1837): Woyzeck (Fragment 1836/37)

STRASSE
Hauptmann, Doktor

HAUPTMANN. Herr Doktor, die Pferde machen mir ganz Angst; wenn ich denke, daß die armen Bestien zu Fuß gehen müssen. Rennen Sie nicht so. Rudern Sie mit Ihrem Stock nicht so in der Luft. Sie hetzen sich ja hinter dem Tod drein. Ein guter Mensch, der sein gutes Gewissen hat, geht nicht so schnell. Ein guter Mensch. *(Er erwischt den Doktor am Rock.)* Herr Doktor erlauben Sie, daß ich ein Menschenleben rette. Sie schießen …

Herr Doktor, ich bin so schwermütig, ich habe so was Schwärmrisches, ich muß immer weinen, wenn ich meinen Rock an der Wand hängen sehe, da hängt er.

DOKTOR. Hm, aufgedunsen, fett, dicker Hals, apoplektische Konstitution. Ja Herr Hauptmann, Sie können eine apoplexia[1] cerebralis kriegen, Sie können sie aber vielleicht auch nur auf der einen Seite bekommen, und dann auf der einen gelähmt sein, oder aber Sie können im besten Fall geistig gelähmt werden und nur fort vegetiern, das sind so ohngefähr Ihre Aussichten auf die nächsten vier Wochen. Übrigens kann ich Sie versichern, daß Sie einen von den interessanten Fällen abgeben, und wenn Gott will, daß Ihre Zunge zum Teil gelähmt wird, so machen wir die unsterblichsten Experimente.

HAUPTMANN. Herr Doktor erschrecken Sie mich nicht, es sind schon Leute am Schreck gestorben, am bloßen hellen Schreck. – Ich sehe schon die Leute mit den Zitronen in den Händen[2], aber sie werden sagen, er war ein guter Mensch, ein guter Mensch – Teufel Sargnagel!

DOKTOR *(hält seinen Hut hin)*. Was ist das, Herr Hauptmann? Das ist Hohlkopf!

HAUPTMANN *(macht eine Falte in den Hut)*. Was ist das, Herr Doktor? Das ist Einfalt.

DOKTOR. Ich empfehle mich, geehrtester Herr Exerzierzagel[3].

HAUPTMANN. Gleichfalls, bester Herr Sargnagel.

*Woyzeck kommt die Straße heruntergerannt.*

HAUPTMANN. Ha Woyzeck, was hetzt Er sich so an mir vorbei? Bleib Er doch Woyzeck. Er läuft ja wie ein offnes Rasiermesser durch die Welt, man schneidt sich an Ihm, Er läuft, als hätt Er ein Regiment Kosack[4] zu rasiern und würde gehenkt über dem letzten Haar nach einer Viertelstunde – aber, über die langen Bärte, was – wollt ich doch sagen? Woyzeck – die langen Bärte –

DOKTOR. Ein langer Bart unter dem Kinn, schon Plinius[5] spricht davon, man muß es den Soldaten abgewöhnen, du, du

HAUPTMANN *(fährt fort)*. Hä? über die langen Bärte? Wie is, Woyzeck, hat Er noch nicht ein Haar aus ein Bart in seiner Schüssel gefunden? He, Er versteht mich doch, ein Haar von einem Menschen, vom Bart eins Sapeur[6], eins Unteroffizier, eins – eins Tambourmajor? He Woyzeck? Aber Er hat eine brave Frau. Geht ihm nicht wie andern.

WOYZECK. Ja wohl! Was wollen Sie sage, Herr Hauptmann?

---

2 nur für Schüler der Landesgymnasien und der Gymnasien mit vertiefter Ausbildung nach § 4 SOGY, bei denen im Zusammenhang mit der Belegpflicht für drei Leistungskurse das Fach Deutsch auf Leistungskursniveau unterrichtet und im Abiturprüfungsbereich als Grundkursfach gewertet und geprüft wird.

HAUPTMANN. Was der Kerl ein Gesicht macht! ... muß nun auch nicht in de Suppe, aber wenn Er sich eilt und um die Eck geht, so kann Er vielleicht noch auf Paar Lippen eins finde, ein Paar Lippen, Woyzeck, ich habe wieder die Liebe gefühlt, Woyzeck. Kerl, Er ist ja kreideweiß.

WOYZECK. Herr Hauptmann, ich bin ein armer Teufel, – und hab sonst nichts – auf de Welt. Herr Hauptmann, wenn Sie Spaß mache –

HAUPTMANN. Spaß ich, daß dich Spaß, Kerl!

Doktor. Den Puls Woyzeck, den Puls, klein, hart, hüpfend, ungleich.

WOYZECK. Herr Hauptmann, die Erd ist hölleheiß, mir eiskalt, eiskalt, die Hölle ist kalt, wollen wir wetten. Unmöglich. Mensch! Mensch! unmöglich.

HAUPTMANN. Kerl, will Er erschoß, will ei paar Kugeln vor den Kopf haben? Er ersticht mich mit sei Auge, und ich mein es gut mit ihm, weil Er ein guter Mensch ist Woyzeck, ein guter Mensch.

DOKTOR. Gesichtsmuskeln starr, gespannt, zuweilen hüpfend, Haltung aufgerichtet, gespannt.

WOYZECK. Ich geh! Es ist viel möglich. Der Mensch! Es ist viel möglich. Wir habe schön Wetter Herr Hauptmann.

Sehn Sie, so ein schön festen grauen Himmel, man könnte Lust bekomm, ein Klobe hineinzuschlage und sich daran zu hänge, nur wege des Gedankestrichels zwische ja und nein – ja und nein. Herr Hauptmann, ja und nein? Ist das Nein am Ja oder das Ja am Nein Schuld? Ich will drüber nachdenke.

*(Geht mit breiten Schritten ab, erst langsam, dann immer schneller.)*

DOKTOR *(schießt ihm nach).* Phänomen, Woyzeck, Zulag.

HAUPTMANN. Mir wird ganz schwindlig, von den Mensche, wie schnell, der lange Schlegel[7] greift aus, es läuft der Schatten von einem Spinnbein, und der Kurze, das zuckelt. Der Lange ist der Blitz und der Kleine der Donner. Haha, hinterdrein. Das hab ich nicht gern! Ein guter Mensch ist dankbar und hat sei Leben lieb, ein guter Mensch hat keine Courage nicht! ein Hundsfott hat Courage! Ich bin bloß in Krieg gegangen, um mich in meiner Liebe zum Leben zu befestigen ... von da zur Courage; wie man zu so Gedanken kommt, grotesk! grotesk!

*Aus: Büchner, Georg: Woyzeck. In: Werke und Briefe, Münchner Ausgabe. (hg. von Pörnbacher, K. u. a.). München: dtv 1988, 9. Auflage 2002, S. 244 ff.*

1 Apoplexie – Schlaganfall; der Doktor nennt hier typische Merkmale und Folgen
2 regionaler Brauch: Sargträger, Pfarrer, nahe Angehörige hielten bei Begräbnissen Zitronen in den Händen
3 Zagel – Schwanz, herunterhängendes Haarbüschel; übertragen: das letzte Teil von etwas
4 Kosaken – gefürchtete russische Reitertruppen, die durch lange Bärte im antinapoleonischen Kampf auch in deutschen Gebieten auffielen
5 Plinius – offensichtliche Verwechselung mit dem antiken Autor Plutarch, der vom Bartverbot Alexanders des Großen für seine Soldaten berichtet
6 Sappeur – Angehöriger einer militärischen Einheit, die für den Schanz- und Grabenbau zuständig ist, Pionier
7 Schlegel – Dialektwort für Schlingel, ungehobelter Kerl

**Figurenverzeichnis:**

Woyzeck
Marie, *die Mutter seines Kindes*
Andres, *sein Vertrauter*
der Doktor
der Hauptmann
der Tambourmajor

**Arbeitsanweisung:**

Interpretieren Sie die Szene.

## Lösungsvorschlag

*Hinweise zur Bearbeitung: Die Aufgabenstellung verlangt die Anwendung geeigneter Arbeitsverfahren zur Interpretation eines Dramenauszuges, welcher in das Gesamtwerk eingeordnet werden soll. Es wird erwartet, dass der Text auf der Grundlage einer genauen Lektüre (mit Stift, Randbemerkungen, Querverweisen und so weiter) untersucht und gedeutet wird. Inhalt und Form müssen dabei zueinander in Beziehung gesetzt werden. Damit dies gelingt, sollten folgende Leitfragen gestellt werden:*

- *Fragen zur Einordnung der Szene in die Dramenhandlung: Was ging der Szene voraus, was folgt auf sie? Knüpft die Szene an eine andere inhaltlich an, werden bestimmte Themen wieder aufgenommen? In welcher äußeren Situation befinden sich die auftretenden Figuren? (Regieanweisungen beachten!) Was passiert auf der Bühne? Was passiert eventuell parallel dazu hinter der Bühne? Was erfährt der Zuschauer oder Leser über die innere Befindlichkeit der Figuren?*
- *Fragen zur Dialogführung: Was ist der Anlass des Gesprächs? Wer eröffnet das Gespräch? Wie sind die Redeanteile verteilt? Welche Absichten verfolgen die Gesprächspartner? Woran kann der Zuschauer beziehungsweise Leser dies merken, woraus kann er es eventuell erschließen? Wie stehen die Personen zueinander?*

*Außerdem werden Kenntnisse über den Autor und das Entstehungsumfeld des Stückes vorausgesetzt und können in die Darstellung einfließen.*

### Literaturhistorische Einordnung

Während der literarischen Epoche des **Vormärz** bzw. **Jungen Deutschlands** in der ersten Hälfte des 19. Jahrhunderts sahen Autoren es als ihre Aufgabe, mit der „Kunst als Waffe" ins politische Geschehen einzugreifen und herrschende Missstände im Metternich'schen System durch die Darstellung in ihren Werken anzuprangern. Literatur sollte zum Handeln bewegen.
Einer dieser Autoren war Georg Büchner, der bei seinem frühen Tod mit nur 24 Jahren das bedeutende soziale Drama „Woyzeck" hinterließ, in dem er die Leiden eines unterdrückten Menschen zeigt. Erst 1879 erschien das in Prosa abgefasste Stück als **Fragment**, welches oft als das reifste des Autors bezeichnet wird. Neuartig an diesem Stück ist, dass der Autor den Stoff aus der **unmittelbaren Wirklichkeit** nahm und seine eigene Gegenwart auf die Bühne brachte. Dabei griff er auf Informationen über einen wirklich in Leipzig passierten Mordfall zurück und brachte Erfahrungen aus der damals üblichen medizinischen Praxis ein. Büchner selbst studierte Medizin und war wohl vertraut mit Versuchen am Menschen, die die Wissenschaft vorantreiben sollten.

### Inhalt und Aufbau der Szene

Die Szene „Straße" reiht sich ein in eine lose Folge von Szenen, in welchen Woyzeck – ein einfacher Soldat, der sich dem Doktor für medizinische Versuche zur Verfügung stellt, um den Lebensunterhalt für sich und seine kleine Familie zu erarbeiten – stets als hilfloser Mensch dargestellt wird. Er ist dem Doktor und dem Hauptmann, für welchen er Ruten schneidet und den er rasiert, ausgeliefert.
Diese Szene besteht aus **zwei Gesprächsteilen**. Im ersten Abschnitt (Z. 1–24) sprechen der Hauptmann und der Doktor über das Gehetztsein ihrer Mitmenschen und den Gesundheitszustand des Hauptmanns. Beide geraten in Streit und beginnen sich zu beschimpfen.
Im nächsten Teil (Z. 25 ff.) kommt Woyzeck zu den beiden und wird vom Hauptmann durch Andeutungen mit der Untreue Maries konfrontiert. Der Doktor dokumentiert mit medizinischem Interesse die körperlichen Veränderungen, die diese Informationen bei Woyzeck auslösen. Nach dem Abgang Woyzecks stellt der Hauptmann wirre philosophische Betrachtungen an.

Es erfolgt eine klare Strukturierung der Szene durch die Benennung auftretender Personen („Hauptmann, Doktor") sowie die Regieanweisungen („Woyzeck kommt die Straße herunter gerannt.", Z. 25, und „Geht mit breiten Schritten ab…", Z. 60).

**Die Szenengestaltung**
Die auftretenden Figuren werden durch ihre **Sprache und Aussagen** charakterisiert. **Woyzeck** tritt hier ebenso wie in vorangegangenen Szenen als einfacher Soldat in Erscheinung, was sich in seiner **schlichten Redeweise** widerspiegelt und in seinem **Abhängigkeitsverhältnis** den anderen beiden höhergestellten Personen gegenüber. Während er seinem Leid und Zorn durch knappe Ausrufe und gehetzte Fragen Ausdruck verleiht, bedient sich der Doktor einer pseudo-gelehrten wissenschaftlichen Sprache und wirft mit Fachworten um sich (Z. 10, 31). Der **Hauptmann** ergeht sich in weitschweifigen, doch sinnleeren moralischen Überlegungen. So sinniert er anfangs über das schnelle Sich-Vorwärtsbewegen seiner Zeitgenossen, was ihm „Angst" (Z. 1) mache. Ein zentraler Begriff seines Redens ist die Wendung „guter Mensch" (Z. 3, 4, 19, 50, 65 f.) in verschiedenen Zusammenhängen. Ein guter Mensch würde sich nicht so schnell fortbewegen, hätte er ein reines Gewissen (vgl. V. 3 f.), meint der Hauptmann und macht deutlich, dass er über Dinge philosophiert, die in keinem kausalen Zusammenhang stehen. Das zeigt sich ebenso bei der Äußerung „Ein guter Mensch ist dankbar und hat sei Leben lieb […] und hat keine Courage nicht" (Z. 65 f.). Eine Moral wird gepredigt, die keineswegs zur Situation passt und Woyzecks Überlegungen überhaupt nicht ernst nimmt. Letztlich bemerkt der Hauptmann wohl selbst, dass seine Gedanken eigenartige, nicht nachvollziehbare Wege gehen (vgl. Z. 66 ff.), was ihm aber nicht weiter zu denken gibt. Er kommentiert dies nur mit „Grotesk" (Z. 68). Häufig verwendet er Begriffe aus dem militärischen Wortschatz, wie z. B. „Regiment Kosack" (Z. 28), „vom Bart eines Sapeur" (Z. 35) oder „ein paar Kugeln vor den Kopf" (Z. 49), was seine Zugehörigkeit zur Militärmacht verdeutlicht. Allerdings erscheint er weniger martialisch als sentimental, wenn er beteuert, dass er „immer weinen" (Z. 8) müsse, wenn er seinen Rock an der Wand hängen sehe und „so schwermütig" (Z. 7) werde.
Der **Doktor** tritt dem Hauptmann gegenüber mit deutlichem Desinteresse auf, was dessen Gesundheitszustand betrifft, obwohl dieser ihm Raum für Spekulationen lässt (vgl. Z. 9 ff.). Während ihn die Anlage des Hauptmanns zum Schlaganfall keineswegs veranlasst, hilfreiche Ratschläge zu geben, und er vielmehr nur auf ein ausgeprägtes Krankheitsbild hofft, beobachtet er dagegen Woyzecks Gesundheitszustand ganz genau. Ihn betrachtet der Doktor unter dem Aspekt wissenschaftlichen Interesses und setzt ihn als **menschliches Versuchstier** für unmenschliche Experimente ein, was durch einen Vertrag geregelt ist. Er misst Woyzecks Puls, beobachtet dessen Mimik und tut seine Erkenntnisse mittel kurzer, gereihter Aussagen kund, wie „Puls, klein, hart, hüpfend, ungleich" (Z. 46) und „Gesichtsmuskeln starr, gespannt (…) Haltung aufgerichtet, gespannt" (Z. 52 f.). Am Verhalten des Doktors wie des Hauptmanns zeigt sich deren **Missachtung** gegenüber einer im sozialen Rang klar unter ihnen stehenden Person wie Woyzeck. Typisch für beide ist, dass sie sich nicht darum kümmern, wie es diesem geht. Woyzeck stürzen die Aussagen des Hauptmanns in tiefe Verzweiflung, für Letzteren ist es nur eine belanglose Auskunft, mit der er den Soldaten verspotten kann. Dem Doktor ist Woyzeck aufgrund seines Vertrags ausgeliefert. Beide nutzen Woyzecks Dienste, zu denen er wegen seiner katastrophalen ökonomischen Lage gezwungen ist, schamlos aus.
Woyzeck wird erst durch verschiedene Äußerungen des Hauptmanns auf die Untreue Maries hingewiesen. **Anspielungen**, wie „Hat er noch nicht ein Haar aus ein Bart in seiner Schüssel gefunden?" (Z. 33 f.) und „ein Haar von (…) eins Tambourmajor?" (Z. 35 f.) rauben ihm die Fassung. Woyzeck „ist kreideweiß" (Z. 42), er verweist auf seinen Status („armer Teufel", Z. 43) und bittet den Hauptmann, doch keine Späße mit ihm zu treiben. **Ausrufe** wie „Unmöglich. Mensch! Mensch!" (Z. 48) verdeutlichen seine Unsicherheit. Woyzeck wendet sich zum Gehen und sucht Worte für die Verzweiflung über die Ungewissheit seiner Lage, ja er äußert sehr bildhaft sogar Gedanken an einen möglichen Suizid (vgl. Z. 56 ff.). Er hätte Lust

sich am Himmel aufzuhängen, wo kein Gott zu wohnen scheint. **Woyzecks Eifersucht** steigert sich hier bis zum Höhepunkt.
Die vorliegende Szene beleuchtet grell die Ausbeutung Woyzecks durch zwei Repräsentanten der gesellschaftlichen Ordnung, zudem wird Woyzecks Verdacht, Marie betrüge ihn, geschürt.

**Woyzecks weitere Entwicklung**

Im weiteren Handlungsverlauf verschlechtert sich die Situation der Titelfigur zusehends. Woyzeck opfert seine Gesundheit, indem er sich den medizinisch fragwürdigen Versuchen des Doktors zur Verfügung stellt und sich z. B. nur von Erbsen ernähren darf. Er fristet ein **gehetztes Dasein** und wird von Halluzinationen heimgesucht.
Aber auch sein kleines privates Glück zerbricht, hält den alltäglichen Belastungen nicht stand. Marie sehnt sich nach materiellem Reichtum und erliegt schließlich den Flirtversuchen des vitalen Tambourmajors, was Woyzeck letztlich zum Mörder an ihr werden lässt. Tragisch an dieser Wendung ist, dass Woyzeck seine Liebe tötet und nicht einen derjenigen, die ihn kontinuierlich unterdrücken bzw. ihm den letzten Halt, Marie, nehmen.
Der kleine Soldat Franz Woyzeck wird als determiniert und als **Opfer der sozialen Verhältnisse** dargestellt, aus denen er sich nicht selbst befreien kann. Deutlich zeigt sich hier die scharfe **Kritik**, die der politisch engagierte Arzt und Dichter Georg Büchner an der gesellschaftlichen Situation der ersten Hälfte des 19. Jahrhunderts übt. Er weist hin auf ein **inhumanes System**, in welchem Schwächere keinerlei Möglichkeit des sozialen Aufstiegs oder auch nur des menschenwürdigen Daseins besitzen.

**Grundkurs Deutsch (Sachsen): Abiturprüfung 2007**
**Aufgabe 3**

## Adolf Bartels (1862–1945)[1]: Heinrich Heine (e. 1902)

[…] Heinrich Heine ist in der That der unheilvollste Geselle, der im neunzehnten Jahrhundert nicht bloß durch die deutsche Literatur, sondern auch durch das deutsche Leben hindurchgegangen ist, er erscheint, wenn man seine Tätigkeit als Ganzes ins Auge faßt, durchaus als Seelenverwüster und –vergifter, als der Vater der Decadence, und zwar auf fast allen Gebieten, literarisch, politisch, sozial. Ich habe an seiner Poesie gelten lassen, was daran Gutes ist, ich will auch die Persönlichkeit Heines nicht ohne weiteres verdammen – er kann zunächst einmal für sein Judentum nichts, und die Zeit, die den Grabbeschen[2] Nihilismus entwickelte, hat einen bestimmten Anteil auch an der Heinischen Frivolität; aber das Urteil über die Wirkung Heines, den Wert seiner Persönlichkeit darf man sich durch historische und andere Erwägungen nicht bestimmen lassen. Und so ist denn zunächst einmal festzustellen, daß sich Heine seine litterarische Geltung keineswegs auf loyale, sondern auf die denkbar gemeinste Weise errungen hat. Kaum einen seiner bedeutenden Zeitgenossen hat er unbeschmutzt gelassen […], und das alles aus keinem anderen Grunde, als um selbst emporzukommen, selbst als der große Mann zu gelten. Der Beweis ist hundertmal erbracht und jeden Augenblick wieder zu erbringen; wer vor ihm die Augen verschließt, handelt einfach unehrlich. Weiter steht auch fest, daß kein anderer als Heinrich Heine die moderne Ruhmzüchtung durch die Presse zuerst in Deutschland eingerichtet hat, alle schlechten Mittel, selbst Denunciation und dergleichen nicht verschmähend. […] Da Heine die ausgiebige Gestaltungskraft fehlte, und er sehr wohl einsah, daß man mit vortrefflicher Lyrik zwar unsterblich, aber schwerlich bei Lebzeiten ein berühmter d. h. gutbezahlter und gefürchteter Mann werde, so hat er sich früh auf diesen Feuilletonismus geworfen. […] Man lese einfach „Deutschland ein Wintermärchen" und beobachte, ob nicht gerade durch das, was Heine angreift und verspottet, das neue Deutschland groß und stark geworden, und, was er erhebt, noch heute ein fressender Schaden bei uns ist. Es gehörte der ganz unglaubliche Mangel an nationalen Instinkten dazu, um Heine wirklich zu einem deutschen Lieblingsautor werden zu lassen. […]

*Aus: Bartels, Adolf: Geschichte der Deutschen Literatur in zwei Bänden. Zweiter Band: Das neunzehnte Jahrhundert. Leipzig: Verlag Eduard Avenarius 1902, S. 322f.*

1 Adolf Bartels (1862 –1945) betätigte sich als Schriftsteller und Literaturhistoriker. Er gehört zu den Vordenkern der nationalsozialistischen Germanistik.

2 Christoph Dietrich Grabbe (1801–1836) ist einer der bedeutendsten Dramatiker des Vormärz. Einige seiner Stücke offenbaren eine desillusionierende und pessimistische Weltsicht.

## Arbeitsanweisungen:

Analysieren Sie den Textauszug. Setzen Sie sich kritisch mit ausgewählten Positionen von Adolf Bartels auseinander. Beziehen Sie dabei Ihr Wissen zu Leben und Schaffen Heines (1797–1856) ein.

## Lösungsvorschlag

*Hinweise zur Bearbeitung: Bei der Bewältigung dieser Aufgabe werden Kenntnisse im Umgang mit literaturhistorischen Schriften verlangt. Zuerst muss der Text von Adolf Bartels sowohl inhaltlich als auch sprachlich analysiert werden. Der Autorenstandpunkt, Aufbau des Textes und sprachliche Gestaltung sollen dabei erfasst werden. Dem schließt sich eine Auseinandersetzung mit den Positionen Bartels an, wobei Wissen zu Heinrich Heines Leben und seinem Wirken einfließen muss. Da der Text stark ideologisch gefärbt ist, gilt es, Distanz zu den Aussagen des Autors zu bewahren.*

### Das Thema des Textes

Der vorliegende Text ist ein Auszug aus einer 1902 erschienenen zweibändigen Literaturgeschichte von Adolf Bartels, in der er auch das Leben und Schaffen Heinrich Heines bespricht. Erwartet man von einer **wissenschaftlichen Veröffentlichung** eine objektive Darstellung und Würdigung bedeutender Persönlichkeiten, wird man hier enttäuscht. Bartels verleumdet den Dichter Heinrich Heine und beschimpft dessen Werk.

### Analyse des Textauszuges

Die Aussagen Bartels, die im Text zum Tragen kommen, sind **stark subjektiv** gefärbt, was sich in der Verwendung der Ich-Form zeigt. Der Grundton ist stark **polemisch**, Bartels geizt nicht mit Schimpfwörtern und Klischees.
Gleich zu Beginn seiner Ausführungen behauptet der Autor, dass Heine der „unheilvollste Geselle“ (Z. 1) des 19. Jahrhunderts sei, der als „Seelenverwüster und -vergifter, als der Vater der Decadence“ (Z. 4) das gesamte deutsche Leben negativ beeinflusst habe. Eine generelle **Abwertung des Dichters** wird hier deutlich, ein differenziertes Herangehen an die Persönlichkeit Heines findet dabei nicht statt.
Unterschwellig, doch deutlich zeigt sich in der Darstellung auch Antisemitismus („er kann zunächst einmal für sein Judentum nichts“, Z. 7), auch habe die Zeit, in der Heine lebte, Einfluss auf dessen Ansichten genommen (vgl. Z. 7 ff.). Bartels behauptet, dass Heine seine Geltung nur durch Beschimpfung seiner Zeitgenossen errungen habe (vgl. Z. 12 f.). Diese These erfährt keine Begründung, denn „Der Beweis ist hundertmal erbracht …“ (Z. 15), sagt der Autor.
Im Folgenden stellt Bartels fest, dass Heine sich aus Mangel an dichterischer Fähigkeit als Feuilletonist verdingt habe und dabei mittels Denunziationen und anderer schlechter Mittel arbeitete (vgl. Z. 18). Ein konkretes Werk Heinrich Heines führt Bartels an: „Deutschland ein Wintermärchen“ (Z. 22 f.), aber nur um zu behaupten, Heine leide an einem „Mangel an nationalen Instinkten“ (Z. 25 f.). Hier zeigt sich klar der **nationalistische Ansatz** des Autors, denn dieser spricht in diesem Zusammenhang von einem neuen, großen und starken Deutschland (vgl. Z. 24).
Den Abschluss der Darstellung bildet ein zusammenfassendes Urteil des Autors: Dass Heine ein deutscher Lieblingsautor sein könne, beruhe auf dem schon genannten Mangel an nationalen Instinkten (vgl. Z. 25 f.). Dieses Urteil ist aus Sicht des Autors ein vernichtendes.
Die sprachlich-formale Gestaltung des Textes entspricht seinen inhaltlichen Aussagen. Es entsteht – auch durch fehlende Textgliederung – der **Eindruck eines Redeschwalls**. Der Autor bedient sich einer **expressiven Wortwahl**, v. a. bei der Verwendung von **Schimpfwörtern**, wie „Seelenverwüster“ (Z. 4) oder „Vater der Decadence“ (Z. 4). Der parataktische Satzbau und die Verwendung von Nachträgen, vgl. Z. 5, und Umschreibungen, vgl. Z. 18, unterstützen den Eindruck einer wahren Flut von Aussagen. Dadurch erreicht der Autor, dass kaum auffällt, dass die Darstellung nur von Behauptungen lebt und er sich nicht die Mühe eines Belegs macht, er beweist keine seiner Aussagen. Bartels verabsolutiert, dass ja genügend Beweise erbracht seien, allerdings benennt er nicht einen.

Die Abhandlung impliziert das antisemitische Stereotyp, nach dem Juden einen zersetzenden Geist haben und die nationale deutsche Sache unterwandern. Unter wissenschaftlichen Kriterien kann eine solche Literaturgeschichte heute nicht mehr Gültigkeit beanspruchen, da wesentliche Erfordernisse wie **Objektivität**, ein **sachlicher Ton** sowie ein nachvollziehbarer Argumentationsgang völlig **fehlen**.

### Auseinandersetzung mit der Position Bartels

Heinrich Heine, geboren 1797 in Düsseldorf, stammt aus einer jüdischen Kaufmannsfamilie. Er besuchte das Lyzeum, anschließend eine Handelsschule, begann bei seinem Onkel Salomon in Hamburg im Bankhaus zu arbeiten. Schnell wurde klar, dass Heine nicht für das Kaufmännische gemacht war. Sein Onkel finanzierte ihm das Studium der Rechtswissenschaften, welches Heine in Bonn begann, später hielt er sich in Göttingen und Berlin auf, schloss sein Studium mit Promotion ab. Er unternahm verschiedene Wanderungen, bereiste europäische Länder, wie Italien und England, und nahm teil am aktuellen Zeitgeschehen. Es ist also bedeutend mehr, was auf den Dichter Heinrich Heine Einfluss nahm, als die zwei Bereiche, die Bartels anführt. Bei weitem wurde Heine nicht nur durch Grabbe'schen Nihilismus und jüdischen Familiensinn geprägt. Schon in seiner Göttinger Zeit hörte er Vorlesungen von Arndt und Schlegel über deutsche Geschichte und Sprache, später Hegels Ausführungen zur Dialektik. Unter anderem verkehrte er im **Salon der Rahel Varnhagen**. Er war ein gebildeter Mensch und wurde **politischer Schriftsteller**, begrüßte den Ausbruch der französischen Julirevolution 1830 und hoffte, dass der revolutionäre Funke auf sein Heimatland überspringt.
Vor allem mit seiner **Reiseliteratur** gelingt es Heine, Landschaftsbeschreibungen mit satirischer Darstellung der Gesellschaft zu verbinden. So wechseln in „Die Harzreise" (1826) grandiose Landschaftsschilderungen mit kritischen Beschreibungen aktueller deutscher Zustände, wie z. B. dem Spießertum in der Universitätsstadt Göttingen. Keineswegs geht es dem Dichter um eine pauschale Verurteilung deutscher Tugenden, vielmehr zeigt er Missstände auf. Ganz deutlich wird dies bei der Darstellung der einfachen Bevölkerung, die im Harz lebt und arbeitet, z. B. den Bergleuten. Deutschland mit seinen Menschen, welches in der ersten Hälfte des 19. Jahrhunderts in viele Einzelstaaten zersplittert war und vom Metternich'schen System geprägt wurde, hatte es dem Autor Heine stets angetan.
1831 verlässt er aber Deutschland und geht als **politischer Emigrant nach Paris**, von wo aus er sich v. a. der journalistischen Arbeit widmet und z. B. für die Augsburger Allgemeine Zeitung berichtet. Als Feuilletonist zu arbeiten, resultierte nicht, wie Bartels behauptet, aus einem Mangel dichterischer Fähigkeit, sondern vielmehr aus konkreten historischen Bedingungen und Erfordernissen. Auf diesem Gebiet wird Heine **Wegbereiter des modernen Feuilletons**, seine Reportagen sind geistreich, häufig mit Ironie unterlegt. Dies könnte Bartels unter „schlechten Mittel" verstehen, denn ironische Schriften fordern zum Mitdenken, setzen voraus, dass der Leser sich mit Geschriebenem auseinandersetzen will und damit natürlich auch seinen Horizont erweitert. Sicher gestaltet Heine manche seiner Darstellungen mit Bissigkeit oder gar aggressiv, aber keineswegs ist Heine gegen ein einheitliches, auch starkes Deutschland, nur will der Dichter eines, das demokratisch ist, die Grundrechte seiner Bürger garantiert, das sich einreiht neben solche Staaten wie Frankreich. Dafür findet er auch klare Worte und schlägt einen offensiven Ton an. Zeit seines Lebens war Heine um ein gutes deutsch-französisches Verhältnis bemüht. Sieht man Bartels als **Vordenker nationalsozialistischer Germanistik**, wird freilich klar, dass ihm dieser Ansatz Heines missfällt, lehnten die Nationalsozialisten doch gerade Meinungs- und Pressefreiheit ab und legten hauptsächlich auf ein großes Deutschland Wert, das sich über seine Nachbarn erheben sollte.
Seit 1835 war es Heine wegen des Verbots durch den Deutschen Bundestag nur noch möglich, völlig unpolitische Schriften in den Staaten des Deutschen Bundes zu veröffentlichen. (Auch ab dem Jahre 1933 werden viele seiner Schriften wieder als undeutsch gelten.)
Bartels behauptet, dass das Versepos „Deutschland. Ein Wintermärchen" (1844) an einem Mangel nationaler Instinkte leide. Dem muss ausdrücklich widersprochen werden, denn

Heinrich Heine ging es auf keinen Fall um Anprangerung nationaler Gedanken, nur erwartete er zuerst einen politischen Umsturz in Deutschland, der durch **liberale und nationale Gedanken** gestützt wird. Liebe zu seiner Heimat bedeutete für ihn auch nicht, die Nachbarländer und ihre Kultur zu verachten. Und wenn er mit seiner Dichtung das deutsche Leben beeinflusste, dann nicht negativ, wie Bartels meint, sondern, ausgehend von der wirklichen Situation, eher progressiv, als **Vordenker einer demokratischen Regierungsform**.
Heinrich Heines Beliebtheit gründet sich nicht zuletzt auf sein **Wirken als Lyriker**. Einige seiner Gedichte wurden gar zu Volksliedern, wie z. B. „Leise zieht durch mein Gemüt“. Ist es da nicht absurd von Heine als „Seelenverwüster“ zu sprechen?

**Abschließende Wertung**

Die **Behauptungen Bartels** sind **nicht haltbar**. Einseitig und zweckgerichtet verunglimpft er den Schriftsteller Heine, unterstellt ihm fehlendes Können und mangelndes Nationalbewusstsein. Er betrachtet nur einen Ausschnitt aus dessen Werk, Objektivität ist nicht gegeben. Der Einsatz von antisemitischen Klischees zeugt von ideologischer Verbohrtheit und **Intoleranz**. Sicher kann man über Heine, seine Ansichten und v. a. die Art seines Schreibens geteilter Meinung sein – eine **pauschale Verurteilung** seines Werks rechtfertigt das auf keinen Fall.

**Leistungskurs Deutsch (Sachsen): Abiturprüfung 2007**
**Aufgabe 1: Interpretation dramatischer Texte**

**Thema: Friedrich Dürrenmatt (1921–1990):**
**Der Besuch der alten Dame. Eine tragische Komödie (e. 1955)**

**Friedrich Dürrenmatt: Der Besuch der alten Dame**
Eine tragische Komödie

[…]
ILL Ich habe mit Ihnen zu reden, Bürgermeister.
DER BÜRGERMEISTER Nehmen Sie Platz.
ILL Von Mann zu Mann. Als Ihr Nachfolger.
DER BÜRGERMEISTER Bitte.

*Ill bleibt stehen, blickt auf den Revolver.*

Der Panther der Frau Zachanassian ist los. Er klettert in der Kathedrale herum. Da muß man sich bewaffnen.
ILL Gewiß.
DER BÜRGERMEISTER Habe die Männer aufgeboten, die Gewehre besitzen. Die Kinder werden in der Schule zurückbehalten.
ILL *mißtrauisch* Ein etwas großer Aufwand.
DER BÜRGERMEISTER Raubtierjagd.

*Der Butler kommt.*

DER BUTLER Der Präsident der Weltbank, gnädige Frau. Eben von New York hergeflogen.
CLAIRE ZACHANASSIAN Ich bin nicht zu sprechen. Er soll wieder zurückfliegen.

DER BÜRGERMEISTER Was haben Sie auf dem Herzen? Reden Sie frei von der Leber weg.
ILL *mißtrauisch* Sie rauchen da eine gute Sorte.
DER BÜRGERMEISTER Eine blonde Pegasus.
ILL Ziemlich teuer.
DER BÜRGERMEISTER Dafür anständig.
ILL Vorher rauchten Herr Bürgermeister was anderes.
DER BÜRGERMEISTER Rößli fünf.
ILL Billiger.
DER BÜRGERMEISTER Allzu starker Tabak.
ILL Eine neue Krawatte?
DER BÜRGERMEISTER Seide.
ILL Und Schuhe haben Sie wohl auch gekauft?
DER BÜRGERMEISTER Ich ließ sie von Kalberstadt kommen. Komisch, woher wissen Sie das?
ILL Deshalb bin ich gekommen.
DER BÜRGERMEISTER Was ist denn los mit Ihnen? Sehen bleich aus. Krank?
ILL Ich fürchte mich.
DER BÜRGERMEISTER Fürchten?
ILL Der Wohlstand steigt.
DER BÜRGERMEISTER Das ist mir das Allerneuste. Wäre erfreulich.
ILL Ich verlange den Schutz der Behörde.

DER BÜRGERMEISTER Ei. Wozu denn?
ILL Das wissen der Herr Bürgermeister schon.
DER BÜRGERMEISTER Mißtrauisch?
ILL Für meinen Kopf ist eine Milliarde geboten.
DER BÜRGERMEISTER Wenden Sie sich an die Polizei.
ILL Ich war bei der Polizei.
DER BÜRGERMEISTER Das wird Sie beruhigt haben.
ILL Im Munde des Polizeiwachtmeisters blitzt ein neuer Goldzahn.
DER BÜRGERMEISTER Sie vergessen, daß Sie sich in Güllen befinden. In einer Stadt mit humanistischer Tradition. Goethe hat hier übernachtet. Brahms ein Quartett komponiert. Diese Werte verpflichten.

*Von links tritt ein Mann auf mit einer Schreibmaschine (Der Dritte).*

DER MANN Die neue Schreibmaschine, Herr Bürgermeister. Eine Remington.
DER BÜRGERMEISTER Ins Büro damit.
*Der Mann nach rechts ab.*
Wir verdienen Ihren Undank nicht. Wenn Sie kein Vertrauen in unsere Gemeinde zu setzen vermögen, tun Sie mir leid. Ich habe diesen nihilistischen Zug nicht erwartet. Wir leben schließlich in einem Rechtsstaat.

*Von links kommen die beiden Blinden mit ihren Angelruten, Hand in Hand.*

DIE BEIDEN Der Panther ist frei, der Panther ist frei! *Hüpfen* Haben ihn knurren gehört, haben ihn knurren gehört! *Hüpfen in den Goldenen Apostel.* Gehen zu Hoby und Boby, zu Toby und Roby. *Hinten Mitte ab.*
ILL Dann verhaften Sie die Dame.
DER BÜRGERMEISTER Merkwürdig. Äußerst merkwürdig.
ILL Das hat der Polizeiwachtmeister auch gesagt.
DER BÜRGERMEISTER Das Vorgehen der Dame ist weiß Gott nicht ganz so unverständlich. Sie haben schließlich zwei Burschen zu Meineid angestiftet und ein Mädchen ins nackte Elend gestoßen.
ILL Dieses nackte Elend bedeutet immerhin einige Milliarden, Bürgermeister.

*Schweigen.*

DER BÜRGERMEISTER Reden wir ehrlich miteinander.
ILL Ich bitte darum.
DER BÜRGERMEISTER Von Mann zu Mann, wie Sie es verlangt haben. Sie besitzen nicht das moralische Recht, die Verhaftung der Dame zu verlangen, und auch als Bürgermeister kommen Sie nicht in Frage. Es tut mir leid, das sagen zu müssen.
ILL. Offiziell?
DER BÜRGERMEISTER Im Auftrag der Parteien.
ILL Ich verstehe.

*Er geht langsam links zum Fenster, kehrt dem Bürgermeister den Rücken zu, starrt hinaus.*

DER BÜRGERMEISTER Daß wir den Vorschlag der Dame verurteilen, bedeutet nicht, daß wir die Verbrechen billigen, die zu diesem Vorschlag geführt haben. Für den Posten eines Bürgermeisters sind gewisse Forderungen sittlicher Natur zu stellen, die Sie nicht mehr erfüllen, das müssen Sie einsehen. Daß wir Ihnen im übrigen die gleiche Hochachtung und Freundschaft entgegenbringen wie zuvor, versteht sich von selbst.

*Von links tragen Roby und Toby wieder Kränze, Blumen über die Bühne und verschwinden im Goldenen Apostel.*

Es ist besser, wir schweigen über das Ganze. Ich habe auch den Volksboten gebeten, nichts über die Angelegenheit verlauten zu lassen.

ILL *kehrt sich um* Man schmückt schon meinen Sarg, Bürgermeister! Schweigen ist mir zu gefährlich.

DER BÜRGERMEISTER Aber wieso denn, lieber Ill? Sie sollten dankbar sein, daß wir über die üble Affäre den Mantel des Vergessens breiten.

ILL Wenn ich rede, habe ich noch eine Chance, davonzukommen.

DER BÜRGERMEISTER Das ist doch nun die Höhe! Wer soll sie denn bedrohen?

ILL Einer von euch.

DER BÜRGERMEISTER *erhebt sich* Wen haben Sie im Verdacht? Nennen Sie mir den Namen, und ich untersuche den Fall. Unnachsichtig.

ILL Jeden von euch.

DER BÜRGERMEISTER Gegen diese Verleumdung protestiere ich im Namen der Stadt feierlich.

ILL Keiner will mich töten, jeder hofft, daß es einer tun werde, und so wird es einmal einer tun.

DER BÜRGERMEISTER Sie sehen Gespenster.

ILL Ich sehe einen Plan an der Wand. Das neue Stadthaus? *Er tippt auf den Plan.*

DER BÜRGERMEISTER Man Gott, planen wird man wohl noch dürfen.

ILL Ihr spekuliert schon mit meinem Tod!

DER BÜRGERMEISTER Lieber Mann, wenn ich als Politiker nicht mehr das Recht hätte, an eine bessere Zukunft zu glauben, ohne gleich an ein Verbrechen denken zu müssen, würde ich zurücktreten, da können Sie beruhigt sein.

ILL Ihr habt mich schon zum Tode verurteilt.

DER BÜRGERMEISTER Herr Ill!

ILL *leise* Der Plan beweist es! Beweist es!

[...]

*Aus: Dürrenmatt, Friedrich: Der Besuch der alten Dame.*
*Zürich: Diogenes Verlag 1998, S. 67ff.*

**Figurenverzeichnis**

| | |
|---|---|
| Claire Zachanassian | die „alte Dame“, Multimillionärin |
| Boby | ihr Butler, ehemals Oberrichter in Güllen |
| Roby, Toby | ihre Diener (z. B. Sänftenträger), auf Befehl gewalttätig |
| Koby, Loby | ihre Diener, blind, kastriert |
| Moby, Hoby, Zoby | ihre Ehemänner VII bis IX |
| Alfred Ill | Kramladenbesitzer |
| der Bürgermeister, der Pfarrer, der Lehrer, der Arzt, der Polizist | Honoratioren von Güllen |

**Arbeitsanweisungen:**

Interpretieren Sie den Szenenauszug. Beziehen Sie geeignete Aspekte der Dramentheorie Dürrenmatts ein.

## Lösungsvorschlag

*Als abiturrelevante Aufgabenart kommt hier ein jedem Schüler bekanntes Grundmuster zur Anwendung: Nach der EPA wird es „Untersuchendes Erschließen literarischer Texte: Textinterpretation" genannt. Die besondere Form des Interpretierens dramatischer Textauszüge aus einem Ihnen bekannten Werk wird bei dieser Aufgabenstellung verknüpft mit einer Untersuchung von dramentheoretischen Aspekten. Beachten Sie bei der Planung Ihrer Arbeit sowohl die Gattungsbesonderheiten als auch die Integration der Dramentheorie Dürrenmatts, auch explizite Ausführungen zu dessen Konzept der modernen Komödie sind denkbar.*

*Eine solide Werkkenntnis ermöglicht es Ihnen schnell, den Szenenauszug einzuordnen und entsprechende Schlussfolgerungen bezüglich der Entwicklung des Konfliktes zu ziehen.*
*Eine genaue Analyse des Dialogs Ill – Bürgermeister sollte in Ihrer Arbeit den inhaltlichen Schwerpunkt bilden. Beachten Sie Besonderheiten der Gestaltung des Dialogs und klären Sie Fragestellungen wie:*

- *Wie ist der Dialog strukturiert?*
- *Wer dominiert das Gespräch?*
- *Sprechen die Partner miteinander oder aneinander vorbei?*
- *Was sind jeweils ihre Intentionen, welche Strategien verfolgen sie?*
- *Welche Funktion haben gestalterische Auffälligkeiten?*

*Ihre Analyseresultate münden in deutende und wertende Ausführungen, die Sie mit den Kenntnissen zum Autor, dessen Dramentheorie und weltanschaulichen Vorstellungen verknüpfen können. Bietet es sich an, sollten Sie bemüht sein, solche Bezüge mithilfe des gegebenen Textauszugs selbst herzustellen.*
*Ein abschließendes Fazit könnte dann das Ergebnis der Interpretation in Verbindung zu Dürrenmatts tragischer Komödie als Ganzes bringen oder auch Motive seines Gesamtwerkes aufgreifen.*

### 1 Einleitung

Der moderne Mensch steht der Welt angesichts zunehmender globaler Gefahren wie Massenvernichtungswaffen, der umfassenden Technisierung der Welt und daraus resultierender Katastrophen weitgehend hilflos gegenüber. Er befindet sich als Individuum nach Friedrich Dürrenmatt in einem unüberschaubaren Chaos gefangen und hat nicht mehr die Chance einer umfassenden Erkenntnis der Welt. Für den Schweizer Dramatiker und Schriftsteller irrt der Mensch in einem **Labyrinth** orientierungs- und hilflos umher, ähnlich dem **Minotaurus** in der griechischen Sage. Im Werk des Autors bildet dieser weltanschauliche Komplex ein Grundmotiv.

Auch in Dürrenmatts dramatischem Schaffen nimmt der nihilistische Gedanke einer sinnentleerten Welt auf variierende Weise Gestalt an. Nach dem Studium der Germanistik, Philosophie und Naturwissenschaften beschäftigt sich Dürrenmatt bereits Ende der 40er-Jahre mit der dramatischen Arbeit. Die zentrale Gattung wird für ihn die Komödie, zu der er unter anderem in seinem Vortrag „Theaterprobleme" (1955) entscheidende Positionen entwickelt. Die tragische Komödie „Der Besuch der alten Dame" begründet 1956 seinen Weltruhm.

## 2 Interpretation

### 2.1 Einordnung des Szenenauszugs

Die Milliardärin Claire Zachanassian kehrt nach Jahrzehnten in ihre Heimatstadt Güllen zurück, um sich an ihrem ehemaligen Geliebten Alfred Ill zu rächen. Dieser hatte ihr vor 45 Jahren Unrecht getan, indem er mithilfe bestochener Zeugen die Vaterschaft ihres Kindes, das früh sterben sollte, erfolgreich abgestritten hatte. Claire musste damals die Stadt ehrlos verlassen und landete als Dirne in einem Bordell. Dort lernte sie einen Milliardär kennen, der sie heiratete und Claire zu unverhofftem Reichtum verhalf. Jahrelang hat die immer mächtiger werdende Ex-Güllenerin ihren planmäßigen Rachefeldzug vorbereitet. Die Stadt ist inzwischen verarmt und benötigt dringend finanzielle Hilfe. Claire Zachanassian macht den Bewohnern ein unmoralisches Angebot: Sie stiftet der Stadt eine Milliarde für den Tod ihres ehemaligen Liebhabers Alfred Ill. Der Bürgermeister lehnt zunächst entrüstet ab, doch entschlossen und siegesgewiss reagiert Claire mit den Worten: „Ich warte.“ Damit endet der erste Akt.

Der vorliegende Szenenauszug entstammt dem zweiten Akt. Claire verfolgt mit ironischen Kommentaren das Treiben der Güllener vom Balkon ihres Gasthauses. Genüsslich beobachtet sie, wie die Bewohner der Kleinstadt von ihren ursprünglichen moralischen Prinzipien nach und nach abrücken, indem sie sich dem möglichen Wohlstand nicht entziehen, sondern auf Kredit kaufen und Schulden machen. Alfred Ill, ein verarmter 65-jähriger Händler, gerät auf diese Weise immer mehr in eine Zwangslage. Er registriert die Signale vermehrten Wohlstands und fühlt sich dadurch bedrängt und isoliert, obwohl ihn fadenscheinige Solidaritätsbekundungen noch erreichen. So deklariert der Polizist beschwichtigend Ills Befürchtungen als „Hirngespinste“, obwohl dessen Goldzahn auch ein deutliches Indiz für den steigenden Wohlstand und die zunehmende Korruption der Bevölkerung in Güllen ist.

### 2.2 Gesprächsanalyse und Strategie der Figuren

Die Situation, in die das Gespräch des Auszuges eingebettet ist, kann wie folgt beschrieben werden. Auf dem Balkon des Hotels thront im Bühnenhintergrund Claire, die ihren Butlern hie und da diverse Anweisungen gibt, Anrufe entgegennimmt oder mit ihrem aktuellen Gatten (VIII) spricht. Im Vordergrund läuft das Kleinstadtleben ab. Ills Krämerladen, in dem intensiv auf Pump gekauft wird, ist bühnentechnisch dem „Stadthaus“ gewichen, d. h. die Szenerie verlagert sich zu den Stadtoberen hin: Alfred Ill möchte aufgrund seiner als bedrohlich empfundenen Lage den Bürgermeister sprechen.

An der **Figurenbezeichnung** des Stücks fällt auf, dass für die Protagonisten individualisierende Namen gesetzt werden, für die Güllener Bürger dagegen lediglich deren Amts- oder Berufsbezeichnungen. Dürrenmatt geht es nicht um Charaktere, sondern um das Aufzeigen sozialer Mechanismen.

Der Auszug beinhaltet ein Gespräch zwischen Ill und dem Bürgermeister, das mehrmals durch **Parallelhandlungen** unterbrochen wird. Diese eingeschobenen Passagen haben Verweischarakter. Durch den Dialog entsteht keinerlei Annäherung, im Gegenteil: Beide Kontrahenten steigern ihre Strategien im Umgang mit dem Gegenüber noch. Es handelt sich also klar um den Dialogtyp des Aneinandervorbeiredens. Fühlt sich Ill am Ende der Unterredung in seinem Misstrauen nahezu hoffnungslos bestärkt („Ihr habt mich schon zum Tode verurteilt“, Z. 109), so greift der Bürgermeister zu immer unglaubwürdigeren Beschwichtigungsformeln. Dürrenmatts **Konzept der schlimmstmöglichen Wendung** einer Handlung findet auch hier seine Umsetzung.

Nach anfänglichen Höflichkeitsfloskeln richtet sich der Dialog zuerst auf den entlaufenen Panther der Zachanassian, der in der Stadt gejagt wird. „Raubtierjagd“ (Z. 13) ist aber eine der anspielungsreichen Formulierungen, die auf Ills Schicksal hindeuten. Auch Claire Z. bezeichnete ihren damaligen Liebhaber als „mein Panther“. Für Ill muss also sowohl die Jagd als auch die spätere Erschießung des Tieres vor seinem Kramladen die beabsichtigte beklemmende Wirkung haben. Der Panther und die Jagd auf ihn werden so metaphorisch mit den tragischen Ereignissen um Ill verklammert.

Die nicht zum Hauptgeschehen gehörige Regieanweisung *Der Butler kommt* verweist auf die erste Parallelhandlung. Claire wird von ihrem Diener darauf hingewiesen, dass der Präsident der Weltbank soeben angekommen sei, um sie zu konsultieren. Ihre lakonische Reaktion lautet: „Ich bin nicht zu sprechen. Er soll wieder zurückfliegen." (Z. 17) Die komische Zuspitzung der Situation wird an dieser Stelle offenkundig, bedenkt man, dass es die Rächerin nicht einmal für nötig hält, einen der einflussreichsten Bankiers der Welt überhaupt vorzulassen.

Als Ill auf die neue Zigarrensorte, die Seidenkrawatte und die neuen Schuhe des Bürgermeisters zu sprechen kommen will, gibt dieser sich betont freundlich und scheinbar ahnungslos. In geradezu grausamer Falschheit lässt er jeden menschlichen Respekt Ill gegenüber vermissen und heuchelt Verständnis, wenn jener vor Verzweiflung und Todesangst bereits wankt:

ILL Ich fürchte mich.
DER BÜRGERMEISTER Fürchten?
ILL Der Wohlstand steigt.
DER BÜRGERMEISTER Das ist mir das Allerneuste. Wäre erfreulich.
(Z. 35–38)

Einen ersten Höhepunkt findet das makabre Spiel des Bürgermeisters, als dieser im Hinblick auf Ills Besuch beim Polizisten darauf verweist, er befinde sich in Güllen – einer „Stadt mit humanistischer Tradition" (Z. 47 f.). Nomen est omen gilt in besonderer Weise für eine Stadt, bei der ein Jauchesumpf aus Gier, Verbrechen und Ungerechtigkeit in grotesker Weise mit humanistischen Werten, dem Rechtsstaat sowie mit Goethe und Brahms verknüpft wird.

Eine zweite Unterbrechung durch eine Parallelhandlung steigert die groteske Situation noch. Die beiden Blinden – Koby und Loby – aus dem Gefolge der Milliardärin verkünden, dass der Panther frei sei. Ausgerechnet die skurrilsten, vollkommenen entindividualisierten Marionetten und Verbrecher verkünden sehr anspielungsreich das Urteil über Ill, den Panther: Er ist frei … zum Abschuss!

Im Gesprächsabschnitt ab Zeile 62 werden die Kontrahenten direkter und deutlicher. Ill fordert die Verhaftung, der Bürgermeister spricht Ills Schuld an. Er antwortet mit einem Paradoxon: „Dieses nackte Elend bedeutet immerhin einige Milliarden …" (Z. 67). Nach kurzem Schweigen beschließt der Bürgermeister, nunmehr „ehrlich miteinander" zu reden. Er spreche Ill das Recht ab, Claire Zachanassians Verhaftung zu fordern und das Bürgermeisteramt komme für ihn ebenfalls nicht mehr in Frage. Nach diesem Dämpfer heuchelt er jedoch wieder gegenüber Ill: „Daß wir Ihnen im übrigen die gleiche Hochachtung …" (Z. 82 f.).

Übergangslos folgt auf die schmeichelnden falschen Worte des Bürgermeisters die dritte Parallelhandlung: Roby und Toby tragen Kränze ins Hotel. In diesem befindet sich seit geraumer Zeit ein schwarzer Sarg – für wen? Die Antwort ist nicht schwierig: Für den schwarzen Panther Alfred Ill, dessen Beerdigung längst geplant wird. Farbsymbolik und metaphorische Verklammerung bilden ein Geflecht des Todes um die tragische Figur Ills.

Im letzten Abschnitt des Gesprächs (ab Z. 88) kommt Ill direkt auf seine Todesahnung zu sprechen. Er fragt den Bürgermeister, ob er „noch eine Chance, davonzukommen" (Z. 92) habe. Getreu seiner Beschwichtigungsstrategie heuchelt der Bürgermeister jedoch weiter, beruhigt Ill zum Schein und wider besseres Wissen. Schließlich hängt im Zimmer des Bürgermeisters ein Plan für das neue Stadthaus, ein – wie Ill sehr wohl weiß – für ihn tödlicher Plan!

## 2.3 Bezüge zu Dürrenmatts Dramentheorie

Auch wenn vorliegender Szenenauszug aus dem zweiten Akt lediglich einen kleinen Ausschnitt aus der Gesamthandlung rund um das marode Städtchen Güllen darstellt, kann doch die Szene auch exemplarisch für Dürrenmatts tragische Komödie insgesamt betrachtet werden.

Drei Aspekte aus Dürrenmatts Betrachtungen zum modernen Theater sollen resümierend kurz aufgegriffen werden:
- der Untertitel der „tragischen Komödie"
- der Einfall
- das Groteske
- die Arbeit mit Anspielungen und Symbolen.

Im 1954 gehaltenen Vortrag „Theaterprobleme" reflektiert Dürrenmatt erstmals über die **Komödie** als zeitgemäße Theatergattung. Die klassische Tragödie habe sich insofern als Darstellung der Welt erledigt, als dass sie mit Kategorien wie Schuld oder Verantwortung operiere, die dem modernen Menschen nicht mehr entsprechen würden. Dieser sehe sich nur mehr als Objekt den Geschehnissen ausgesetzt, er bewege sich wie in einem Labyrinth und sei hilflos anonymen Mächten und Verhältnissen ausgeliefert. Das Komische schaffe in aggressiv enthüllender Weise Distanz zu diesen Verhältnissen. Tragisches sei wiederum Element der Komödie, zwar nicht mehr gattungsformend, aber für den Einzelnen, für den „mutigen Menschen" durchaus möglich.

Ähnlich der Konzeption Brechts arbeitet auch Dürrenmatt mit der Wirkungsstrategie der Verfremdung von Vorgängen, die die kritische Distanzierung des Zuschauers fördern und jegliche Identifikation mit dem Bühnengeschehen vermeiden sollen. Dazu brauche es **Einfälle**, d. h. nicht nur fiktive Konstrukte an sich, sondern vor allem solche, die unvorhersehbar und für den Menschen nicht kalkulierbar sind. Gerade das, was vermieden werden soll, tritt ein und nimmt die „schlimmstmögliche Wendung". Bezogen auf den Ausschnitt ist es Ill, der beim Bürgermeister noch dazu als dessen vorgeschlagener Nachfolger um Klärung sucht und auf abgeklärte Weise ins Nichts rennt. Er ist nach dem Gespräch ein geschlagener, nahezu toter Mann.

Die Mittel des **Grotesken**, der Vereinigung von eigentlich Unvereinbarem, nutzt Dürrenmatt in vorliegender Szene, wenn er etwa die mit der Rächerin Claire Z. verknüpften Parallelhandlungen an Stellen setzt, wo auch nur leiseste Hoffnung für Ill keimt. Auch wirkt es grotesk, wenn ein verlogener und grausamer Bürgermeister seinen Nachfolger eigentlich ein ganzes Gespräch lang über die Klinge springen lässt und dabei seine marode Stadt Güllen mit humanistischen Werten und einem Rechtsstaat in Verbindung bringt.

Recht deutlich lassen sich in diesem Auszug **Symbole** des Todes nachweisen. Das Motiv des schwarzen Panthers, der metaphorisch für Ill steht, durchzieht einen Großteil des zweiten Aktes und somit auch das vorliegende Gespräch. Eine religiöse Anspielung steckt hinter dem Namen des Hotels „ Zum Goldenen Apostel", in dem Claire Z. samt ihrem Gefolge residiert. Apostel sind die Überbringer einer religiösen, positiven Botschaft. Claire Zachanassians Botschaft ist die des Reichtums und des Geldes, ihre Religion heißt *Kaufen* und sei es die ganze Welt.

## Leistungskurs Deutsch (Sachsen): Abiturprüfung 2007
## Aufgabe 2: Interpretation lyrischer Texte

**Thema: Joseph von Eichendorff (1788–1857): Trauriger Winter (1841)**
**Charles Baudelaire (1821–1867): Nebel und Schlossen (e. 1857)**
deutsch 1901 in der Übertragung von Stefan George (1868–1933)

**Joseph von Eichendorff: Trauriger Winter**

Nun ziehen Nebel, falbe Blätter fallen,
Öd alle Stellen, die uns oft entzücket!
Und noch einmal tief' Rührung uns beglücket.
Wie aus der Flucht die Abschiedslieder schallen.

Wohl manchem blüht aus solchem Tod Gefallen:
Daß er nun eng ans blühnde Herz gedrücket,
Von roten Lippen holdre Sträuße pflücket
Als Lenz je beut mit Wäldern, Wiesen allen.

Mir sagte niemals ihrer Augen Bläue:
„Ruh auch aus! Willst du ewig sinnen?"
Und einsam sah ich so den Sommer fahren.

So will ich tief des Lenzes Blüte wahren,
Und mit Erinnern zaubrisch mich umspinnen,
Bis ich nach langem Traum erwach im Maie.

*In: Digitale Bibliothek. Band 1. Deutsche Literatur von Lessing bis Kafka, S. 9575*

**Charles Baudelaire: Nebel und Schlossen**[1]

Herbstende! winter! frühling mit schlammigem eise!
Ihr schläfernden zeiten des jahrs – ich liebe und preise
Was mein gemüt und meine gedanken umgab
Mit dunstigem leintuch und mit verschwommenem grab.

Spielt in der ebne der kalte sturm um die reiser
Und wird in langen nächten die windfahne heiser:
Dann öffnet – wie nie in lauer frühlingszeit –
Die seele ihre rabenfittiche weit.

Nichts süsser für ihn dem alles erfüllt ist mit trauer
Und der seit langem in eurem reife gefriert –
Ihr bleichen himmel die ihr unsre länder regiert –

Als dieser beständige anblick von dämmer und schauer.
– Nur schläfern wir manchmal an mondlosem abend zu zwei
Auf einem gewagten bette die schmerzen ein.

Übertragung: Stefan George, 1901

*In: George, Stefan: Werke. Ausgabe in vier Bänden. Band 3. Stuttgart: Ernst Klett Verlage GmbH 1984, S. 311.*

1 Schlossen: Regen, Hagelschauer

**Arbeitsanweisungen:**

Interpretieren Sie das Gedicht *Trauriger Winter* und vergleichen Sie es mit dem Gedicht *Nebel und Schlossen* unter dem besonderen Aspekt der Situation des lyrischen Subjekts.

## Lösungsvorschlag

*Vorliegende Aufgabe wird in der EPA als „Untersuchendes Erschließen literarischer Texte: Textinterpretation“ definiert. Die besondere Arbeitsaufgabe des Gedichtvergleichs ist Ihnen vertraut und aufgrund einer klaren Vergleichsebene auch nicht unbedingt anspruchsvoller als die einfache Gedichtinterpretation. Allerdings wird von Ihnen verlangt die zu interpretierenden Texte angemessen in den literarischen Kontext einordnen zu können, denn meistens werden Gedichte aus unterschiedlichen Epochen vorgelegt.*
*Unter Beachtung der Anforderungsbereiche und bekannter Texterschließungsverfahren ist als Textvorlage ein Gedicht eines bedeutenden Autors der Romantik gewählt worden. Als Operator dient „Interpretieren Sie“, beachten Sie jedoch die Zusätze innerhalb der Arbeitsanweisung. Hier bedeutet das, das Verfahren des Gedichtvergleichs aspektorientiert anzuwenden. Ein vollständiger Vergleich wird in diesem Falle nicht gefordert, sondern die unterschiedliche Situation der lyrischen Subjekte soll verglichen werden.*

*Dazu scheint es zunächst sinnvoll, das Eichendorff-Gedicht genau zu untersuchen. Wie immer bei dieser Gattung bedeutet dies, dass Sie in hohem Maße den Ihnen verliehenen Gestaltungsspielraum zur Anlage der Darstellung selbst planen müssen. Verlangt wird genaue Textwahrnehmung, Sensibilität und Gespür für das Thema wie für die Sprache im Gedicht.*
*Ziel sollte eine begründete, sinnerhellende Annäherung an das Gedicht sein, die sprachliche und inhaltliche Angemessenheit des Vorgehens sollte jederzeit gewahrt bleiben. Das gilt prinzipiell auch für den Baudelaire-Text, den sie vor dem Vergleich in zusammenfassender, prägnanter Form sinnerhellend darstellen sollten.*

*Spezielle Kenntnisse zu Leben und Werk der Autoren werden bei dieser Aufgabe nicht vorausgesetzt, allerdings sollte Eichendorff für Sie kein unbekannter Autor sein. Stefan George hingegen wird Ihnen als Autor des Fin de siècle allenfalls aus dem Umfeld Rilkes bekannt sein. Mit dessen Leben und Werk haben Sie sich entsprechend der Schwerpunkte in der Sekundarstufe II bekanntermaßen genauer befasst. Eine originelle und kenntnisreiche Arbeit sollte also auf diesem Fundament agieren.*
*Ihrem subjektiven Wertungsbestreben werden keine Grenzen gesetzt. Eine schlüssige problemorientierte Einordnung von Motivbausteinen, das Erkennen und Benennen von sprachlichen Tendenzen in der Lyrik der Romantik und Moderne, der Vergleich mit anderen Autoren, sprachphilosophische oder poetologische Zusammenhänge und Hintergründe sind in jedem Falle erstrebenswerte und qualitätsfördernde Aspekte der Gesamtdarstellung.*

### 1 Einleitung

Das Vergehen der Natur ist gerade für Lyriker – und das immer wieder in der Literaturgeschichte – ein Antrieb, melancholischen oder traurigen Gemütslagen poetischen Ausdruck zu verleihen. Dabei geht es in der Lyrik vorzugsweise nicht um sentimentale Beschreibungen der Natur selbst, sondern um die Erkundung der Seelenlandschaft des Autors bzw. eines von diesem etablierten lyrischen Subjekts.
Eine Annäherung an diese feinen, oft unter Geburtsschmerzen zu Papier gebrachten Texte, die sich lakonisch mit solchen Themen befassen, bedeutet für den Interpreten allerdings *nicht,* um mit einem hervorragenden Naturlyriker zu sprechen „… den metallenen Glanz eines Herbstgedichtes mit einem Büchsenöffner aufzureißen, um den *Inhalt* zu entdecken“. Diese Worte Peter Huchels sollen die folgenden Schritte gewissermaßen behutsam mahnend begleiten.

## 2 Interpretation

### 2.1 Reflexion zum Titel des Eichendorff-Gedichtes

„Trauriger Winter" steht über Eichendorffs Sonett, eine Personifikation, die auf eine Perspektive des Sprechers schließen lässt. Dessen Befindlichkeit entsteht offenbar aus der Reflexion der Jahreszeit, die ohne seinen subjektiven Blick keinesfalls als *traurig* beschrieben werden müsste. Gerade **Winterlyrik** zeichnet sich oft dadurch aus, dass Klarheit und Reinheit als wohltuend für das Subjekt dargestellt werden.

Doch handelt es sich bei diesem romantischen Sonett eigentlich um ein Wintergedicht im engeren Sinne? Betrachtet der Leser den Rahmen des gesamten Gedichtes, fällt ihm schnell auf, dass die Konstruktion auf die Wendung „im Maie" zuläuft: letzter Vers, zweites Terzett, Abschluss des Sonetts mithin.

### 2.2 Analyse und Deutung der lyrischen Struktur und des Sinngehalts

Das Bauprinzip dieses Rahmens, die in ihm enthaltenen Spannungen vom Titel bis zum Schlussvers sind geprägt von den Gattungsmerkmalen einer der bekanntesten europäischen Gedichtformen: dem **Sonett**. Bereits im Mittelalter wird es in Italien und Frankreich bevorzugt, auch Shakespeare hinterlässt eine ganze Sammlung solcher poetischer Kleinode. Grundvorgaben sind: zwei Quartette und zwei Terzette, Jambus oder Alexandriner dominieren als Metren, für die Quartette gelten bestimmte Endreimformen – aber dann beginnt auch schon die Lust der Autoren am Variieren und kreativen Spiel mit dieser Form. Eichendorff als Romantiker kannte sie – nicht nur als gebildeter Leser, er benutzte sie auch gern und oft.

Im vorliegenden Beispiel sind die formalen Grundrisse so zu skizzieren: zwei Quartetten mit umarmendem Endreim (abba, abba) stehen zwei Terzette der Form cde, edc gegenüber. Jambische Fünfheber bilden ein kontinuierliches Metrum. Auffällig ist der Zeilenstil, der den ruhigen Gedankenfluss, das Innehalten zwischen den einzelnen Schritten fördert.

Kalt und unwirtlich wirkt die Szenerie, die uns das lyrische Ich zu Beginn des ersten Quartetts kundtut: „Nebel" und „falbe Blätter" erzeugen eine **triste Stimmung**, die den gedanklichen Reigen eröffnen, klanglich ausgewogen übrigens: zwei Alliterationen auf jeder Halbzeile (*N*un – *N*ebel, *f*albe – *f*allen), dazu kommt die Assonanz von f<u>a</u>lbe und f<u>a</u>llen. Bereits innerhalb des ersten Quartetts zeigt sich, dass in diesem Sonett Kontraste und Spannungen aufgebaut werden, die mit sozialen Beziehungen zu tun haben. So wird das Gefühl des Abschieds ehemaligem Entzücken gegenübergestellt. Sentimentale Gefühle werden in einem Atemzug mit Glück genannt, verdichtet in dem Oxymoron („tief' Rührung uns beglücket", V. 3). Ein individueller Bezug wird noch vermieden, stattdessen allgemein von „uns" (V. 2 und 3), in Strophe zwei auch von „manchem" (V. 5) gesprochen.

**Einsamkeit** – und der damit verbundene Blick zurück auf angenehme Augenblicke – ist jedoch ein Gefühl, das vom lyrischen Sprecher nicht generell mit der kalten Jahreszeit verbunden wird.

Des einen Trauer über „solche[n] Tod" (V. 5) ist unter Umständen auch des anderen „Gefallen" (V. 5). Im zweiten Quartett wird die Ebene der Geborgenheit und Freude mit dem Zustand der Verlorenheit und Trauer kontrastiert. Menschliche Gemeinsamkeit und Liebe („eng ans blühnde Herz gedrücket ...", „Von <u>roten</u> Lippen", V 6 f.) können sogar über die abweisenden, feindlichen Seiten der Natur triumphieren oder – mit Blick auf den letzten Vers der Quartette – selbst deren schönsten Seiten nicht standhalten.

Mit dieser Gewissheit ändert sich die Sichtweise des lyrischen Ichs, strukturell getragen durch den Wechsel aus den Quartetten in die Terzette. Vers 9 setzt ein mit einem deutlich vernehmbaren „Mir". Der Sprecher beginnt demzufolge etwas über sich zu sagen, teilt eine persönliche Sicht des zuvor Reflektierten mit. Ein klagender Ton bestimmt das erste Terzett, in dem vage von unerfüllter Liebe oder fehlender Akzeptanz füreinander die

Rede ist: „niemals“ (V. 9) akzentuiert ein Unerfülltsein, das ganz im romantischen Verständnis immer zugleich ein Sehnen nach Erfüllung impliziert. Verstärkt wird diese Aussage durch die Farbsymbolik: **Blau** steht in der **Romantik** für Sehnsucht schlechthin. Auffällig und ungewöhnlich für ein Sonett lässt Eichendorff diese Relation sogar in eine wörtliche Rede gleiten: „Ruh auch aus! Willst du ewig sinnen?“ (V. 10). Es scheint nicht weit hergeholt, wenn man meint, an dieser Stelle die enttäuschten Hoffnungen des romantischen Dichters zu vernehmen, der die Realitäten flüchtend in Einsamkeit verharrt („einsam sah ich so den Sommer fahren“, V. 11) Dennoch ist diese Lesart keine zwangsläufige, auch ohne den romantischen Kontext ist die Situation des Sprechers eine melancholische.
Die Schlussfolgerung für das lyrische Ich wird im letzten Terzett formuliert und bildet im Sinne einer häufig verwendeten Komposition in einem Sonett die **Synthese**. Vorher formulierte Spannungen und Gegensätze heben sich auf: „So will ich des Lenzes Blüte wahren,/ Und mit Erinnern zaubrisch mich umspinnen, …“ (V. 12 f.). Das Resümee lautet also eindeutig Rückzug, um sich Erinnerungen hinzugeben an Stunden, in denen Wirklichkeit einerseits und Sehnsüchte bzw. Wünsche andererseits so wunderbar („zaubrisch“) ineinander verschwommen. Dieser Rückzug mutet weder erzwungen noch ausweglos an, er wird bewusst gewählt – „So will ich …“ – als schöne Illusion oder der Vermeidung eines Handelns.
Im letzten Vers nimmt das Ich diese Illusion selbst zurück und bezeichnet einen solchen Rückzug als „lange[n] Traum“, der beendet ist, wenn die Wirklichkeit gewissermaßen die Poesie eingeholt hat: „bis ich … erwach im Maie“ (V. 14).

Das romantische Grundkonzept, das Ungenügen an der bürgerlichen Existenz durch das **Sehnsuchts- und Traummotiv** zu kompensieren, ist auch in diesem Gedicht nachweisbar. Als poetische Brücke nutzt der Autor die Natur, konkret die Jahreszeitenmetaphorik. Im Sonett – einer starken, Halt gebenden Form – findet die ersehnte, aber unerfüllbare organischen Einheit von Mensch und Natur ihren poetischen Ausdruck.
Beklagt wird die Distanz zu einem Zustand der Nähe, der Hoffnung, des Blühens, wie sie im Bild des Lenzes erscheint. Stattdessen reflektiert das lyrische Ich Eichendorffs, wie es die Zeit des Winters, identifiziert mit Traurigkeit und Einsamkeit, übersteht. Was bleibt, sind Traum und Phantasie, mithin Bereiche einer Innenwelt, die eine spröde und raue Außenwelt *überwintern* helfen. Inwiefern der Winter dabei nur als Lebensetappe oder gar als lebenslange, irdische Unzulänglichkeit betrachtet werden kann, darf offen bleiben.

### 2.3 Lyrische Situation im Baudelaire-Gedicht

Ausgangspunkt für die Reflexion des Ichs in Baudelaires Sonett sind unterschiedliche Stationen im Jahreszeitenzyklus, die allesamt eine Gemeinsamkeit haben, sie werden als unwirtlich empfunden und laden eigentlich nicht zu Behaglichkeit oder Genuss ein. Bereits der Titel lenkt auf diese Stimmung hin.
Dem Sprecher in diesem Gedicht geht das ganz und gar nicht so, er liebt und preist die „schläfernden zeiten des jahrs“ (V. 2). Durch drei Ausrufzeichen markiert scheint er die Naturgebilde des Verfalls regelrecht herbeizurufen (V. 1), um sich mit ihnen zu umgeben und sich an ihnen zu erbauen. Diese Haltung ist ihm „in lauer frühlingszeit“ nicht möglich, provokant destruktiv werden auf diese Weise gängige Perspektiven auf die Jahreszeiten diametral umgedeutet.
Im zweiten Quartett werden in Paarreimform die Gedanken der **Lust am Düsteren und Dunklen** in metaphorischer Weise ausgebaut. Das Bild eines „kalte[n] sturm[s]“, der in den Nächten sein Spiel treibt (V. 5 f.), nimmt das Ich als Anlass zur eigenen Entfaltung: „Dann öffnet …/Die seele ihre rabenfittiche weit“ (V. 7 f.).
Nach dem zweiten Quartett zeichnen sich die Konturen dieses lyrischen Ichs klar ab.
Hier lässt sich eine Lust am Morbiden und eine Affinität zu den dunklen Seiten des Lebens ablesen. Die Nähe zum Bösen, symbolisiert durch das Spiel mit *schwarzen* Bildelementen, wird lustvoll zelebriert.

In den Terzetten wird diese Welthaltung andeutungsweise illustriert. Das lyrische Ich hat sich entfernt von aufklärerischen Weltsichten, deren fortschrittsgläubigen Attitüden. In seinem Geiste regieren Trauer und Kälte (V. 9 f.), es erteilt aller schönen Natur eine resolute Absage ohne jede verklärende oder hoffende Nuance. Nachdem der Rahmen zwischen Vers 9 und 12 über den umarmenden reim (trauer/schauer) geschlossen ist, folgt ein Nachsatz, der die Stimmung des düster Makabren abrundet. Assoziationen an ungewöhnliche sexuelle Praktiken in Verbindung mit in der Bohème von Paris üblicherweise konsumierten Rauschmitteln werden wach, wenn vom Einschläfern der Schmerzen „[a]uf einem gewagtem Bette" (V. 13 f.) die Rede ist. Nicht zufällig ist die Szenerie antiromantisch angesiedelt „an mondlosem abend" und damit eines der Lieblingsmotive der Romantiker desavouiert.

## 2.4 Gedichtvergleich unter dem Aspekt der Situation der lyrischen Subjekte

Ein Vergleich zweier sich formal sehr ähnelnder Gedichte kann unter dem Aspekt der Situation der lyrischen Subjekte konträrer nicht ausfallen. Nietzsches *Umwertung aller Werte* findet offenbar auf dem Weg von Eichendorff zu Baudelaire/George ihren poetischen Ausdruck.

Anlass zur Reflexion ist für beide Subjekte der Eindruck des **Winterlichen**. Seinen poetischen Ausdruck findet er in der verbindlichen, festen Form des Sonetts. Die Wirkung auf den Menschen wird allerdings von beiden Subjekten stark voneinander abweichend bewertet. Zwar lässt sich auch eine Gemeinsamkeit zwischen den Texten herstellen: Beide Sprecher befinden sich in demselben Gefühlszustand, beide wollen Leid und Kummer verdrängen. So sehr sich die Ausgangslage ähnelt, so konträr gehen aber die beiden lyrischen Subjekte mit ihrem Leid um. Während bei Baudelaire das Ich versucht, zusammen mit einer anderen Person (einer Frau?) seine Schmerzen zu betäuben („zu zwei", V. 13), hofft das Ich bei Eichendorff auf die narkotisierende Wirkung seiner schönen Erinnerungen.

In Eichendorffs Gedicht wird ganz in romantischer Manier nach Trost und Erlösung aus schwerer Zeit gesucht. Hoffnung auf den Lenz bzw. den Mai, Erinnerung an bessere Stunden helfen Gefühle der Einsamkeit zu überwinden.

Ganz anders stellt sich das Subjekt in „Nebel und Schlossen" dar. In lustvoller Weise werden romantische Empfindungen oder Weltbilder auf den Kopf gestellt. Was ehedem als überwindenswert galt, wird nun geliebt, gar gepriesen. Eichendorffs berühmter Vers aus seinem Gedicht „Mondnacht" wird gewissermaßen eingeschwärzt, d. h. mit dem Gedanken des Makabren verknüpft: Hieß es bei Eichendorff „Und meine Seele spannte/ Weit ihre Flügel aus …", so konterkariert Stefan George als übertragender Autor der Lyrik Baudelaires diesen Vers, indem er mit „Dann öffnet … Die seele ihre rabenfittiche weit" übersetzt.

Hintergrund für diese morbide Welthaltung am Tor zur **Moderne** sind die von Autoren wie Charles Baudelaire als morsch empfundenen Werte des 18. Jahrhunderts. Obwohl beide Gedichte keine allzu große Zeitspanne trennt, geht der Riss, der Haltungen zur Welt und zur Poesie abgrenzt, nahezu exemplarisch durch das Werk beider Autoren. Von Baudelaire behauptete der Literaturkritiker und Philosoph Walter Benjamin in ambivalenter Weise einmal: „Die besondere Schönheit sovieler baudelairescher Gedichtanfänge ist: das Auftauchen aus dem Abgrunde." Und weiter heißt es noch mit Blick auf Stefan George: „George hat *spleen et idéal* mit ‚Trübsinn und Vergeistigung' übersetzt und damit die wesentliche Bedeutung des Ideals bei Baudelaire getroffen."

## Leistungskurs Deutsch (Sachsen): Abiturprüfung 2007
## Aufgabe 3: Literarische Erörterung

**Thema: Blaise Pascal (1623–1662): „Gerechtigkeit, Macht" aus „Gedanken" (e. 1670)**
**Heinrich von Kleist (1777–1811): Michael Kohlhaas (1810)**
**Sophokles (um 497/496 v. Chr. bis ca. 406/405 v. Chr.): Antigone (442 v. Chr.)**

### Blaise Pascal[1]: „Gerechtigkeit, Macht" aus „Gedanken"

Gerechtigkeit, Macht. – Es ist gerecht, daß das, was gerecht ist, befolgt wird, und es ist notwendig, daß das, was am mächtigsten ist, befolgt wird. Die Gerechtigkeit ist ohnmächtig ohne die Macht; die Macht ist tyrannisch ohne die Gerechtigkeit. Die Gerechtigkeit erfährt viel Widerspruch, wenn sie keine Macht hat, weil es immer böse Menschen gibt; die Macht wird angeklagt, wenn sie nicht gerecht ist. Man muß also die Gerechtigkeit und die Macht vereinigen; und dazu muß man bewirken, daß das mächtig sei, was gerecht ist, oder daß gerecht sei, was mächtig ist.

*Aus: 3. Kapitel: Die Natur des Menschen. 4. Abteilung: Die menschlichen Gesellschaftsformen. In: Pascal, Blaise: Gedanken. Übersetzt von Wolfgang Rüttenauer Leipzig: Dieterich'sche Verlagsbuchhandlung 1930, S. 112.*

1 Blaise Pascal (1623 –1662), französischer Philosoph, Mathematiker und Physiker, der als einer der großen Denker der europäischen Geistesgeschichte betrachtet wird.

### Figurenverzeichnisse

*Heinrich von Kleist: Michael Kohlhaas*

| | |
|---|---|
| Michael Kohlhaas | Rosshändler |
| Lisbeth | seine Frau |
| Herse | sein Knecht |
| Johann Nagelschmidt | Rebellenführer |
| Wahrsagerin, Zigeunerin | |
| Kurfürst von Brandenburg | |
| Heinrich von Geusau | Stadthauptmann von Brandenburg |
| Graf Kallheim | Kanzler des Kurfürsten von Brandenburg |
| Kurfürst von Sachsen | |
| Prinz Friedrich von Sachsen | Beschützer der Stadt Wittenberg |
| Prinz Christiern von Meißen | Generalissimus des Reichs |
| Großkanzler Wrede | |
| Hinz von Tronka | Mundschenk des Kufürsten von Sachsen |
| Kunz von Tronka | Kämmerer des Kurfürsten von Sachsen |
| Wenzel von Tronka | Widersacher von Michael Kohlhaas |
| Vogt der Tronkenburg | Sachwalter Wenzel von Tronkas |
| Martin Luther | |

*Sophokles: Antigone*

| | |
|---|---|
| Antigone | Bestatterin des von Kreon geächteten Polyneikes |
| Ismene | Antigones Schwester |
| (Eteokles †, Polyneikes †) | (Antigones Brüder) |
| Kreon | Herrscher von Theben |
| Haimon | Kreons Sohn, Antigones Verlobter |
| Teiresias | blinder thebanischer Seher |
| Chor der thebanischen Greise | |

**Arbeitsanweisungen:**

Erörtern Sie die Auffassung Pascals und beziehen Sie diese auf ausgewählte Aspekte aus Kleists Novelle *Michael Kohlhaas* und Sophokles' Tragödie *Antigone*.

---

## Lösungsvorschlag

*Die Aufgabenstellung erfordert die Analyse des gedanklichen Aufbaus und der sprachlichen Gestaltung des Zitates. Im Anschluss prüfen Sie die Position des Autors anhand der beiden vorgegebenen literarischen Werke aus unterschiedlichen Epochen. Dabei sollten Sie auch Ihre Kenntnisse zu staatspolitischen und moralischen Fragen einbeziehen.*
*Sie erkennen die Allgemeingültigkeit der Aussage Pascals und positionieren sich dazu. Im vorliegenden Lösungsvorschlag werden die beiden literarischen Werke in ihrer Eigenständigkeit betrachtet. Es ist aber durchaus auch legitim in der Auseinandersetzung mit dem Zitat von Blaise Pascal an beiden Werken gleichzeitig zu arbeiten. Das erhöht den Aspekt der Vergleichbarkeit, geht jedoch auf Kosten der Überschaubarkeit inhaltlicher Zusammenhänge. Möglich sind auch Bezüge zu anderen literarischen Werken, wie z B. Rolf Hochhuths „Berliner Antigone", Friedrich Dürrenmatts „Der Besuch der alten Dame" oder William Shakespeares „Hamlet."*

### 1 Einleitung: Macht und Gerechtigkeit als moralisch-politische Kategorien

Menschenrechte, soziale Gerechtigkeit, ausgleichende Gerechtigkeit sind Ideale, die Menschen stets als erstrebenswert erscheinen. Gerechtigkeit gehört zu den ethischen Grundbegriffen. In der Gesellschaft bewirkt sie gleiche Rechte und Pflichten für alle Mitglieder, aber auch eine Gleichbehandlung des Einzelnen durch die Gemeinschaft. Der Grundsatz der Gleichheit aller vor dem Gesetz liegt jeder staatlichen Rechtsprechung zugrunde und bestimmt die Prinzipien des positiven Rechts. So verwundert es nicht, dass die Durchsetzung des Rechts zugleich als Kardinaltugend des Menschen gilt.
Auch die Macht unterliegt der Tendenz staatlich geregelt zu werden. Da sie in der Lage ist, soziale, politische oder ökonomische Unterordnung zu erzwingen, kann sie der Gerechtigkeit konträr entgegenstehen. Wer Macht besitzt, hat die Möglichkeit seinen eigenen Willen auch gegen den Widerstand anderer durchzusetzen. Verschiedene Machtmittel wie die Androhung bzw. Anwendung von Gewalt oder Sanktionen können die Bestrebungen unterstützen.
Der französische Philosoph, Mathematiker und Physiker, Blaise Pascal (1623–1662) veröffentlichte 1670 in einer Abhandlung mit dem Titel „Gedanken" unter der Überschrift „Gerechtigkeit, Macht" eine Polemik zum Verhältnis der beiden Kategorien.

## 2 Analyse des gedanklichen Aufbaus und der sprachlichen Gestaltung des Zitates

Zwei Schlagwörter – „Gerechtigkeit, Macht" (Z. 1) – fungieren als Schlüsselbegriffe, werden lediglich durch ein Komma voneinander abgegrenzt und bilden eine **Ellipse**. Sie stecken den Rahmen ab für Pascals kritische Reflexionen und Definitionen. Eine These schließt sich an: Blaise Pascal behauptet, dass die Befolgung des Gerechten gerecht sei und die Befolgung des Mächtigen notwendig. Der **Parallelismus** in der Satzstruktur verweist bereits auf den kausalen Zusammenhang. Eine Erläuterung folgt: Mit einem **Chiasmus** untermauert der Philosoph die **Beziehung zwischen Macht und Gerechtigkeit**. Ohne Macht sei die Gerechtigkeit „ohnmächtig" (Z. 2) und ohne die Gerechtigkeit sei die Macht „tyrannisch" (Z. 3). Die beiden Adjektive sind auch in unserem Sprachgebrauch noch geläufig. Wenn jemand „ohnmächtig", das heißt ohne Macht ist, hat er keine Möglichkeit des selbstbestimmten Handelns. Stattdessen besteht die Gefahr, dass er zum Spielball tyrannischer, also gewaltsamer, willkürlicher Mächte wird.

Da „es immer böse Menschen" gebe (Z. 4), stehe die Gerechtigkeit immer dann zur Disposition, erfahre „viel Widerspruch" (Z. 4), wenn sie nicht gerade von denen durchgesetzt werden soll, die auch die Macht haben. Die negativen psychischen Seiten des Menschen, die z. B. im Machtmissbrauch ihren Ausdruck finden, sind dem französischen Philosophen also durchaus bewusst. Andererseits steht eine ungerechte Macht in der Kritik, „wird angeklagt" (Z. 5). Pascal vereinigt beide Zusammenhänge in einem Satz.

Die Konjunktionen „wenn" (Z. 4 f.) und „weil" (ebenda) unterstützen den **hypotaktischen Satzbau** und unterstreichen in ihrer Dialektik die Komplexität der Problematik. Die Schlussfolgerung, unterstrichen durch das Adverb „also" (Z. 5), geht mit dieser syntaktischen Struktur konform. Pascal weist mit Nachdruck darauf hin, dass die Einheit von Gerechtigkeit und Macht als zwingende Notwendigkeit durchzusetzen sei. Das **Modalverb** „müssen" (vgl. Z. 5) betont den Prozess der Vereinigung der beiden Kategorien. Mit einer klaren Aufforderung zeigt der Geisteswissenschaftler, wie diese Vereinigung auszusehen habe.

Die Adjektive „gerecht" (Z. 5/7) und „mächtig" (Z. 6/7) werden durch einen Chiasmus in einen dialektischen Zusammenhang gebracht wie vorher schon die gleichlautenden Substantive. „Man [muss] bewirken" (Z. 6), dass Gerechtes zur Macht erhoben wird, sich die bereits vorhandene Macht der Gerechtigkeit verschreibt. Beides hebt die moralische Dimension des geforderten Zusammenspiels hervor.

## 3 Macht und Gerechtigkeit in literarischen Werken

### 3.1 Sophokles (um 497/496 v. Chr. bis ca. 406/405 v. Chr.): Antigone (442 v. Chr.)

Ausgangspunkt für die **Tragödie** des antiken Dramatikers ist der Kampf der beiden Ödipus-Söhne Eteokles und Polyneikes nach dem Tod ihres Vaters um die Herrschaft in Theben und ihr Tod. Der neue Herrscher, Kreon, der Onkel der beiden, verbietet die Bestattung des Angreifers Polyneikes. Antigone, die Schwester, widersetzt sich diesem Verbot und wird dafür mit dem Tod bestraft. Haimon, der Sohn Kreons, und Eurydike, dessen Gattin, wählen den Freitod. Kreon bleibt als gebrochener Herrscher zurück.

Antigone wehrt sich gegen die Machtbefugnis ihres Onkels, da sie es entsprechend der von jeher gültigen Götter- und Gentilgesetze als vernünftig und gerecht erachtet, dass ein Bruder genauso würdevoll bestattet wird wie der andere – jeder Mensch habe das Recht auf eine ehrenvolle Bestattung. Damit verkörpert sie das **Naturrecht**, wie es in der Aufklärung vom englischen Philosophen John Locke (1632–1704) propagiert wurde und das jedem einzelnen Menschen im Naturzustand Gleichheit und Freiheit zugesteht. Freiheit wird laut Locke durch die von Gott gegebenen Gesetze definiert, eine natürliche Hierarchie bleibt ausgeschlossen, demzufolge auch eine gegenseitige Schädigung. Antigone betrachtet es als ihre Pflicht als Schwester das Bestattungsritual zu vollziehen und empfindet es als „gerecht, dass das, was gerecht ist, befolgt wird" (Z. 1).

Diesen Standpunkt vertritt sie auch selbstbewusst in der direkten Konfrontation mit dem Herrscher von Theben. Dabei „erfährt" Antigones Rechtfertigung ihres Handelns „viel Widerspruch" (Z. 4), weil auch der Machtinhaber Kreon von der Rechtmäßigkeit seines Handelns überzeugt ist. Bereits in seiner Antrittsrede stellte er in einer Art Regierungserklärung die Grundsätze seiner Herrschaft dar und rechtfertigt seinen Erlass Feinde der Stadt niemals zu ehren. Polyneikes, der den Kampf der Sieben gegen Theben inszenierte, gehört zu diesen Widersachern. Im Streitgespräch mit Antigone bekräftigt er seine Forderung nach ausnahmslosem Gehorsam und stellt sich gegen die Ansprüche des Naturrechts. Ob Kreon damit zu den von Pascal bezeichneten „bösen Menschen"(Z. 4) gezählt werden sollte, steht zur Disposition. Es erscheint durchaus legitim als Verantwortlicher für das Wohl eines Staates Gesetze zu erlassen und deren Einhaltung durchzusetzen. Der Chor, das Volk Thebens, unterstützt diesen Standpunkt. Im Gespräch mit seinem Sohn Haimon begründet Kreon seine Entscheidungen: Die Staatsraison gebiete es ihm so zu handeln, denn nur Gehorsam schaffe Ordnung und erhalte den Staat. Antigone habe mit ihrer Tat diese Ordnung gestört. Auch Pascal unterstreicht die **Notwendigkeit des staatlichen Gehorsams**.

Dass Antigones „Gerechtigkeit ohnmächtig" (Z. 2) bleibt, weil sie als Mitglied der **Polis** und noch dazu als Frau gegenüber Kreon ohne Macht ist, zeigt der Ausgang des Gesprächs. Antigones Tod ist beschlossen. Antigone und Kreon vertreten eine unterschiedliche Auffassung von Gerechtigkeit. Die Charaktere der **Antipoden** haben den Konflikt verstärkt. Einen anderen Ausgang hätte das Geschehen genommen, wenn Antigone „das, was am mächtigsten ist, befolgt" (Z. 2) hätte. Um im Diesseits weiter leben zu können, wäre es „notwendig" (Z. 2) gewesen, Kreons Macht anzuerkennen und auf die Bestattung des Bruders zu verzichten. Mit der bewussten Entscheidung gegen die weltliche Macht des Herrschers von Theben entscheidet sich Antigone für ein Weiterleben im Hades und die Anerkennung der **für sie mächtigeren Götter- und Gentilgesetze**.

Andererseits erweist sich **Kreons** Macht in seiner **Hybris** schließlich doch als „tyrannisch" (Z. 3), indem er keinerlei Argumenten zugänglich ist, ungeachtet dessen, dass das von ihm verabschiedete Gesetz bisher keinerlei Bewährung in der Praxis erfahren musste. So bleibt der Appell Ismenes an Kreons Mitgefühl ohne Wirkung. Auch Haimons Forderung nach Aufgabe seiner Entscheidung kann Kreons Starrsinn nicht brechen. Kreons Sohn scheitert mit dem Versuch Gerechtigkeit und Macht zu vereinen. Im Gespräch mit dem blinden Seher Teiresias erhält Kreon eine letzte Chance zur Umkehr. Willkürlich lässt er auch diese Möglichkeit das Leben Antigones zu retten verstreichen. Letztendlich wird Kreons „Macht … angeklagt, [weil] sie [gegenüber Antigone] nicht gerecht" (Z. 5) war – vom eigenen Sohn, vom blinden Seher, vom Volk Thebens und von den Göttern.
Erst als der Seher Kreon verlassen hat, beginnt dieser an der Rechtmäßigkeit seines Entschlusses zu zweifeln. Er versucht zu spät das Unglück abzuwenden. Die Einsicht, dass die von Antigone als „gerecht" gesehenen Göttergesetze auch für ihn gelten, kommt nicht mehr rechtzeitig. Kreons Schuldbekenntnis, seine Verzweiflung über sein Schicksal und die abschließenden Worte des Chores, dass Besonnenheit zu den Grundtugenden menschlichen Lebens gehört, unterstreicht Pascals Schlussfolgerung, dass Macht und Gerechtigkeit nur dort funktionieren, wo sie in Übereinklang gebracht werden.
Dass man beides „vereinigen [muss]" (Z. 6) ergibt sich bei „Antigone" aus dem tragischen Ausgang des Konflikts. Der deutsche Philosoph Georg Wilhelm Friedrich Hegel (1770–1831) unterstreicht das mit der Feststellung, dass die **Antinomie** zweier gleichberechtigter Prinzipien – Antigone verletzt das Recht des Staates, Kreon das der Familie – das Wesen der Tragödie ausmache.

### 3.2. Heinrich von Kleist (1777–1811): Michael Kohlhaas (1810)

Die Entwicklung der Titelfigur ist eng mit dem Kampf um „Gerechtigkeit" (Z. 1) verbunden. Zudem thematisiert die **Novelle** das Verhältnis des Einzelnen zum Staat, zur „Macht" (Z. 1), das nur durch das Recht abgesichert werden kann.

Dem aus dem Brandenburgischen stammenden wohlhabenden und rechtschaffenen Rosshändler Michael Kohlhaas werden bei seinem Grenzübertritt nach Sachsen auf der Burg des Junkers Wenzel von Tronka seine beiden wohlgenährten Rappen abgenommen mit der Begründung, ihm fehle der für die Einreise notwendige Passierschein. Da sich diese Forderung bei Kohlhaas' Vorsprechen in Dresden als willkürlich erweist, fordert Kohlhaas auf der Tronkenburg seine als Pfand hinterlassenen Pferde zurück. Er findet sie in einem unwürdigen Zustand, weil sie inzwischen zur Feldarbeit missbraucht wurden. Sein Knecht Herse, den er mit der Betreuung der Tiere beauftragt hatte, wurde verjagt. Als Kohlhaas im Gespräch mit dem Junker und dem Burgvogt erneut provoziert wird, ist er nicht bereit die Burg mit den geschundenen Pferden zu verlassen. Er fühlt sich persönlich in seinen Rechten angegriffen und glaubt noch daran, sich „Gerechtigkeit" (Z. 1) verschaffen zu können. Kohlhaas ist das Idealbild eines tüchtigen und frommen Bürgers, der beruflich und menschlich in der Gemeinschaft, in der er lebt, hohes Ansehen genießt.

Den Höhepunkt der Besonnenheit beweist Kohlhaas, als er, im Stillen schon überzeugt von der ungerechten Behandlung, dennoch zögert, etwas zu unternehmen. Der Junker von Tronka und der **Burgvogt** erweisen sich als „böse Menschen" (Z. 4), die aus Willkür handeln und damit ihre **Macht missbrauchen**. Kohlhaas' Vertrauen in die Rechtstaatlichkeit bewirkt, dass er zunächst nach legalen Lösungsmöglichkeiten sucht, indem er verschiedene Instanzen in Sachsen und Brandenburg anruft. Seine Hoffnung, „dass das, was gerecht ist, befolgt wird" (Z. 1) zerschlägt sich jedoch angesichts der mehrfachen Ablehnung der Klage auf Grund von Vetternwirtschaft. Die Tronkas sind Vertreter des sächsischen Hofes; Kunz von Tronkas Ehefrau Heloise ist die Schwester des brandenburgischen Erzkanzlers und die ehemalige Geliebte des Kurfürsten von Sachsen. Kohlhaas ist „ohne Macht", „ohnmächtig" in seinem Streben nach „Gerechtigkeit." (Z. 2/3). Lange kämpft er geduldig um sein Recht im Vertrauen darauf, dass die Welt trotz ihrer „bösen Menschen" im Kern doch soweit intakt sei, dass am Ende die Gerechtigkeit siegt. Erst als er statt seines Rechts nur neue Kränkungen erfährt, als „unnützer Querulant" abgewiesen wird, seine Frau nach einem Bittgang stirbt, da fühlt er sich aus der menschlichen Gemeinschaft ausgestoßen.

Der Rosshändler versucht sich mit einem **Rechtsschluss** Gerechtigkeit zu verschaffen, indem er den Junker kraft der ihm angeborenen Macht verurteilt, die Rappen binnen drei Tagen nach Kohlhaasenbrück zu führen und persönlich in seinen Ställen dick zu füttern. Als keine Reaktion erfolgt, rebelliert er gegen die tyrannischen Machtbefugnisse des sächsischen Adels mit Selbsthelfertum und **Selbstjustiz** um seinen Rechtsstandpunkt durchzusetzen. In ihm ist nicht nur die Sensibilität für die Rechtskränkung stark, ebenso stark ist auch sein Wille um Gerechtigkeit zu ringen.
Das gleiche Rechtsgefühl, das ihn zum Muster eines guten Staatsbürgers werden ließ, lässt ihn nun zum Räuber und Mörder werden, führt zum Bruch mit der bürgerlichen Vergangenheit. Er schafft sich aus eigener Machtbefugnis die Möglichkeit, sein Recht mit dem letzten Mittel der Politik, mit **Gewalt**, durchzusetzen. Sein Krieg gilt zunächst nur dem Junker. Er setzt die Tronkenburg in Brand, danach Wittenberg. Unschuldige Menschen sterben und Kohlhaas provoziert neues Unrecht.

Das Rechtsgefühl zwingt Kohlhass, der sich aus der menschlichen Gemeinschaft verstoßen fühlt, sich eine neue staatliche Grundlage zu schaffen. Er ernennt sich zum Statthalter des Erzengels Michael. Wie dieser einst das Verhältnis Gott – Teufel ordnen half, will er nun mit seiner „provisorischen Weltregierung" eine neue Ordnung schaffen. Michael

Kohlhaas verabsolutiert sein Gerechtigkeitsempfinden und sucht nach der Macht, um es zu realisieren.
Im erzwungenen Gespräch mit dem von ihm verehrten Luther erklärt sich Kohlhaas bereit seinen Rachefeldzug zu beenden, wenn man ihm in Dresden „Gerechtigkeit" (Z. 1) widerfahren lässt und die Klage gegen den Junker anerkennt. In der Auseinandersetzung mit Kohlhaas vertritt Luther seinen von der christlichen Lehre geprägten Glauben an das Gottesgnadentum. Er rät ihm dem Junker zu vergeben und Gehorsam gegenüber dem Landesherrn zu zeigen. „Es ist notwendig, daß das, was am mächtigsten ist, befolgt wird" (Z. 1/2). Er schafft es zwar, dass Kohlhaas' Meinung von der unbedingten Notwendigkeit eines Krieges erschüttert wird, indem er Kohlhaas aufzeigt, dass noch längst nicht alle friedlichen Mittel erschöpft waren, als er den Krieg begann, einen völligen Verzicht auf den Rechtskampf lehnt der Rosshändler jedoch ab. Auch Luther scheitert bei dem Versuch, Macht und Gerechtigkeit zu vereinen.

Das Recht, das Kohlhaas als reichs- und weltfreier, Gott allein unterworfener Herr im Krieg erzwingen wollte und zu dem er nach diesem Gespräch zurückzukehren glaubt, erweist sich als Unrecht. Kohlhaas wird das Opfer von Manipulationen und der Willkür der Mächtigen. So erweist sich der Kurfürst von Sachsen als einer der ärgsten Gegner Kohlhaas'. Zunächst abhängig von den Tronkas, ist er letztendlich auch aus persönlichen Gründen, nicht aus Gründen des Staatswohls bestrebt, Kohlhaas, den er schon zum Tode verurteilt hatte, zu begnadigen. Kohlhaas bewahrt das Amulett einer Zigeunerin mit einem Zettel, der wichtige Informationen über das Herrscherhaus Sachsens enthält. Aus Angst vor einem für ihn nicht vorhersehbaren Machtwechsel geht es dem Kurfürsten in seiner machthungrigen **Hybris** also nicht um „Gerechtigkeit" (Z. 1), sondern um sein eigenes Wohlergehen. Kleist gestaltet den Konflikt zwischen dem **positiven Recht**, also der Gewalt, die der Kurfürst innehat, und dem Naturrecht, wie es in der Amerikanischen Unabhängigkeitserklärung von 1776 formuliert ist. Dort heißt es, dass, wann immer eine Regierungsform sich den Zielen des Gemeinwohls als abträglich erweist, es das Recht des Volkes ist, sie zu ändern oder abzuschaffen. Ohne Einsicht in die Notwendigkeit der Rechtsordnung in einem Staat scheint der Herrscher vor dieser Konsequenz Angst zu haben. Seine „Macht wird angeklagt, [weil] sie nicht gerecht ist." (Z. 5)

Mit dem **Kurfürsten von Brandenburg** zeichnet Kleist dagegen eine Figur, die zumindest die **Bestrebungen, Macht und Gerechtigkeit zu vereinigen**, erkennen lässt. Mit äußerster Konsequenz verfolgt er den Rechtsanspruch Michael Kohlhaas', befreit ihn aus den Fängen der sächsischen Justiz. Als dieser aber vom Kaiser, der höchsten irdischen Instanz, wegen Landfriedensbruch verurteilt wird, erachtet er das als gerechte Strafe und unternimmt keine Anstalten Kohlhaas zu befreien. Er muss den Rosshändler richten lassen, um dem verletzten Recht Gerechtigkeit widerfahren zu lassen.

Auch Kohlhaas akzeptiert, dass er sich tatsächlich gegen den Landfrieden vergangen hat und damit ist er bereit seine gerechte Strafe zu empfangen. Es geht ihm weder um sein Leben noch um seinen Besitz. Am Tag der Hinrichtung erfährt Kohlhaas Genugtuung. Der Junker ist zu einer Gefängnisstrafe und zum Ersatz allen Schadens verurteilt. „Die Macht wird angeklagt, wenn sie nicht gerecht ist" (Z. 5) – nicht nur von Kohlhaas, sondern auch von der Macht, der obersten Staatsgewalt selbst. Insofern vereinigen sich „Macht und Gerechtigkeit" an dieser Stelle durchaus. Kohlhaas' Opfer war also nicht vergeblich. Er stirbt als Kämpfer um Gerechtigkeit. Freilich ist sein Verhalten durchaus **ambivalent**: Einerseits kämpft er um die Wiederherstellung der Gerechtigkeit, andererseits scheut er bei der fanatischen Verfolgung seines Rechtsanspruchs nicht vor Gewalt und Unrecht zurück und missbraucht seine gewonnene Machtstellung. Den **Angriff auf das staatliche Gewaltmonopol** erhält er allerdings nur solange aufrecht, bis sein Fall vor Gericht gerecht gelöst worden ist. Sein bürgerliches Rechtsempfinden hat sich letztlich gegen alle willkürlichen Machtbestrebungen durchgesetzt. Die Rechtsordnung ist wiederhergestellt.

## 4 Schlussbetrachtung

Die beiden Werke aus unterschiedlichen literarischen Epochen zeigen die Allgemeingültigkeit von Blaise Pascals Aussage. „Gerechtigkeit, Macht“ (Z. 1) stehen sich antipolisch gegenüber. Die beiden Titelfiguren Antigone und Michael Kohlhaas belegen, dass Gerechtigkeit ohne die Macht nicht ausgeführt werden kann. Sie thematisieren, wie Menschen handeln, wenn sie sich der herrschenden Gesetzesmacht nicht oder nicht mehr verpflichtet fühlen, sondern den von Immanuel Kant (1724–1804) in seiner „Kritik der praktische Vernunft“ (1788) formulierten **kategorischen Imperativ** anwenden: „Handle so, dass die Maxime deines Willens jederzeit zugleich als Prinzip einer allgemeinen Gesetzmäßigkeit gelten könnte.“ Freilich verfällt Kohlhaas dabei in einen extremen Gerechtigkeitsfanatismus.

Kreon, der Junker von Tronka, der Kurfürst von Sachsen bekräftigen als die jeweiligen Gegenspieler Pascals These, dass Macht ohne Gerechtigkeit zu Tyrannei, Willkür und Rechtlosigkeit führt, die Antigone und Kohlhaas eben nicht als „das, was am mächtigsten ist“ (Z. 2) befolgen wollen.

Um Pascals Schlussfolgerung, die Vereinigung von Gerechtigkeit und Macht, realisieren zu können, ist eine ausgleichende Gerechtigkeit mittels der Macht von Gesetzen notwendig, deren Formulierung und Einhaltung nur von einer breiten und gewählten Volksmacht ermöglicht werden kann. Nur sie bewirkt, „daß das mächtig sei, was gerecht ist, oder dass gerecht sei, was mächtig ist.“ In der Schlussgestaltung beider Werke sind Ansätze dafür vorhanden: Der Chor, das Volk Thebens honoriert Antigones Gerechtigkeitsstreben. Kohlhaas' Kampf um Gerechtigkeit „erfährt viel Widerspruch“ (Z. 4), wird aber letztendlich vom Kurfürsten von Brandenburg anerkannt, indem er Kohlhaasens Söhne adelt. In beiden Werken fordert die Konfrontation von Macht und Gerechtigkeit Opfer, im Drama wie in der Novelle zeigt sich, dass ein ausgewogenes Zusammenwirken alles andere als leicht, aber nichtsdestoweniger unbedingt erstrebenswert ist.

Grundkurs Deutsch (Sachsen): Abiturprüfung 2008
Aufgabe 1

**Stefan Zweig: Schachnovelle**

[…] Czentovic rührte sich nicht. Er überlegte, still, langsam und, wie ich immer gewisser fühlte, boshaft langsam; damit aber gab er mir reichlich Zeit, Dr. B. zu beobachten. Er hatte eben das dritte Glas Wasser hinabgestürzt; unwillkürlich erinnerte ich mich, daß er von seinem fiebrigen Durst in der Zelle erzählte. Alle Symptome einer anomalen Erregung zeichneten sich deutlich ab; ich sah seine Stirne feucht werden und die Narbe auf seiner Hand röter und schärfer als zuvor. Aber noch beherrschte er sich. Erst als beim vierten Zug Czentovic wieder endlos überlegte, verließ ihn die Haltung, und er fauchte ihn plötzlich an: „So spielen Sie doch schon einmal!"

Czentovic blickte kühl auf. „Wir haben meines Wissens zehn Minuten Zugzeit vereinbart. Ich spiele prinzipiell nicht mit kürzerer Zeit."

Dr. B. biß sich die Lippe; ich merkte, wie unter dem Tisch seine Sohle unruhig und immer unruhiger gegen den Boden wippte, und wurde selbst unaufhaltsam nervöser durch das drückende Vorgefühl, daß sich irgend etwas Unsinniges in ihm vorbereitete. In der Tat ereignete sich bei dem achten Zug ein weiterer Zwischenfall. Dr. B., der immer unbeherrschter gewartet hatte, konnte seine Spannung nicht mehr verhalten; er rückte hin und her und begann unbewußt mit den Fingern auf dem Tisch zu trommeln. Abermals hob Czentovic seinen schweren bäurischen Kopf.

„Darf ich Sie bitten, nicht zu trommeln? Es stört mich. Ich kann so nicht spielen."

„Ha!" lachte Dr. B. kurz. „Das sieht man."

Czentovics Stirn wurde rot. „Was wollen Sie damit sagen?" fragte er scharf und böse.

Dr. B. lachte abermals knapp und boshaft. „Nichts. Nur daß Sie offenbar sehr nervös sind."

Czentovic schwieg und beugte seinen Kopf nieder.

Erst nach sieben Minuten tat er den nächsten Zug, und in diesem tödlichen Tempo schleppte sich die Partie fort. Czentovic versteinte gleichsam immer mehr; schließlich schaltete er immer das Maximum der vereinbarten Überlegungspause ein, ehe er sich zu einem Zug entschloß, und von einem Intervall zum andern wurde das Benehmen unseres Freundes sonderbarer. Es hatte den Anschein, als ob er an der Partie gar keinen Anteil mehr nehme, sondern mit etwas ganz anderem beschäftigt sei. Er ließ sein hitziges Aufundniederlaufen und blieb an seinem Platz regungslos sitzen. Mit einem stieren und fast irren Blick ins Leere vor sich starrend, murmelte er ununterbrochen unverständliche Worte vor sich hin; entweder verlor er sich in endlosen Kombinationen, oder er arbeitete – dies war mein innerster Verdacht – sich ganz andere Partien aus, denn jedesmal, wenn Czentovic endlich gezogen hatte, mußte man ihn aus seiner Geistesabwesenheit zurückmahnen.

Dann brauchte er immer eine einzige Minute, um sich in der Situation wieder zurechtzufinden; immer mehr beschlich mich der Verdacht, er habe eigentlich Czentovic und uns alle längst vergessen in dieser kalten Form des Wahnsinns, der sich plötzlich in irgendeiner Heftigkeit entladen konnte. Und tatsächlich, bei dem neunzehnten Zug brach die Krise aus. Kaum daß Czentovic seine Figur bewegt, stieß Dr. B. plötzlich, ohne recht auf das Brett zu blicken, seinen Läufer drei Felder vor und schrie derart laut, daß wir alle zusammenfuhren: „Schach! Schach dem König!"

Wir blickten in der Erwartung eines besonderen Zuges sofort auf das Brett. Aber nach einer Minute geschah, was keiner von uns erwartet. Czentovic hob ganz, ganz langsam den Kopf und blickte – was er bisher nie getan – in unserem Kreise von einem zum andern. Er schien irgend etwas unermeßlich zu genießen, denn allmählich begann auf seinen Lippen ein zufriedenes und deutlich höhnisches Lächeln. Erst nachdem er diesen seinen uns noch unverständlichen Triumph bis zur Neige genossen, wandte er sich mit falscher Höflichkeit unserer Runde zu.

„Bedaure – aber ich sehe kein Schach. Sieht vielleicht einer von den Herren ein Schach gegen meinen König?"

Wir blickten auf das Brett und dann beunruhigt zu Dr. B. hinüber. Czentovics Königsfeld war tatsächlich – ein Kind konnte das erkennen – durch einen Bauern gegen den Läufer völlig gedeckt, also kein Schach dem König möglich. Wir wurden unruhig. Sollte unser Freund in seiner Hitzigkeit eine Figur danebengestoßen haben, ein Feld zu weit oder zu nah? Durch unser Schweigen aufmerksam gemacht, starrte jetzt auch Dr. B. auf das Brett und begann heftig zu stammeln: „Aber der König gehört doch auf f7 … er steht falsch, ganz falsch. Sie haben falsch gezogen! Alles steht ganz falsch auf diesem Brett … der Bauer gehört doch auf g5 und nicht auf g4 … das ist doch eine ganz andere Partie Das ist …"

Er stockte plötzlich. Ich hatte ihn heftig am Arm gepackt oder vielmehr ihn so hart in den Arm gekniffen, daß er selbst in seiner fiebrigen Verwirrtheit meinen Griff spüren mußte. Er wandte sich um und starrte mich wie ein Traumwandler an.

„Was …wollen Sie?"

Ich sagte nichts als „Remember!" und fuhr ihm gleichzeitig mit dem Finger über die Narbe seiner Hand. Er folgte unwillkürlich meiner Bewegung, sein Auge starrte glasig auf den blutroten Strich. Dann begann er plötzlich zu zittern, und ein Schauer lief über seinem ganzen Körper. […]

*Aus: Zweig, Stefan: Schachnovelle. In: Ders.: Leporella. Novellen. Berlin und Weimar: Aufbau-Verlag 1988, S. 356 ff.*

**Arbeitsanweisung:**

Interpretieren Sie den Textauszug.

---

## Lösungsvorschlag

*Hinweise zur Bearbeitung: Grundlage für die Lösung dieser Aufgabe sind sicheres Wissen über den Inhalt der Novelle und die Wahl geeigneter Methoden zur Interpretation von Prosatexten. Sie müssen den Textauszug in den Handlungszusammenhang einordnen, bevor Sie die Erzählsituation sowie Inhalt und Struktur des Textteils deuten. Gestalterische Mittel sollten auf jeden Fall in ihrer Funktion betrachtet werden, eine reine Aufzählung rhetorischer Figuren genügt nicht. Achten Sie besonders auf den Gesprächsverlauf in dem Textauszug. Des Weiteren sollten Sie mögliche Deutungsansätze finden und begründen. Ein Hinzuziehen biografischer Kenntnisse zum Autor kann die Darstellung abrunden.*

### Einstieg über den Entstehungshintergrund

Stefan Zweigs *Schachnovelle* ist das letzte Werk, welches der Autor vor seinem Freitod im Februar 1942 verfasste. Er selbst liebte Schach, obwohl er stets behauptete, ein schlechter Spieler zu sein. Hatte er keinen Gegner zur Verfügung, spielte er Partien großer Schachmeister aus einem Buch nach. Daraus resultierte seine Idee für die *Schachnovelle*, die in Brasilien posthum erschien.

Zweig befand sich seit 1941 auf Einladung des brasilianischen Staates in diesem Land, das er aufgrund früherer Besuche sehr liebte. Er war einer der Autoren, die das Exil als sicheren

Aufenthaltsort während der Zeit des Dritten Reiches wählen mussten. Auch seine Bücher wurden im Mai 1933 von den Nationalsozialisten verbrannt. Das und nicht zuletzt die sich zuspitzende politische Situation in Österreich zwangen Zweig, 1934 seine Heimat zu verlassen und nach Großbritannien überzusiedeln, später nach Südamerika.
Im Exil spürte er, wie viele seiner Kollegen, den schmerzlichen Verlust der Muttersprache, fühlte sich nutzlos und litt zunehmend unter schweren depressiven Störungen, die ihn letztlich in den Tod trieben.
In seiner Novelle thematisiert Stefan Zweig nicht nur das Schachspiel als solches, sondern zeichnet zwei starke, aber gegensätzliche Charaktere mit großem psychologischem Einfühlungsvermögen. Des Weiteren verarbeitet der Autor seine Erfahrungen mit dem nationalsozialistischen Regime und schuf so ein Werk von zeitgenössischer Bedeutung.

## Interpretation des Textauszuges

### Einordnung in den Handlungszusammenhang

Der Hauptteil der Handlung spielt auf einem Passagierdampfer während der Fahrt von New York nach Buenos Aires.
Der **Ich-Erzähler** bemerkt noch vor Ablegen des Schiffes, dass eine berühmte Person an Bord gekommen ist. Es handelt sich hierbei um den Schachweltmeister Mirko Czentovic, der durch die Beschreibung seiner Lebensgeschichte dem Leser als eher unangenehmer Mensch vorgestellt wird. Denn Czentovic strahlt nicht die Intelligenz aus, die man bei einem Schachweltmeister erwartet, sondern er wird als langsamer und schwerfälliger, kaum des Alphabets mächtiger Mensch beschrieben, der nie Schach „blind“ spielen könnte. Ihm fehlt es an umfassender Bildung. Der Erzähler würde den Weltmeister gern näher kennenlernen, was sich als schwierig gestaltet. Nur durch eine List gelingt es: Er fordert ihn gemeinsam mit dem Geschäftsmann McConnor zum Schachspiel. Während des Spiels – man ist kurz davor, die Partie erneut gegen Czentovic zu verlieren – mischt sich ein Fremder ein und schafft es, dem Meister wenigstens ein Remis abzuringen.
Der Unbekannte ist Dr. B., ein österreichischer Emigrant, der die Isolationshaft der Gestapo überlebte, weil er 150 Schachpartien auswendig gelernt hat und es ihm gelungen ist, in Gedanken gegen sich selbst Schach zu spielen. Er entwickelte diese Bewusstseinsspaltung zu seiner Überlebensstrategie. Diese schützte ihn davor, zum Verräter zu werden. Das „Schachfieber“, in welches er geriet, verhalf ihm zur Haftentlassung.
Dr. B. will am folgenden Tag nur eine Partie spielen, um für sich zu prüfen, ob er in der Realität ein Schachspiel spielen und gegebenenfalls gewinnen kann.
Der vorliegende Textausschnitt stammt vom **Ende der Novelle** und zeigt den Schluss des zweiten Spiels. Dr. B. rückt von seinem Vorsatz ab, nur eine Runde zu bestreiten, nachdem er die erste gewonnen und Czentovic Revanche gefordert hat.

### Inhalt der Szene

In dieser Szene wird die **Gegensätzlichkeit der zwei Schachspieler** sehr deutlich heraus gestellt. „Czentovic rührte sich nicht. Er überlegte, still, langsam […], boshaft langsam“ (Z. 1 f.), er zögert jeden Zug so lange wie möglich heraus und erreicht dadurch, dass sich zunehmend „[a]lle Symptome einer anomalen Erregung“ (Z. 4 f.) bei Dr. B. abzeichnen.
Der Erzähler wendet seine Aufmerksamkeit stärker diesem zu, erinnert sich an den Bericht über die Gefangenschaft (vgl. Z. 3 f.) und beschreibt genau die Veränderungen, die mit Dr. B. vorgehen. Seine Stirn wird feucht (vgl. Z. 5), er „biß sich die Lippe“ (Z. 11), wippte mit unruhiger Sohle (vgl. Z. 11 f.) und er „begann unbewußt mit den Fingern auf dem Tisch zu trommeln“ (Z. 16). Zweimal kann sich Dr. B. nicht beherrschen und greift Czentovic verbal an, worauf dieser erst „kühl“ (Z. 9), später „scharf und böse“ (Z. 20) reagiert.
Damit ist die sprachliche Kommunikation zwischen den Kontrahenten zwar beendet, die Gegensätze zeigen sich dennoch deutlich im weiteren Geschehen. Während Dr. B. durch „hitziges Aufundniederlaufen“ (Z. 29 f.), eine hektische Nervosität, charakterisiert wird, „versteinte“

(Z. 25) Czentovic. Der Schachweltmeister scheint durch seine hinausgezögerten Züge den hypersensiblen Dr. B. bewusst reizen zu wollen und beweist eine große Kaltblütigkeit.
Immer klarer findet der Ich-Erzähler bei Dr. B. Anzeichen dafür, dass dieser zunehmend den Realitätsbezug verliert, denn er spielt wie geistesabwesend (vgl. Z. 34). Die anfängliche fiebrige Anspannung geht über in einen apathischen Zustand. Sein unkontrollierter Siegesschrei „Schach! Schach dem König!“ (Z. 42) bestätigt die Krise, in der sich Dr. B. befindet. Gleichzeitig entlarvt er dadurch den Charakter seines Rivalen, da jener ein „höhnisches Lächeln“ (Z. 47) zeigt und „mit falscher Höflichkeit“ (Z. 48 f.) spricht. Mit Genugtuung genießt er den Fehler und die Demütigung seines Gegners. Die anderen Zuschauer sind durch die Situation sehr beunruhigt.
In dieser Lage bietet der Erzähler Dr. B. die rettende Möglichkeit, aus seinem Anflug von Wahnsinn in die Realität zurückzukehren, indem er „ihn heftig am Arm“ (Z. 61) packt und ihn an seine Narbe und damit an die hinter ihm liegenden schrecklichen Erfahrungen erinnert.

**Gestaltung der Szene**

Der **personale Erzähler**, der als Landsmann von Dr. B. vorgestellt wurde und ebenfalls Passagier auf dem Schiff ist, nimmt die Rolle eines **genauen Beobachters** ein. Er zeigt seine Subjektivität, indem er u. a. seine Emotionen in die Betrachtungen einfließen lässt. Die Wortwahl unterstreicht seine persönliche Einstellung, denn Dr. B. steht im Mittelpunkt des Geschehens, der Leser nimmt unmittelbar teil an den Veränderungen, die mit und in diesem vorgehen („biß sich die Lippe“, Z. 11; „vor sich starrend [...]“, Z. 31). Czentovic gegenüber ist er deutlich negativ eingestellt, so beschreibt er dessen Kopf als „bäurisch“ (Z. 17) und nennt seine Höflichkeit „falsch“ (Z. 48). Der Erzähler selbst bleibt weitgehend passiv, wird aber zuletzt handlungsentscheidend, wenn er durch sein Eingreifen den psychisch höchst gefährdeten Dr. B. rettet.
Im Textausschnitt überwiegt die **Erzählerrede**, die durch kurze szenische Abschnitte unterbrochen wird, in denen knappe verbale Auseinandersetzungen zwischen den Kontrahenten stattfinden und eine Verschärfung des Konflikts bedeuten: Dr. B. „fauchte ihn plötzlich an“ (Z. 7 f.), Czentovic „blickte kühl auf“ (Z. 9).
Hervorzuheben ist der Gebrauch sehr **ausdrucksstarker Adjektive** im gesamten Text, welche die Unterschiedlichkeit beider Spieler untermalen. Czentovic ist „still, langsam“ (Z. 1) und spielt in einem „tödlichen Tempo“ (Z. 24), Dr. B. dagegen wird „unruhiger“ (Z. 12), hat einen „stieren und fast irren Blick“ (Z. 30 f.) und läuft hitzig auf und ab (vgl. Z. 29 f.). Interessant ist in diesem Zusammenhang, dass Dr. B. Czentovic die Nervosität unterstellt („Nur daß Sie offenbar sehr nervös sind.“, Z. 21 f.), die ihn selbst befallen hat. Das Farbadjektiv **„rot“** wird zur Charakteristik beider genutzt, einmal zeigt es Czentovics Unsicherheit („Czentovics Stirn wurde rot.“, Z. 20), zum anderen signalisiert die Verwendung dieser Farbe, dass die Gefahr für Dr. B. ständig zunimmt: Aus der röter werdenden Narbe (vgl. Z. 6) wird am Ende ein „blutrote[r] Strich“ (Z. 67).
Dass sich das Geschehen während des Schachspiels stetig zuspitzt, beweisen u. a. auch Ausrufe („So spielen Sie doch schon einmal!“, Z. 8; „Schach! Schach dem König!“, Z. 42) und Steigerungsformen („immer unruhiger“, Z. 11 f.; „immer unbeherrschter“, Z. 14 f.; „immer mehr“, Z. 37). Anfängliche Unruhe wird bei Dr. B. zu „fiebrige[r] Verwirrtheit“ (Z. 62). Die große nervliche Anspannung geht in Wahnsinn über.
Parataxen wechseln im Textausschnitt mit Hypotaxen, wobei erstere v. a. zur Wiedergabe der jeweiligen Lage dienen. Der hypotaktische Satzbau überwiegt, wenn subjektive Befindlichkeiten des Erzählers zum Tragen kommen, er Erklärungsversuche unternimmt oder beschreibt, dass er selbst „unaufhaltsam nervöser“ (Z. 12) wird.

**Deutungsansätze**

Stefan Zweig gelingt es in seiner Novelle eindrucksvoll, zwei grundsätzlich verschiedene Menschen zu zeichnen, wobei die Gegensätzlichkeit aus der jeweiligen Lebensgeschichte und Bildung der Rivalen resultiert und sich eben auch im Schach niederschlägt. Czentovic spielt wie ein Automat und muss das aufgestellte Spiel stets vor sich sehen, Dr. B. dagegen beherrscht es „blind".

Das **Schachspiel** ist das **Dingsymbol** der Novelle, denn Dr. B. übersteht die Isolationshaft nur, indem er dieses Spiel in seinem Kopf gegen sich selbst bestreitet. Dadurch entwickelt er eine Art Bewusstseinsspaltung, die er schließlich nicht mehr beherrscht, welche aber zur Entlassung aus der Haft beiträgt. Auf dem Schiff nimmt das Schach auch eine zentrale Rolle ein, es wird eher als Kampf denn als Spiel beschrieben. Dr. B., der durch eine Partie für sich testen wollte, inwiefern sein Verhalten während der Haft schon Wahnsinn war, scheitert hier an seinem Widersacher und letztlich an seiner eigenen Spielart. Allerdings fängt sich Dr. B. nach seinem neu ausgebrochenen Wahnsinn wieder und vermittelt so die Hoffnung, er könne – unter der Voraussetzung, nie wieder ein Schachspiel anzufassen – zukünftig doch ein normales Leben genießen. Damit bringt ihm das Spiel vielleicht trotzdem einen persönlichen Gewinn, denn er kann für sich Konsequenzen ziehen und erkennt, wie er seine psychische Gesundheit schützen kann.

Deutlich zeigen sich in der Novelle am **Schicksal des Dr. B. die menschenverachtenden Praktiken des nationalsozialistischen Regimes** im Umgang mit Gegnern: Hier am Beispiel der Isolationshaft als eine Form subtiler Folter, die Gefangene psychischen Extrembedingungen aussetzt. Aber es wird auch gezeigt, dass Opfer mit bestimmten intellektuellen Fähigkeiten (dem Nutzen des Schachspiels) in der Lage waren, wenigstens passiv Widerstand zu leisten und eben nicht zum Verräter zu werden. Dieser Sachverhalt wird auf das an Bord stattfindende Schachspiel übertragen. Dr. B. vertritt eine humanistische Bildung und symbolisiert damit das alte Österreich, wie es auch Stefan Zweig kannte und liebte.

Czentovic will einfach nur seinen Gegner schlagen – ähnlich den Faschisten, die einen Kampf propagierten, den Unzählige fochten, ohne dabei an Menschlichkeit zu denken. Seine stumpfsinnige Kälte setzt sich schließlich in dem angespannten Spiel, das auch ein psychisches Duell ist, durch. Der geistlose und brutal wirkende Weltmeister besiegt den gebildeten und feinnervigen Humanisten.

Die **Philosophie des Schachs wird bei Zweig zur Philosophie des Lebens**, indem er Unmenschliches am Beispiel des Nationalsozialismus in Österreich aufdeckt und ein zeitgenössisches Thema behandelt. Gleichzeitig lassen sich die Erfahrungen auf Geschehnisse in der jüngeren deutschen Vergangenheit übertragen, z. B. auf den Umgang der Staatssicherheit der DDR mit politischen Gegnern während der Haft. Ebenso finden in der Gegenwart immer wieder Auseinandersetzungen statt, die verschiedene politische Einstellungen oder auch konträre ökonomische Ziele einander gegenüberstellen. Als Beispiele seien der Nahost-Konflikt und die Situation in Afghanistan, die auf einen Krieg aus wirtschaftlichen Interessen zurückgeht, genannt.

Stefan Zweig schuf also mit seiner Novelle ein Werk, dessen Kernaussage heute durchaus noch aktuell ist.

## Grundkurs Deutsch (Sachsen): Abiturprüfung 2008
## Aufgabe 2.1[1]

**Sarah Kirsch: Der Himmel schuppt sich**

Ach Schnee, sag ich, hier siehst du Eine vor dir
die kalte Füße hat und es satt, hilf Winter-Uhr
Gleichmacher, weißer Fliegentanz, kommst
auf Gerechte und Ungerechte Jahr für Jahr

Schnei ihn ein, Schnee, fall aus allen Wolken
bring Nacht, Mauern aus Eis, teil
deine Flocken ohn Unterlaß, roll ihn in Hochlandlawinen
Er hat was nicht schlägt als Herz in der Brust

Hat schöne gläserne Augen, mit denen sieht er nicht
Hat zwei Ohren, mit denen hört er nicht
Hat einen Mund den kenn ich nicht

Du Schnee, sag ich, weiße Federtiere*, Reimwort auf Weh
du bist Lava, kochender Stahl verglichen mit ihm
Tau ihn auf. Er magert mich ab

*Kirsch, Sarah: Landaufenthalt. Gedichte. Ebenhausen: Langewiesche-Brandt 1978, S. 14*

* Bezug zu einem Rätsel, in dem der Schnee als „Vogel federlos" dargestellt wird. Er wird von der „Sonne feuerlos" gebraten und „mundlos" gefressen.

**Arbeitsanweisung:**
Interpretieren Sie das Gedicht.

---

### Lösungsvorschlag

*Hinweise zur Bearbeitung: Bei dieser Aufgabe werden Kenntnisse im Interpretieren von Lyrik vorausgesetzt. Auch ist es von Vorteil, Wissen über die Autorin Sarah Kirsch sowie deren Werk in die Darstellung einfließen zu lassen. Stützen Sie sich dabei auf Ihnen (z. B. aus dem Unterricht) bekannte Gedichte bzw. Texte. Um die komplexen Bilder zu dechiffrieren, die Sarah Kirsch in ihrem Text verknüpft, sollten Sie zuerst beim Lesen Assoziationen sammeln und sich so der Bedeutung annähern. Wenn sich Passagen und Wendungen nicht eindeutig auflösen lassen, sollten Sie dies thematisieren, immerhin gehört eine solche Sinnoffenheit zu den zentralen Merkmalen moderner Lyrik. Sichern Sie Ihre Deutung durch ausreichend Textbelege ab.*

---

1 nur für Schüler des Grundkurses Deutsch

**Einstieg über den Titel**

Beim Lesen des Gedichttitels *Der Himmel schuppt sich* stellt man sich unwillkürlich vor, dass dieser seine alte Haut verliert und eine neue bildet. Ähnlich einer Schlange, die sich häutet, wird hier der Himmel metaphorisch als aktiv Handelnder gezeigt. Er verändert sich selber und bringt somit eine neue Seite zum Vorschein.

**Inhalt des Gedichts**

Bei dem Gedicht von Sarah Kirsch handelt es sich um ein **Liebesgedicht**, in dem Gedanken und Gefühle des **lyrischen Ichs**, hier einer **Frau**, und die Beziehung zu einem anderen Menschen anhand von Vorgängen aus der Natur beschrieben werden.
So wird im ersten Quartett die Ausgangssituation deutlich: Die Sprecherin friert („die kalte Füße hat", V. 2) und ist enttäuscht. Sie bittet den Schnee um Hilfe, wobei der als „Gleichmacher" (V. 3) bezeichnet wird und dadurch möglicherweise die Bitte nach dem Überdecken von Unterschieden formuliert ist. An dieser Stelle ist dem Leser der Grund für ihren Wunsch noch nicht klar. Deutlicher wird er durch die nun folgenden Forderungen des lyrischen Ichs an den Schnee, „ihn" (V. 5), den Geliebten, mit aller Macht einzuschneien, sich sogar des Eises und der Lawinen zu bedienen, um ihn festzusetzen. Der Grund für diese radikalen Forderungen zeigt sich im achten Vers: „Er hat was nicht schlägt als Herz in der Brust", d. h. der Angebetete liebt nicht so, wie sich die lyrische Sprecherin das wünscht. Durch eine Inversion ist das zentrale Wort „Herz" besonders hervorgehoben.
Diese Feststellung wird im ersten Terzett differenziert, indem das Funktionieren dreier Sinnesorgane in Frage gestellt wird. So ist die Rede von nicht sehenden Augen, nicht hörenden Ohren und einem Mund, der sich der Sprecherin verweigert (vgl. V. 9 ff.) – also nimmt der Geliebte das lyrische Ich nicht wahr, reagiert nicht auf dessen Bedürfnisse. Die anaphorische Aufzählung reiht die Organe aneinander, die ihr keine Beachtung schenken. Der offenkundigen Emotionslosigkeit des Mannes steht die übergroße Sehnsucht des Ichs nach Zuwendung gegenüber.
Die letzte Strophe beginnt mit einem Vergleich. Schnee ist im Gegensatz zum Geliebten „Lava, kochender Stahl" (V. 13), meint das lyrische Ich und verdeutlicht damit nochmals die Kälte, die der Geliebte ausstrahlt. Trotzdem soll dieser – geht es nach den Wünschen der lyrischen Sprecherin – nicht erfrieren, sondern durch den Schnee aufgetaut werden. Sie will, obwohl sie unter der unerwiderten Liebe leidet, eben diese retten (lassen), sie nicht aufgeben.

**Sprache und künstlerische Gestaltung**

Sarah Kirsch benutzt als äußere Form zur Wiedergabe gegensätzlicher Verhaltensweisen das **Sonett**. Dies ist charakterisiert durch eine strenge Form, es besteht aus jeweils zwei Quartetten und Terzetten, ist meist im Jambus geschrieben und hat eigentlich ein festes Reimschema. Hier jedoch verzichtet die Lyrikerin auf ein festes Versmaß sowie Reime, auch sind die Verse unterschiedlich lang und durch Enjambements gekennzeichnet. Dadurch wird der Gedankenfluss herausgestellt und die emotionale Situation des lyrischen Ichs stärker betont. Dazu trägt auch der teilweise **Verzicht auf Satzzeichen** bei. Eine Ausnahme bildet der letzte Vers, denn an dieser exponierten Stelle verdeutlichen zwei knappe Parataxen zugespitzt den Wunsch wie das Leid der Sprecherin.
Das Gedicht beginnt mit einer Interjektion „Ach" (V. 1) und macht schon hier die Verzweiflung der Sprecherin deutlich. Die Autorin verwendet geläufige Redewendungen und stellt diese in einen neuen Zusammenhang, z. B. spricht das lyrische Ich davon, dass es „kalte Füße hat" (V. 2), auch soll Schnee aus allen Wolken fallen (vgl. V. 5). Das Gedicht bekommt so einen spielerischen Unterton, der allerdings das **Liebesleid der Frau** nicht verbergen kann. Bei ihrer Anrufung des Schnees bedient sich die Sprecherin auch einer biblischen Formulierung, die besagt, dass Gott es auf Gerechte und Ungerechte regnen lässt (vgl. V. 3 f.). Es fällt auf, dass die unglücklich Liebende sich mit ihrem Anliegen nicht an Gott wendet, sondern an eine Naturgewalt, von der sie sich Hilfe verspricht.

Die Verwendung mehrerer Imperative, z. B. „hilf" (V. 2), „Schnei" (V. 5), „Tau" (V. 14), verstärken die Aufforderungen, machen sie eindringlicher. Die gleiche Funktion haben die Anaphern („Hat") sowie Parallelismen im ersten Terzett, sie unterstreichen die Unnahbarkeit des Geliebten.
Durch das Gedicht ziehen sich Metaphern für Schnee: „Winter-Uhr / Gleichmacher, weißer Fliegentanz" (V. 2 f.), „weiße Federtiere" (V. 12), die diesem ein Stück seiner geforderten Bedrohlichkeit nehmen. Während der Wunsch, der Mann möge eingeschneit und in eine Lawine gerollt werden, anfangs wie ein Ausdruck von Rache wirkt, mit der das Ich diesen für seine Nichtbeachtung bestrafen will, ist der Appell der letzten Strophe, der Schnee möge den Mann abtauen, wesentlich milder. Die Frau hat die Hoffnung auf eine Erwiderung ihrer Gefühle noch nicht aufgegeben. Das **paradoxe Bild** vom Schnee, der im Vergleich zu der Gefühlskälte des Mannes wie Lava sei (vgl. V. 13), verklammert zwei Gegensätze (Lava und Schnee) und bringt die Situation der Frau zwischen Wunsch und Realität eindringlich zur Geltung.
Insgesamt werden innere Vorgänge mit **Bildern aus der Natur** dargestellt, dabei wird die Winterlandschaft zum Spiegelbild der Seelenlandschaft des lyrischen Ichs. Das zeigt sich zum einen in den Aufforderungen, zum anderen auch in der Charakteristik „Reimwort auf Weh" (V. 12). Normalerweise gelten Frühling und Sommer als typische Jahreszeiten der Liebe. Dass hier ein **winterliches Szenario** beschrieben wird, illustriert deutlich die **Einseitigkeit der Gefühle**. Die zweimal wiederholte Parenthese „sag ich" (V. 1, 12) zeigt das Ich als Bittstellerin, die den unbefriedigenden Zustand „satt" (V. 2) hat und nun auf eine Veränderung durch überirdische Gewalten hofft. Das Gedicht erscheint als flehentlicher Bittruf, mit dem der Schnee beschworen werden soll, die Gefühle des Mannes zu verwandeln. Mit den letzten Worten „Er magert mich ab" (V. 14) schafft Kirsch ein ungewöhnliches sprachliches Bild, indem sie „abmagern" in transitiver Bedeutung verwendet und so die physischen Folgen des Liebeskummers ans Ende des Gedichts stellt. Die fehlende Zuneigung lässt die Frau abnehmen und leiden.
Vielleicht kann der **Titel** des Gedichts so verstanden werden, als ob durch den Schneefall und dessen Wirken – wie von der Sprecherin gefordert – sich ein veränderter (geschuppter) Himmel zeigt, der eine neue Beziehung symbolisiert, so wie sie sich das lyrische Ich sehnlichst wünscht.

**Bezüge zum Werk der Autorin**

Sarah Kirsch, 1935 geboren, studierte von 1963 bis 1965 am Johannes-R.-Becher-Institut für Literatur in Leipzig und lebte anschließend als freie Schriftstellerin in Ostberlin. Von 1958 bis 1968 war sie mit dem Schriftsteller Rainer Kirsch verheiratet. Gemeinsam mit mehr als 70 Schriftstellern unterzeichnete Sarah Kirsch 1976 den Protestbrief gegen die **Ausbürgerung Wolf Biermanns** aus der DDR und verließ auf Grund der Ereignisse ihr Land, um in die BRD überzusiedeln. Seitdem veröffentlichte sie ihre Lyrik in der BRD.
In ihren Gedichten spiegelt sich Alltägliches, sie schreibt über Natur, Stimmungen und Beziehungen zu anderen Menschen sowie ihre eigenen Befindlichkeit im Verhältnis zum Außen. Veränderungen in der Natur und damit verbundene andere Wahrnehmungen bei den Menschen schildert sie z. B. in dem Gedicht *Bäume*, entstanden in den 80er Jahren des 20. Jahrhunderts.
In ihren lyrischen Texten bedient sich Sarah Kirsch oft überraschender Bilder, die erst entschlüsselt werden wollen, in denen der Leser **anhand sehr persönlicher Empfindungen Allgemeinmenschliches** entdecken kann.

**Grundkurs Deutsch (Sachsen): Abiturprüfung 2008**
**Aufgabe 2.2[2]**

## Rainer Maria Rilke: Der Ball

Du Runder, der das Warme aus zwei Händen
im Fliegen, oben, fortgiebt, sorglos wie
sein Eigenes; was in den Gegenständen
nicht bleiben kann, zu unbeschwert für sie,

zu wenig Ding und doch noch Ding genug,
um nicht aus allem draußen Aufgereihten
unsichtbar plötzlich in uns einzugleiten:
das glitt in dich, du zwischen Fall und Flug

noch Unentschlossener: der, wenn er steigt,
als hätte er ihn mit hinaufgehoben,
den Wurf entführt und freiläßt –, und sich neigt
und einhält und den Spielenden von oben
auf einmal eine neue Stelle zeigt,
sie ordnend wie zu einer Tanzfigur,

um dann, erwartet und erwünscht von allen,
rasch, einfach, kunstlos, ganz Natur,
dem Becher hoher Hände zuzufallen.

*Aus: Rilke, Rainer Maria: Gesammelte Gedichte.*
*München: Wilhelm Goldmann Verlag 2006, S. 585 f.*

**Arbeitsanweisung:**
Interpretieren Sie das Gedicht.

---

## Lösungsvorschlag

*Hinweise zur Bearbeitung: Die Lösung der Aufgabe erfordert einen sicheren Umgang mit lyrischen Texten. Des Weiteren sollten Kenntnisse über das Schaffen des Autors Rainer Maria Rilke in die Darstellung einfließen und die Entstehungszeit eine Rolle spielen.*
*Wissen über die Gattung des Dinggedichts bildet eine Grundlage für die Interpretation. Vielleicht kennen Sie andere Gedichte des Autors, die Sie vergleichend in Ihre Überlegungen einbeziehen können. Beachten Sie die Verknüpfung von formaler Gestaltung und Inhalt, die in Texten von Rilke stets sehr kunstvoll ausgearbeitet ist.*

---

2 nur für Schüler an Landesgymnasien und an Gymnasien mit vertiefter Ausbildung nach §4 SOGY, bei denen im Zusammenhang mit der Belegpflicht für drei Leistungskurse das Fach Deutsch auf Leistungskursniveau unterrichtet wurde und im Abiturprüfungsbereich als Grundkursfach gewertet und geprüft wird.

**Der Autor**

Rainer Maria Rilke wurde 1875 in Prag als Sohn eines deutsch-böhmischen Eisenbahnbeamten geboren, der für ihn eine Offizierslaufbahn vorgesehen hatte. Verschiedene Studien an der Prager Universität konnten Rilke allerdings nicht dazu bewegen, einen „ordentlichen" Beruf auszuüben, seine Liebe galt der Schriftstellerei. 1896 kam er nach München, ein Jahr später nach Berlin. Zeit seines Lebens scheiterten Versuche, sesshaft zu werden. Rilke unternahm viele Reisen, die ihn u. a. nach Russland, Italien, Frankreich, Dänemark und Schweden führten.

Besondere Bedeutung kommt dabei der Pariser Schaffensperiode (1905/1906) zu, in der Rilke acht Monate als Privatsekretär des französischen Bildhauers Auguste Rodin tätig war. Bei ihm entdeckte er **Ding und Welt** neu und sein Ziel wurde es, das Innerste, das wahre Sein der Dinge mit Worten zu fassen.

Nach dem Bruch mit Rodin reiste Rilke erneut, wobei er stets mit Schreiben beschäftigt war. Sein letzter Wohnsitz war ab 1922 das Schloss Muzot im Kanton Wallis, 1926 erlag er einem qualvollen Leiden.

Rilke sah als Zweck seiner Dichtung neben der Weltdeutung auch die Weltheilung. Er bemühte sich um umfassende Genauigkeit in der Anschauung, was sich in seinen **Dinggedichten** sehr deutlich zeigt, wo das „Ding" (Tier, Gegenstand, Pflanze) auf das Wesentliche, befreit von allem Zufälligen, zurückgeführt werden sollte. Oft fungiert dieses als Symbol für ein Geschehen im Inneren des Dichters, verleiht Emotionen Ausdruck.

**Inhalt des Gedichtes**

Rainer Maria Rilkes Gedicht *Der Ball* ist ein solches Dinggedicht, in dem nur in der **Überschrift** – wie in anderen Rilke-Gedichten auch – der eigentliche Gegenstand, hier der Ball, genannt wird. So muss der Leser schon ein genaues Abbild dieses Gegenstandes vor Augen haben, damit er der beschriebenen Bewegung im Gedichtverlauf folgen und das Versinnbildlichte erfassen kann.

Beschrieben wird ein kurzer **Ausschnitt eines Ballspiels**, genauer die Zeitspanne, in der sich der Ball aufgrund eines Wurfes in der Luft befindet. Dabei verdeutlichen Umfang und Aufbau der Strophen die Bewegung des Balles. In den ersten beiden Vierzeilern steigt er empor und entfernt sich von der Erde, die dritte Strophe beinhaltet in ihren sechs Versen den Höhe- und Wendepunkt in der Flugbahn, im letzten Dreizeiler erwartet man die Ankunft des Balles zurück. Enjambements über die Strophen hinweg verweisen auf das Fliegen des Gegenstandes und zeichnen eine fließende Bewegung nach.

Auffällig ist, dass der **Ball personifiziert** und direkt angesprochen wird, einmal als „Du Runder" (V. 1), ein zweites Mal als „Unentschlossener" (V. 9). Zuerst bezieht sich das Ansprechen auf die äußere Form, später auf die Haltung, sein Verhalten, letztlich das Wesen des Balls. Seine runde geometrische Form steht für Vollkommenheit. Ein **lyrisches Ich** tritt nur **indirekt** in Erscheinung, indem es den Ball wie einen Partner anspricht. Wie in vielen Dinggedichten Rilkes beschränkt es sich ganz auf die Wiedergabe seiner Beobachtungen. Der Ball ist „zwischen Fall und Flug" (V. 8), kann zum **Vermittler** werden **zwischen Erde und Himmel** und damit den Menschen erinnern, dass er Teil eines höheren Prinzips ist.

Auch an anderen Stellen des Gedichts zeigt sich die dem Ball zugeschriebene Rolle als Vermittler. Anfangs nimmt der Ball Wärme aus „zwei Händen" (V. 1) auf und gibt sie während des Fliegens ab (vgl. V. 2). Auch zeigt er dem Spielenden, der ihn „erwartet und erwünscht" (V. 15), von oben eine neue Stelle (vgl. V. 12 f.), indem er sich dreht.

Der Ball umfasst das, „was in den Gegenständen / nicht bleiben kann, zu unbeschwert [ist] für sie" (V. 3 f.), womit offenbar die **Luft** gemeint ist. Da er aus diesem ansonsten nicht fasslichen Element besteht, symbolisiert er auch die Freiheit und Leichtigkeit, die man gewöhnlich mit der Luft assoziiert. Erst der spielerische Gegenstand macht sie greifbar. Bezeichnenderweise beschreibt Rilke den Ball als „zu wenig Ding und doch noch Ding genug" (V. 5) und gebraucht das zentrale Wort „Ding", das der ganzen Gattung der Dinggedichte den Namen

gegeben hat. Vielleicht spielt er so auch auf seinen eigenen Text, das vorliegende Dinggedicht an, das ebenso leicht und unbeschwert wirkt wie die Luft.
Der **Ball** ist im Gedicht das **Subjekt**, der Agierende, wogegen die Spielenden als Objekte dargestellt werden, die nur durch ihre Hände benannt sind (vgl. V. 1, 17). Das Nennen der Hände bildet einen Rahmen im Gedicht, zeigt Anfang und Ende des Ballwurfs, indem der Ball aus „zwei Händen" (V. 1) nach oben steigt, um dann schließlich wieder „dem Becher hoher Hände zuzufallen" (V. 17). Diese Metapher im Endvers macht die Hoffnung deutlich, dass die Ballwerfenden die Botschaft verstanden haben. Spielerisch-leicht gibt sich der Text und so wird auch der Flug des Balles beschrieben. Dabei erscheint der Gegenstand nur selbstbestimmt, tatsächlich wird er emporgeworfen und wieder aufgefangen. Zuletzt gehorcht er dem Gesetz der Schwerkraft, wenn er „rasch, einfach, kunstlos, ganz Natur" (V. 16) herunterfällt. Vielleicht lässt sich das Auf- und Absteigen des Balles, seine Bewegung „zwischen Fall und Flug" (V. 8), als **Sinnbild für das menschliche Leben** deuten, das zwischen Werden und Vergehen steht. Dass der Ball zuletzt aufgefangen wird, könnte das Vertrauen auf einen religiösen Rückhalt, eine Geborgenheit in der Hand des Schöpfers meinen.

### Sprache und künstlerische Gestaltung

Rainer Maria Rilke beschreibt zwar den Flug eines Balls, ihm kommt es jedoch auf das **Symbolhafte**, was in diesem Flug steckt, an. Durch die Gestaltung gelingt es dem Autor, den Gegenstand als etwas Symbolisches zu zeichnen. Der Ball befindet sich in einem Schwebezustand, der in einer besonderen syntaktischen Art beschrieben wird. Zweimal wird der Ball direkt angesprochen, jedes Mal als Subjekt eines Hauptsatzes, der nicht beendet wird. Alle zusätzlichen Informationen, die das Wesen des Balls kennzeichnen, werden z. B. in Nebensätzen und nachgestellten Erläuterungen sowie in Infinitiv- und Partizipkonstruktionen gegeben. Dabei sind einzelne Satzteile miteinander verschränkt, sodass damit die Zuordnung aller Beschreibungen zum Ball deutlich wird. Die Verbindung zeigt sich auch sehr deutlich im Zusammenfügen von Gegensätzlichem: Der Ball „steigt" (V. 9) und „neigt" (V. 11) sich, er ist einer, der „entführt und freiläßt" (V. 11) und „zu wenig Ding und doch noch Ding genug" (V. 5). Verben der Bewegung, wie z. B. „fortgiebt" (V. 2), „glitt" (V. 8), „steigt" (V. 9) überwiegen; wenige Konkreta finden sich bei den Substantiven; Substantivierungen und Abstrakta dominieren, z. B. „Runder" (V. 1), „Unentschlossener" (V. 9), „Spielenden" (V. 12). All das unterstreicht das relativ Unbestimmte, das im Gedicht zum Ausdruck kommt.
Dem einfachen Gegenstand wird damit ein Wesen zugeschrieben, der **Ball wird überhöht**. Rhetorische Mittel, wie Alliterationen („Fall und Flug", V. 8), Vergleiche („wie zu einer Tanzfigur", V. 14) oder eine Metapher („Becher hoher Hände", V. 17), lassen den Vorgang besser vorstellbar werden.

### Vergleich mit anderen Dinggedichten Rilkes

Rainer Maria Rilke schrieb neben dem vorliegenden Text noch weitere Dinggedichte. Zwei der bekanntesten sind wohl *Der Panther* und *Das Karussell*, in denen am Beispiel der im Titel genannten Dinge innere Überlegungen bzw. Befindlichkeiten des Dichters zum Tragen kommen. *Das Karussell* beschreibt eine unablässige, kreisende Bewegung ohne Ziel, die nur manchmal durchbrochen wird von einem Lächeln der Kinder, die auf den einzelnen Karusselltieren sitzen. Rilke bezeichnet das Geschehen als atemloses blindes Spiel und spiegelt damit vielleicht das Innere, den Gemütszustand des Betrachters.
In der genauen Beschreibung eines Panthers im gleichnamigen Gedicht gelingt es dem Autor, Wesentliches im Verhalten dieses Tieres aufzuzeigen, das eingesperrt hinter Gittern sein Dasein fristet. Gleichzeitig kann diese Darstellung auf den Menschen übertragen werden, dem es – gefangen in äußeren Zwängen – kaum möglich ist, sein Leben selbstbestimmt zu gestalten.
Alle Dinggedichte weisen, indem sie den Kern des Dings kennzeichnen, stets auf **Umfassenderes**, **Hintergründiges**, das es zu erfassen gilt.

## Oskar Negt[1]: Die Faust-Karriere

[…] „Trüber Tag. Feld. Faust. Mephistopheles" So ist gegen Ende des ersten Teils eine Szene beschrieben, in der harte Wahrheiten ausgetauscht werden. Noch liegt Blutschuld auf der Stadt, „von deiner Hand", sagt Mephisto, als Faust ihn beschimpft und nach Tyrannenart die Rettung Gretchens befiehlt. Als wäre er der Kenner der antiken Mythologie, erinnert Mephisto, sonst für die griechische Antike *nicht* zuständig, an die unsichtbaren Verfolger des Verbrechens. „Ober des Erschlagenen Stätte schweben rächende Geister und lauern auf den wiederkehrenden Mörder." (Trüber Tag, Feld, 53–55)

Am Ende sind Gretchens Mutter und Bruder tödliche Opfer von Fausts Liebesverlangen. Faust selbst führt den tödlichen Schlag gegen Valentin, und das Fläschchen mit den, von ihm als ungefährlich bezeichneten, Tropfen übergibt er persönlich Gretchen. Wollte er in beiden Fällen die unbeabsichtigten Nebenfolgen seines Handelns vor sich selbst verbergen, sie gar nicht zur Kenntnis nehmen? Oder wußte er, was er tat, weil sein starrer Blick auf das Ziel, das er erreichen wollte, ihm jede Möglichkeit der abwägenden Überlegung über die Mittel verstellte? Mephisto legt jedenfalls auf diese Wunden schadenfroh seinen Finger. Faust: „Mir wühlt es Mark und Leben durch, das Elend dieser einzigen; du grinsest gelassen über das Schicksal von Tausenden hin!" Mephisto antwortet darauf: „Nun sind wir schon wieder an der Grenze unsres Witzes, da wo euch Menschen der Sinn überschnappt. Warum machst du Gemeinschaft mit uns, wenn du sie nicht durchführen kannst? Willst fliegen und bist vor'm Schwindel nicht sicher? Drangen wir uns dir auf, oder du dich uns?" (Trüber Tag, Feld, 26–34)

Das ist nun die entscheidende Frage, die sich durch die ganze Tragödie zieht.

[…]

So drängt sich mir der Gedanke auf, daß Faust und Mephisto im Grunde eine einzige Figur sind, aus Gründen der poetischen Handlungsdramatik in zwei Gestalten auseinandergelegt; aber nur wenn man die Selbstzerrissenheit, die Ansätze von Glück und Unglück, das Teuflische und das Humane gleichzeitig denkt, gewinnt man den Begriff vom modernen Menschen, so wie ihn Goethe wohl in dessen Steuerungslosigkeit und den damit verknüpften extremen Ausschlägen seines Denkens und Handelns zeigen wollte. Das ist selbstverständlich ein sehr spekulativer Gedanke, der vielleicht eher dazu dient, in diesen beiden poetischen Figuren *Seiten* aufzudecken, die brennende Aktualität besitzen und in der Tat mit dem Geschehen des 20. Jahrhunderts, dem blutigsten der Jahrhunderte, aufs engste verknüpft sind.

[…] Sind für Goethe Faust und Mephisto deshalb nicht mehr in einer einzigen Gefäßgröße auf die Bühne zu bringen, weil die zum Zerreißen angespannten Möglichkeiten der modernen Subjektivität … nicht mehr in einer Gestalt faßbar sind und aus dramaturgischen Gründen auseinandergezogen werden müssen? Ich vermute das. Es gibt ja viele Varianten dieser gebrochenen Identität des Menschen und seiner Selbstzerrissenheit.

[…]

*Aus: Negt, Oskar: Die für dramatische Zwecke auseinandergelegte Einheit: Faust und Mephisto. In: Die Faust-Karriere. Vom verzweifelten Intellektuellen zum gescheiterten Unternehmer. Göttingen: Steidl Verlag 2006, S. 51 ff.*

1 Soziologe und Philosoph, 1970 bis 2002 Professor für Soziologie in Hannover

**Arbeitsanweisung:**
Erörtern Sie Oskar Negts Positionen auf der Grundlage Ihres Wissens über Johann Wolfgang Goethes Tragödie *Faust.*

---

**Lösungsvorschlag**

*Hinweise zur Bearbeitung: Fähigkeiten des literarischen Erörterns sind Grundlage für die Bewältigung dieses Themas. Ebenso wichtig ist es hier, Kenntnisse zu Goethes „Faust. Der Tragödie erster Teil" zu besitzen, da die Aufgabenstellung auf eine Auseinandersetzung mit einer Autorenposition zu diesem Werk zielt.*
*Zuerst müssen Sie den vorliegenden Text analysieren, um die Intention des Autors darlegen zu können. Im Anschluss daran setzen Sie sich mit dieser auseinander, d. h. Sie können im Textauszug erkennbare Positionen mit eigenen Beispielen untermauern, relativieren, aber auch verwerfen. Achten Sie auf eine logische Darstellung mit einem schlüssigen Ende.*

**Die Position des Autors**

Oskar Negt beginnt seine Ausführungen mit dem Bezug zur Szene „Trüber Tag. Feld. Faust. Mephistopheles" (Z. 1) und bezeichnet diese als eine Szene, „in der harte Wahrheiten ausgetauscht werden." (Z. 2) Denn Mephisto erinnert Faust an dessen Blutschuld (vgl. Z. 2 f.), als der „die Rettung Gretchens befiehlt" (Z. 4), und zeigt ein Antike-Wissen (vgl. Z. 6 f.), das eigentlich Faust zusteht. Darüber ist Negt verwundert.
Dem schließt sich die Thematisierung der Zerrissenheit Fausts an. Gretchens Mutter und Valentin werden als „tödliche Opfer von Fausts Liebesverlangen" (Z. 8) bezeichnet. Mittels **rhetorischer Fragen** (vgl. Z. 10 ff.) differenziert der Autor die möglichen Absichten Fausts. Er fragt, ob jener ein vorsätzlicher Mörder oder ein die Folgen nicht erkennender Totschläger ist. Die „entscheidende Frage, die sich durch die ganze Tragödie zieht" (Z. 21), ergibt sich für Negt aus dem Gespräch zwischen Faust und Mephisto, das er zitiert (vgl. Z. 15 ff.): Ist Faust ein aus freiem Willen Handelnder oder einer, der sich übergeordneten Mächten unterwirft?
Oskar Negt formuliert als Antwort die **These**, dass **Faust und Mephisto „im Grunde eine einzige Figur"** (Z. 23 f.) seien. Nur dramaturgische Gründe sprächen für die Spaltung in zwei Gestalten (vgl. Z. 24 f., 35 f.). In der Vereinigung beider Figuren sieht der Autor die Verkörperung des modernen Menschen, dessen Existenz eng mit den Geschehnissen des 20. Jahrhunderts verbunden ist. Er vermutet, dass Goethe Faust und Mephisto nicht mehr als eine Person auf die Bühne bringen konnte, die „Möglichkeiten der modernen Subjektivität" (Z. 34 f.) ließen dies nicht zu.
Negt bedient sich in seinen Ausführungen eines allgemein verständlichen Stils, womit er ein breites Publikum anspricht. Er knüpft seine Überlegungen eng an die Textvorlage, was das Einbeziehen von Gesprächsauszügen zwischen Faust und Mephisto zeigt. Seine Gedankengänge bezeichnet er als „sehr spekulativ" (Z. 29) und der Satz „Ich vermute das" (Z. 36) verdeutlicht eine gewisse Unsicherheit, lässt Interpretationsspielraum und legt sich nicht fest.

**Erörterung**

Oskar Negt stellt zwei miteinander verbundene Thesen auf. Zum einen sagt er, dass Faust und Mephisto als zwei Teile einer gespaltenen Person gedacht werden könnten; zum anderen, dass diese gespaltene Persönlichkeit den modernen Menschen verkörpere, der nicht mehr in einer dramatischen Figur darstellbar sei.
Die erste These Negts unterstellt, dass Faust und Mephisto eigentlich eine Figur seien, die in eine positive und eine negative Seite zerfalle. Dafür sprechen verschiedene Situationen in der Tragödie. Mephisto selbst bezeichnet sich als einen „Teil von jener Kraft, / Die stets das Böse will und stets das Gute schafft" (V. 1335 f.), also als Stück eines höheren Ganzen, und charak-

terisiert sich im Folgenden als das „Böse“ (V. 1343) und Gegenstück zum Herrn. Gleichzeitig sind Herr und Mephisto untrennbar miteinander verbunden. Lässt sich Mephisto als böse, dunkle Seite Fausts identifizieren?
Faust tritt dem Zuschauer anfangs als alternder Gelehrter in einer tiefen Lebenskrise entgegen, die er nun mit Hilfe Mephistos zu überwinden gedenkt. Er will erkennen „was die Welt / Im Innersten zusammenhält“ (V. 383 f.) und nach umfassendem Wissen streben. Schon seinem Schüler Wagner gegenüber formuliert Faust in der Szene „Vor dem Tor“: „Zwei Seelen wohnen, ach! in meiner Brust“ (V. 1112), womit er seine **Zerrissenheit** beschreibt. Er will einerseits höchste Erkenntnisse erlangen, andererseits auch Lebenslust genießen. Diese Worte hat Negt wahrscheinlich im Sinn, wenn er schlussfolgert, dass Fausts innere Gespaltenheit auch in der äußeren Handlung – mit Mephisto – eine Entsprechung findet.
Mephistos eigentliches Element ist die Zerstörung und die Absicht, Faust seinen (also Mephistos) Weg gehen zu lassen. Durch die getroffene Vereinbarung vereinen sich diese Gegensätze. Das Folgende geschieht nun immer im **Zusammenspiel der beiden Hauptfiguren**, alle Stationen sind Beiträge auf dem Weg der Austragung der Wette – unter dem Einfluss Mephistos und in Fausts Auseinandersetzung mit ihm. Manchmal kommt Faust Mephistos Anschauungen bzw. Methoden ziemlich nahe, z. B. wenn es darum geht, sein Liebesverlangen um jeden Preis, auch den des Tötens, zu befriedigen. Hier zeigt er sich skrupellos. Während Gretchen ins Unglück gestürzt wird und sich in einer hoffnungslosen Lage befindet, genießt Faust die Walpurgisnacht mit Mephisto. Faust sucht in der Beziehung zu Gretchen durchaus Liebe, wohingegen Mephisto allein auf Triebbefriedigung drängt. Die **Zerrissenheit zwischen hehren Gefühlen und sexuellen Wünschen** ist kennzeichnend für das moderne Menschenbild, was Negts These zu bestätigen scheint.
Ähnlich skrupellos verfolgt er seine Erkenntnissuche und gestaltet sein praktisches Wirken. So wird er im **zweiten Teil der Tragödie** zum Kapitalisten, der große Erfolge erzielen kann (Landgewinnung, Hafenbau, Handel), welche allerdings Menschenopfer fordern und von Krieg und Piraterie begleitet sind. Als konkretes Beispiel seien hier die beiden Alten, Philemon und Baucis, genannt, die Opfer von Fausts Streben werden. Dieser wollte zwar deren Tod nicht, nimmt ihn aber billigend in Kauf, denn er kennt die Vorgehensweise seiner Gehilfen. Mephisto erscheint als der Vollstrecker von Fausts Wünschen.
Letztlich muss man feststellen, dass Faust Mephisto benutzt, um seinem hehren Ziel näher zu kommen und dabei nach dem Motto „Der Zweck heiligt die Mittel“ verfährt. Als rein positiv Handelnder und ohne Hilfe des Teufels wäre ihm die Erfüllung vieler seiner Wünsche verwehrt geblieben. Negatives findet sich in der Figur Fausts selbst, wird aber verstärkt durch Mephisto. Vereint man beide Figuren zu einer Gestalt, hat man wahrscheinlich wirklich einen modernen, vielschichtigen Menschen. Entsprechend dem gegenwärtigen Menschenbild ist auch in Goethes Tragödie der Mensch nicht nur gut, vielmehr werden der Nutzen bestimmter Handlungen hinterfragt, die psychischen Abgründe einer Person in Rechnung gestellt oder Rechtfertigungen gegeben.

Gegen die These, Faust und Mephisto als eine Person zu denken, spricht aber z. B. die **Selbstcharakteristik Mephistos**, denn er bezeichnet sich als etwas Absolutes, als rein negatives Prinzip.
Im Gegensatz dazu wird Faust schon im Prolog des Stücks als Mensch beschrieben, der nach Erkenntnissen strebt und dabei auch irren kann. Die Figur des Fausts ist prinzipiell anders angelegt als die seines Wettpartners. Faust ist in der Lage, sein Wirken kritisch zu hinterfragen, was sich in der Szene „Nacht“ zeigt, in der er feststellt, dass er „gescheiter als all die Laffen“ (V. 366) sei, aber er erkennt zugleich seine eigene Beschränktheit.
Mephisto dient Faust als Mittel, seine Ziele zu erreichen, er nutzt ihn bewusst und schiebt ihm dadurch auch Verantwortung für Unrechtstaten zu, obwohl eigentlich er derjenige ist, der sie ausgelöst hat.
Am Ende des Dramas stirbt **Faust**, nachdem er in seiner Vision Zukünftiges beschrieben hat. Seine Seele wird von Engeln **gerettet**, aufgrund seines ständigen Strebens kann er erlöst wer-

den. Die Schlussworte des Stücks spricht der Herr, was zur Deutung Anlass gibt, dass dieser letztlich die (eigentlich nicht abgeschlossene) Wette des Prologs gewinnt. **Mephisto bleibt nihilistisch**, erkennt Fausts Leistung nicht an. Die Titelgestalt strebt und irrt im gesamten Verlauf der Handlung, ist ständigen Veränderungen unterworfen. Mephisto dagegen bleibt bei seiner Einstellung, er ändert sich nicht, kann daher auch nicht erlöst werden. Obwohl sie Wettpartner sind, bleiben Faust und Mephisto doch auch Gegenspieler. Dies spricht für **zwei unabhängige Figuren** und stützt die These Oskar Negts nicht. Es waren also nicht allein dramaturgische Gründe, die Goethe zwei getrennte Personen konzipieren ließ – auch wenn sich Faust und Mephisto teilweise ergänzen, wenn beide sich wechselseitig antreiben, haben sie doch ganz unterschiedliche Ziele und stehen auch für gegensätzliche Ideen. Mephisto ist **mehr als Fausts alter ego**, er steht einseitig für das Böse, wohingegen Faust als gemischter Charakter angelegt ist.

**Abschließende Wertung**

Es sind **verschiedene Lebensprinzipien**, die uns in den Figuren von Faust und Mephisto entgegentreten: der strebende und sich dabei irrende Mensch sowie der Nihilist und Zerstörer.
Negt formuliert, dass der moderne Mensch nicht mehr in einer dramatischen Gestalt darstellbar sei, also verschiedene Lebensprinzipien, Teuflisches und Menschliches, in sich vereint. Betrachtet man die historischen Ereignisse des 20. Jahrhunderts, ist dem leider zuzustimmen. Es war ein Jahrhundert grausamer Kriege und teilweiser Entmenschlichung. Mit dieser Vergangenheit muss der moderne Mensch leben, aber er kann – eben weil er ein Mensch ist – auch Konsequenzen ziehen und humaner handeln, er ist lernfähig, strebsam. Allerdings darf er sich wohl gegenwärtig nur noch wenige Irrtümer erlauben, denn deren Folgen wären zu fatal.

**Leistungskurs Deutsch (Sachsen): Abiturprüfung 2008**
**Aufgabe 1: Interpretation von Kurzprosa**

**Thema: Thomas Bernhard[1] (1931–1989):**
**Vorurteil (e. 1978)**

## Thomas Bernhard: Vorurteil

Nahe Großgmain, wohin wir an den Wochenenden sehr oft mit unseren Eltern in einem sogenannten Landauer, welcher noch aus dem vorigen Jahrhundert stammte und der in einer für den Bau von Landauern berühmten Werkstätte in Elixhausen hergestellt worden war, unterwegs gewesen waren, hatten wir aufeinmal mitten im Wald einen ungefähr vierzig- bis fünfundvierzigjährigen Mann gesehen, der uns, die wir ziemlich schnell bergab gefahren waren, um noch rechtzeitig zu unserem schwerkranken Onkel, der in jener Jagdhütte zuhause gewesen war, die unser Großvater Anfang des Jahrhunderts einem Fürsten Liechtenstein abgekauft und für seine, wie er sich immer ausgedrückt hatte, *philosophischen Zwecke* ausgebaut hatte, aufzuhalten versucht, indem er sich vor uns mitten auf die Straße gestellt und die Kühnheit gehabt hatte, selbst den Pferden in das Geschirr zu greifen, um unseren Landauer zum Halten zu zwingen, was ihm natürlich nicht gelungen war. Der Mann hatte tatsächlich nur im letzten Moment auf die Seite springen und sich, mehrmals überschlagend, wie ich in der gerade hereinbrechenden Finsternis nur undeutlich festgestellt hatte, in Sicherheit bringen können. Tatsache war, daß wir der Meinung gewesen waren, auf eines jener gerade hier an der bayerisch-österreichischen Grenze ihr Unwesen treibenden Subjekte gekommen zu sein, die einer unserer zahlreichen Strafanstalten, wie die Justizsprache sagt, entsprungen sind, was auch der Grund gewesen war, warum wir nicht stehengeblieben sind. Wir hätten es tatsächlich darauf ankommen lassen und hätten den so urplötzlich vor uns aufgetauchten Fremden auch überfahren, um nicht Opfer eines Verbrechens sein zu müssen, wie wir gedacht haben. Am nächsten Tag hatte uns ein bei meinem Onkel in Dienst stehender Holzarbeiter darauf aufmerksam gemacht, daß in dem Wald, durch welchen wir am Vorabend mit dem Landauer gefahren waren, ein Mann erfroren und schwer verletzt aufgefunden worden war, welcher, wie sich bald herausgestellt hatte, der beste Arbeiter und der treueste Mensch, den mein Onkel jemals gehabt hatte, gewesen ist. Wir hatten naturgemäß nichts von unserem vorabendlichen Erlebnis verlauten lassen und bedauerten die Witwe des auf so tragische Weise ums Leben gekommenen.

*Aus: Bernhard, Thomas: Vorurteil. In: Bernhard, Thomas: Der Stimmenimitator. Frankfurt am Main und Leipzig: Insel Verlag 1996, S. 30f.*

### Arbeitsanweisungen:

Interpretieren Sie den Text. Beziehen Sie die Aussage Thomas Bernhards „Ich brauch' überhaupt nix erfinden. Die Wirklichkeit ist viel scheußlicher." [2] in Ihre Deutung ein.

1 Der österreichische Schriftsteller Thomas Bernhard setzte sich intensiv mit Gedanken um Leben und Tod auseinander, u. a. auch weil sein Leben jahrelang von einer schweren Erkrankung bedroht war. Seine distanzierte Weltsicht ist die Basis seiner Werke.

2 In: Nachlaßverwaltung Thomas Bernhard (Hrsg.), Thomas Bernhards Häuser. Gmunden: Residenz Verlag 1995, S. 67.

## Lösungsvorschlag

*Die besondere Form des Interpretierens epischer Texte wird bei dieser Aufgabenstellung verknüpft mit erzähltheoretischen Aspekten. Beachten Sie bei der Planung Ihrer Arbeit sowohl die Gattungsbesonderheiten als auch die Integration des angefügten Autorzitats zu dessen poetologischem Konzept.*
*Schwerpunkt der Arbeit sollte eine genaue werkimmanente Analyse der Geschichte bilden. Beachten Sie Besonderheiten der Gestaltung und klären Sie Fragestellungen wie:*
- *Wie ist der Text strukturiert?*
- *Welcher Erzähler tritt dem Leser gegenüber?*
- *Welche Figuren werden erwähnt und wie werden deren Handlungen bewertet?*
- *Was wird zu Raum und Zeit gesagt?*
- *Welche Funktion haben gestalterische Auffälligkeiten, z. B. im Bereich des Satzbaus?*

*Ihre Analyseresultate münden in deutende und wertende Ausführungen, die sie mit den Kenntnissen zu anderen modernen Autoren, deren Motiven und weltanschaulichen Vorstellungen verknüpfen können. Auch wenn Ihnen Thomas Bernhard als Autor nicht bekannt ist, können Sie anhand des Textes und des Zitats Rückschlüsse auf sein zynisches und pessimistisches Weltbild anstellen. Abschließend sollten Sie auf die Aktualität des Themas „Vorurteil" eingehen. Der Autor muss Ihnen nicht bekannt sein.*
*Ein abschließendes Fazit sollte das Ergebnis der Interpretation der Geschichte in Verbindung zur Aussage Thomas Bernhards bringen und die Aussagekraft eines solchen Textes in der heutigen Welt thematisieren.*

### 1 Einleitung

Undurchschaubare Schicksalsmomente können Menschen in ihrer gewohnten Alltagswelt jederzeit und unvorhergesehen existenziell bedrohen. Im Werk des österreichischen Autors Thomas Bernhard bildet das Hereinbrechen von zerstörerischer, irrationaler Gewalt in die behütete bürgerliche Existenz einen zentralen Motivkomplex.

Dabei werden in seinen kurzen anekdotenhaften Geschichten in düster-makabrer Weise häufig Verhaltensweisen des sogenannten *Geistesmenschen* enttarnt, der sich – an der Oberfläche gebildet und moralisch integer – als wahres Monstrum erweist. Bernhards Figuren bewegen sich meist als gescheiterte Existenzen, als Gestrauchelte auf den Abgrund zu. Intellektuelle, Künstler, brave Familienväter lassen in vielen seiner Texte in Wirklichkeit den Verbrecher, Trinker und/oder Selbstmörder in ihnen erkennen.

An der folgenden Geschichte wird die Aussage Thomas Bernhards „Ich brauch' überhaupt nix erfinden. Die Wirklichkeit ist viel scheußlicher" im oben ausgeführten Sinne exemplarisch zu belegen sein.

### 2 Interpretation

#### 2.1 Titel/Thema

Vorurteile sind hartnäckige, meist negative Einschätzungen von Personen, Gruppen oder Sachverhalten, die durch konkrete Erfahrungen nicht überprüft und als Stereotype weitergegeben werden. Über Vorurteile sind Menschen in der Lage, eigene Ängste und Aggressionen abzubauen, indem sie Missstände und Unzulänglichkeiten auf Fremde projizieren.

In der Literatur der Moderne wird das Motiv des Vorurteils immer wieder aufgegriffen. Das vielleicht bekannteste Werk zu diesem Thema ist Max Frischs Stück *Andorra*, in dem die tödliche Konsequenz von Vorurteilen eindrucksvoll dargestellt wird. Auch in Thomas Bernhards kurzem Prosatext wird auf subtile Weise eine Begebenheit erzählt, die sich nahtlos in die lange – menschliche – Geschichte von Vorurteilen einreiht.

## 2.2 Analyse und Sinngehalt der Erzählstruktur

Erzählt wird die durch genaue Ortsangaben **authentisch anmutende Geschichte** einer im Landauer (viersitziger von Pferden gezogener Wagen) fahrenden Familie, die ihren schwerkranken Onkel besuchen möchte. Der Erzähler berichtet als Mitglied der Familie von einem Mann, der die Kutsche zu stoppen versucht. Ohne abzubremsen rast die Familie vorüber, dem Mann bleibt nur der Sprung zur Seite, bei dem er sich lebensgefährlich verletzt. Die Kutscheninsassen leisten keine Hilfe, da sie einen Überfall eines entflohenen Sträflings vermuten. Am nächsten Tag erfahren wie, dass der schwerverletzte Unbekannte im Wald erfroren ist. Es handelt sich um den besten und treuesten Arbeiter im Dienst des Onkels. Ihm und auch der Witwe gegenüber erwähnen die Familienmitglieder des Erzählers „naturgemäß" jedoch nichts von dem abendlichen Unfall.

Äußerlich ist keine Gliederung der Geschichte erkennbar, sie wird gewissermaßen in einem Block wiedergegeben. Eine Steigerung zum Unerhörten, zum Entsetzlichen hin, hat mit den Inhalten und der **ignoranten, kaltschnäuzigen Erzählerhaltung** zu tun. Sie findet ihre Krönung in der abschließenden einzigen Parataxe des Textes.

Wenn man aus dem Bericht des Erzählers einen realen Tatablauf filtert, ergeben sich innerhalb des Erzählten Widersprüche bzw. Verfälschungen. Das Opfer wird als „vierzig- bis fünfundvierzigjährige[r] Mann" (Z. 5) identifiziert, am Unfallort müssen also Lichtverhältnisse bestanden haben, die nicht zu der in Zeile 13 f. genannten „gerade hereinbrechenden Finsternis" passen. Ebenso wird die „Kühnheit" (Z. 10) des Unbekannten, die schnell bergab rollende Kutsche aufzuhalten, um die Fahrenden möglicherweise vor einer Gefahr zu warnen, umgedeutet als eine Art misslungener Raubversuch. Aufgrund der Fixierung auf ihre Ängste und ihr eigenes Wohl gerät somit für die Insassen eine Hilfeleistung zu einem Überfallversuch, aus dem Helfer wird für den Erzähler eines jener „ihr Unwesen treibenden Subjekte [...], die einer unserer zahlreichen Strafanstalten [...] entsprungen sind" (Z. 16 f.). Die tödliche Konsequenz solcher haltlosen Vermutungen oder eben Vorurteile wird gleich nachgeliefert: „Wir hätten [...] den so urplötzlich vor uns aufgetauchten Fremden auch überfahren [...]" (Z. 18 ff.). Das sprachlich deutlichste Indiz für die Unstimmigkeiten des Berichts und die zu **Tatsachen stilisierten Vorurteile** liefert schließlich die Phrase: „Tatsache war, daß wir der Meinung gewesen waren [...]" (Z. 14 f.) Vorgebliche Fakten entpuppen sich als haltlose, bornierte Spekulation. Und das Wort „Vorurteil" bekommt noch eine zweite Bedeutungsnuance: Die Familie hat den Unbekannten auf einen bloßen Verdacht hin **vor-verurteilt**, betrachtet ihn als Verbrecher und behandelt ihn auch so, indem sie seinen Tod in Kauf nimmt.

Unterstellt man nun den Insassen des Landauers, dass sie immerhin in Sekundenschnelle reagieren mussten und mit dem unabgebremsten Wagen zwar die Verletzungen des Mannes verursachten, diese jedoch nicht willentlich in Kauf nehmen wollten, dann müsste man zumindest von ihnen Hilfe für das Opfer erwarten, zumal von dem Verletzten keinerlei Gefahr mehr ausgehen kann. Der Erzähler kaschiert aber auch diese grundlegende Maxime wieder mit immer zynischer werdenden Floskeln, die entweder verraten, dass ein mitmenschliches Verhalten bei der Familie gar nicht in Betracht gezogen wird oder dass die Insassen auf einem ganz archaischen Niveau menschlicher Sitte und Kultur leben. Dabei gibt der Erzähler über mehrere Signale in seinem Bericht zu erkennen, dass die Familie mit Onkel und Großvater durchaus auf verantwortungsvolle und gebildete Vorfahren verweisen kann. Doch wird zu diesen am Rande des Berichts erwähnten Personen kein wirkliches Verhältnis aufgebaut. Der Gesundheitszustand des Onkels wird am Schluss nicht mehr erwähnt. Dass dessen bester Arbeiter durch seine eigene Familie zu Tode gekommen ist, spricht indes für sich und wirft ein bezeichnendes Licht auf die familiäre Zusammengehörigkeit: Der Onkel scheint als Schwerkranker für die Familie ohnehin eine Last zu sein, der morbide Zustand der Familie als Ganzes würde mit der Wahrheit über den Vorabend wohl vollends zu Tage treten.

Auch der Großvater dient eher als vorzeigefähiger Ahne, zu dem der Erzähler sowohl zeitlich („Anfang des Jahrhunderts", Z. 7) als auch von der Wesensart („für seine, wie er sich immer ausgedrückt hatte, *philosophischen Zwecke*", Z. 8 f.) eine große Distanz verspüren lässt.

**Distanz zum erlebten Geschehen** wird gestalterisch auf mehreren Ebenen vermittelt:
- Der Erzähler berichtet im Tempus des **Plusquamperfekts** und schafft so einen größtmöglichen zeitlichen Abstand.
- Die Darstellung des Erzählers ist fast durchweg in der **Wir-Form** gehalten – die entlarvende sprachliche Form eigener Schuldverdrängung, das Verstecken eines Ichs hinter einem kollektiven Wir ist ein allseits bekannter psychologischer Mechanismus.
- Dem Leser begegnet ein **hypotaktisches Netz**, dass für den mitschuldigen Erzähler wie ein schützendes Dickicht vor den eigenen Verfehlungen fungiert. Klare Aussagen zur eigenen strafrechtlichen Verantwortung werden so bewusst *tot*geschwiegen. Stattdessen windet sich der Zeuge der Tat, so verworren es geht, aus der Schlinge. Nebensächliche Informationen, die von den Geschehnissen mit Todesfolge ablenken, werden verknüpft mit Wertungen, die zur Tat in nahezu irrationalem Verhältnis stehen.

Durch das verschleiernde Dickicht der Hypotaxen hindurch kämpft sich der Leser schließlich zum letzten Satz des Berichts: Eine Parataxe gibt dem bis zum Schluss Zweifelnden Gewissheit – der **Zynismus** des Erzählers ist nicht zu überbieten.

Die Vorgänge jenes Abends erschließen sich dem Leser, der sich in die Rolle eines Urteilenden, eines Richters versetzt sieht, mit zunehmender Erzählzeit und Distanz zum Erzählten eindeutig und klar: Die Familie riskiert vorsätzlich Leib und Leben eines Passanten und begeht danach Fahrerflucht. Ein Eingeständnis von Schuld oder ein Bekenntnis zur Tat sind für die Mitglieder der Erzählerfamilie nicht einmal vorstellbar. „[N]aturgemäß" (Z. 25) handeln heißt für sie: Eine Tat, die zum Tod eines Menschen führt, muss man nicht bereuen. Ein Verbrechen, das auf einem Vorurteil beruht, ist kein wirkliches, man muss es weder gestehen noch sühnen, denn die Logik der Verteidigung aus Opferperspektive rechtfertigt die eigene Straftat.

Einzig die **Fassade der Wohlanständigkeit** soll gewahrt bleiben – „Wir […] bedauerten die Witwe des auf so tragische Weise ums Leben gekommenen" (Z. 25 ff.). Sämtliche Kategorien humanen, christlichen und aufklärerischen Handelns sind exemplarisch ad absurdum geführt.

### 2.3 Zusammenfassung und Wertung

Der Autor entspricht mit seiner Geschichte dem Konzept, dass die Rolle des Geschichtenerfinders in unserer gegenwärtigen Welt in dem eingangs zitierten Sinne überflüssig sei. Der verlogene Ich-Erzähler in *Vorurteil* ist also in Bernhards Verständnis keine Übertreibung gegenüber der Realität, im Gegenteil eher eine Untertreibung, bedenkt man die tägliche mediale Konfrontation des modernen Menschen mit den unterschiedlichen Facetten von Vorurteilen: Ausländerhass, soziale Stigmatisierungen, Berührungsängste mit Kindern, älteren Menschen – die Liste ist lang. Neben der eindrucksvollen literarischen Gestaltung besitzt die kurze Erzählung somit auch inhaltliche Nachhaltigkeit. Auf kleinstem Raum gelingt es dem Autor, die subtilen Wirkungsmechanismen des sozialen Krebsgeschwürs ‚Vorurteil' zu umreißen. Auch wenn die Folge dieser Krankheit unter Menschen schon weit fortgeschritten ist, gibt es noch lange keinen Weg der Heilung, der Umkehr, eben der Revision eines solchen fatalen Urteils über Andere. In der Geschichte Thomas Bernhards wird dieser Weg nicht gezeigt, das würde in seinem Sinne auch banal wirken. Wie Vorurteile zum tödlichen Massenwahn mutieren können, hat das 20. Jahrhundert mehrmals bewiesen. Der historische Heilungsprozess ist längst nicht abgeschlossen, in der Gegenwart setzt uns die Krankheit immer aufs Neue zu.

**Leistungskurs Deutsch (Sachsen): Abiturprüfung 2008**
**Aufgabe 2: Interpretation lyrischer Texte**

**Thema: Christoph Meckel (geb. 1935): Rede vom Gedicht (e. 1974)**
**Novalis (1772–1801): Wenn nicht mehr Zahlen und Figuren … (1802)**

## Christoph Meckel: Rede vom Gedicht

Das Gedicht ist nicht der Ort, wo die Schönheit gepflegt wird.

Hier ist die Rede vom Salz, das brennt in den Wunden.
Hier ist die Rede vom Tod, von vergifteten Sprachen.
Von Vaterländern, die eisernen Schuhen gleichen.
Das Gedicht ist nicht der Ort, wo die Wahrheit verziert wird.

Hier ist die Rede vom Blut, das fließt aus den Wunden,
Vom Elend, vom Elend, vom Elend des Traums.
Von Verwüstung und Auswurf, von klapprigen Utopien.
Das Gedicht ist nicht der Ort, wo der Schmerz verheilt wird.

Hier ist die Rede von Zorn und Täuschung und Hunger
(die Stadien der Sättigung werden hier nicht besungen).
Hier ist die Rede von Fressen, Gefressenwerden
von Mühsal und Zweifel, hier ist die Chronik der Leiden.
Das Gedicht ist nicht der Ort, wo das Sterben begütigt
wo der Hunger gestillt, wo die Hoffnung verklärt wird.

Das Gedicht ist der Ort der zu Tode verwundeten Wahrheit.
*Flügel! Flügel! Der Engel stürzt, die Federn*
*fliegen einzeln und blutig im Sturm der Geschichte!*[1]

Das Gedicht ist nicht der Ort, wo der Engel geschont wird.

*Aus: Meckel, Christoph: Seele des Messers, München: Hanser 2006, S. 552*

1 Anspielung auf den Engel der Geschichte in der häufig zitierten 9. geschichtsphilosophischen These (1940) von Walter Benjamin (Literaturkritiker und Schriftsteller 1892 –1940):
Der Engel der Geschichte habe sein Gesicht der Vergangenheit zugewendet, die er als „eine einzige Katastrophe" sehe. Er habe zwar das Bedürfnis zu helfen, könne aber nicht verweilen, weil der Sturm des Fortschritts, vom Paradies herkommend, sich in seinen Flügeln verfangen habe und ihn mächtig und unaufhaltsam – rückwärts – in die Zukunft treibe, „während der Trümmerhaufen vor ihm zum Himmel" wachse.
*vgl. Benjamin, Walter: Gesammelte Schriften, Frankfurt/ Main: Suhrkamp*

**Novalis: Wenn nicht mehr Zahlen und Figuren …**

Wenn nicht mehr Zahlen und Figuren
Sind Schlüssel aller Kreaturen,
Wenn die, so singen oder küssen,
Mehr als die Tiefgelehrten wissen,
Wenn sich die Welt ins freie Leben
Und in die Welt wird zurückbegeben,
Wenn sich dann wieder Licht und Schatten
Zu echter Klarheit wieder gatten
Und man in Märchen und Gedichten
Erkennt die wahren Weltgeschichten,
Dann fliegt vor Einem geheimen Wort
Das ganze verkehrte Wesen fort.

*In: Conrady: Das Buch der Gedichte. Frankfurt/Main: Cornelsen-Hirschgraben, S. 224*

**Arbeitsanweisungen:**

Interpretieren Sie das Gedicht *Rede vom Gedicht* und vergleichen Sie es mit dem Gedicht *Wenn nicht mehr Zahlen und Figuren …*

---

## Lösungsvorschlag

*Als abiturrelevante Aufgabenart kommt in diesem Beispiel ein den Schülern bekanntes Grundmuster zur Anwendung: Nach den EPA wird es „Untersuchendes Erschließen literarischer Texte: Textinterpretation" genannt. Die besondere Arbeitsaufgabe des Gedichtvergleichs ist Ihnen vertraut und aufgrund einer klaren Vergleichsebene auch nicht unbedingt anspruchsvoller als die einfache Gedichtinterpretation. Allerdings wird von Ihnen verlangt, die zu interpretierenden Texte angemessen in den literarischen Kontext einordnen zu können, denn auch hier werden Gedichte aus unterschiedlichen Epochen vorgelegt.*

*Unter Beachtung der Anforderungsbereiche und bekannter Texterschließungsverfahren ist als Textvorlage ein Gedicht eines Autors der modernen Literatur nach 1945 gewählt worden, das mit einem Gedicht eines bekannten romantischen Autors verglichen werden soll. Als Operator dient zunächst „Interpretieren Sie", des Weiteren enthält die Arbeitsanweisung den Operator „Vergleichen Sie". Das bedeutet, das Verfahren des Gedichtvergleichs aspektorientiert anzuwenden. Geeignete Vergleichsaspekte müssen Sie in diesem Falle selbstständig ermitteln.*

*Dazu scheint es zunächst sinnvoll, das Meckel-Gedicht genau zu untersuchen. Wie immer bei dieser Gattung bedeutet dies, dass Sie in hohem Maße Ihren Gestaltungsspielraum zur Anlage der Darstellung selbst planen müssen. Verlangt wird genaue Textwahrnehmung, Sensibilität und Gespür für das Thema wie für die Sprache im Gedicht.*
*Ziel sollte eine begründete, sinnerhellende Annäherung an das Gedicht sein, die sprachliche und inhaltliche Angemessenheit des Vorgehens sollte jederzeit gewahrt bleiben. Das gilt prinzipiell auch für den Novalis-Text, den sie vor dem Vergleich in zusammenfassender, prägnanter Form sinnerhellend darstellen sollten.*
*Spezielle Kenntnisse zu Leben und Werk der Autoren werden bei dieser Aufgabe nicht vor-*

*ausgesetzt, allerdings sollte Novalis für Sie kein unbekannter Autor sein. Christoph Meckel hingegen wird Ihnen als Autor kaum bekannt sein. Mit Leben und Werk anderer Autoren der Literatur nach 1945 haben Sie sich entsprechend der Schwerpunkte in der Sekundarstufe II bekanntermaßen genauer befasst (z. B. Ingeborg Bachmann, Paul Celan oder Günter Grass). Eine originelle und kenntnisreiche Arbeit sollte also auf diesem Fundament agieren. Ihrem subjektiven Wertungsbestreben werden keine Grenzen gesetzt. Eine schlüssige problemorientierte Einordnung von Motivbausteinen, das Erkennen und Benennen von sprachlichen Tendenzen in der Lyrik der Moderne und der Romantik, der Vergleich mit anderen Autoren, historische oder poetologische Zusammenhänge und Hintergründe sind in jedem Falle anstrebenswerte und qualitätsfördernde Aspekte der Gesamtdarstellung.*

## 1 Einleitung

Die Frage nach dem Gehalt und den Wirkungsmöglichkeiten literarischer Werke beschäftigt Autoren in unterschiedlichen Epochen immer aufs Neue. Was treibt einen Autor an, Ideen in eine ihm geeignet scheinende poetische Form zu bringen? Gerade Lyrik als prägnante und komprimierte Form künstlerischen Sprechens spiegelt auf ihre spezifische Weise die Suche des Autors nach Gestaltung der großen Fragen menschlichen Seins.

Eine besondere Gruppe stellen innerhalb der Gattung nun Gedichte dar, die sich explizit mit ihrem eigenen Gegenstand befassen. Sogenannte **poetologische Gedichte** widmen sich Themen wie: Was ist ein Gedicht? Was soll in einem Gedicht gestaltet werden? Welche Wirkungspotenziale haben diese ästhetischen Gebilde?

Behutsame Annäherung an diese von Autoren unter verschiedenen Akzenten aufgeworfenen Fragen bedeutet für den Interpreten, sich als Leser zunächst einzulassen auf die Bindungen der Worte – die Struktur – und danach in einen Dialog mit dem Text einzutreten, je nach kontextuellem Vorverständnis. Das gilt in diesem Falle zunächst für die von Christoph Meckel geäußerten Positionen, später vergleichend auch für Novalis' Verse.

## 2 Interpretation von Christoph Meckels *Rede vom Gedicht*

### 2.1 Titel/Thema

Rede und Gedicht sind auf den ersten Blick zwei unvereinbare Textsorten, denkt man jedoch weiter, so ergibt sich folgende Gemeinsamkeit: Redner wie lyrischer Sprecher/Autor wenden sich gezielt an ein Auditorium, das vor allem Botschaften empfangen will. Es entsteht somit ein ungewöhnliches Vorhaben, eine Rede in Gedichtform zu verfassen, die das Gedicht zu ihrem Gegenstand macht.

### 2.2 Analyse und Deutung der lyrischen Struktur und des Sinngehalts

Wie jede Rede über einen Rahmen verfügen sollte, so enthält auch Meckels Rede vom Gedicht eine augenfällige **Rahmenstruktur**.

Gerahmt wird der Text von der These „Das Gedicht ist nicht der Ort […]“ (V. 1 und 19). Die Ortlosigkeit, das Nirgendwo des Gedichts, griechisch der **U-Topos**, bilden also ausgrenzende Kriterien für das, was im Zentrum des Gedichts gesagt wird. Um utopische Erwägungen all dessen, was Gedichte vermögen, soll es in dieser Rede offenbar nicht gehen. Dennoch taucht die erwähnte definitorisch anmutende These insgesamt fünf Mal im Text auf (V. 1, 5, 9, 14 und 19). Nach der eröffnenden Rahmenzeile geht der Sprecher – es ist kein eigentliches Ich erkennbar – zu den positiven Aussagen über: „Hier ist die Rede …“ (V. 2). Für die Binnenstrophen zwei, drei und vier wird eine Sonettform gewählt, wenn auch die Terzette nicht getrennt erscheinen. Die Binnenstrophen zwei bis vier beginnen mit dem programmatischen „Hier ist die Rede […]“. Ebenso wie dieser Eröffnungsvers wird aber auch das antithetische „Das Gedicht ist nicht der Ort […]“ immer wieder zwischengeschaltet.

Seinen Höhepunkt erreicht das Gedicht mit Strophe fünf, in der der Sprecher anhebt zu einer wirklichen These über das, was ein **Gedicht** ausmachen sollte: es sei „**der Ort der zu Tode verwundeten Wahrheit**" (V. 16). Die These wird unmittelbar verknüpft mit der Anspielung auf Walter Benjamins Engel der Geschichte, was die Steuerung der Deutung des Textes entscheidend lenkt. Es geht Meckel um große, um historische bzw. geschichtsphilosophische Ansprüche an das Gedicht der Gegenwart, um das zeitgenössische Gedicht.

Entschlüsselt man die Bildlichkeit der *Rede* ihrer textlichen Chronologie nach, so werden gleich zu Beginn zwei Dinge ausgesagt: erstens wird dem Gedicht der Status eines Ortes, eines Raumes zuerkannt, der in irgendeiner Weise neu vermessen oder überhaupt neu besetzt werden muss. Ein Aspekt der Belegung dieses Raumes hat offenbar ausgedient: „Das Gedicht ist nicht der Ort, wo die Schönheit gepflegt wird" (V. 1). Noch lässt der Sprecher aber offen, wo sein Stand*ort* sich befindet.

Er teilt dies ab Strophe zwei formell in einer literarisch lang tradierten Form mit, der des Sonetts. Sprachliche *Schönheit* wird in den nun folgenden Versen jedoch nicht vermittelt, stattdessen folgen ausgesprochen prosaische Zeilen, die in anaphorischer Weise entweder wiederholen, wovon im Gedicht die Rede sein sollte oder eben genau das Gegenteil dessen betonen, d. h. die Negation bestimmter Gegenstände des Gedichts.

Die **expressive Bildsprache** erinnert nicht nur im ersten Quartett an den Kontext der NS-Vergangenheit, mithin an **Adornos Gebot**, „nach Auschwitz ein Gedicht zu schreiben, ist barbarisch". Die Wahrheit sei angesichts der Wunden der Opfer (V. 2) und angesichts der auf Krieg fixierten *Vaterländer* des 20. Jahrhunderts nicht zu verzieren (V. 4 f.). Auch in Vers 3 wird auf Besonderheiten der Lyrik nach Auschwitz angespielt, wenn „vom Tod, von vergifteten Sprachen" gesprochen wird. „Der Tod ist ein Meister aus Deutschland", Paul Celans berühmter Vers aus der *Todesfuge*, ruft das auf, was dem deutschsprachigen Gedicht nach 1945 eingeschrieben ist: Die Shoah wurde in der Sprache der Mörder organisiert, Millionen Menschen wurden mit dieser Sprache manipuliert oder gedemütigt. Im zweiten Quartett gehen die Anspielungen auch in Richtung des anderen blutbefleckten Jahrhundertphänomens: des Scheiterns der „klapprigen Utopien" (V. 8) in den kommunistischen Diktaturen dieser Welt.

Eine dreifache Wiederholung – „vom Elend" – kündigt steigernd das schließlich folgende Genitivattribut an: „des Traums" (V. 7). Der Traum von einer sozial gerechteren Welt ist als Utopie im Blut zerflossen, ein U-Topos geblieben, ein Nicht-Ort. Ansätze zu einer heilenden, harmonisierenden Sichtweise verbieten sich für den Sprecher (V. 9).

Auch das anschließende Sextett lässt keinen Zweifel über die Intentionen des Sprechers/ Redners aufkommen. Die „Chronik der Leiden" (V. 13) sei im Gedicht in allen Facetten (Zorn, Hunger, Fressen und Gefressenwerden) zu benennen.

Will man also mit Vers 2–15 von einem **Binnensonett** sprechen, so ist dies mit der mittlerweile vierten Negation dessen, was ein Gedicht prinzipiell sein könnte, beendet (Verse 14 und 15). Es wird nunmehr der **Ort des Gedichts** und damit auch die Aufgabe für den Lyriker benannt: der „zu Tode verwundeten Wahrheit" Raum zu schaffen, in dem nüchtern und ohne sprachliche Schnörkel – wie in Meckels Gedicht exemplarisch vorgeführt – Leid und Elend des Menschen eine Stimme erhalten.

Die These in Vers 16 wird gestützt durch zwei Verse, die kursiv abgehoben direkt auf Benjamins Engel der Geschichte anspielen. Dieser *Angelus Novus*, so der Titel des inspirierenden Bildes von Paul Klee, wird getrieben von einem Sturm „vom Paradiese her, der sich in seinen Flügeln verfangen hat". Er kann seine Flügel nicht mehr schließen, und wird mit Blick zur Vergangenheit, rücklings zur Zukunft vom Sturm des Fortschritts getrieben. Vor seinen Augen wächst indes „der Trümmerhaufen [der Geschichte] […] zum Himmel".

**Benjamins Geschichtspessimismus** wird über die Verse 17 und 18 in Verbindung gebracht mit dem Gedanken eines Scheiterns der (schönen) Poesie, letztlich aller Versuche, über Aufklärung und Kunst den grausamen Werdegang des Menschengeschlechts zu beeinflussen.

Der Engel stürzt in Meckels Gedicht herab, die Federn bilden keine Flügel mehr, sie schweben vom Sturm der Geschichte blutverschmiert und lose umher.

In schlüssiger Weise wird der Rahmen zum ersten Vers mit Vers 19 wieder geschlossen: „Das Gedicht ist nicht der Ort, wo der Engel geschont wird." Utopien sind gescheitert, Auschwitz kann nicht ungeschehen gemacht werden. Der moderne Künstler habe diesen Tatsachen umfassend und unverfälscht Genüge zu tun.

## 3. Vergleich mit Novalis' Gedicht

In Novalis' Gedicht wird die Aufgabe der Lyrik bzw. Literatur insgesamt gemäß dem romantischen Grundkonzept, das Ungenügen an der bürgerlichen Existenz durch **Traum** und **Phantasie** zu kompensieren, grundlegend anders artikuliert.

Der Text besteht aus einem einzigen Konditionalgefüge, es ist eigentlich ein Gedanke darin enthalten. In den insgesamt zwölf Versen werden fünf Bedingungen formuliert, die erfüllt sein müssen, damit die Folge eintreten kann. Die in Paarreimform gehaltenen „Wenn"-Sätze befassen sich mit dem Verhältnis von Realität und deren Wahrnehmung durch die Wissenschaften („Zahlen und Figuren" als „Schlüssel" zur Welt, V. 1 f.). Ein disharmonischer Weltzustand tut sich den Romantikern kund, denn in den Bedingungen werden jeweils Unvollkommenheiten genannt, die es zu beheben gelte, so enthalten beispielsweise die Verse 7 und 8 einen momentan nicht vorhandenen Zustand, der zugleich aber antizipiert wird: „Wenn sich dann wieder Licht und Schatten / Zu echter Klarheit wieder gatten". Die **Metapher des Lichts** spielt auf die Aufklärung an, die aber ohne die *Schatten*seiten des Menschen und der Natur zu keiner wirklichen Klarheit finden könne. Das offensichtlich als gestört empfundene Weltenganze möchten die Romantiker durch die **Poetisierung der Welt** wieder ins Gleichgewicht bringen. In „Märchen und Gedichten" erkenne man „die wahren Weltgeschichten" (V. 9 f.), sie enthalten Wahrheiten, die nach Novalis das „verkehrte Wesen" (V. 12) der Welt wundersam vertreiben.

In beiden Texten werden, ohne dass eine explizite lyrische Situation erkennbar ist, Programme entwickelt, die sich mit den **Wirkungsmöglichkeiten von Literatur**, im Speziellen von Lyrik befassen. Beide Gedichte werden dem Aussagegehalt angemessen gestalterisch geformt und sind final strukturiert.

Da es sich um Texte aus vollkommen unterschiedlichen Epochen handelt, deren Autoren ihr jeweiliges Programm in konsequenter, ja radikaler Weise vorbringen, können sie zueinander kaum **konträrer** stehen. Mit dem ersten Vers hat Christoph Meckel wie die Generation der Nachkriegslyriker um Günter Eich oder Ingeborg Bachmann formuliert, was – anders als noch in der Romantik – angesichts der Jahrhundertabgründe als lyrisches Programm nicht mehr in Frage kommt: „Das Gedicht ist nicht der Ort, wo die Schönheit gepflegt wird."

**Leistungskurs Deutsch (Sachsen): Abiturprüfung 2008**
**Aufgabe 3: Literarische Erörterung**

**Thema: Hermann Hesse (1877–1962): Der Steppenwolf (1927)**
**Alfred Wolfenstein (1883–1945): Auszug aus „Wölfischer Traktat“ (1927)**

## Alfred Wolfenstein: Auszug aus „Wölfischer Traktat“

[…]

Ein Mensch aus der Steppe der Gegenwart. Von drei Seiten können wir ihn sehen: Irgendwer berichtet, wie jener Mann sich als Mieter bei seiner Tante benahm; dann hört man ihn selbst; dazwischen taucht eine gelbe Broschüre als „Tractat vom Steppenwolf“ auf, mit intim-objektiven Eröffnungen über diesen Mischling unserer Zeit. Es handelt sich um einen Mann, der so männlich ist, sich nicht für eine Persönlichkeit zu halten, nämlich nicht für eine, sondern für eine ganze Masse davon. Um eine Bestie handelt es sich, die gegen die verlogene entartete Vorstellung von unsrer innern Einheit, diese wohl vom antiken Körper her aufgebaute schöne Selbsttäuschung, die Zähne bleckt. Es handelt sich um ein „ins Herdenleben und in die Städte verirrtes“ Sonderlingstier; um einen Anarchisten, der voll rasender Wut auf dieses falsch dastehende Dasein Warenhäuser und Kathedralen zerschlagen und der bürgerlichen Weltordnung das Gesicht ins Genick drehen möchte. Es handelt sich um einen Revolutionär des Ichs.

Die Uneinigkeit des Ichs ist ein wichtiges Thema unsrer heutigen Dichtung. Schizophrenie und Phantasie sind im Schöpferischen schon an sich Verbündete, – und der Zeitgenosse hat auch sonst allen Grund, an der Einigkeit seines Innern zu zweifeln. […] Der Krieg stammt vom Krieg, und wir kennen uns; das ist bei alledem noch ein Vorzug, vielleicht sogar ein Unterschied gegen einst. Wir sehen, daß die Risse im heutigen Ich in jeder Kategorie ihre Folgen haben. Moralisch: wie sollen wir den Nächsten lieben, wenn wir mit uns selbst nicht einverstanden sind; psychologisch: wie sollen wir eine Figur darstellen, wenn unser Wesen ein ganzes Schachbrett miteinander streitender Figuren ist; soziologisch: wie sollen wir eine Gemeinschaft bilden, wenn wir weder runde Figuren noch richtige Liebende sind.

Diese Hauptfrage: ist uns Gemeinschaft möglich? wütet im Steppenwolf, einem Geschöpf mit Urinstinkten und mit Einordnungsverlangen. Dabei weiß er, diese zwei Seelen sind nicht etwa zuviel für seine Brust, sondern noch zu wenig, tausend vom Boden irdischer Energie bis zum Licht der Unsterblichkeit sausen darin, und er unterscheidet nicht einmal, was aufwärts, was abwärts saust. Dieser Steppenwolf schnobert an der Grenze hin, zwischen seinem vielfachen Ich und der vielfachen Menge der Menschen, – am Rande der Erlösung.

[…]

Dies Werk spricht in scharfen, erschütternden, phantastischen und klaren Worten zu uns, es hat eine wunderbare Höhe über jener einst seinen Dichter umfangenden Sentimentalität erreicht (die ihm jetzt nur wertvoller erscheint als etwa überhaupt keine Gefühle zu haben). Der Tumult der Gegenwart zeichnet sich deutlicher als an den mitschwankenden Gestalten an solchem Werk eines überragend redlichen Dichters ab. Es ist, glaubt man sagen zu dürfen, ein willkommener Vorstoß zur immer noch so schwachen Front aller Freunde einer zukunftsreichen Auflösung, aller Feinde dieser alten, in ihrem Gegeneinander wie in ihrer Ordnung gleich falschen Welt. Weniger der einzelne Lebende als diese Welt leidet an jener Schizophrenie. Und da es bei der Spaltung des heutigen Ich nicht um das Doppelgängerspiel der Romantik geht, auch nicht um die weltschmerzliche Zerrissenheit des Byron[1]-Menschen, da es vielmehr die Vorstufe zu einer wohl grandiosern Zusammenführung der Menschen ist als die Erde je eine gesehen hat: so wird auch die Dichtung, diese wesentlichste, menschlichste Äußerungsart, das starke Motiv in einer unmittelbarern Wirklichkeitsform als je behandeln, wie es im *Steppenwolf* schon geschehen ist.

Dann muß ein solches Werk freilich nicht mit dem wölfischen Weiterschweifen an der europäischen Mauer enden, auch nicht mit dem Ausblick in die rettende Weite des Humors, was bei so weiter chaotischer Problematik eher selbst nur ein humoristischer Einfall genannt werden kann. Sehe ich eins der letzten Bilder des Dichters und sein vom Leben durchgearbeitetes Gesicht an, so spüre ich Hermann Hesses graden, von seiner schönen Musik begleiteten Vormarsch auf jenem Wege der Kunst und des Kampfes, wo es gegen die Erbfeinde unsrer menschlichen Zukunft geht. Und wer diesen Schritt gegen sich selbst getan hat, will ihn nicht mehr zurück tun. Der Steppenwolf ist eine Dichtung des gegenbürgerlichen Mutes.

*Aus: Wolfenstein, Alfred: Wölfischer Traktat. In: Materialien zu Hermann Hesses „Der Steppenwolf". Hrsg. Michels, V., Frankfurt am Main: Suhrkamp Taschenbuch Verlag 1972, S. 273ff.*

1 Byron-Mensch: Anspielung auf Lord Byron (1788 –1824), Dichter der englischen Romantik

**Figurenverzeichnis zu Hermann Hesse: Der Steppenwolf**

| | |
|---|---|
| Harry Haller | der Steppenwolf |
| Hauswirtin Hallers | |
| Neffe der Hauswirtin | Herausgeber der Aufzeichnungen Hallers |
| Erika | „ferne böse" Geliebte Hallers |
| Hermine | „Kurtisane", Seelenführerin Hallers |
| Maria | Kollegin Hermines, Geliebte Hallers und Pablos |
| Pablo | Musikant, Freund Hermines und Marias |
| Gustav | Hallers Schulkamerad |

**Arbeitsanweisung:**

Erörtern Sie ausgewählte Positionen Alfred Wolfensteins auf der Grundlage Ihres Wissens über Hermann Hesses Roman *Der Steppenwolf.*

## Lösungsvorschlag

*Die Aufgabenstellung verlangt von Ihnen Kenntnisse zur literarischen Erörterung. Sie geben ausgewählte Positionen Alfred Wolfensteins wieder und erörtern diese auf der Grundlage Ihres Wissens zu Hermann Hesses Roman „Der Steppenwolf“. Dabei sollte sicheres Wissen zu Hesses Leben, zu seinem Roman, zur Zeitproblematik des beginnenden 20. Jahrhunderts und zu Zeitgenossen Hermann Hesses und Alfred Wolfensteins in Ihre Überlegungen einfließen. Eine explizite Textanalyse der Rezension wird nicht erwartet. Es ist aber im Hinblick auf das Textverständnis sinnvoll, wie auch im Lösungsvorschlag gezeigt, thematische Grundgedanken voranzustellen. Um den komplexen Text genau zu erfassen, sollten Sie ihn mehrmals konzentriert lesen und versuchen, Wolfensteins zentrale Thesen herauszuarbeiten, um sie dann an Hesses Roman zu überprüfen.*

### 1 Einleitung

Hermann Hesse gilt als Dichter der Jugend. Mit seinen von inneren Umtrieben gepeinigten Protagonisten und dem Versuch der Bewältigung eigener Lebenskrisen mit den Mitteln der Literatur begleitet er junge Leute auf dem **Weg der Sinnsuche**. Meist können sie in Hesses Figuren, allesamt Außenseiter der Gesellschaft, eigene Denk- und Verhaltensmuster erkennen.

Auf den 1927 erschienenen analytischen Entwicklungsroman *Der Steppenwolf* reagierte die Literaturkritik in Deutschland verwundert und mit Skepsis, die Jugend mit Begeisterungsstürmen. Zu den Rezensenten gehörte im Entstehungsjahr des Romans der deutsche Literat Alfred Wolfenstein.

### 2 Die thematischen Grundgedanken des Textes

Alfred Wolfenstein bezieht in seiner Rezension eindeutig **positiv Stellung zu Hermann Hesse** und dessen Roman *Der Steppenwolf*. Dabei verbindet er den Handlungsgang des Romans logisch-schlüssig mit der Charakterisierung der Hauptfigur Harry Haller und begründet die Darstellung von zerrissenen Persönlichkeiten in der Literatur.

Der Autor spricht dem Werk Hermann Hesses eine zukunftsweisende Bedeutung zu, was er letztendlich auch für die Kunst und Literatur insgesamt konstatiert.

Hesses Lösungsvorschlag, mittels Humor in der von ihm dargestellten Welt zu überleben, steht Wolfenstein am Schluss kritisch gegenüber. Das Lachen hält er für keine brauchbare Alternative. Kunst könne und solle die Welt verändern.

### 3 Die Reflexion von Wirklichkeit in der Dichtung Hermann Hesses

#### 3.1 Die in mehrere Persönlichkeiten gespaltene Hauptfigur Harry Haller

Ausgehend von der Dreiteilung des Romans in das Vorwort eines fiktiven Herausgebers („Irgendwer berichtet“, Z. 1 f.), das Traktat vom Steppenwolf und die „intim-objektiven“ (Z. 5) Betrachtungen des Protagonisten selbst, findet Wolfenstein für die Hauptfigur Harry Haller Bezeichnungen, die dessen Lebenssituation reflektieren.

„Als Mieter bei seiner Tante“ (Z. 2) erlebt der Leser einen Protagonisten, der der bürgerlichen Ordnung sowohl äußerlich als auch innerlich nicht ganz entfliehen kann. So zieht es ihn immer wieder in richtige Bürgerhäuser, er fühlt sich in ihnen an seine Kinderzeit erinnert und erkennt eine heimliche Sehnsucht nach Heimat. Eine sich im Treppenhaus befindliche Araukarie mit ihrem ebenmäßigen Wuchs fasziniert ihn, obwohl Haller dieses Verlangen als alten, dummen Weg bewertet. Die Einladung eines Professors kann er nicht ausschlagen und um der Einsamkeit zu entkommen, zieht es ihn in bürgerliche Lokale. Haller ist also durchaus ein „Geschöpf […] mit Einordnungsverlangen" (Z. 24f.).

Auch seine **bürgerlichen Schicksalsschläge** entsprechen denen eines „Mensch[en] aus der Steppe der Gegenwart" (Z. 1). Sein Familienleben ist an seiner geisteskrank gewordenen Frau zerbrochen, mit einer Geliebten trifft er sich nur ab und an, um bestimmte Bedürfnisse zu befriedigen.

Andererseits **kämpft** er **gegen die bürgerliche Welt** der Gegenwart an, wird zur „Bestie" (Z. 7) und zum „Revolutionär des Ichs" (Z. 13). Der Rezensent bewertet Haller als „einen Mann, der so männlich ist, sich nicht für eine Persönlichkeit zu halten" (Z. 6). Dabei liegt die Betonung auf dem Zahlwort „ein" und das Adjektiv „männlich" suggeriert dem Leser der Rezension eine gewisse Bewunderung. Für sich selbst beschließt Haller, an seinem fünfzigsten Geburtstag durch Selbstmord „der bürgerlichen Weltordnung das Gesicht ins Genick" (Z. 12) zu drehen.

Kraftausdrücke wie „die Zähne bleck[en]" (Z. 9) und „Anarchist […] voll rasender Wut" (Z. 11) deuten darauf hin, dass ein Ausbruch aus der bürgerlichen Welt abseits der Normalität erfolgt.

Harry Haller steht im Widerstreit mit seiner menschlichen und seiner wölfischen Seele. Die eine Seite will saufen, rauben und morden und die andere will sich dem „Tun und Laben der Allerweltsmenschen anschließen" (Hesse). Er begreift seine **Existenz als Doppelwesen** in völliger Entfremdung und Isoliertheit erst durch das „Tractat vom Steppenwolf", das er bei einem nächtlichen Streifzug durch menschenleere Gassen von einem Bauchwarenhändler erhält. Zudem bemerkt er an einer Mauer Leuchtbuchstaben, die sein Existenzproblem direkt anzusprechen scheinen: „Nur für Verrückte." Die Schrift erscheint in dem Moment als Wegweiser zu einem Ausbruchsversuch aus der bürgerlichen Gesellschaft, bei dem er endgültig gelehrt bekommen soll, wie er seine Persönlichkeitsanteile in den Gesamtkomplex reintegrieren kann.

Eine entscheidende Rolle spielen hierbei **Hermine und Maria**. Hermines Berufung besteht zum einen in der Hinführung Hallers zu einer neuen Leichtigkeit des Seins, indem sie ihn für die leichten Künste, den Tanz, das Spiel, moderne Musik und die Sinnlichkeit öffnet. Zum anderen fungiert sie als Spiegelbild Hallers. Auch Hermine leidet am Leben, hat Sehnsucht nach dem Unbedingten und Entgrenzten und versteht ihn so mehr als jeder andere.

Im Austausch mit Hermine kommt Haller zu einer Selbsterfahrung, die er allein nie erlangt hätte. Aufgrund ihrer geschlechtlichen Unspezifik scheint Hermine im Gegensatz zu Haller alle Unterschiede harmonisch in sich vereint zu haben. Während Hermine als Hallers Seelenführerin fungiert, vermittelt ihm Maria das Erleben reiner Sinnlichkeit, die Rückkehr zu paradiesischer Unschuld in der sexuellen Hingabe.

### 3.2 Die Charakterisierung der Zeit

Für Wolfenstein ist es nicht der Einzelne, der an **Schizophrenie** leidet, sondern die Welt an sich, die einer Zusammenführung unbedingt bedarf. Er betont den Authentizitätsanspruch in der Dichtung Hesses, wenn er von der „Steppe der Gegenwart" (Z. 1), von einem „Mischling unserer Zeit" (Z. 5), von „unsrer heutigen Dichtung" (Z. 14) schreibt.

Die **Darstellung von deformierten Persönlichkeiten** in einer deformierten Gesellschaft ist also durchaus real. Diese Deformierung hat Folgen für das Zusammenleben der Menschen. Vor dem Hintergrund der Situation in der **Weimarer Republik** wird dieses zwiespältige Lebensgefühl besonders deutlich. Wolfenstein schreibt von einem „Tumult der Gegenwart" (Z. 35). *Der Steppenwolf* ist insofern ein **Zeitroman**, als er die unterschiedlichen Tendenzen der Epoche, die Polarisierung des politischen und geistigen Lebens spiegelt. Die Erfahrungen des Ersten Weltkriegs und der gescheiterten Revolution wirken in Deutschland nach. Die junge Republik entwickelt sich trotz Inflation, Hitlerputsch und separatistischen Bewegungen zu einem kulturell und wirtschaftlich blühenden Staat. Die Goldenen Zwanziger mit dem „american way of life" befördern die „Lebenslust" mit Jazz, Varieté, Unterhaltungsliteratur, dem Aufblühen von Rundfunk und Film und stehen der bürgerlichen Welt, die von Langeweile und Korruption geprägt ist, trotzdem nicht im Wege. Haller beklagt den **Kultur- und Werteverfall** und hat doch Sehnsucht nach Ablenkung und Vergnügung. Mit seiner ambivalenten Haltung und Orientierungslosigkeit steht Harry Haller repräsentativ für viele Intellektuelle in ihrem **Kulturpessimismus** zwischen den Weltkriegen. Es sind Friedrich Nietzsches Ansichten und sein Leben, die sich in Hallers Zivilisationskritik und in seiner Zerrissenheit widerspiegeln.

Zumindest im Musikgespräch mit dem Saxofonisten Pablo, der Haller für die neue Musik begeistern will, und bei der Konfrontation mit Mozarts Radio-Gleichnis zeigt sich in Ansätzen eine Entwicklung.

Durch Pablo gelangt Haller in einem Drogenrausch auch ins **Magische Theater**. Er betritt ein Reich der Fantasie und erlebt das „Chaos der Anarchie" und grausame Maschinenschlachten eines zukünftigen Krieges. Die Fortschritts- und Technikfeindlichkeit, Zivilisationskritik und das Problem der Verstädterung erscheinen außerhalb von Zeit und Raum in immer neuen Bildern.

Beim „Wunder der Steppenwolfdressur" erlebt Haller seine eigene blutrünstige Grausamkeit, die er ehemals vor dem Professor als Kriegsgegner verspottet hat: „Der Krieg stammt vom Krieg" (Z. 16 f.).

Wolfenstein bewertet Hesses **Zeit- und Zivilisationskritik** als einen „willkommene[n] Vorstoß […] aller Freunde einer zukunftsreichen Auflösung, aller Feinde dieser alten, in ihrem Gegeneinander wie in ihrer Ordnung gleich falschen Welt." (Z. 37 ff.).

### 3.3 Die Rolle der Kunst im Prozess gesellschaftlicher Veränderungen

Am Ende des Romans verwechselt Harry Haller die Geschehnisse im Magischen Theater mit der Wirklichkeit. Als er Hermine und Pablo beieinander liegen sieht, ersticht er seine Seelenverwandte aus Eifersucht. Es gelingt ihm nicht, sie völlig in sein Innerstes zu integrieren. So hat der Protagonist sein sinnliches Ich getötet und kehrt in seine innere Zerrissenheit zurück. Ihm fehlte der „Galgenhumor", um die Situation des Paares richtig einzuschätzen. Das Leben in all seinen Facetten mit Humor zu ertragen, wie es ihn das Magische Theater lehren wollte, hat er nicht gelernt.

Alfred Wolfenstein betont, dass das Werk nicht enden sollte „mit dem Ausblick in die rettende Weite des Humors, was bei so weiter chaotischer Problematik eher selbst nur ein humoristischer Einfall genannt werden kann" (Z. 48 ff.). Auch wenn Harry Haller von den Unsterblichen, zu denen auch Goethe und Mozart gehören, zum ewigen Lachen verurteilt wird, hält Wolfenstein **Humor für keine geeignete Bewältigungsform** für desolate Zustände.

Stattdessen misst er der Kunst im Prozess gesellschaftlicher Veränderungen, beim „Vormarsch auf jenem Wege […], wo es gegen die Erbfeinde unsrer menschlichen Zukunft geht" (Z. 52 f.), eine entscheidende Bedeutung bei. Unter diesem Aspekt bewertet er auch Hermann Hesses Schaffen. Letztendlich ist es das Theater, sind es die „Unsterblichen" – Goethe, Mozart und Pablo –, die Haller den Spiegel seiner Selbst und seiner Zeit vorhalten.

Bereits beim ersten Treffen mit Hermine im Wirtshaus erlebt Haller in einem Traum Goethe, wie dieser ihn über die Bedeutung des Spaßes und der sinnlichen Genüsse aufklärt. Die Unsterblichen sind Einzelgänger, die keine Polaritäten kennen, die die ihrer Person innewohnenden vielfältigen Gegensätze als eigentliche Wirklichkeit erleben, das Chaos als natürlichen Zustand akzeptieren und alle Erscheinungsformen des Lebens als gut und notwendig betrachten. Theater dient dazu, den tödlichen Ernst außer Kraft zu setzen. Mozarts Lachen ist ein Beleg hierfür.

### 3.4 Autobiografische Bezüge

Wolfenstein glaubt in der Darstellung Harry Hallers „eins der letzten Bilder des Dichters und sein vom Leben durchgearbeitetes Gesicht" (Z. 50 f.) zu sehen und er bewertet den Roman als einen „Schritt [Hesses] gegen sich selbst" (Z. 53 f.).

Der Roman entsteht tatsächlich während einer schweren seelischen Krise des mit Haller gleichaltrigen Autors. Hesses Familienleben zerbricht 1918, seine 1924 mit der Sängerin Ruth Wegner geschlossene Ehe wird im Erscheinungsjahr des *Steppenwolfes* wieder geschieden.

Tagebuchaufzeichnungen und Briefe an Freunde zeigen einen vereinsamten, zu **Depressionen** neigenden Menschen, der sich in seinen unsteten Lebensgewohnheiten als Außenseiter empfindet. Wie sein Alter Ego empfindet er das ihn umgebende Leben als fremd und bedrohlich und legt seinen 50. Geburtstag als Lebensende fest.

Hesse begreift analog zu Haller seinen **Lebenskonflikt** aus der einseitigen Ausrichtung auf das Seelisch-Dichterische, das das lebendige Alltagsleben außen vor lässt. Alkohol und Drogen, ausschweifende Lebensexzesse können den Lebensüberdruss zu diesem Zeitpunkt nur wenig mildern. Zudem erscheint ihm sein Leben wie das des Steppenwolfs als ein Spiegel der politischen und geistigen Strömungen seiner Zeit.

## 4 Literatur als Widerspiegelung und Reflexion von inneren und äußeren Prozessen

In der Betrachtung der inneren Zerrissenheit des Protagonisten Harry Haller legt Wolfenstein Wert auf die Feststellung, dass „es bei der Spaltung des heutigen Ich nicht um das Doppelgängerspiel der Romantik geht" (Z. 40 f.). So zeigt der Goldschmied René Cadillac in E. T. A. Hoffmanns spätromantischer Erzählung *Das Fräulein von Scuderi* (1818) eine in sich gespaltene Persönlichkeit, ist am Tag ein geachteter Bürger und rechtschaffender, begabter Handwerker und in der Nacht ein gefürchteter, triebhafter Raubmörder. Er verkörpert damit eine **Antithetik von Künstlertum und Menschlichkeit**, die aus dem inneren Zwiespalt der Figur und der Kunstauffassung der Romantik hervorgeht. Hallers Zerrissenheit erscheint dagegen als Signatur der Zeit. Durch das vielfältige Eindringen der Wirklichkeit in das Bewusstsein kann er allein nicht zur Überwindung seines „vielfachen Ich[s]" (Z. 29) gelangen. Der Bildersaal im Magischen Theater reicht nicht aus, ist lediglich eine Scheinlösung, kann nur als Appell an den Helden verstanden werden, seine Psyche auszuloten und in der Synthese der eigenen Widersprüche zur Konfliktlösung zu gelangen. Der Zwiespalt eines in seiner Identität gefährdeten Menschen, bei dem die Auseinandersetzung in der Psyche stattfindet und der Blick nach Innen die Konflikte, die Konfliktentwicklung und die Lösungswege bestimmt, ist Gegenstand der Literatur der Moderne. Insofern spürt der Rezensent „Hermann Hesses graden […] Vormarsch auf jenem Wege der Kunst und des Kampfes, wo es gegen die Erbfeinde unsrer menschlichen Zukunft geht" (Z. 51 ff.).

Ähnliche Ansatzpunkte bietet Franz Kafka mit seinem Protagonisten Gregor Samsa in der Erzählung *Die Verwandlung*. „Am Rande der Erlösung" (Z. 29 f.) bleibt dem in einen Käfer verwandelten und von der Familie als unnütz verstoßenen ehemaligen Handlungsreisenden nur noch der befreiende Tod.

In Anbetracht der Uneinigkeit als wichtigem Thema in der Literatur der Jahrhundertwende und der Weimarer Republik erscheint die „vom antiken Körper her aufgebaute schöne Selbsttäuschung" (Z. 9) als „verlogene entartete Vorstellung von unsrer innern Einheit" (Z. 8).

Harry Haller erliegt dieser **Selbsttäuschung durch klassische Traditionen**. Der misslungene Abend im Hause des Professors, an dem Haller ein von der Professorengattin verehrtes Goethebild verreißt, besiegelt Hallers Ausbruch aus seiner bürgerlichen Umwelt.

Die Gegenwelt, die Haller der von ihm verachteten eigenen Zeit entgegensetzt, erwächst aus der bürgerlichen Bildungstradition, von der sich der Steppenwolf distanziert. Immer wieder tauchen die **Namen Goethes und Mozarts** als Repräsentanten für echte Kunst, für Zeitlosigkeit, für Vollendung auf. Hier empfindet Haller die „göttliche Spur“, die seine Ahnung eines Lebenssinns unterstreicht, gleichzeitig aber auch seine Lebensferne demonstriert.

Erlösung aus der Zeitlichkeit bedeutet auch Hallers **Todessehnsucht** als Verlangen nach dem Jenseits – ein Gefühl, das er mit Hermine teilt. Mit dem Mord an Hermine im Magischen Theater, ihrem letzten Auftrag an Haller, erfüllt er ihr Verlangen nach Befreiung. Tod wird zum Symbol für Vollendung.

„Der Steppenwolf ist eine Dichtung des gegenbürgerlichen Mutes“ (Z. 54 f.) – dazu zählen der Mut Harry Hallers, der Mut Hermann Hesses und der Mut einer Literatur, die nur zehn Jahre nach ihrem Erscheinen als entartet deklariert wird.

*Hinweis auf alternative Lösungsmöglichkeiten:*

1. *Es ist möglich, der Erörterung eine kurze Inhaltszusammenfassung zum Roman voranzustellen.*
2. *Bei der Betrachtung der Hauptfigur kann auch auf psychologische Querverbindungen zu Jung und Freud (Traumdeutung) eingegangen werden.*
3. *Der Bezug zu anderen literarischen Werken ist themenbezogen sinnvoll bei:*
   - *Goethe: Faust. Der Tragödie erster Teil*
     *Fausts Bekenntnis „Zwei Seelen wohnen ach in meiner Brust“ in Verbindung mit der inneren Zerrissenheit Hallers; die Walpurgisnacht im Zusammenhang mit dem Magischen Theater*
   - *E. T. A. Hoffmann: Der Sandmann*
     *Nathanael in seiner inneren Zerrissenheit*
   - *Sophokles: Antigone*
     *Das Motiv der Todessehnsucht und -bereitschaft*

## Grundkurs Deutsch (Sachsen): Abiturprüfung 2009
## Aufgabe 1

**Sibylle Berg: Hauptsache weit (2001)**

Und weg, hatte er gedacht.

Die Schule war zu Ende, das Leben noch nicht, hatte noch nicht begonnen, das Leben. Er hatte nicht viel Angst davor, weil er noch keine Enttäuschung kannte. Er war ein schöner Junge mit langen dunklen Haaren, er spielte Gitarre, komponierte am Computer und dachte, irgendwie werde ich wohl später nach London gehen, was Kreatives machen. Aber das war später.

Und nun?

Warum kommt der Spaß nicht? Der Junge hockt in einem Zimmer, das Zimmer ist grün, wegen der Neonleuchte, es hat kein Fenster und der Ventilator ist sehr laut. Schatten huschen über den Betonboden, das Glück ist das nicht, eine Wolldecke auf dem Bett, auf der schon einige Kriege ausgetragen wurden. Magen gegen Tom Yan, Darm gegen Curry. Immer verloren, die Eingeweide. Der Junge ist 18, und jetzt aber Asien hatte er sich gedacht. Mit 1000 Dollar durch Thailand, Indien, Kambodscha, drei Monate unterwegs, und dann wieder heim, nach Deutschland. Das ist so eng, so langweilig, jetzt was erleben und vielleicht nie zurück. Hast du keine Angst, hatten die blassen Freunde zu Hause gefragt, so ganz alleine? Nein, hatte er geantwortet, man lernt ja so viele Leute kennen unterwegs. Bis jetzt hatte er hauptsächlich Mädchen kennen gelernt, nett waren die schon, wenn man Leute mag, die einen bei jedem Satz anfassen. Mädchen, die aussahen wie dreißig und doch so alt waren wie er, seit Monaten unterwegs, die Mädchen, da werden sie komisch. Übermorgen würde er in Laos sein, da mag er jetzt gar nicht dran denken, in seinem hässlichen Pensionszimmer, muss Obacht geben, dass er sich nicht aufs Bett wirft und weint, auf die Decke, wo schon die anderen Dinge drauf sind. In dem kleinen Fernseher kommen nur Leute vor, die ihm völlig fremd sind, das ist das Zeichen, dass man einsam ist, wenn man die Fernsehstars eines Landes nicht kennt und die eigenen keine Bedeutung haben. Der Junge sehnt sich nach Stefan Raab, nach Harald Schmidt und Echt. Er merkt weiter, dass er gar nicht existiert, wenn er nichts hat, was er kennt. Wenn er keine Zeitung in seiner Sprache kaufen kann, keine Klatschgeschichten über einheimische Prominente lesen, wenn keiner anruft und fragt, wie es ihm geht. Dann gibt es ihn nicht. Denkt er. Und ist unterdessen aus seinem heißen Zimmer in die heiße Nacht gegangen, hat fremdes Essen vor sich, von einer fremdsprachigen Serviererin gebracht, die sich nicht für ihn interessiert, wie niemand hier. Das ist wie tot sein, denkt der Junge. Weit weg von zu Hause, um anderen beim Leben zuzusehen, könnte man umfallen und sterben in der tropischen Nacht und niemand würde weinen darum. Jetzt weint er doch, denkt an die lange Zeit, die er noch rumbekommen muss, alleine in heißen Ländern mit seinem Rucksack, und das stimmt so gar nicht mit den Bildern überein, die er zu Hause von sich hatte. Wie er entspannt mit Wasserbüffeln spielen wollte, in Straßencafes sitzen und cool sein. Was ist, ist einer mit Sonnenbrand und Heimweh nach den Stars zu Hause, die sind wie ein Geländer zum Festhalten. Er geht durch die Nacht, selbst die Tiere reden ausländisch, und dann sieht er etwas, sein Herz schlägt schneller. Ein Computer, ein Internet-Cafe. Und er setzt sich, schaltet den Computer an, liest seine E-Mails. Kleine Sätze von seinen Freunden, und denen antwortet er, dass es ihm gut gehe und alles großartig ist, und er schreibt und schreibt und es ist auf einmal völlig egal, dass zu seinen Füßen ausländische Insekten so groß wie Meerkatzen herumlaufen, dass das fremde Essen im Magen drückt. Er schreibt seinen Freunden über die kleinen Katastrophen und die fremde Welt um ihn verschwimmt, er ist nicht mehr allein, taucht in den Bildschirm ein, der ist wie ein weiches Bett, er denkt an Bill Gates und Fred Apple, er schickt ein Mail an Sat 1, und für ein paar Stunden ist er wieder am Leben, in der heißen Nacht weit weg von zu Hause.

*Aus: Berg, Sibylle: Das Unerfreuliche zuerst. Herrengeschichten.*
*Köln: Kiepenheuer & Witsch 2001, S. 123 ff.*

**Arbeitsanweisung:**

Interpretieren Sie den Text.

---

## Lösungsvorschlag

*Hinweise zur Bearbeitung: Um diese Aufgabe bewältigen zu können, müssen Sie wissen, wie man beim Interpretieren einer Kurzgeschichte vorgeht: Überlegen Sie sich vor Beginn Ihrer Arbeit, wie sie Ihren Text gliedern möchten, damit in Ihrer Argumentation ein „roter Faden" erkennbar wird. Es bietet sich z. B. an, zuerst kurz den Inhalt des Textes zusammenzufassen und danach den Aufbau zu betrachten. Indem Sie die Gestaltungsmittel erkennen und deuten, leiten Sie zur eigentlichen Interpretation der Kurzgeschichte über. Befassen Sie sich zum Schluss mit der Hauptfigur und setzen Sie sich mit ihrer Vorstellung vom Leben und ihren Erfahrungen auseinander.*

### Einstieg über den Titel

*Hauptsache weit* ist der Titel der **Kurzgeschichte** von Sibylle Berg. In Gedanken ergänzt man beim ersten Lesen unwillkürlich das Wort „weg" und erhält so den geläufigen Ausspruch „Hauptsache weit weg!". Leute tätigen diesen Ausruf, wenn sie einfach dem Alltagstrott entkommen wollen, sich eingeengt fühlen oder ihnen die Probleme über den Kopf zu wachsen drohen. Die wenigsten machen sich wirklich auf den Weg, für die Mehrzahl bleibt es ein Wunsch. Eine günstige Gelegenheit für eine solche „**Auszeit**", wie sie der Protagonist des Textes von Sibylle Berg ergreift, bietet sich nach dem Schulabschluss.

### Inhalt und Aufbau des Textes

Der Titel des Textes stellt eine Antwort auf die (implizit) gestellte Frage nach einer **Orientierung im neuen Lebensabschnitt** dar. Ausgehend davon wird die Situation geschildert, in der sich die Hauptfigur befindet: ein junger Mann kurz nach dem Abitur („die Schule war zu Ende", Z. 2). Bisher hat er recht vage Vorstellungen von seiner Zukunft (vgl. Z. 5).

Die Frage „Und nun?" (Z. 7) leitet zur Erzählgegenwart über und eröffnet den zweiten Textabschnitt, der die aktuelle Situation zeigt: den unglücklichen Jungen in einem „hässlichen Pensionszimmer" (Z. 21) irgendwo in Thailand. Der Erzähler schildert das Vorhaben des Jungen, drei Monate lang Asien zu bereisen. Es wird ein Vergleich gezogen zwischen den ursprünglichen Plänen einer Fernreise, derentwegen er daheim von seinen Freunden bewundert wurde, und der jetzigen Realität. Eigentlich wollte der Junge „entspannt mit Wasserbüffeln spielen […], in Straßencafes sitzen und cool sein" (Z. 36 f.). Stattdessen schaut er fern, stellt fest, „dass man **einsam** ist, wenn man die Fernsehstars eines Landes nicht kennt" (Z. 24), und betrauert, dass es nichts gibt, was er kennt. Im nächsten Textteil befindet sich die Hauptfigur nachts in einer fremden Stadt, der Junge ist verzweifelt: „Jetzt weint er doch" (Z. 33 f.). Am Tiefpunkt angelangt, sieht er ein Internet-Cafe, dessen Besuch im letzten Teil der Kurzgeschichte geschildert wird. Augenblicklich verbessert sich durch den **elektronischen Kontakt mit der Heimat** die Stimmung des Jungen. Er taucht wieder in sein „normales" Leben ein und vergisst die fremde Welt um sich herum. Der Junge beantwortet E-Mails und bestätigt seinen Freunden darin die Vorstellung, die sowohl seine Freunde als auch er selbst vor der Reise hatten. Offiziell bleibt er also der Abenteurer, für den ihn die Daheimgebliebenen halten.

Im Mittelpunkt der Handlung steht ein Achtzehnjähriger, der im Text entweder mit „er" oder „der Junge" bezeichnet wird, was darauf schließen lässt, dass er einerseits **als Typ charakterisiert** werden soll, andererseits aber auch darauf, dass es offenbar noch **nichts Prägnantes zu seiner Person** zu sagen gibt. Die Beschreibung seines Äußeren beschränkt sich auf: „Er war ein schöner Junge mit langen dunklen Haaren" (Z. 3 f.). Seine musikalischen Ambitionen werden nur kurz erwähnt, seine Zukunftspläne unkonkret dargestellt (vgl. Z. 4 f.).

Im fremden Umfeld wartet er darauf, dass etwas geschieht. Er geht **nicht aktiv** mit seiner Situation um, sondern lässt sich durch den Fernseher **berieseln** und erkennt dadurch seine Einsamkeit. Denn er „sehnt sich nach Stefan Raab, nach Harald Schmidt und Echt" (Z. 25 f.) – übrigens die einzigen Personen, die in der Geschichte namentlich genannt werden. Seine Sehnsucht gilt nicht seiner Familie oder seinen Freunden. Die **Medien bestimmen** offenbar **seine Vorstellungen vom Leben:** Dass er die Fernsehstars des Landes nicht kennt, wertet er als das untrügliche „Zeichen, dass man einsam ist" (Z. 23 f.). Er definiert sogar seine Existenz über heimische Fernsehstars, die Muttersprache und seine Freunde – getrennt von diesen glaubt er, nicht mehr zu leben (vgl. Z. 26–29).

Insgesamt scheint der Junge **sehr auf sich bezogen** zu sein, denn während des nächtlichen Spazierganges dringen keine Eindrücke von Land und Leuten zu ihm durch – alles erscheint ihm nur fremd. Er ergeht sich in **Selbstmitleid** und erkennt den Gegensatz zwischen seinen Erwartungen und der Realität in der Fremde. Letztlich nutzt er wieder ein Medium (Computer und Internet), um weiterhin das falsche Bild von sich nach Hause zu übermitteln und die Illusion des glücklichen Reisenden und Abenteurers aufrechtzuerhalten.

**Gestaltung des Textes**

Der Text ist in einer alltäglichen Sprache geschrieben, die sich des jugendlichen Jargons bedient. **Parataxen** dominieren die Darstellung, welche oft durch die Konjunktion „und" verbunden oder eingeleitet werden. Dadurch entsteht der Eindruck der **Unmittelbarkeit**; es erscheint dem Leser, als ob viele Gedanken und Erlebnisse parallel bzw. kurz nacheinander ablaufen würden. Diese Satzreihen werden ergänzt durch **einfache Hypotaxen**, wobei Relativsätze vorherrschen, z. B.: „wenn man Leute mag, die einen bei jedem Satz anfassen" (Z. 18) oder „… Serviererin gebracht, die sich nicht für ihn interessiert" (Z. 30 f.). Durch diesen Sprachstil, der der mündlichen Kommunikation ähnelt, erhält der Leser unmittelbare Einblicke in die Erlebniswelt der Hauptfigur. Mittels Aufzählungen von Wörtern, wie z. B. „Mit 1000 Dollar durch Thailand, Indien, Kambodscha" (Z. 13), „Der Junge sehnt sich nach Stefan Raab, nach Harald Schmidt und Echt" (Z. 25 f.) oder Teilsätzen (vgl. Z. 26 ff.) erzielt die Autorin eine **große Textdichte**.

Verschiedene **Handlungsorte** werden näher dargestellt. Zuerst ist es das **Pensionszimmer**, dessen Verwahrlosung knapp und prägnant beschrieben wird. Es „ist grün", ohne Fenster mit einem lauten Ventilator (vgl. Z. 9), und dient dem Jungen zur **Abschottung**. Das Gefühl der (selbst gewählten) Einsamkeit verstärkt sich dort. Den zweiten Handlungsort stellt die **Stadt** dar, welche von der Hauptfigur nur als „heiß" und „fremd" empfunden wird. Die Einsamkeit steigert sich hier noch, wobei der Vergleich „Das ist wie tot sein" (Z. 31) ihre momentane **Entwurzelung** auf die Spitze treibt. Der Junge ist sich seiner völligen Isolation bewusst. Weitere Vergleiche veranschaulichen den inneren Zustand des jungen Mannes, für den die „Stars zu Hause […] wie ein Geländer zum Festhalten" (Z. 37 f.) sind. Erst als er das **Internet-Cafe**, den dritten Handlungsort, betritt, erwacht der Junge zu neuem Leben. Ihm ist es nun sogar egal, „dass zu seinen Füßen ausländische Insekten so groß wie Meerkatzen herumlaufen" (Z. 42 f.). Diese Hyperbel korrespondiert mit seinem Anspruch, seinen Freunden zu Hause „über die kleinen Katastrophen" (Z. 44) zu berichten und wie ein glücklicher Reisender zu wirken. Der Bildschirm erscheint ihm nun „wie ein weiches Bett“ (Z. 46), was im Gegensatz zu dem realen Bett in seinem Pensionszimmer steht, auf das er sich übergeben musste. Im Internet, das eine Verbindung zur Heimat herstellt, findet er eine Art **Geborgenheit**. Auch wenn er sich geografisch „weit weg von zu Hause“ (Z. 47f.) befindet, bleibt er mit seinen Gedanken andauernd in der Heimat kleben, lässt sich nicht auf das Fremde ein, sondern nimmt nur wahr, dass die raue Wirklichkeit dort ganz anders ist.

Seine Erwartungshaltung, die er vor der Reise aufgebaut hat (vgl. Z. 36f.), erinnert recht deutlich an eher klischeehafte Filmszenen. Anstatt sein **fremdbestimmtes Selbstbild** nun angesichts der Erfahrungen „weit weg von zu Hause“ (Z. 47f.) auf den Prüfstand zu stellen, sucht er weiterhin **Halt bei den Medien** (vgl. hierzu Z. 38). Wonach sich der Junge in seiner Einsamkeit sehnt, wird in bezeichnender Reihenfolge aufgeführt: An erster Stelle stehen prominente Vertreter der deutschen Medienlandschaft (vgl. Z. 25–28). Virtuelle oder nur indirekt über die Medien erlebbare Personen scheinen für ihn wichtiger zu sein als der Kontakt mit den Menschen in seinem Umfeld – sowohl zu Hause als auch in der Fremde.

Im gesamten Text werden die Schlüsselwörter „heiß“, „fremd“ und „ausländisch“ wiederholt, um das Fühlen und die Stimmungslage der Hauptfigur zu verdeutlichen. Der Junge erlebt seine Reise – entgegen seiner Erwartungen – **nicht als Abenteuer, sondern als Last**.

Durch die Erzähltechnik nimmt der Leser die Rolle des **distanzierten Beobachters** ein: Ein personaler Erzähler beschreibt den Zustand des Jungen. Nur anfangs wird die Vorstellung vom weiteren Leben der Hauptfigur in der ersten Person Singular wiedergegeben; dieser Wechsel der Erzählperspektive verdeutlicht den Umschwung im Erleben des Jungen: von der Aktivität und dem Selbstbewusstsein vor Antritt der Reise („ich“, vgl. Z. 5) zur Passivität und Fremdbestimmtheit vor Ort. Dass es **Widersprüche zwischen Realität und Vorstellung** gibt, verdeutlicht der Einschub über die Gespräche mit Freunden vor Reiseantritt (vgl. Z. 13–17). Der Leser des Textes kann seine Schlüsse selbst ziehen, denn das **Ende bleibt offen**, was typisch für das Genre der Kurzgeschichte ist.

**Wirkung der Kurzgeschichte**

Die Hauptfigur erzeugt auf den Leser der Geschichte eine **zwiespältige Wirkung**. Einerseits beeindruckt der **Mut**, mit dem sich der Junge auf den Weg in eine weit entfernte Gegend unseres Erdballs macht. Er bleibt nicht in Europa, „und jetzt aber Asien hatte er sich gedacht“ (Z. 12f.), denn seine Heimat erscheint ihm „so eng, so langweilig“ (Z. 14). Er will „jetzt was erleben“ (Z. 14f.). Diese Einstellung zum Leben ist jungen Menschen wohl überall vertraut. Man hat die Schulbildung beendet, ist volljährig und will die neue Freiheit ausleben. Bisher standen geordnete Schulabläufe im Zentrum, und bevor mit dem Einstieg in einen Beruf der „Ernst des Lebens“ beginnt, nimmt man sich eine Auszeit. Diese Überlegungen sind gut nachvollziehbar, andererseits sollte man aber, wenn man diesen Schritt tut, auch neugierig sein und bereit, sich auf Neues einzulassen. Es geht nicht darum, sich durch seine Aktion über andere zu erheben (wie der Junge über „die blassen Freunde“, Z. 15) und ein falsches Bild von sich zu vermitteln, um bewundert zu werden. Die **Passivität**, mit welcher der Junge in der Geschichte der Realität begegnet, lässt aber gerade diesen Schluss zu. So nimmt er z. B. nichts von seiner Umgebung wahr, als er nachts durch die fremde Stadt läuft. Nur auf sich und seine Einsamkeit fixiert tritt er auf, er öffnet sich nicht dem Fremden, um eventuell auch positive Erfahrungen in der Fremde zu machen und seinen Horizont zu erweitern. Er sammelt zwar neue Eindrücke, kann diese aber nicht für sich nutzbar machen. Größe würde er zeigen, könnte er seinen Irrtum eingestehen und feststellen, dass die Reise eben nicht das Gewünschte bringt. Der Junge erkennt aber nicht, dass er aktiv werden muss, um hilfreiche Erkenntnisse zu gewinnen und sein Leben zu gestalten.
Der Text kann in dem Sinne metaphorisch verstanden werden, dass eine Reise auch ein **Unterwegssein zu sich selbst** symbolisiert. Die Hauptfigur dieser Geschichte steht dabei erst am Anfang („[…] hatte noch nicht begonnen, das Leben“, Z. 2) und hat daher noch Chancen, den für sie richtigen Weg zu finden.

**Johann Wolfgang von Goethe (1749–1832): Frühzeitiger Frühling (1801)**

Tage der Wonne
Kommt ihr so bald?
Schenkt mir die Sonne,
Hügel und Wald?

Reichlicher fließen
Bächlein zumal.
Sind, es die Wiesen?
Ist es das Tal?

Blauliche Frische!
Himmel und Höh!
Goldene Fische
Wimmeln im See.

Buntes Gefieder
Rauschet im Hain;
Himmlische Lieder
Schallen darein.

Unter des Grünen
Blühender Kraft
Naschen die Bienen
Summend am Saft.

Leise Bewegung
Bebt in der Luft,
Reizende Regung,
Schläfernder Duft.

Mächtiger rühret
Bald sich ein Hauch,
Doch er verlieret
Gleich sich im Strauch.

Aber zum Busen
Kehrt er zurück.
Helfet ihr Musen,
Tragen das Glück!

Saget, seit gestern
Wie mir geschah?
Liebliche Schwestern,
Liebchen ist da!

*Aus: Goethe, Johann Wolfgang von: Gedichte. Einmalige Jubiläumsausgabe zum 250. Geburtstag Goethes am 28. 08. 1999. München: C. H. Beck'sche Verlagsbuchhandlung 1999, S. 27f.*

1 für Prüfungsteilnehmer des Grundkurses Deutsch, die nach dem Lehrplan in der gewichteten Fassung von 2001 unterrichtet wurden

**Sarah Kirsch (geb. 1935): Zeitung (1984)**

Spät wurden in diesem Jahr die Schafe geschoren
Die Kühe drängten sich länger als sonst in den Ställen
Wenn die Bauern elektrische Zäune flickten
Hörten sie diesmal umsonst auf den Kuckuck
Die Schwalben kamen im letzten Moment hatten Mühe
Auf leichten Flügeln ihr Mahl zu erlangen.
Dieser harte und gnadenlose sehr lange Winter
Der Schneepflug am heiligen Osterfest ließ die Menschen
Erstarren und unempfindlich gegen geringe Freude
Ihre Sisyphosarbeit tun alle Rosen
Waren auf Jahre erfroren und noch in kleinen Blättern
Fanden sich Mutmaßungen über kommende Kriege.

*Aus: Kirsch, Sarah: Sämtliche Gedichte. München: Deutsche Verlagsanstalt 2005, S. 283*

**Arbeitsanweisung:**
Interpretieren Sie Sarah Kirschs Gedicht.
Vergleichen Sie diesen Text mit Johann Wolfgang von Goethes Gedicht hinsichtlich der Gestaltung des Frühlingsmotivs.

## Lösungsvorschlag

*Hinweise zur Bearbeitung: Bei dieser Aufgabe müssen Sie zuerst das eine Gedicht umfassend interpretieren, dazu benötigen Sie sichere Kenntnisse im Umgang mit lyrischen Texten. Erfassen Sie die lyrische Situation und stellen Sie dar, durch welche sprachliche Gestaltung der Inhalt des Gedichts gestützt wird. Anschließend sollen Sie einen Gedichtvergleich durchführen. Achten Sie dabei auf die Aufgabenstellung und konzentrieren Sie sich auf die Darstellung des Frühlingsmotivs in beiden Texten. Sie sollten im Zusammenhang mit dem vorgegebenen Vergleichsaspekt auch die formale Gestaltung, die jeweilige Sprecherhaltung und die Aussage der beiden Texte einander gegenüberstellen. Die folgende Lösung präsentiert auch eine vollständige Interpretation des Vergleichstexts, was von Ihnen nicht unbedingt erwartet wird.*

### Interpretation des Gedichts von Sarah Kirsch

In dem 1984 entstandenen Gedicht *Zeitung* von Sarah Kirsch wird die Ankunft des Frühlings im Vergleich zu vorangegangenen Jahren thematisiert und das verspätete Eintreffen der neuen Jahreszeit mit der Länge und Intensität des Winters begründet. Dass diese Situation Einfluss auf die menschliche Gemeinschaft hat, zeigt sich im gesamten Gedicht, auch der **Titel** *Zeitung* weist schon darauf hin. Der Titel gibt einen sachlichen Ton vor.

Inhaltlich und formal (jeweils ein Punkt am Ende des 6. und 12. Verses) kann das Gedicht in **zwei Abschnitte** geteilt werden. Im ersten Teil beschreibt der Sprecher die Verspätung des diesjährigen Frühlings („Spät […] in diesem Jahr", V. 1), indem er sie in Beziehung zu früheren Jahren setzt („länger als sonst", V. 2; „diesmal", V. 4). Die **Natur** spielt für den Menschen nur unter dem **Aspekt ihrer Nutzung** eine Rolle, denn es geht um Schafe, die zu scheren sind, Kühe, welche in Ställen stehen, und Weidezäune, die es zu flicken gilt (vgl. V. 1 ff.). Die Natur wirklich charakterisierende Attribute werden **negativ** dargestellt. Die Schwalben, die erst spät zurückkehren, „hatten Mühe" (V. 5) und der Winter war hart, gnadenlos und lang (vgl. V. 7). Der zweite Teil des Gedichts schildert die **Entfremdung der Menschen von natürlichen Abläufen**. Abweichungen vom normalen Jahreszeiten- und Wetterablauf, wie die Notwendigkeit, einen Schneepflug zu Ostern zu benutzen (vgl. V. 8), haben sie „erstarren und unempfindlich " (V. 9) werden lassen. Das hohe Kirchenfest, das die Auferstehung Jesu feiert, findet offenbar keine Entsprechung in der Natur oder der Stimmung der Bevölkerung, die aufgrund der Macht des Winters auch innerlich, **seelisch erfroren** sind. Es ist eine „Sisyphosarbeit" (V. 10), also eine vergebliche und einförmige Mühe, die sie verrichten. Diese Nutzlosigkeit wurde schon in Vers 4 durch das Wörtchen „umsonst" zum Ausdruck gebracht. Ihr Dasein kennt keine Freude mehr, scheint zu einer ewigen Wiederkehr des Immergleichen geworden zu sein. Die **Natur** erweist sich als **feindlich** und verweigert sich den menschlichen Versuchen, sie zu kultivieren. Sogar die Tiere, wie die Schwalben, die klassischen Frühlingsboten, oder der Kuckuck, sind den unwirtlichen Bedingungen ausgeliefert. Und auch die Zukunft verheißt keine Besserung: „alle Rosen / Waren auf Jahre erfroren" (V. 10 f.), was wohl auch metaphorisch ausdrücken soll, dass selbst die kommenden Sommer farb- und freudlos ausfallen werden. Schließlich mutmaßen die Menschen auf Grund der Entwicklung in der Natur sogar über die **Möglichkeit kriegerischer Auseinandersetzungen** (vgl. V. 12).

Sarah Kirschs Gedicht besteht aus einer Strophe mit 12 Versen, welche reimlos sind und kein regelmäßiges Metrum aufweisen. Es gibt Assonanzen innerhalb der Verse, z. B. „drängten … länger … Ställen" (V. 2). So stützt die unregelmäßige sprachliche Gestaltung den Inhalt, der von der unberechenbaren Natur spricht. Der anfangs noch verwendete Zeilenstil geht im zweiten Gedichtteil in Enjambements über, z. B. „ließ die Menschen/Erstarren" (V. 8 f.) und „alle Rosen/Waren auf Jahre erfroren" (V. 10 f.). Des Weiteren beginnt innerhalb des 10. Verses eine neue Sinneinheit: „Sisyphosarbeit tun alle Rosen". All dies weist auf einen komplizierten Umgang der Menschen mit der Natur hin. Bildkonstruktionen aus dem sozialen wie natürlichen Umfeld werden miteinander verwoben, was an der Darstellung der „Rosen" (V. 10) und dem damit verbundenen Bezug auf Auseinandersetzungen in Form der **Alliteration** „kommende Kriege" (V. 12) deutlich wird.

## Interpretation des Gedichts von Johann Wolfgang von Goethe

In Goethes Gedicht *Frühzeitiger Frühling* begrüßt das lyrische Ich das Frühjahr sehr emotional und ist überrascht vom verfrühten Beginn dieser Jahreszeit. Verschiedene Eindrücke werden durch die Verwendung ausdrucksstarker Bezeichnungen anschaulich geschildert, wobei detailliert Auskunft über das Wahrgenommene gegeben wird. Alle Sinne des Sprechers im Gedicht werden dabei angesprochen. Die empathische Darstellung gipfelt im Ausruf: „Liebchen ist da!“ (V. 36).

Das **lyrische Ich** wird nur in der ersten sowie letzten Strophe benannt („mir“), was deutlich macht, dass im Mittelpunkt das **Preisen des Frühlings** steht, der auch mit „Tage der Wonne“ (V. 1) umschrieben wird. Ausrufe („Himmel und Höh!“ V. 10) und rhetorische Fragen („Ist es das Tal?“ V. 8) verweisen auf die überwältigende Wirkung der neuen Jahreszeit. Verben der Bewegung, wie „fließen“ (V. 5), „wimmeln“ (V. 12) oder „bebt“ (V. 22), bezeichnen das **neu erwachende Leben** nach dem Winter. Treffende und vielfältige Attribute veranschaulichen die bewundernswerten Naturphänomene, z. B. „blühender Kraft“ (V. 18), „reizende Regung“ (V. 23), und bewerten sie positiv. Der Satzbau ist weitgehend **parataktisch** gehalten, es scheint als könnte das Ich all die auf es einströmenden Sinneseindrücke nur mit knappen Sätzen verbalisieren. Die Dynamik, die Flora und Fauna auszeichnen, bestimmt auch den Sprachduktus.
Durch das gesamte Gedicht zieht sich eine genaue **Beschreibung des Ist-Zustandes der Natur im Frühling**. Es werden detailliert Lebensräume von Tieren betrachtet, wobei letztere stets in Bewegung gezeigt werden. So „wimmeln [Fische] im See“ (V. 12), „naschen die Bienen“ (V. 19) und Vögel fliegen und singen ihre Lieder (vgl. V. 13 ff.). Die „himmlische[n] Lieder“ (V. 15), die die Vögel singen, lassen auch an das Paradies denken. Metaphorisch schildert das lyrische Ich ebenso umfassende Stimmungen, z. B. mit „blauliche Frische“ (V. 9), „reizende Regung“ (V. 23), „schläfernder Duft“ (V. 24), was zeigt, dass die **Natur** von ihm **in ihrer Ganzheit** wahrgenommen wird. Bei aller Bewegung herrscht doch Frieden und **Harmonie**, ein Windhauch, der einmal „mächtiger“ aufkommt und eine Bedrohung symbolisieren könnte, „verlieret“ (V. 25 ff.) sich sogleich wieder. Im „Busen“ (V. 29) ist er dagegen weiterhin aktiv, das Ich ist aufgewühlt und innerlich bewegt.
Die **Wirkung** des natürlichen Geschehens auf den Sprecher im Gedicht wird in der vorletzten Strophe thematisiert, denn an die **Musen** geht der Aufruf, beim Tragen des Glücks zu helfen (vgl. V. 31 f.). Diese Göttinnen der Künste sollen erklären helfen (vgl. V. 33 f.), was mit dem lyrischen Ich geschehen ist. Dessen vom Glück getragenes Naturempfinden wird schließlich noch gesteigert, indem ein lieber Mensch („Liebchen“, V. 36) auf ihn wartet und sein Glück vervollständigt. Das Frühlingserwachen betrifft also einmal die Vorgänge in der Natur, aber auch die **emotionale Verfassung** des lyrischen Ich, seine Verliebtheit. Die rhetorische Frage der letzten Strophe „Saget, seit gestern / Wie mir geschah?“ spitzt das Gedicht auf seine Pointe zu: Die Ankunft der Geliebten hat den Sprecher erst empfänglich gemacht für die Stimmungen des Frühlings, hat ihm in seinem Glückszustand Augen und Ohren geöffnet für all die sinnlichen Eindrücke, die diese Jahreszeit mit sich bringt. Äußeres Geschehen und inneres Erleben sind damit im Einklang. Der **emphatische Ausruf** „Liebliche Schwestern“ (V. 35) ist offenbar an die Musen gerichtet – das lyrische Ich erweist sich damit als ein **Dichter**, der seine überbordenden Emotionen, die Begeisterung über den frühen Frühling wie die Liebe in Verse fasst. Das Dichten erscheint somit als Mittel, um den Gefühlsüberschwang ertragen zu können. So hochgestimmt der Ton des Gedichts auch ist, so gleichmäßig ist die Form:

Das Gedicht *Frühzeitiger Frühling* umfasst neun Strophen, die jeweils aus vier Versen bestehen und im Kreuzreim mit wechselnden Kadenzen (weiblich, männlich) gestaltet sind. Dieser regelmäßige Aufbau stützt den Inhalt des Gedichts, denn das Augenmerk des lyrischen Ichs verteilt sich gleichmäßig auf verschiedene Bereiche der Natur sowie die Wirkung jener auf den Menschen.

**Vergleich beider Gedichte im Hinblick auf die Verwendung des Frühlingsmotivs**

In den zwei Gedichten wird eine Situation reflektiert, welche sich auf die Ankunft der neuen Jahreszeit bezieht. Beide Male kommt der **Frühling zu ungewohnter Zeit**, im Goethe-Gedicht ist es ein früh einsetzender Frühling, wogegen das Frühjahr im Kirsch-Gedicht verspätet Einzug hält.

Das lyrische Ich bei **Goethe** geht noch völlig in der Natur auf, preist deren Schönheit, weil es in der Lage ist, alle natürlichen Vorgänge bewusst und bis ins kleinste Detail wahrzunehmen. Es **genießt das Erwachen der Natur**. Bei **Kirsch** dagegen wird die **Beziehung zwischen dem Sprecher und der Natur als gestört** beschrieben, ein Genießen bzw. Bestaunen der Frühlingsankunft gibt es nicht. Jegliche Wahrnehmung ist reduziert auf mögliche Negativfolgen, die ein verspäteter Beginn des Frühjahrs mit sich bringt. Goethe wählt die Perspektive eines (wahrscheinlich) jungen, verliebten Mannes, der die Fülle und den Genuss des Frühlings allein auf sich und seine Situation bezieht. Die Jahreszeit wird zum Spiegel seines euphorischen Seelenlebens. Kirsch dagegen hat die **soziale Gemeinschaft**, die „Bauern“ (V. 3), im Blick, deren Lebensunterhalt und Überleben ganz eng mit dem Zyklus der Jahreszeiten verbunden ist. Wie bei Goethe korrespondiert ihre psychische Verfassung mit dem Zustand der Natur: Während dort der Sprecher erfüllt und begeistert ist vom vorzeitigen Frühling, sind die Menschen bei Kirsch aufgrund des langen und harten Winters innerlich erstarrt und verkümmert. Der Harmonie der formalen Gestaltung bei Goethe stehen Kirschs harte syntaktische Fügungen gegenüber, die durch den weitgehenden Verzicht auf Interpunktion das Lesen erschweren.

In beiden Gedichten erfährt die Darstellung der Situation eine **Steigerung**, doch auch hier zeigen sich tief greifende Unterschiede. Während bei Goethe das Naturempfinden in der Ankunft des Liebchens gipfelt, führt die Natursicht bei Kirsch dazu, dass die Menschen über mögliche Auswirkungen dieser Wettererscheinungen auf die soziale Gemeinschaft mutmaßen. Bei Goethe läuft alles auf die **Liebe** hinaus, Kirschs letztes Wort lautet dagegen „**Kriege**“ (V. 12), ein Synonym für Tod und Zerstörung. Konträrer könnten die beiden Gedichte nicht schließen.

Obwohl Kirsch und Goethe, als sie ihr Gedicht schrieben, ungefähr im gleichen Alter waren, gestalten sie das Frühlingsmotiv sehr verschieden. Zum einen hängt dies sicher mit der **Entstehungszeit** und der damit verbundenen gesellschaftlichen Entwicklung über fast zwei Jahrhunderte zusammen, zum anderen spielen verschiedene **Lebensumstände** der Autoren eine Rolle. Goethe lebt als angesehener Dichter mit einflussreicher Position am Hof in Weimar. Sarah Kirsch befindet sich in einer Umbruchsphase ihres Lebens, denn nach ihrer Übersiedlung aus der DDR lebt sie ab 1977 in Westberlin und seit 1983 in Schleswig. Vielleicht dokumentiert sie mit diesem Gedicht u. a. das vergebliche Bemühen, sich in die Natur zurückzuziehen. Stets holt sie die gesellschaftliche Realität ein.

## Grundkurs Deutsch (Sachsen): Abiturprüfung 2009
## Aufgabe 2.2[2]

**Johann Wolfgang von Goethe (1749 – 1832): Frühzeitiger Frühling (1801)**
Text: siehe S. 2009-5

**Sarah Kirsch (geb. 1935): Zeitung (1984)**
Text: siehe S. 2009-6

**Arbeitsanweisung:**
Interpretieren Sie Johann Wolfgang von Goethes Gedicht.
Vergleichen Sie diesen Text mit Sarah Kirschs Gedicht hinsichtlich der Gestaltung des Frühlingsmotivs.

---

### Lösungsvorschlag

*Da sich die Aufgabe 2.2 auf dieselben Gedichte wie die Aufgabe 2.1 bezieht, wurde auf einen erneuten Abdruck der Texte verzichtet. Während dort zuerst Kirschs Text analysiert werden soll, gilt es hier, sich zunächst Goethes Text „Frühzeitiger Frühling" zu widmen und dann erst vergleichend die Ausgestaltung des Frühlingsmotivs bei Kirsch zu untersuchen. Von Ihnen wird nicht erwartet, dass Sie zu dem jeweiligen Vergleichstext eine vollständige Interpretation vorlegen. Vielmehr sollen Sie ihn nur unter dem vorgegebenen Aspekt betrachten. Die Lösung zu 2.1 bietet eine umfassende Interpretation beider Gedichte und liefert somit zugleich eine Bearbeitung von 2.2.*

2 für Prüfungsteilnehmer des Grundkurses Deutsch, die an Profilerprobungsschulen nach dem Lehrplan von 2004 unterrichtet wurden; für Prüfungsteilnehmer an Landesgymnasien und an Gymnasien mit vertiefter Ausbildung nach §4 SOGY, bei denen im Zusammenhang mit der Belegpflicht für drei Leistungskurse das Fach Deutsch auf Leistungskursniveau unterrichtet wurde und im Abiturprüfungsbereich als Grundkursfach gewertet und geprüft wird

## Grundkurs Deutsch (Sachsen): Abiturprüfung 2009
## Aufgabe 3

**Ralph Giordano[1]: Die zweite Schuld[2]**
***oder* von der Last Deutscher zu sein (Auszüge)**

…

Bei uns hat sich eingebürgert, jede Thematisierung von Schuld in Zusammenhang mit der Nazizeit als Selbstanmaßung, als politisches Pharisäertum[3] zu verdächtigen. Hinter dieser bezeichnenden Allergie gegen *Anklage* steckt die Absicht, publizistische Bearbeitungen der Schuldfrage überhaupt zu verunglimpfen. Die Schuldangst, die das öffentliche Bewußtsein der bundesdeutschen Gesellschaft so lange panisch bestimmt hat und, wenn auch abgeschwächt, heute noch bestimmt, hat damit ein sehr erfolgreiches Abschreckungsrezept gefunden. Um so wichtiger, dem Widerstand zu leisten und zu fragen: Wann werden die Generationen der Eltern und Großeltern endlich aufhören, die eigenen Söhne, Töchter und Enkel mit ihren Rechtfertigungszwängen zu belasten? Erst wenn auch das biologische Ende dieser Generationen gekommen ist? Das kann noch gut zwanzig Jahre dauern. Es ist den schuldlos beladenen Nachkommen jedoch schon genug an historischer, politischer und moralischer Klarsicht verstellt worden.

…

Die Hitlergenerationen, also jene, die von ihrem Lebensalter her für das Dritte Reich verantwortlich sind, aber auch die „Pimpf"- und Hitlerjugend-Jahrgänge, die zwar nicht in diesem Sinne verantwortlich, wohl jedoch vom Dritten Reich geprägt worden sind wie niemand sonst – sie alle werden eines Tages ausgestorben sein. Es ist jedoch der leugnenden und verdrängenden Mehrheit gelungen, mit ihrer großen Lebenslüge einen Teil der nachgewachsenen bundesdeutschen Gesellschaft zu beeinflussen. Der Schoß ist fruchtbar noch, aus dem das kroch … .

Es muß gelingen, zu erforschen, was zwischen der Naziführung und der damaligen deutschen Nation so trefflich korrespondierte. Wir müssen ergründen, warum für die Mehrheit diese Ära „so schön", „so begeisternd" war (Originalton Stammtisch via Bildschirm), während gleichzeitig doch alle bürgerlichen Freiheiten und Menschenrechte aufgehoben waren und Menschen ihrer politischen Überzeugung oder ihrer Rasse wegen verfolgt und schließlich zu Millionen wie Ungeziefer ausgerottet worden sind.

Wir müssen herauskriegen, warum sich die damaligen Deutschen dennoch die Kehle mit ihren „Heil! Heil!"-Rufen heiser gebrüllt haben und die ungeheuerlichsten Anstrengungen und Opfer erbrachten. Kurz, wir müssen in Erfahrung bringen, wie es zu diesem Verlust der humanen Orientierung kommen und weshalb er sich mit der zweiten Schuld so epidemisch bis in unsere Tage gegen Ende des Jahrhunderts fortsetzen konnte. Da die Umstände keineswegs „schön" und „begeisternd" waren (wie sich viel später wohl mancher selbst eingestand), muß es an der Beschaffenheit der damaligen Deutschen gelegen haben, daß sie so empfanden. Es kann jedoch keine Erkenntnisse der geschichtlichen Realität des Dritten Reiches geben, ohne daß die innere Verstrickung zwischen dem staatlich institutionalisierten Nationalsozialismus und ebendieser Beschaffenheit aufgedeckt wird, so schmerzlich, enthüllend und erniedrigend es für die Beteiligten und ihre Nachkommen auch sein mag.

Ein Mittel dazu ist die Analyse der zweiten Schuld. Es muß dem Verhalten von Menschen nachgegangen werden, die nach 1945 immer behaupteten, sie hätten in der Nazizeit „unter Druck" gehandelt. Gleichzeitig aber offenbarte sich nach deren Untergang durch das eigene Verhalten, wie tief die Bindewirkung der Naziepoche war, ohne daß sich nun jemand auf „Druck" berufen konnte. Etwas Unverbergbares trat da auf – Opportunismus, Verantwortungsabstinenz, Unfähigkeit, sich betroffen zu fühlen, lauter Eigenschaften, die mit erklären können, wieso es zu 1933 und dem frenetischen Triumph Hitlers kommen konnte – die zweite Schuld wird zum Spiegelbild der ersten!

…

*Aus: Die zweite Schuld? Zur Einführung.*
*In: Giordano, Ralph: Die zweite Schuld oder Von der Last Deutscher zu sein.*
*Köln: Verlag Kiepenheuer & Witsch 2000, S. 18ff.*

1 Ralph Giordano wurde wegen seiner jüdischen Herkunft während der NS-Zeit verfolgt. Heute arbeitet er als Journalist, Fernsehdokumentarist und Schriftsteller.

2 „Jede zweite Schuld setzt eine *erste* voraus – hier: die Schuld der Deutschen unter Hitler. Die *zweite* Schuld: die Verdrängung und Verleugnung der ersten nach 1945.“

3 Pharisäer – hier selbstgerechter, unaufrichtiger Mensch; Heuchler

**Günter Grass: Im Krebsgang** (ohne Text)

**Figurenverzeichnis:**

| | |
|---|---|
| Paul Pokriefke | Journalist, Ich-Erzähler |
| Konrad Pokriefke, auch Konny | Sohn Paul Pokriefkes |
| Tulla Pokriefke | Mutter Paul Pokriefkes |
| Gabi Pokriefke | geschiedene Ehefrau Paul P.s |
| Rosi | Freundin Konrad Pokriefkes |
| Tante Jenny | Freundin Tulla Pokriefkes |
| Wolfgang Stremplin – online Jude David | zunächst Konrad P.s Chat-Partner, später dessen Opfer |
| David Frankfurter | Jude, Medizinstudent, bekannt durch das Attentat auf Wilhelm Gustloff |
| Wilhelm Gustloff | Landesgruppenleiter der NSDAP-Auslandsorganisation in der Schweiz, getötet durch das Attentat D. Frankfurters |
| Alexander Marinesko | sowjetischer U-Bootkommandant |

**Arbeitsanweisung:**
Analysieren Sie den Auszug aus Giordanos Text und erörtern Sie ausgewählte Thesen zum Umgang mit Gegenwart und Geschichte an der Novelle *Im Krebsgang* von Günter Grass.

---

## Lösungsvorschlag

*Hinweise zur Bearbeitung: Die Aufgabenstellung ist zweigeteilt. Zuerst sollten Sie die wichtigsten inhaltlichen Aspekte des Textauszugs von Ralph Giordano untersuchen und sich der Analyse der sprachlichen Gestaltung zuwenden. Im zweiten Teil Ihrer Arbeit wählen Sie Kernthesen des Autors aus und erörtern diese anhand der Novelle „Im Krebsgang“. Selbstverständlich ist es hierfür notwendig, dieses Werk von Günter Grass sicher zu kennen, damit Sie logische Verknüpfungen zwischen dem literarischem Text und den Ausführungen Giordanos herstellen können. Vermeiden Sie eine reine Nacherzählung des Novelleninhalts, sondern wählen Sie wesentliche Aspekte aus, die Sie in Bezug zu dem Text setzen.*

**Analyse des Textauszuges**

Ralph Giordano beschreibt in diesem Textauszug den Umgang der Deutschen mit der Schuld, welche sich aus der nationalsozialistischen Vergangenheit ergibt. Des Weiteren bietet er Vorschläge zur Überwindung des jetzigen Zustandes und appelliert an den Leser, sich einer Auseinandersetzung mit der Vergangenheit zu stellen.

Zu Anfang des Textauszugs stellt Giordano die These auf, dass „jede Thematisierung von Schuld in Zusammenhang mit der Nazizeit“ (Z. 2 f.) in Verdacht gerate, politische Heuchelei zu sein. Er bezeichnet diesen Zustand als „Allergie gegen Anklage“ (Z. 4), die es ermögliche, „publizistische Bearbeitungen der Schuldfrage [...] zu verunglimpfen.“ (Z. 4 f.) und damit ein „erfolgreiches Abschreckungsrezept“ (Z. 7 f.) gegen „Schuldangst“ (Z. 5) zu etablieren. Giordano fordert, diese **Verdrängung von Schuld nicht zuzulassen**, sondern „Widerstand zu leisten“ (Z. 8), indem die entstandene Situation hinterfragt werde und die Kriegsgeneration ihr Schweigen breche. Dieser Generation sei es seiner Meinung nach gelungen, ihre Erlebnisse zu verdrängen bzw. zu verleugnen (vgl. Z. 18 f.) und so den nachfolgenden Generationen ein unvollständiges Geschichtsbild zu vermitteln. Die Folge dessen, also die Verharmlosung der Nazizeit und auch weiterhin die Verdrängung von Schuld, benennt der Autor mittels des Brecht-Zitats aus der *Kriegsfibel* von 1955: „Der Schoß ist fruchtbar noch, aus dem das kroch ...“ (Z. 20 f.)
In den folgenden Abschnitten unterbreitet Giordano Vorschläge, wie der derzeitige Zustand überwunden werden könne. So solle erforscht werden, „was zwischen der Naziführung und der damaligen deutschen Nation [...] korrespondierte“ (Z. 22 f.). Obwohl diese Nation bürgerlicher Freiheiten beraubt worden sei und einen „Verlust der humanen Orientierung“ (Z. 30 f.) erlebt habe, habe sie euphorisch diese Zeit gefeiert (und feiere sie zum Teil heute noch). Hier sei **Ursachenforschung** verlangt. Außerdem müsse untersucht werden, wie eine derartig enge Verstrickung einzelner Menschen mit dem Naziregime entstehen konnte, und weshalb die „Bindewirkung der Naziepoche“ (Z. 43) so groß gewesen sei. Giordano folgert, dass es „an der Beschaffenheit der damaligen Deutschen gelegen haben (Z. 34 f.)“ müsse und diagnostiziert, dass die Begeisterung von damals zwar nicht bis heute beibehalten, aber durch fehlende Aufarbeitung meist auch nicht kritisch beleuchtet worden sei. Als ein Mittel zur Untersuchung dieses Sachverhalts schlägt Giordano vor, eine **„Analyse der zweiten Schuld“** (Z. 40) vorzunehmen: Man müsse der Behauptung (eher wohl den Ausflüchten) vieler Menschen, das damalige Verhalten sei nur unter Druck erfolgt, nachgehen. Er resümiert, dass die zweite Schuld, also die Verdrängung und Leugnung, zum Spiegel der ersten Schuld werde (vgl. Z. 47), da sie eine gemeinsame Basis hätten: **fehlendes Verantwortungsgefühl und fehlende Empathie**.

Die **sprachliche Gestaltung** stützt die inhaltlichen Thesen Giordanos. Den Textauszug bestimmt ein klarer sowie **emotionaler Grundtenor**. Durchweg fließen Bewertungen in die Darstellung ein, z. B. „um so wichtiger“ (Z. 8), „ungeheuerlichsten Anstrengungen“ (Z. 29 f.) oder auch „so schön“ und „so begeisternd“ (Z. 24), um historische Ereignisse zu charakterisieren sowie Widersprüche aufzudecken. Giordano nutzt die **Wir-Form** in Verbindung mit dem Modalverb „müssen“ (vgl. Z. 23, 28, 30), wenn er an den Leser appelliert, sich mit der Vergangenheit auseinanderzusetzen, und erreicht so, dass dieser sich angesprochen und gleichzeitig als Teil einer Gemeinschaft fühlt. Die Verwendung von Fachwörtern, wie „Pharisäertum“ (Z. 3) oder „Opportunismus“ (Z. 44/45), aus verschiedenen Wissenschaftsbereichen zeugt von einer gehobenen Sprachebene. Die **Sprache des Dritten Reiches** findet, z. B. mit „Pimpf“ (Z. 16) oder „wie Ungeziefer ausgerottet“ (Z. 27), Eingang in den Text, wenn es darum geht, die Schuldproblematik zu veranschaulichen.
Der **Begriff der Schuld** zieht sich, ausgehend vom Titel, als zentrales Wort durch den gesamten Text: „Schuldangst“ (Z. 5), „schuldlos beladene Nachkommen“ (Z. 12), „zweite Schuld“ (Z. 31) und „erste“ Schuld (vgl. Z. 47). Dadurch wird immer wieder deutlich, worin das Hauptanliegen des Textes besteht: Es geht Giordano darum, dass die Deutschen sich aktiv mit

ihrer Vergangenheit auseinandersetzen und endlich das Verleugnen und Verdrängen (vgl. Z. 18 f.) hinter sich lassen.

**Erörterung einiger Thesen**

Ralph Giordanos Behauptungen und seine daraus resultierenden Forderungen lassen sich in weiten Teilen mit der Novelle *Im Krebsgang* verknüpfen, die 2002 veröffentlicht wurde. Zentrales Thema dieses Textes von Günter Grass ist die Darstellung der **verheerenden Auswirkungen**, die ein **Verdrängen der Vergangenheit** mit sich bringen kann. In der Novelle geht es um den Untergang der mit unzähligen Flüchtlingen aus den deutschen Ostgebieten beladenen „Wilhelm Gustloff" am 30. Januar 1945 und den deutschen Umgang mit diesem Ereignis in den Nachkriegsjahren bis zur Gegenwart. Lebenseinstellungen und -hintergründe verschiedener Generationen, die direkt bzw. indirekt mit dem Schicksal dieses Schiffes verbunden sind, werden anhand des Unglücks aufgezeigt.
Wenn Giordano schreibt, dass es der Hitlergeneration gelungen sei, „mit ihrer großen Lebenslüge einen Teil der nachgewachsenen bundesdeutschen Gesellschaft zu beeinflussen" (vgl. Z. 18 ff.), wird der Leser der Novelle sofort an die Figur **Tulla Pokriefke** denken.
Für sie ist das Sinken der „Wilhelm Gustloff" das prägende Ereignis ihres Lebens, war sie doch nicht nur Passagier, sondern brachte während des Untergangs ihren Sohn Paul zur Welt. Er wurde von ihr zum Verkünder auserwählt, sollte Zeugnis über die Katastrophe ablegen, weigert sich aber, dies zu tun. Erst ihr Enkel Konrad ist empfänglich für ihren Anspruch, die Geschichte wiederzugeben. Fatal wirkt sich aus, dass Tulla Pokriefke nicht in der Lage ist, reflektiert über die Ereignisse der Vergangenheit zu urteilen; sie stellt nur ihre verklärte, subjektive Sicht dar – ihre „**Lebenslüge**". Somit gelingt es ihr nicht, ihrem Enkel ein differenziertes Geschichtsbild zu vermitteln und zu erkennen, welchen geistigen Schaden **Konny Pokriefke** dabei nimmt. Dieser recherchiert voller Neugier – angeregt durch Erzählungen der Großmutter – die Ereignisse rund um die „Gustloff", wobei er die Rolle der NS-Organisation „Kraft durch Freude" als durchgängig positiv (ebenfalls von der Großmutter beeinflusst) bewertet. Mehr und mehr nimmt Konrad **nationalsozialistische Überzeugungen** und Feindbilder an.
An dieser Stelle wäre es nötig gewesen, dass die Eltern auf ihren Sohn einwirken, was aber nicht gelingt. Die **Mutter** kann zwar ihren Sohn realistisch als Einzelgänger und sehr auf die Vergangenheit fixiert einschätzen, verkennt aber die aktuelle Situation. Sie setzt sich nicht mit der rechtsradikalen Ideologie ihres Sohnes auseinander. Der **Vater**, Paul Pokriefke, hat während seines bisherigen Lebens seine **Geburtsumstände** genauso **verdrängt** wie seine Vaterlosigkeit. Er ist nicht in der Lage, seiner Rolle gerecht zu werden und verantwortungsvoll auf seinen Sohn einzuwirken. Paul Pokriefke leidet unter der fehlenden gesellschaftlichen Aufarbeitung der Geschichte, da seine persönliche Lebensgeschichte sehr eng mit den damaligen politischen Vorgängen verknüpft ist. Obwohl er keine Verantwortung für die Ereignisse der NS-Herrschaft und dem daraus resultierenden Zweiten Weltkrieg trägt, wird er doch davon geprägt. Wie bei Giordano dargestellt, führt die fehlende Aufarbeitung der Vergangenheit dazu, dass rechtsradikales Gedankengut auch in späteren Generationen weitergetragen wird. Paul wird dies zunehmend bewusst und er stellt fest, dass dieses Tabu verheerend für die nachfolgenden Generationen ist: „Niemals […] hätte man […] das gemiedene Thema den Rechtsgestrickten überlassen dürfen", heißt es in der Novelle (S. 99). Damit verweist er auf das Versäumnis der Auseinandersetzung mit der Elterngeneration und deren Versagen, aber auch deren Leiden an der Vergangenheit. Nicht zuletzt trägt Konny durch seine Internet-Seite **www.blutzeuge.de** dazu bei, dass unreflektierte Aussagen an die Öffentlichkeit gelangen.
Die **Frage der Eltern-Schuld**, wie von Giordano thematisiert, stellt sich natürlich auch im Zusammenhang mit der **Ermordung Wolfgang Stremplins** durch Konrad Pokriefke. Ursprünglich liefern sich beide nur im Internet Streitgespräche, Konny unter dem Chatnamen „Wilhelm" und sein Pendant Wolfgang als „David". Ihre virtuelle Kommunikation lebt von Phrasen und zeugt von unreflektiertem Geschichtswissen. Beiden gemeinsam ist das Hineingleiten in eine Rolle, die von ihnen konsequent bis zum Ende gespielt wird. Letztlich rächt

Konrad (in seinem Verständnis) durch seine Tat die ursprüngliche Ermordung des NSDAP-Funktionärs Wilhelm Gustloffs durch den jüdischen Medizinstudenten David Frankfurter. Auch die Eltern von Wolfgang sind nicht in der Lage, ihren Sohn zu verstehen, der sich mehr und mehr in die Rolle des Juden steigert, dem „alles Jüdische irgendwie heilig gewesen sei" (S. 185). Es gelingt ihnen aber auch nicht, ihm ein differenziertes Geschichtsbild aufzuzeigen. **Fehlende Identifikationsfiguren bzw. -möglichkeiten** sind also beiden Jungen gemeinsam. Die **Schule** trägt ebenfalls eine Mitschuld an den Ereignissen, denn die Lehrer reagieren nur mit Ablehnung, als Konny sich in einem Referat dem Thema KdF widmen will – hier wäre Gelegenheit gewesen, Konnys falsche Beurteilung der Vergangenheit zu berichtigen. Durch dieses Schweigen wird Konny also – wie auch Giordano darlegt – wiederum die „historische, politische und moralische Klarsicht" (Z. 13 f.) verstellt.
Nicht zuletzt während der **Gerichtsverhandlung** zeigt sich das verquere historische Bild Konrad Pokriefkes. Denn er stellt mit seiner Forderung, in Schwerin ein Mahnmal für den „Blutzeugen" zu errichten, Wilhelm Gustloff in eine Reihe mit Alexander Marinesko, dem sowjetischen U-Bootkommandanten, dem diese späte Ehrung zuteil wurde. Zugleich ist Pokriefke sogar bereit, eine ähnliche Ehrung auch dem Attentäter David Frankfurter zuzugestehen. Er ist also nicht in der Lage, Personen in historischem Kontext differenziert zu bewerten. Bliebe er seinen nationalsozialistischen Ansichten treu, würde er nur ein Denkmal für Gustloff fordern.
„Der Schoß ist fruchtbar noch, aus dem das kroch …" heißt es bei Giordano (Z. 20 f.) in Anlehnung an ein Werk Brechts. Diese Fruchtbarkeit zeigt sich klar beim Lesen der Novelle *Im Krebsgang*. Einerseits kann an der Entwicklung von Konrad Pokriefke das **Aufkommen einer rechtsradikalen Gesinnung** abgelesen werden, andererseits stößt der Erzähler in der Novelle auf weitere Hinweise zu rechtsorientierten Personen. Eine Ursache für diese Entwicklung ist der **unreflektierte Umgang mit der deutschen Vergangenheit** sowohl in der eigenen **Familie** als auch in der **Öffentlichkeit**. Wurde in der BRD über lange Zeit der Mantel des Schweigens über unangenehme Fakten gelegt, beschwor man in der DDR einen oktroyierten Antifaschismus und entledigte sich so des Problems, sich mit Vergangenem auseinandersetzen zu müssen. So wurde in Schwerin lediglich das Denkmal für Gustloff abgerissen und es wuchs – im wahrsten Sinne des Wortes – Gras über die Sache.

## Abschließende Gedanken

Eine offene Diskussion innerhalb der deutschen Gesellschaft und in den einzelnen Familien hätte dazu beitragen können, bei nachfolgenden Generationen kein defizitäres Geschichtsbild von der Zeit des Nationalsozialismus in seinen vielen Facetten entstehen zu lassen.
Inwiefern sich die Forderungen Ralph Giordanos nach Ursachenforschung bezüglich des Verhältnisses der deutschen Bevölkerung zur Naziführung erfüllen lassen, ist schwer zu sagen. Die jetzigen „Alten" brechen eben wirklich kaum ihr Schweigen. Dringen eventuelle Verstrickungen mit dem Nazisystem an die Öffentlichkeit, wie z. B. bei Erwin Strittmatter oder auch bei Günter Grass selbst, schlachten die Medien diese Fälle aus und lassen kaum Raum zur vernünftigen Auseinandersetzung. Am ehesten erfährt die Enkelgeneration durch Großeltern von Geschehnissen aus dem „Dritten Reich". Notwendig sind hier sowohl das Hinterfragen des Gehörten als auch das historisch korrekte Einordnen. Dazu bedarf es einer funktionierenden Kommunikation zwischen den Generationen, der Motivation, sich überhaupt mit Geschichte beschäftigen zu wollen, sowie eines Geschichtsunterrichts, der Platz lässt für eine intensive Thematisierung der historischen Ereignisse.

## Leistungskurs Deutsch (Sachsen): Abiturprüfung 2009
## Aufgabe 1.1: Adressatenbezogenes Schreiben

**Thema: Stefan Zweig (1881–1942): Schachnovelle (1942)**
**Ingrid Schwamborn: Miguel Najdorf und Erich Eliskases: Antworten zweier Schachgroßmeister (1995, Auszug[1])**

### Ingrid Schwamborn: Miguel Najdorf und Erich Eliskases: Antworten zweier Schachgroßmeister (Auszug)

*Im Rahmen einer Studie über Stefan Zweigs Leben und Werk in Südamerika bemühte sich die Romanistin Dr. Ingrid Schwamborn um Kontakt zu dem Schachgroßmeister Miguel Najdorf, der ihre Aufmerksamkeit Anfang 1995 auf Erich Eliskases lenkte. In diesem Zusammenhang bemerkte Najdorf, dass Eliskases vielleicht die wahre „Inspiration" zu „Mirko Czentovic" gewesen sei.*
*Eliskases trug bereits mit 15 Jahren den Titel „Meister von Tirol". 1938/39 wurde er „Meister von Großdeutschland" und Großmeister. Als Deutschland den Zweiten Weltkrieg begann, gehörte er zu der deutschen Mannschaft, die in der Schacholympiade von Buenos Aires siegte. Weil ihm infolge des Krieges eine Rückkehr nach Deutschland unmöglich geworden war, blieb Eliskases in Südamerika, zunächst in Argentinien. Nach zehnjährigem Aufenthalt in Brasilien etablierte er sich von 1951 an in seiner Wahlheimat Argentinien, wo er Anfang der fünfziger Jahre nochmals den Titel „Großmeister" erwerben konnte.*
*In Beantwortung eines Fragebogens von Ingrid Schwamborn verdeutlichte Eliskases im Februar 1995 allgemein seine Bewunderung für das Werk Stefan Zweigs.*
*Wenige Wochen später – nach der Lektüre der „Schachnovelle" – äußerte sich Erich Eliskases wie folgt zur Gestaltung des „Weltmeisters" in Zweigs Text:*

Leider ist es nicht erklärlich, warum St. Zweig das Ansehen des Schachweltmeisters untergräbt, indem er einen erfindet, der dumm, ungebildet und unzugänglich ist, während in Wirklichkeit alle Weltmeister von 1746 angefangen bis 1972 (Philidor, Bourdonnais, Staunton, Anderssen, Morphy, Steinitz, Lasker, Capablanca, Aljechin, Euwe, Botwinnik, Smyslow, Tal, Petrosian, Spassky)[2] überdurchschnittlich klug gewesen sind und zudem sowohl gebildet wie zugänglich waren (Darf dichterische Freiheit so weit gehen?).
Zur Zeit der Erzählung (1939) war Aljechin Weltmeister, ein Russe aus Moskau, dessen zweite Heimat Paris und damit Frankreich geworden ist. Wenn St. Zweig im Jahre 1939 tatsächlich von New York nach Buenos Aires gereist ist, so könnte er sich an Bord des gleichen Schiffes wie Aljechin befunden haben. Er brauchte für seine Erzählung aber keinen Weltmeister einzuführen und noch weniger einen, der nicht imstande war – wie jeder Schachspieler ersten Ranges – auch nur eine einzige Partie aus dem Gedächtnis zu spielen, sondern könnte, wie ich es an seiner Stelle getan hätte, sich mit einem Mirko Czentovic begnügen, der sich auf dem Schiffe als Meister ausgab und sich bemühte, um ein paar Dollar zu verdienen, eine Simultanvorstellung zustande zu bringen.
Die wichtigste Persönlichkeit der Novelle und schließlich der Gegenspieler des Weltmeisters ist eigentlich der Österreicher namens B., der seine persönliche Freiheit erst nach Besetzung der Tschechoslowakei, also im Jahre 1939, erlangt hat und seine Heimat vierzehn Tage später hat verlassen müssen.
St. Zweig gibt ihm das Alter von 45 Jahren und läßt ihn aussagen, er habe seit 25 Jahren kein Schachbrett mehr gesehen. Meinem Gefühl nach muß aber B., zwanzigjährig, – im Gegensatz zum Verfasser, der ihn die Schachnotation (Aufschreibung der Züge) nicht

eher als während seiner Gefangenschaft erlernen lässt – ein sehr guter Spieler gewesen sein, weil es ihm sonst, ohne Brett und Figuren, nicht gelungen wäre, die Kunst des Blindspielens zu beherrschen, zumal er bald dazu überging, eine Unzahl von Stellungen blind zu analysieren, d. h. sie immer wieder von neuem auszugestalten und dabei abwechselnd den besten Zug für Weiß und für Schwarz auszuklügeln [...]

*Aus: Schwamborn, Ingrid (Hg.): Die letzte Partie. Stefan Zweigs Leben und Werk in Brasilien (1932–1942). Bielefeld: Aisthesis Verlag 1999, S. 309ff.*

1 Der Gesamttext beinhaltet die Antworten der beiden Schachgroßmeister auf Fragen der Romanistin Dr. Ingrid Schwamborn. Gegenstand dieser Aufgabe sind nur Aussagen von Erich Eliskases, geboren 1913 in Innsbruck, gestorben 1997 in Cordoba/Argentinien.

2 Bei den fünfzehn genannten Personen handelt es sich um die stärksten Schachspieler des 18. bis 20. Jahrhunderts, z. T. um Schachweltmeister.

**Figurenverzeichnis**

| | |
|---|---|
| Ich-Erzähler | Landsmann des Dr. B. |
| Mirko Czentovic | Schachweltmeister, absolut einseitig talentiert |
| Dr. B. | von den Nationalsozialisten in Einzelhaft genommener Jurist, der sich nach seiner Freilassung auf dem Weg ins Exil befindet, „schachvergiftet“ |
| McConnor | wohlhabender schottischer Ingenieur |

**Arbeitsanweisungen:**

1. Arbeiten Sie die wesentlichen Kritikpunkte des Schachgroßmeisters Erich Eliskases an Stefan Zweigs Novelle heraus.
2. Verfassen Sie einen Brief an Eliskases, in welchem Sie sich mit seinen Positionen auseinandersetzen.
3. Erläutern Sie wesentliche Entscheidungen bei der inhaltlichen und sprachlichen Gestaltung des Briefes.

Die Aufgaben sind separat zu lösen. Die Lösung der zweiten Aufgabe bildet den Schwerpunkt.

## Lösungsvorschlag

*Die mit der Aufgabenart des gestaltenden Interpretierens/adressatenbezogenen Schreibens allgemein verbundenen Anforderungen entnehmen Sie bitte den Hinweisen und Tipps auf S. 3. Bei dem ausgewählten Thema zu Stefan Zweigs „Schachnovelle" liegt ein besonderer Fall vor. Nicht ein Auszug aus Zweigs Novelle dient als Vorlage. Vielmehr bilden Aussagen eines Lesers die Grundlage für die gestaltende Erschließung.*
*Zunächst sollen die Kritikpunkte des Schachgroßmeisters erarbeitet werden. Das sollte noch weitgehend wertungsfrei geschehen.*
*In Ihrer Auseinandersetzung mit den Positionen Eliskases' müssen Sie danach auf der Grundlage Ihrer literarischen Lektüre dessen Aussagen überprüfen und gegebenenfalls richtigstellen. Die zu gestaltende Form ist dabei vorgegeben: ein Brief.*
*Im abschließenden Erläuterungsteil reflektieren Sie Ihre Vorgehensweise auf inhaltlicher und sprachlicher Ebene.*

### 1. Erarbeitung der Kritikpunkte aus der Textvorlage

Stefan Zweigs Novelle hat vor allem unter Kennern und Meistern des Schachspiels einen hohen Beliebtheitsgrad. Dennoch reizt das Werk gerade diese Leser auch zu **kritischer Betrachtung**, vor allem im Hinblick auf die inhaltliche Ausgestaltung des Schachmotivs. Der deutsche Großmeister Erich Eliskases bewertet im gegebenen Text die *Schachnovelle* aus der Perspektive eines versierten Spielers deutlich kritisch und artikuliert seine Bedenken, obwohl er prinzipiell Bewunderung für Zweigs Werk empfindet, wie aus den Bemerkungen zu den Umständen seiner Äußerungen hervorgeht.

Folgende wesentliche Kritikpunkte Eliskases' sind ersichtlich:
Stefan Zweig wählte mit Mirko Czentovic eine Hauptfigur, die **gänzlich ohne Umgangsformen und Bildung** „das Ansehen des Schachweltmeisters" untergrabe (Z. 1 f.). Anhand von Beispielen zahlreicher Weltmeister dreier Jahrhunderte belegt Eliskases, dass die Großen des Schachs jedoch allesamt klug, gebildet und kommunikativ gewesen seien. Der Autor unterstellt Zweig im weiteren Verlauf indirekt **mangelnde Sachkenntnis**. So verweist er, wie übrigens nahezu alle Schachkenner neben Eliskases, auf den nicht nachvollziehbaren Tatbestand, dass ein Schachspieler der Weltklasse wie Czentovic in der Novelle keine Partien aus dem Gedächtnis spielen könne (Z. 11 f.). Eliskases hätte es lieber gesehen, wenn Czentovic nicht als Weltmeister gestaltet worden wäre, sondern vielmehr als Hochstapler, der „sich auf dem Schiffe als Meister ausgab" (Z. 14).
Außerdem erscheint es Eliskases unwahrscheinlich, dass Dr. B., der Antagonist von Czentovic, die **Kunst des Blindspielens** erst in der Phase seiner Gefangenschaft erlernt haben soll. Zur Fähigkeit, ohne Brett und Figuren Stellungen und Züge abzurufen, gehöre jahrelange Erfahrung und letztlich auch kontinuierliches Training.

*Nachdem die Ausgangspositionen für die zweite Teilaufgabe ermittelt worden sind, gilt es, sich für eine fiktive Situation zu entscheiden, die dem kommunikativen Kontext angemessen ist. Für die Planung und Umsetzung der Gestaltungsaufgabe sollten folgende Aspekte bedacht werden:*
- *das Verhältnis von Schreiber und Adressat (Abiturient und Großmeister)*
- *sprachlich und inhaltlich angemessene Reaktion auf Einwände Eliskases'*
- *das Verhältnis zwischen Schachrealität und Kunstwirklichkeit*
- *Bedeutung der betont antithetisch konzipierten Struktur der Novelle, besonders der Figurenkonstellation*
- *das Fragile in der Figurenanlage des Dr. B.*

## 2. Gestaltung des Briefes

Sehr geehrter Herr Eliskases,

Ihre Anmerkungen haben bei mir reges Interesse ausgelöst. Ich habe als aktiver Spieler in einem Schachverein unserer Stadt Stefan Zweigs *Schachnovelle* bereits zum zweiten Mal mit Genuss gelesen. Die von Ihnen angesprochenen Aspekte habe ich mit meinen Vereinsfreunden schon oft diskutiert und freue mich nun umso mehr, einem ausgewiesenen Experten meine Ansichten zu den schachspezifischen Fragen, aber auch zu der von Ihnen indirekt bereits erwähnten künstlerischen Qualität der Novelle darlegen zu können.

Ohne Zweifel benennen Sie in Ihren Anmerkungen völlig zutreffend Überzeichnungen oder – bezogen auf das Schachspiel – unrealistisch wirkende Darstellungen. Gemessen an den Erfahrungen eines einigermaßen versierten Schachspielers ist es einfach nicht nachvollziehbar, dass ein Weltmeister des Blindspielens nicht fähig sein soll. Ebenso unwahrscheinlich wirkt der Lernprozess Dr. B.s während seiner Gefangenschaft nach 25-jähriger Abstinenz von einem Schachbrett. Es gäbe sicherlich noch mehr Unstimmigkeiten zu entdecken, so etwa die Dauer der Partie zwischen den Kontrahenten im Verhältnis zur Zeit zwischen den Zügen. Aber haben diese Punkte einen störenden Einfluss auf das künstlerische Verständnis der Novelle?

Meiner Ansicht nach lassen sich derartige Übertreibungen letztlich auf die *eine* Intention Stefan Zweigs zurückführen: die möglichst scharfe Kontrastierung der Gegenspieler Czentovic und Dr. B. Unter literarischen Gesichtspunkten dürfte es für den Autor der Novelle einfach zu unspektakulär im Sinne der novellistischen Steigerung sein, Dr. B. gegen einen zweit- oder drittklassigen Konkurrenten antreten zu lassen. Czentovic wird für Dr. B. und den Leser gerade dadurch, dass er Weltmeister ist, interessant. Würde andererseits dieser Czentovic eine weltgewandte, freundliche und kluge Figur oder nur ein geldgieriger Betrüger sein, wäre es nicht möglich, die krankhaften Gefährdungen Dr. B.s so zu entwickeln, wie in der Novelle geschehen. Es gäbe keinen Grund für den Erzähler, die zahlreichen Metaphern des Kampfes, die teils schon kriegerischen Charakter erhalten, so im Sinne der Schachfarben schwarz und weiß zu entwickeln, wie er es in Bezug auf seine Hauptfiguren tut.

Was steckt also hinter dieser Figurenzeichnung? Czentovic wird als ein geistig schwerfälliger und kommunikativ träger Typus beschrieben. Bezeichnenderweise benutzt der Erzähler für dessen Schach nicht das Verb *spielen*, sondern „ernsten“. Czentovic will gewinnen, den Gegner bezwingen, er glaubt sich auf einem Gebiet seiner Mittel sicher – und das ist Schach.

Dr. B. dagegen tritt dem Leser zunächst als Liebhaber des Schachs gegenüber, der unbefangen und locker an das Spiel herangeht. Er wird als kultivierter und geistig wacher Vertreter des Bildungsbürgertums dargestellt, dem Erzähler und dessen Alter Ego Stefan Zweig sehr verwandt. Über seine verhängnisvolle Geschichte erfahren wir erst später mehr, nämlich dass er durch den Nationalsozialismus nicht nur ein gebrochener, sondern auch kranker, im konkreten Fall spielsüchtiger Mann am Rande des Wahnsinns geworden ist. Inwiefern die Kontrahenten nahezu gleichnishaft für Grundhaltungen menschlicher Systeme (etwa Barbarei contra Kultur, Nationalsozialismus contra humanistische Bürgerlichkeit) stehen, soll hier nicht weiter vertieft werden, bietet aber ein breites Feld für eine Auseinandersetzung mit dem letzten Werk Stefan Zweigs als Dokument des Exils.

Interessant unter diesem Aspekt – und damit möchte ich meine Gedanken auch abrunden – ist für mich die Betrachtung des Novellenschlusses. Dr. B. unterliegt Czentovic in der abschließenden Partie aufgrund eines neuerlichen Rückfalls in seine Schachbesessenheit. Nur durch die Hilfe des Erzählers wird er aus der labilen Situation gerettet. In der Novelle wird offen gelassen, ob dies sein letztes Schachspiel gewesen sein wird. Eines bleibt jedenfalls festzuhalten: Das Inhumane und Irrationale ist offenbar mächtiger als der Vertreter von Humanität und Bildung– ein symbolischer Fingerzeig des Autors auf die eigene Lebenssituation kurz vor seinem Freitod im fernen Brasilien?

Erst durch die von Ihnen, Herr Eliskases, beanstandeten dichterischen Freiheiten war es Zweig möglich, die beiden Charaktere einander polar gegenüberzustellen und die Handlung derartig zuzuspitzen. Dem Autor ging es meiner Ansicht nach sicherlich nicht darum, reale Schachmeister herabzuwürdigen. Der Plot funktioniert vielmehr nur dank dieser konträren Figurenzeichnung.

Herr Eliskases, ich verstehe Ihr Unbehagen, was die Gestaltung des Schachspiels in Zweigs Novelle betrifft, hoffe aber auch auf Ihr Verständnis für meine Darlegung der inneren literarischen Zusammenhänge.

Ich wünsche Ihnen alles Gute!
Mit freundlichen Grüßen

M.R.

**3. Reflexion der Textgestaltung**

Um das Verhältnis zum Adressaten möglichst **authentisch** zu gestalten, erscheint es sinnvoll, einen **schachkompetenten und literarisch interessierten Verfasser** des Briefes zu wählen – würde ein Schüler sonst einem Schachgroßmeister schreiben?

Der Verfasser begegnet Herrn Eliskases **verständnisvoll und mit Respekt**. So widmet er nach einer kurzen Vorstellung den zweiten Abschnitt gleich dem Adressaten, indem er zunächst zustimmend auf dessen Anmerkungen zu Unzulänglichkeiten in Zweigs Darstellung der Schachwelt eingeht. Er wählt also bewusst nicht die Strategie des Verprellens oder des sofortigen „Abfertigens" im Sinne eines unreifen Belehrens. Der Verfasser ist sich bewusst, an wen er sich wendet, und versucht, durch **klare Argumente** aus dem künstlerischen Bereich zu überzeugen.

Dazu geht er im Hauptteil zum Kernpunkt seiner Darlegungen über. Er bemüht sich, die vermeintlichen Unzulänglichkeiten in der Gestaltung des Textes **literarisch zu begründen**. Besonders der Kontrast der Hauptfiguren sei kein Mangel im Sinne der inneren Logik der Novelle. Czentovic provoziere gerade als ein *Weltmeister* in der Haut eines selbstverliebten Schachautomaten die erneuten Ausbrüche einer Krankheit, die in der Novelle zahlreiche medizinische Termini erhält.

In einer **abrundenden Passage** geht der Verfasser noch auf Deutungsansätze über den Schluss der Novelle ein und lenkt das Augenmerk auf die Situation Stefan Zweigs im brasilianischen Exil, wo er das bedeutsame Werk kurz vor seinem Tod schrieb.
Es folgt im Sinne des Briefes eine **höfliche Verabschiedung**. Überhaupt werden Formulierungen verwendet, die an keiner Stelle den Verdacht von Überheblichkeit aufkommen lassen sollen. Anrede und Grußformel entsprechen diesem Charakter.

**Leistungskurs Deutsch (Sachsen): Abiturprüfung 2009**
**Aufgabe 1.2: Gestaltende Interpretation**

## Thema: Jurek Becker (1937–1997): Jakob der Lügner (1969)

### Textauszug A

…

„Also schön, reden wir offen …" Er senkt die Stimme auf die Lautstärke, in der man über Geheimnisse redet, flüstert also: „Stimmt das mit den Russen?"

Jakob erschrickt über den Ton. Nicht über das Flüstern, geflüstert wird zu allen möglichen Anlässen, das macht keine Angst. Er erschrickt über den Ernst, er sieht, daß es nicht lustig zugehen wird, nichts für die leichte Schulter, er erschrickt über das Zittern in Kowalskis Stimme. Da ist Erwartung, die es nicht dulden wird, daß man sich einen Spaß mit ihr macht, da wird Gewißheit gefordert, da fragt ein Mann, der nur diese eine Frage beantwortet haben will, es muß sein, nur diese Frage noch, sonst nichts, für alle Zeiten. Und doch macht Jakob einen letzten unnützen Versuch:

„Mit was für Russen?"

„Mit was für Russen! Mußt du mich so kränken, Jakob? Hab ich dir je was Schlechtes getan? Besinn dich, Jakob, besinn dich, wer neben dir sitzt! Die ganze Welt weiß, daß er ein Radio hat, und mir, seinem einzigen und besten Freund, will er nichts sagen!"

…

„Na was ist?"

„Das mit den Russen stimmt", sagt Jakob. „Und jetzt laß mich in Ruhe".

„Sind sie zwanzig Kilometer vor Bezanika?"

Jakob verdreht die Augen und sagt: „Ja!"

…

„Wirst du wenigstens schweigen?"

„Du kennst mich doch", sagt Kowalksi. Er will in Ruhe gelassen werden, vorerst, die Pause ist kurz, und man ist zur Genüge mit sich beschäftigt und mit dem, was da plötzlich auf einen zukommt.

…

### Textauszug B

…

Da fängt Jakob zu reden an, dem Schein nach zu Kowalksi, denn kein anderer ist im Zimmer, den Worten nach zu einem größeren Auditorium, also einfach vor sich hin in die Luft, mit Wehmut in der leisen Stimme und mit dieser nie gehörten Resignation, die letzte einer verschwenderischen Vielzahl von Meldungen an alle. Daß sie ihm, wenn es ihre schwachen Kräfte erlauben, nicht böse sein sollen, er hat nämlich gar kein Radio, er hat nie eins besessen. Er weiß auch nicht, wo die Russen sind, vielleicht kommen sie morgen, vielleicht kommen sie nie, sie stehen in Pry oder in Tobolin oder in Kiew oder in Poltawa oder noch viel weiter entfernt, vielleicht sind sie inzwischen sogar vernichtend geschlagen, nicht einmal das weiß er. Das einzige, was er mit Gewißheit sagen kann, sie haben vor so und so langer Zeit um Bezanika gekämpft, woher die Gewißheit, das ist eine ganze Geschichte für sich, die interessiert heute keinen Menschen mehr, jedenfalls ist es die Wahrheit. Und daß er sich wohl vorstellen kann, wie bestürzend dieses Geständnis in ihren Ohren klingen muß, darum noch einmal die Bitte um Nachsicht, er wollte nur das Beste, aber seine Pläne haben sich zerschlagen.

Dann ist es lange still im Zimmer, ein König hat gewissermaßen abgedankt. Jakob versucht vergeblich, in Kowalskis Gesicht Bewegung zu erkennen, der sieht durch ihn hindurch und sitzt wie eine Salzsäule. Natürlich fallen Jakob, kaum ist das letzte Wort verklungen, Gewissensbisse an, nicht wegen der Mitteilung selbst, die war notgedrungen fällig und duldete keinen Aufschub. Aber ob man sie schonender hätte vortragen können, eventuell in einen Rückzug der Russen eingebettet, die ganze Last nicht mit einemmal auf andere Schultern abwälzen, die auch nicht breiter sind als die eigenen. Ob Kowalski unbedingt der richtige Mann war, in dessen Gegenwart der Schlußstrich gezogen werden mußte, gerade Kowalski. Wenn er es von einem Fremden gehört hätte, von einem Jakob nicht so Nahestehenden, sicher hätte er an einen Irrtum geglaubt oder an gehässige Verleumdung, nach einer Nacht voller Zweifel hätte er dir gesagt: „Weißt du, was sich die Idioten erzählen? Daß du kein Radio hast!“ – „Das stimmt“, wäre die Antwort gewesen, sie hätte ihn auch getroffen, aber vielleicht nicht so sehr, weil er in der Nacht zuvor diese Möglichkeit zumindest erwogen hätte. Und es wäre auch irgendwie einzurichten gewesen, genau so, Kowalskis Pech, daß er ausgerechnet an diesem Abend gekommen ist.

„Du sagst nichts?“ sagt Jakob.

„Was soll ich sagen.“

Aus unergründlichen Tiefen fördert Kowalksi sein Lächeln, ohne dieses Lächeln wäre er nicht Kowalksi, sieht Jakob auch wieder an, mit Augen zwar, die weniger lächeln als der Mund, aber dennoch nicht vom Ende aller Hoffnung künden, eher pfiffig blicken, als sähen sie, wie immer, so auch diesmal hinter die Dinge.

„Was soll ich sagen, Jakob? Ich verstehe dich schon, ich verstehe dich sehr gut. Weiß du, ich bin so ziemlich das Gegenteil von einem Husaren, du kennst mich lange genug. Wenn ich hier ein Radio gehabt hätte, von mir hätte wahrscheinlich kein Mensch ein Wort erfahren. Oder noch wahrscheinlicher, ich hätte es aus Angst einfach verbrannt, ich mache mir da gar nichts vor. Ein ganzes Ghetto mit Nachrichten zu beliefern! So weit wäre ich nie gegangen, weiß man, wer mithört? Wenn ich irgendwann im Leben jemand verstanden habe, dann dich jetzt.“

…

*Aus: Becker, Jurek: Jakob der Lügner. Frankfurt a. M.: Suhrkamp Verlag 1976, S. 41ff.; 250ff*

**Figurenverzeichnis**

| | |
|---|---|
| namenloser Ich-Erzähler | |
| Jakob Heym | mit seinen erfundenen Radioberichten Hoffnungsträger des Ghettos |
| Kowalski | langjähriger Nachbar und Freund Jakob Heyms, von Beruf Friseur |
| Lina | achtjähriges Mädchen, das von Jakob Heym versteckt wird |
| Rosa Frankfurter und Mischa | Liebespaar mit Zukunftsplänen |
| Felix Frankfurter und seine Frau | Rosas Eltern<br>Felix Frankfurter, ehemals Schauspieler, zerstört aus Angst sein Radio; später Deportation |
| Herschel Stamm | strenggläubiger Jude; ehemals Synagogendiener |
| Leonard Schmitt | assimilierter Jude; ohne Bindung zum Judentum |
| Professor Kirschbaum | vor der Nazidiktatur anerkannter Chirurg, verweigert dem Lagerkommandanten seine ärztliche Hilfe durch Suizid |
| Elisa Kirschbaum | Schwester von Professor Kirschbaum; wird nach dem Tod des Lagerkommandanten deportiert |

**Arbeitsanweisungen:**

1. Beschreiben und bewerten Sie die in den Textauszügen (A und B) dargestellten Situationen.
2. Gehen Sie von der folgenden fiktiven Situation aus:
   Kowalski hinterlässt ein Tagebuch, das nur zwei Eintragungen enthält.
   Die erste nahm er vor, nachdem er mit Jakob über die Neuigkeiten im Ghetto gesprochen hatte. (Textauszug A)
   Die zweite schrieb er unter dem Eindruck von Jakobs Geständnis. (Textauszug B)
   Verfassen Sie diese beiden Tagebucheintragungen.
3. Erläutern Sie wesentliche Entscheidungen bei der inhaltlichen und sprachlichen Gestaltung der Tagebucheintragungen.

Die Aufgaben sind separat zu lösen. Die Lösung der zweiten Aufgabe bildet den Schwerpunkt.

## Lösungsvorschlag

*Die Lösung der Aufgaben verlangt von Ihnen Methodenwissen zur Analyse epischer Texte und zum gestaltenden Interpretieren. Sichere Werkkenntnisse zu Jurek Beckers Roman „Jakob der Lügner" werden vorausgesetzt.*
*Erfassen Sie zunächst die in den beiden Textauszügen dargestellte Situation. Dazu müssen Sie die beiden Auszüge in die Gesamthandlung des Romans einordnen, den Gesprächsverlauf inhaltlich und stilistisch beschreiben und deuten sowie die agierenden Personen charakterisieren.*
*Auf dieser Basis versetzen Sie sich jeweils in die Rolle Kowalskis und schreiben 2 Tagebucheintragungen. Damit belegen Sie, dass Sie die jeweilige Situation erfasst haben und die Bedeutung der fiktiven Radionachrichten Jakobs aus der Perspektive Kowalskis nachvollziehen können. Bei der Gestaltung der Eintragungen sind viele verschiedene Lösungen denkbar. Auf alle Fälle sollten sie mit der Romanvorlage verknüpft sein, dem Charakter Kowalskis und seiner Befindlichkeit in den jeweiligen Situationen entsprechen und die weitere Handlung berücksichtigen.*
*Die dritte Teilaufgabe verlangt die Begründung Ihrer inhaltlichen und sprachlich-stilistischen Entscheidungen bei der Gestaltung der Tagebucheinträge. Es wird erwartet, dass Sie an ausgewählten Beispielen aus Ihrem eigenen Text arbeiten.*
*Die Qualität Ihrer Arbeit ergibt sich vor allem auch aus dem Zusammenspiel der drei Aufgaben. Beachten Sie, dass die produktive zweite Aufgabe den Schwerpunkt bildet.*

### 1 Beschreibung und Bewertung der in den Textauszügen dargestellten Situationen

Jurek Beckers Roman *Jakob der Lügner* ist 1969 in der DDR erschienen, nachdem die zunächst als Drehbuch konzipierte Vorlage abgelehnt worden ist.
Von einem anonym bleibenden Überlebenden eines polnischen Ghettos, der als Ich-Erzähler durch kommentierende Eingriffe den Handlungsverlauf unterbricht und damit eine ironische Distanz schafft, wird die Geschichte des Ghettobewohners Jakob Heym erzählt. Dieser gibt sich als Besitzer eines bei Todesstrafe verbotenen Radios aus und trägt durch die Weitergabe erfundener guter Nachrichten zum Überlebenswillen der Ghettobewohner bei. Letztendlich kann er aber die Deportationen einschließlich seiner eigenen nicht verhindern. Becker, der seine Kindheit im Ghetto verbracht und mit seinem Vater den Holocaust überlebt hat, versuchte mit dem Roman, einen Teil eigener Identität zu rekonstruieren und zu verarbeiten.

**Textauszug A**
Auf dem Revier der Wachmannschaften wird Jakob unfreiwilliger Hörer einer Radionachricht, die über den Stand der Roten Armee bei Bezanika, unweit des Ghettos, informiert.

Jakob nutzt dieses Wissen am folgenden Morgen bei der gemeinsamen Arbeit auf dem Güterbahnhof, um seinen ehemaligen Boxschützling Mischa von einem Kartoffeldiebstahl abzuhalten, der dessen sicheren Tod bedeutet hätte.

Weil aber das Revier bisher nur von Spitzeln lebendig verlassen wurde, **erfindet** er als Begründung für diese Mitteilung ein **eigenes Radio**. Mit der gleichzeitigen Bitte an Mischa, es für sich zu behalten, stößt Jakob allerdings auf taube Ohren und so gerät die sensationelle Neuigkeit auch an Kowalski, seinen langjährigen Freund und Nachbarn. Bereits in der Mittagspause stellt dieser Jakob zur Rede, flüsternd, wohl wissend, dass man nun „über Geheimnisse redet" (Z. 3). Die **fordernde Frage Kowalskis** an Jakob, „Stimmt das mit den Russen?" (Z. 2), duldet nur eine bejahende Antwort.

Der Erzähler konstatiert, dass Jakob **Angst hat vor dieser neuerlichen Lüge**. Er „erschrickt über den Ton [...], über den Ernst, [...] über das Zittern in Kowalskis Stimme" (Z. 4 ff.) und ist sich damit der existenziellen Bedeutung der nun zu erwartenden positiven Nachricht vom Frontverlauf durchaus bewusst. Eine Wiederholung der Frage Kowalskis zögert Jakobs Antwort zwar hinaus, ein Leugnen ist aber nicht mehr möglich. Jakob ist bereits zum **Hoffnungsträger** geworden, der durch die Nachricht von der vermeintlich bevorstehenden Befreiung des Lagers den Menschen Zuversicht gibt. Kowalski zeigt sich vom Zögern Jakobs enttäuscht und wertet es als mangelndes Vertrauen.

Mit der Betonung, dass er Jakobs „einzige[r] und beste[r] Freund" (Z. 14) sei und der Hyperbel, dass bereits „die ganze Welt" (Z. 13) von dem Radio wisse, setzt er Jakob auch moralisch unter Druck und bewirkt durch **insistierendes Nachfragen** letztendlich dessen knappes, nur aus der Konjunktion „Ja" (Z. 19) bestehendes **Geständnis**.
Nachdem Kowalski Jakob seine Verschwiegenheit zugesichert hat, die ihm der Leser aber nicht abkauft, weil er ihn als aufdringlichen und neugierigen Menschen erlebt, sucht Kowalski Zeit zum Nachdenken.

Bereits im ersten Textauszug werden die verschiedenen **Charaktere der agierenden Personen** und deren Widersprüchlichkeiten deutlich. Jakob verkörpert den misstrauischen, überlegten und im Grunde seines Wesens ehrlichen Ghettobewohner; Kowalski steht ihm als mitteilsamer, streitsüchtiger, ein wenig durchtriebener, aber auch liebenswerter Mensch gegenüber.

**Textauszug B**
Im weiteren Handlungsverlauf wird Jakob zum Hoffnungsträger für das gesamte Ghetto. Die entrechteten und unterjochten Juden gewinnen mit seinen Radiolügen Zuversicht und Lebensmut. Die Selbstmordrate im Ghetto sinkt.

Jakob erfindet immer neue Nachrichten. Einzelne machen ihm aber auch Vorwürfe, weil der Besitz von Radios strengstens untersagt ist und Jakob damit alle im Ghetto gefährden könnte. Immer mehr Menschen werden jedoch deportiert, immer deutlicher **klaffen Wirklichkeit und Fantasiewelt seiner Nachrichten auseinander**. Jakob entschließt sich, Kowalski zu gestehen, dass er nie ein Radio besessen hat.

Im Gegensatz zum Textauszug A eröffnet Jakob das Gespräch. Es findet auch nicht auf dem Güterbahnhof, in einem öffentlichen Raum und im Beisein anderer Menschen statt, sondern in Jakobs Zimmer, **unter vier Augen**. Jakob weiß, dass sein **Geständnis** vor dem mitteilsamen Kowalski dazu führen wird, dass alle Ghettobewohner davon erfahren werden und so spricht er „den Worten nach zu einem größeren Auditorium" (Z. 28).
Wieder wird leise gesprochen. Jakob wendet sich „mit Wehmut [...] und [...] Resignation [...] an alle" (Z. 29 f.) und ist sich der Tragweite seiner letzten Meldung durchaus

bewusst. In einem **tempogeladenen Redefluss**, geprägt durch Nebensätze, Aufzählungen und die gehäufte Verwendung des Adverbs „vielleicht" (Z. 32), äußert Jakob Vermutungen zum derzeitigen Stand der Roten Armee, die aber ebenso wenig von Belang sind wie die einzig wahre Meldung und lediglich sein „[er] weiß auch nicht" (Z. 32) untermauern. Jakob bittet am Ende seines Geständnisses „um Nachsicht" (Z. 39).

Durch die **auktoriale Erzählperspektive** eröffnet sich die Möglichkeit, die Befindlichkeit Jakobs genau abzubilden. Die Zeitdehnung: „Dann ist es lange still im Zimmer" (Z. 41) und die Metaphern vom „König, [der] gewissermaßen abgedankt [hat]" (Z. 41) sowie dem zur „Salzsäule" (Z. 43) erstarrten Kowalski, erhöhen die Eindringlichkeit des Augenblicks.

In dieser Situation überfallen Jakob Zweifel, ob der Zeitpunkt für das Geständnis ebenso wie der Adressat und die Vorgehensweise richtig gewählt sind. Er **spielt gedanklich Alternativen durch**. Damit zeigt er nochmals seine Fantasie, offenbart aber vor allem seine innere **Zerrissenheit** sowie sein **mitfühlendes, ehrliches Wesen**. Als das Warten auf eine Reaktion Kowalskis für Jakob unerträglich wird, fordert er ihn direkt auf, etwas zu sagen.

**Kowalski** lächelt noch einmal sein Lächeln aus „unergründlichen Tiefen" (Z. 58), das den Leser darin bestärkt, die folgenden Worte Kowalskis zu hinterfragen. Er bezeichnet sich selbst als Feigling, betont, dass er Jakobs Mut ungeachtet der Lüge bewundere und **suggeriert Verständnis für Jakobs Verhalten**.

## 2 Die Tagebucheintragungen

### 2.1 Kowalskis Tagebucheintrag, nachdem er mit Jakob über die Neuigkeiten im Ghetto gesprochen hat

Das mit den Russen stimmt. Nur noch 20 Kilometer. Sie stehen 20 Kilometer vor Bezanika. Und Jakob hat ein Radio. Und es dauert nicht mehr lange und die Russen sind hier. Und wir werden sie erwarten. Jakob wird es uns vorher sagen können, dass sie kommen. Noch nie vorher habe ich in dieses Heft geschrieben. Ein Tagebuch sollte es werden – angeschafft in besseren Zeiten. Aber dann hat mir die Zeit gefehlt – und auch die Lust. Wenn ich am Abend den letzten Kunden rasiert und den Laden für den nächsten Morgen saubergemacht hatte, habe ich mich doch viel lieber mit den Männern des Schtetls unter den grünen Bäumen getroffen. Ach, was gab es da zu erzählen. Und was haben wir gelacht.

Jakob war auch meist mit von der Partie. Mein Freund Jakob. Wie ich mich nach seinen Puffern sehne. Aber bald, bald können wir unser Abkommen wieder aufleben lassen. Ich rasiere ihn jeden Morgen und dafür darf ich mir den Bauch mit seinen Köstlichkeiten voll schlagen. Kartoffelpuffer, so viel ich schaffe. Nach der mageren Suppe vom Güterbahnhof werden sie mir noch mal so gut schmecken. Mmh, ich kann sie schon riechen, hier in meinem Fleckchen Zimmer, mit dem Blick auf einen grauen Platz, dem alles Grün geraubt ist.

Grün – die Farbe der Hoffnung. Aber die Deutschen dulden kein Grün und sie dulden keine Hoffnung. Deshalb haben sie auch alle Bäume fällen lassen und sie haben die Radios verboten – bei Androhung der Todesstrafe. Doch es hat ihnen nichts genützt. Jakob hat ein Radio und wir haben die Hoffnung.

Deshalb schreibe ich nun doch noch in dieses Heft. Die Schrecken der letzten Wochen und Monate festzuhalten, war es nicht wert. Sie werden eh bald Geschichte sein. Aber jetzt musste ich schreiben, bevor meine Brust vor Erwartung zerspringt. Ein Glück, dass ich Jakob zur Besinnung bringen konnte.

Die Ungewissheit war ja nicht zum Aushalten. Er erzählt seinem Boxschützling Mischa von seinem Geheimnis und bei mir, seinem einzigen und besten Freund, hält er sich bedeckt. Aber da hat er Kowalskis Redekunst unterschätzt! Ich habe bisher noch jeden zum Reden gebracht. Und Jakob wollte mich ja nun wirklich nicht kränken ... Man muss vorsichtig sein – hier im Ghetto. Die Deutschen haben ihre Ohren überall. Er hat sich dann ja auch besonnen. Obwohl, so ganz freimütig war er nicht – kurz angebunden und die Augen hat er ob meiner hartnäckigen Fragerei auch verdreht. Aber egal, ich habe das gehört, was ich zu hören gehofft habe. Doch jetzt schreibe ich lieber ... Ich bin zur Genüge mit dem beschäftigt, was da plötzlich auf mich zukommt. Fast schon hätte ich den Gedanken auf ein Leben danach aufgegeben – aber nun lohnt es sich wieder, davon zu träumen.

**2.2 Kowalskis Tagebucheintrag unter dem Eindruck von Jakobs Geständnis**

Noch mal schreibe ich. Mit wem sollte ich auch darüber reden über das, was heute geschehen ist? Ich habe einen Stein auf der Brust, der mich erdrückt. Die Träume sind zerplatzt wie Seifenblasen.

Er hat nämlich gar kein Radio ... Jakob hat kein Radio. Alle Meldungen erfunden ... Gut, vor Bezanika sollen die Russen wohl tatsächlich gestanden haben, aber das ist jetzt auch egal. Wo sie jetzt sind, wann sie kommen, ob sie überhaupt kommen – Fragen ohne Antworten.

Mir hat er es diesmal als Erstem erzählt – mir, seinem besten Freund. Vielleicht aber auch einfach nur, weil ich ihn aufgesucht habe. Mein Pech. Eigentlich wollte ich andere Neuigkeiten von ihm hören. Mit diesen habe ich wirklich nicht gerechnet. Ich war erschüttert, zur Salzsäule erstarrt.

Dabei wirft einen Kowalski nichts so leicht um, und nach den Erfahrungen der letzten Tage erst recht nicht. Da musste ich mit ansehen, wie Herschel Stamm erschossen wurde, weil er auf dem Güterbahnhof in einen Waggon eingepferchte Menschen entdeckte, denen er von unserer Hoffnung abgeben wollte. Dann kam Professor Kirschbaum von einem „Patientenbesuch" beim Lagerkommandanten nicht zurück und ich selbst bin auch gerade so mit einem blauen Auge davon gekommen, bei meinem Ablenkmanöver, um einen Wachposten von seiner Notdurft abzuhalten. Auf dem Klo der Deutschen saß nämlich Jakob.

Ach, Jakob. Heute Abend hast du mich wohl zum ersten Mal in unserem langen gemeinsamen Leben sprachlos gesehen. So viele Bilder schossen mit einem Mal durch meinen Kopf. Die kleine Lina, die du so selbstlos bei dir versteckst, findet ihre Eltern wieder, Mischa und Rosa feiern ihre Hochzeit, die Frankfurters sind auch dabei und wir alle sind eingeladen. Wir feiern unter Bäumen, lachen, essen deine Puffer. Schöne Bilder, Bilder der Hoffnung, Trugbilder.

Was soll ich sagen, Jakob? Wirklich – ich bewundere dich – ein ganzes Ghetto mit Nachrichten zu versorgen, zu sehen, wie die Leute deine Nachrichten gieriger trinken als die dünne Suppe ... Und Selbstmordkandidaten gab es auch keine mehr.

Der einzige, der wohl keine Hoffnung hatte, warst du, Jakob. Und wir haben nichts gemerkt. Für uns war der Stromausfall eine Katastrophe – für dich eine Erleichterung? Und ich dachte noch, ich tue dir einen Gefallen, wenn ich jemanden auftreibe, der dein kaputtes Radio repariert. Ganz schön egoistisch – was?

Gelächelt hab ich, Jakob. Wollte dir einfach noch mal etwas Gutes tun, dir zeigen, dass ich zu dir stehe. Ein Lügner bist du, Jakob, aber ein heldenhafter. Lügen ohne Selbstzweck – wer kann das schon?

Wie wird es nun weitergehen, mit dir, mit deinem Radio, mit dem ganzen Ghetto? Ich weiß nur, dass diese Neuigkeit von mir keiner mehr erfahren wird. Eine Hoffnung bleibt mir noch. Vielleicht haben meine Augen sie dir schon verraten.

Morgen früh, wenn du so wie jeden Tag mit den anderen zum Bahnhof gehen wirst, wirst du sie sehen. Erschrick nicht, Jakob, sei nicht traurig, ich habe meinen Weg gewählt, so wie immer. Und wenn du vielleicht dieses Buch findest, dann sei stolz drauf, dass du darin eine Rolle gespielt hast.

Kowalski

## 3 Reflexion der Textgestaltung

Der **erste Tagebucheintrag** steht unter dem **Zeichen der Hoffnung** auf ein baldiges Ende des Ghettoalltags. Stakkatohaft listet Kowalski zunächst all das auf, was ihn zu dieser Hoffnung berechtigt. Die Konjunktion „und" unterstreicht die **Ungeduld**, mit der Kowalski entsprechend seinem impulsiven Wesen mit diesen neu gewonnenen Informationen umgeht. Sie ermuntern ihn gleichsam, in **Erinnerungen an vergangene Zeiten** zu schwelgen, an das normale Alltagsleben im Schtetl, seine berufliche Tätigkeit und das Abkommen mit Jakob. **Euphemistisch** beschreibt er seine Sehnsucht nach Jakobs Kartoffelpuffern. Die Wiederholung des Adverbs „bald" unterstreicht seine Ungeduld.

Auch das für den Roman bedeutsame **Baummotiv** wird an dieser Stelle aufgegriffen, um die drastischen Veränderungen transparent zu machen. „Das Fleckchen Zimmer" und der „Blick auf einen grauen Platz" demonstrieren die Tristesse des Ghettoalltags und stehen dem Grün der Bäume antithetisch gegenüber. Über diese Farbassoziation kommt Kowalski auf die Deutschen und deren Sanktionen zu sprechen: Bäume wurden gefällt und Radios verboten – für Kowalski ein Verlust von wichtigen Hoffnungsträgern. Fast kindlich mutet der Einspruch an, es habe den Deutschen nichts genützt. Kowalski ist nun aufgrund von Jakobs Lüge voller Hoffnung, denn ein Ende der Schreckenszeit ist für ihn absehbar. Neuen Lebensmut zeigt er allein schon in der **Verhaltensweise**, dass er erstmalig in ein Tagebuch schreibt, um den freudigen Augenblick festzuhalten.

Noch einmal **reflektiert** er das **Gespräch mit Jakob**. Fast scheint er ein wenig stolz auf sich selbst zu sein, dass er seine „Redekünste" anwenden konnte und Jakobs Schweigen gebrochen hat. Mit der Wiedergabe der Beobachtungen, die auch der Erzähler gemacht hat (Jakob war wortkarg und hat die Augen verdreht), zeigt Kowalski, wie genau er seinen Freund im Auge behalten hat. Er tut diese Auffälligkeiten aber mit der Floskel „egal" ab, weil für ihn nur das Ergebnis zählt. Die Gewissheit, das Gewünschte bekommen zu haben, lässt Kowalski zu seiner Zukunftsträumerei zurückkehren, was letztendlich zeigt, dass er ein Mensch ist, der ihm gefällige Tatsachen gern annimmt, ohne weiter darüber nachzudenken.

Im **zweiten Eintrag** ist mit einem Mal alles anders: Noch ist nicht abzusehen, dass Kowalski, so wie es Jakob von ihm vermutet, zum Sprachrohr von Jakobs Geständnis wird. Er nutzt sein Tagebuch, um sich zu artikulieren. Während im ersten Tagebucheintrag seine „Brust vor Erwartung zerspringt", hat Kowalski jetzt „einen Stein auf der Brust, der [ihn] erdrückt".

Seine euphorischen Träume aus dem ersten Eintrag sind nach seinen eigenen Worten „zerplatzt wie Seifenblasen". Auch die euphemistischen Wendungen und die **Dynamik** sind aus Kowalskis Schreibstil **verschwunden**. Stattdessen kommt ihm die bittere Wahrheit, dass Jakob „gar kein Radio" hat und damit „alle Meldungen erfunden" sind, nur bruchstückhaft ins Bewusstsein. Kowalski erwartet auch keine Antworten mehr auf Fragen, die ihn gerade noch beschäftigt haben.

Zwar fällt ihm auf, dass er diesmal der Erste war, vor dem Jakob sein Geständnis abgelegt hat, aber er bewertet die Tatsache eher als Zufall. Über seine Reaktion, dass er zur Salzsäule erstarrt ist, legt er gegenüber sich selbst ehrlicher Rechenschaft ab als gegenüber Jakob. Er bekennt, dass er in keiner Weise mit dieser Eröffnung Jakobs gerechnet hat und deshalb **„erschüttert"** gewesen ist.

Noch einmal erinnert er sich an die Geschehnisse der letzen Tage. Dabei **reflektiert** er zunächst **sachlich-nüchtern** Situationen, wie die Erschießung Herschel Stamms und den Selbstmord Professor Kirschbaums. Als er sich an seine eigene Heldentat erinnert, die Kowalskis Aussage gegenüber Jakob, er sei kein Held, widerspricht, kommt ihm sein Freund wieder in den Sinn. Mit der Interjektion „Ach" demonstriert Kowalski, dass es ihm nicht leicht fällt, nochmals an Jakob zu denken.

Während er im ersten Textauszug voller Überschwang von der gemeinsamen Zeit geschrieben hat, bleibt ihm jetzt nichts weiter übrig, als sich noch einmal direkt an seinen Nachbarn zu wenden und ihm all das zu sagen, was er am Abend nicht gesagt hat, weil er „wohl zum ersten Mal in [ihrem] langen gemeinsamen Leben sprachlos" war. Die **direkte Ansprache Jakobs** wirkt vertraut und sehr persönlich.

Es sind noch einmal die schönen **Bilder der Hoffnung** der letzten Tage, die Kowalski beschreibt und dabei auch andere Handlungsträger des Romans mit einbezieht. Sie sind aber weniger euphorisch gezeichnet als im ersten Eintrag und enden mit dem schmerzlichen Substantiv „Trugbilder".

Auch auf die bereits im Gespräch mit Jakob geäußerte Bewertung von Jakobs Verhalten kommt Kowalski nochmals zu sprechen. Sein **Verständnis** und seine **Bewunderung** scheinen ehrlich gemeint zu sein, wenn er sie hier wiederholt und vertieft.

Am Ende des Eintrags wird offensichtlich, dass Kowalski diesmal seiner Rolle als geschwätziger Mensch nicht mehr gerecht werden wird. Er hat für sich die Konsequenz gezogen. Zwar scheut er sich, das Wort „Selbstmord" aufzuschreiben, aber er lässt keinen Zweifel an seinen Absichten, wenn er nur noch von Jakob und „den anderen" spricht und seinen Freund dazu auffordert, nicht zu erschrecken, (wenn er ihn auf dem Weg zur Arbeit hängen sieht).

Er schließt seinen Eintrag fast ein wenig **sentimental**, indem er von Jakobs Rolle in seinem Leben spricht und seine Wertschätzung zum Ausdruck bringt.

**Leistungskurs Deutsch (Sachsen): Abiturprüfung 2009**
**Aufgabe 2: Interpretation lyrischer Texte**

**Thema: Rainer Maria Rilke (1875–1926): Abend (1906)**
**Georg Trakl (1887–1914): Der Abend (1914)**

## Rainer Maria Rilke: Abend

Der Abend wechselt langsam die Gewänder,
die ihm ein Rand von alten Bäumen hält;
du schaust: und von dir scheiden sich die Länder,
ein himmelfahrendes und eins, das fällt;

und lassen dich, zu keinem ganz gehörend,
nicht ganz so dunkel wie das Haus, das schweigt,
nicht ganz so sicher Ewiges beschwörend
wie das, was Stern wird jede Nacht und steigt –

und lassen dir (unsäglich zu entwirrn)
dein Leben bang und riesenhaft und reifend,
so daß es, bald begrenzt und bald begreifend,
abwechselnd Stein in dir wird und Gestirn.

*In: Rilke, Rainer Maria: Werke in drei Bänden. Bd. 1.*
*Frankfurt am Main und Leipzig: Insel Verlag 1991, S. 161.*

## Georg Trakl: Der Abend

Mit toten Heldengestalten
Erfüllst du Mond
Die schweigenden Wälder,
Sichelmond –
Mit der sanften Umarmung
Der Liebenden,
Den Schatten berühmter Zeiten
Die modernden Felsen rings;
So bläulich erstrahlt es
Gegen die Stadt hin,
Wo kalt und böse
Ein verwesend Geschlecht wohnt,
Der weißen Enkel
Dunkle Zukunft bereitet.
Ihr mondverschlungnen Schatten
Aufseufzend im leeren Kristall
Des Bergsees.

*http://gutenberg.spiegel.de/?id=5&xid=2889&*
*kapitel=2&cHash=29573ebb4dabend1#gb_found*

**Arbeitsanweisungen:**

Interpretieren Sie das Gedicht von Rainer Maria Rilke. Vergleichen Sie es mit dem von Georg Trakl.

## Lösungsvorschlag

*Die Aufgabenstellung basiert auf den „Einheitliche(n) Prüfungsanforderungen in der Abiturprüfung für das Fach Deutsch" und der Beschäftigung mit Lyrik verschiedener Autoren im Verlaufe des Unterrichts in der Sekundarstufe II. Als abiturrelevante Aufgabenart kommt in diesem Beispiel ein Ihnen bekanntes Grundmuster zur Anwendung: das „untersuchende Erschließen literarischer Texte: Textinterpretation" genannt. Die besondere Arbeitsaufgabe des Gedichtvergleichs ist Ihnen vertraut und aufgrund einer klaren Vergleichsebene auch nicht unbedingt anspruchsvoller als die einfache Gedichtinterpretation. Allerdings wird von Ihnen verlangt, die zu interpretierenden Texte angemessen in den literarischen Kontext einordnen zu können, denn meistens werden Gedichte aus unterschiedlichen Epochen vorgelegt.*
*Gedichte von Autoren der Literatur um 1900 bilden die Textvorlage. Als Operator dient zunächst „Interpretieren Sie", des Weiteren enthält die Aufgabenstellung ein „Vergleichen Sie". Sie müssen also das Verfahren des Gedichtvergleichs aspektorientiert anwenden und selbstständig geeignete Vergleichsaspekte ermitteln.*
*Zunächst sollte das Rilke-Gedicht genau untersucht werden. Wie immer bei dieser Gattung bedeutet dies, dass Sie in hohem Maße den Ihnen verliehenen Gestaltungsspielraum selbst planen müssen. Verlangt wird eine genaue Textwahrnehmung sowie Sensibilität und Gespür für das Thema wie für die Sprache im Gedicht. Ziel sollte eine begründete, sinnerhellende Annäherung an den Text sein. Das gilt auch für den Trakl-Text, den sie vor dem Vergleich in zusammenfassender, prägnanter Form darstellen sollten.*
*Kenntnisse zu Leben und Werk Rilkes könnten bei dieser Aufgabenbearbeitung einfließen. Auch Georg Trakl dürfte für Sie kein unbekannter Autor sein. Eine originelle und kenntnisreiche Arbeit sollte also auf dem Fundament eines sicheren literaturgeschichtlichen Wissens zu der vielgestaltigen Lyrik um 1900 agieren.*
*Eine schlüssige problemorientierte Einordnung von Motivbausteinen (hier besonders das Abend-Motiv), das Erkennen und Benennen von sprachlichen Tendenzen in der Lyrik der Jahrhundertwende, historische oder poetologische Zusammenhänge und Hintergründe sind in jedem Falle anstrebenswerte und qualitätsfördernde Aspekte der Gesamtdarstellung.*

### 1. Einleitung

Rainer Maria Rilke und Georg Trakl, die Autoren der hier zu vergleichenden Gedichte, haben sowohl dem Herbst als eben auch dem Abend zahlreiche lyrische Texte gewidmet. Rilke hat annähernd zehn Abend-Gedichte verfasst, auch Trakl verwendete häufig Bilder des Abends und der Dämmerung. Ein beredtes Zeugnis ist etwa sein vielleicht bekanntestes Gedicht *Verfall*, dem die Verse entstammen: „Am Abend, wenn die Glocken Frieden läuten, / Folg ich der Vögel wundervollen Flügen, / Die lang geschart, gleich frommen Pilgerzügen, / Entschwinden in den herbstlich klaren Weiten."
Beide Autoren verarbeiten den ‚Abend' als Sinnbild auf sehr unterschiedliche Weise. Die lyrischen Texte von Rilke und Trakl gehen – den literarischen Strömungen der Zeit um 1900 gemäß – in ihren Haltungen und Aussagen zur bzw. über die Welt weit auseinander, was sich exemplarisch an den beiden vorliegenden Gedichten ablesen lässt.

### 2. Interpretation von Rainer Maria Rilkes „Abend"

#### 2.1 Thema/Titel

Der Abend als Übergang des Tages in die Nacht übt seit jeher auf Dichter eine magische Anziehungskraft aus. Nicht nur natürliche Vorgänge oder Erlebnisse interessieren den Poeten dabei, sondern vielmehr die Möglichkeit, hier Sinnpotenzial für philosophische Betrachtungen zu finden. Schon in Andreas Gryphius' berühmtem Barock-Sonett *Abend* wird dieser auf das rasch vorübereilende Leben bezogen, wenn es heißt: „Der schnelle Tag ist hin / die Nacht schwingt ihre Fahn". Der **metaphorische Gehalt des Motivs** liegt auf der Hand. Der Abend, die Dämmerung sind natürliche **Zustände des Übergangs** vom Tag zur Nacht, vom Licht ins Dunkel, vom Leben zum Tod. Hierin ähnelt dieses Motiv insofern dem Jahreszeiten-Motiv des Herbstes.

### 2.2 Lyrische Situation

Der **lyrische Sprecher** befindet sich zum Ausgangspunkt seiner Betrachtungen in der **Position eines Beschreibenden**. Dabei greift er den Vorgang der Dämmerung auf, um anhand der sich unschärfer abzeichnenden Konturen in der Natur **über das eigene Dasein zu reflektieren**. Unklar bleibt, wen es mit „du“ (vgl. V. 3) anspricht. Das Schauen wandelt sich in der zweiten und dritten Strophe zum Reflektieren über das eigene unsichere und unbestimmte Dasein. Als vorläufiges Resultat erkennt das lyrische Subjekt das Leben als nicht fassbares Phänomen, das Momente der Bewunderung, des Eingebundenseins in kosmische Zusammenhänge genauso enthält wie Stunden und Tage der Einsamkeit, der Sehnsucht und Resignation.

### 2.3 Analyse und Deutung der lyrischen Struktur und des Sinngehalts

Das Gedicht entstammt dem zwischen 1902 und 1906 entstandenen *Buch der Bilder*. Rilke ist in diesen Jahren sehr häufig unterwegs gewesen. So führen ihn in dieser Zeit Reisen nach Paris, Berlin, Schweden – ein unruhiger Geist ist auf der Suche nach Erfahrung und Austausch.

Die **strophische Dreigliederung** zu je vier jambischen Fünfhebern ist klar und übersichtlich. Verstärkt wird ein **harmonischer Grundeindruck** durch die Endreimstruktur: In den ersten beiden Strophen wird ein Kreuzreim verwendet, ein umarmender Reim schließt den Text in der dritten Strophe ab. Syntaktisch gesehen besteht das Gedicht aus einer einzigen Periode, die eingangs der zweiten bzw. dritten Strophe durch die koordinierende Konjunktion „und“ (V. 5, 9) jeweils verknüpft wird. Die Hauptsätze tragen den inhaltlichen Schwerpunkt jeder Strophe, ergänzt durch Nachträge, Partizipialkonstruktionen oder Nebensätze.

Ein ästhetisch reizvolles Bild eröffnet das Gedicht: „Der Abend wechselt langsam die Gewänder, / die ihm ein Rand von alten Bäumen hält“ (V. 1 f.). Dämmerung wird poetisch eindrucksvoll im Bild eines **anthropomorphen Umkleideprozesses** dargestellt, bei dem Baumäste als Gehilfen einer Tageszeit fungieren, um die Tageskleider gegen die der Nacht einzutauschen. Nach dieser Beschreibung wendet sich der Sprecher an ein nicht näher zu bestimmendes **Du** – ob es sich um Selbstreflexion, den Leser oder ein generalisierendes Du handelt, bleibt offen. Der Schauende wandelt sich vom Subjekt zum Objekt: Ab Vers 3 empfindet er, dass etwas geschieht, das er nicht beeinflussen kann und dem er sich vor allem nicht zuordnen kann („von dir scheiden sich die Länder, / ein himmelfahrendes und eins, das fällt“, V. 3 f.). Der Naturvorgang ist nachvollziehbar, **Himmel und Erde scheinen wie getrennt** mit dem „Aufziehen“ der nächtlichen Gestirne nach dem Untergang der Sonne.

Mit der zweiten Strophe, die durch konjunktive Verknüpfung und Fortsetzung des Satzes nahtlos weiterführt, beginnt die Standortbestimmung des Subjektes. Die Anapher „nicht ganz so“ (V. 6 f.) deutet dabei auf Unsicherheit in den Aussagen. In der Eingangsstrophe entwickelte Gedanken verfestigen sich nunmehr dahingehend, dass die **Bipolarität von Irdischem und Ewigem** in Bezug auf den Sprecher nicht „zu entwirrn“ (V. 9) ist. Keinem Bereich fühlt er sich voll zugehörig (vgl. V. 5), sodass ihm das Phänomen „Leben“ nur im Schwanken zwischen den Polen begreiflich wird. Die reihenden und alliterativen Formulierungen in den Abschlussversen „bald begrenzt und bald begreifend“ sowie „abwechselnd Stein in dir wird und Gestirn“ (V. 11 f.) belegen dies. Der Sprecher wird sich der **ambivalenten Natur des Menschen** bewusst, der einerseits teilhat an dem Irdischen, Sterblichen – das Bild vom dunklen, schweigenden Haus (vgl. V. 6) erinnert an Tod und Vergänglichkeit –, andererseits aber auch das Himmlische,

Ewige in sich spürt. Diese nicht fassbare Spannung zwischen totem Stein und leuchtendem Gestirn vermittelt sich bezeichnenderweise in dem Zwischenstadium zwischen Tag und Nacht. Rilkes lyrisches Subjekt dokumentiert in diesem Gedicht in bildhafter Weise die **Sehnsucht nach Identität und Transzendenz**. Wie so oft bei Rilke wird die Wandlung vom Abbild zum Sinnbild hier am Beispiel des Abends gestaltet.

**3. Vergleich mit Trakls Gedicht**

In Georg Trakls Gedicht wird das Abendmotiv in für den Autor und den **Expressionismus** typischer Weise umgesetzt. Die Metapher des Abends ist bei Trakl eigentlich immer – so auch hier – konnotiert mit **apokalyptischen Visionen**. Im Kontext tauchen sehr häufig Worte wie Untergang, Verwesung oder Verfall auf. Ein Vergleich mit dem Rilke-Gedicht muss daher nahezu zwangsläufig **kontrastiv** ausfallen.

Für **Rilkes lyrisches Subjekt** ist der Abend Anlass, die fragile Position des Menschen im Weltzusammenhang zu hinterfragen, **Suche nach Sinn und Identität** des Menschen, sein Eingebundensein in kosmische, transzendente Dimensionen zu erkunden.

**Georg Trakls Subjekt** hingegen wirkt aufgrund seiner Bild- und Wortwahl **desillusioniert**, ohne jede Hoffnung. Es steht **teilnahmslos außerhalb** eines abendlichen Szenarios, das eher schon Nacht suggeriert. Zentrale Anredefigur ist der **Mond** (V. 2), der im Expressionismus im Gegensatz zu anderen Epochen häufig den Charakter des Dämonischen, des für Unheil und Katastrophen Verantwortlichen erhält. In diesem Gedicht wird der personifizierte Mond zum lebendigen Akteur („Sichelmond", V. 4) von Tod und Verwesung, wobei die „Sichel" an die populäre bildliche Darstellung des Todes als Sensenmann anspielt. Einstige Heldengestalten sind tot, die Felsen vermodert (V. 1 und 8). Zwar ist der Abend auch der Zeitpunkt „sanfte[r] Umarmungen" (V. 5) von Liebenden, doch wird dieses Bild des Lebens eingekreist vom Spuk der toten Helden und der Beschwörung von „Schatten berühmter Zeiten" (V. 7). Die Liebe hat hier keinen Platz.

Die Metapher des „verwesend[en] Geschlechts" (V. 12), ein von Trakl in seinen Texten mehrfach verwendetes Bild für den **Werteordnungsverlust** in und durch die etablierte bürgerliche Gesellschaft, wird zum Inbegriff allen Ekels und aller Abscheu des lyrischen Sprechers. Die Zukunft nachfolgender, gegenwärtig noch unschuldiger Generationen – „[d]er weißen Enkel" – erscheint ihm als „[d]unkle Zukunft" (V. 14). Eine **Ahnung von Transzendenz** klingt in den drei letzten Versen an, wenn die kristalline Klarheit eines Bergsees zwar genannt wird, zugleich aber deutlich wird, dass diese dem Sprecher verborgen bleibt, d. h. die Spiegelungen einer zum Untergang geweihten Welt („mondverschlungne Schatten", V. 15) „im leeren Kristall" (V. 16) münden. Erneut ist der Mond mit Vernichtung und Tod assoziiert. Während Rilke nach dem Geheimnis des Menschen, seiner polaren Natur, fragt, kennt Trakl nur ein „kalt[es] und böse[s]" (V. 11) Geschlecht, das keine Zukunft hat. Helden gab es nur in der Vergangenheit (vgl. V. 1).

Auch **gestalterisch** sind beide Gedichte **grundverschieden**. Allein der visuelle Texteindruck von *Der Abend* verweist auf **Zerrissenheit** und **Disharmonie**. Es sind weder eine strophische Gliederung noch rhythmische Regelmäßigkeit oder Endreime erkennbar. Versatzstückhaft werden Bilder aneinandergereiht, der Fluss der Aussagen wirkt trotz Enjambements stockend, die Großschreibung der Zeilenanfänge verstärkt dies.

Bei **Rilke** dominieren **regelmäßige lyrische Strukturen**, die syntaktisch zwar gebrochen, dennoch Halt und Orientierung assoziieren. Das Ansprechen eines Du sowie die unübersichtliche Satzkonstruktion lassen dagegen eine zunehmende Verunsicherung des Subjekts im Verlauf des Reflexionsprozesses erahnen. Während für Rilke der Abend zum Anlass der Sinn- und Identitätssuche des Einzelnen genommen wird, ist er für Trakl **Vorbote einer untergehenden Welt**, einer apokalyptisch erahnten Nacht mithin, die im Sinne des Expressionismus eher an den Untergang der Zivilisation als an einen Abschnitt des allmählichen Vergehens und natürlichen Wandels erinnert.

## Leistungskurs Deutsch (Sachsen): Abiturprüfung 2009
## Aufgabe 3: Literarische Erörterung

**Thema: Friedrich Nietzsche (1844–1900): Unzeitgemäße Betrachtungen (1874)**
**Günter Grass (geb. 1927): Im Krebsgang (2002)**

### Friedrich Nietzsche: Unzeitgemäße Betrachtungen

…

Also: es ist möglich, fast ohne Erinnerung zu leben, ja glücklich zu leben, wie das Thier zeigt; es ist aber ganz und gar unmöglich, ohne Vergessen überhaupt zu leben. Oder, um mich noch einfacher über mein Thema zu erklären: *es giebt einen Grad von Schlaflosigkeit, von Wiederkäuen, von historischem Sinne, bei dem das Lebendige zu Schaden kommt, und zuletzt zu Grunde geht, sei es nun ein Mensch oder ein Volk oder eine Cultur.*

…

*Aus: Nietzsche, Friedrich: Die Geburt der Tragödie. Unzeitgemäße Betrachtungen. Kritische Studienausgabe. Colli, G. und Montinari, M. (Hg.). München: Deutscher Taschenbuch Verlag 1999, S. 250.*

**Figurenverzeichnis zu Günter Grass: Im Krebsgang** (ohne Text)

| | |
|---|---|
| Paul Pokriefke | Journalist, Ich-Erzähler |
| Konrad Pokriefke, auch Konny | Sohn Paul Pokriefkes |
| Tulla Pokriefke | Mutter Paul Pokriefkes |
| Gabi Pokriefke | geschiedene Ehefrau Paul P.s |
| Rosi | Freundin Konrad Pokriefkes |
| Tante Jenny | Freundin Tulla Pokriefkes |
| Wolfgang Stremplin: online „David“ | zunächst Konrad P.s Chat-Partner, später dessen Opfer |
| David Frankfurter | Jude, Medizinstudent, bekannt durch das Attentat auf Wilhelm Gustloff |
| Wilhelm Gustloff | Landesgruppenleiter der NSDAP-Auslandsorganisation in der Schweiz, getötet durch das Attentat D. Frankfurters |
| Alexander Marinesko | sowjetischer U-Boot-Kommandant |

**Arbeitsanweisungen:**

Analysieren Sie das Zitat von Nietzsche. Erörtern Sie dessen Positionen in Auseinandersetzung mit der Novelle *Im Krebsgang* von Günter Grass.

## Lösungsvorschlag

*Die Aufgabenstellung verlangt von Ihnen Verfahrenskenntnisse zur **literarischen Erörterung**. Sie **analysieren das Zitat** von Friedrich Nietzsche. Dabei werden Kenntnisse im Umgang mit theoretischen Texten vorausgesetzt. Sie müssen somit **Nietzsches Positionen herausarbeiten** und **die Gestaltung** des Zitates **erfassen**.*
*Anhand der Novelle von **Günter Grass „Im Krebsgang"** **erörtern** Sie die Aussagen Nietzsches. Dabei sind auch interpretatorische Fähigkeiten notwendig, denn ohne eine Beschäftigung mit den Verhaltensweisen und Einstellungen der Protagonisten ist eine Auseinandersetzung mit dem Prozess des Erinnerns nicht möglich. Sicheres Wissen zum literarischen Text und zum historischen Kontext der Novelle sollte in Ihre Überlegungen einfließen.*
*Den Abschluss kann ein kurzes Resümee der Ergebnisse bilden.*

### 1 Einführung

Sich Erinnern, Verdrängen, Vergessen oder Verfälschen sind Verhaltensweisen, die der Mensch sowohl bei der Bewältigung des eigenen Lebens anwendet, die aber auch bei der Auseinandersetzung mit der „großen Weltgeschichte" relevant sind. Dabei hat es sich nicht nur die Geschichtsschreibung auf ihre Fahnen geschrieben, den Umgang mit der Vergangenheit zu steuern und Gewesenes für die Gegenwart nutzbar zu machen, sondern auch die Philosophie und Literatur betrachten die Kausalität von Geschehenem und gegenwärtigem Tun.
In seinen *Unzeitgemäßen Betrachtungen* formuliert der deutsche Philosoph Friedrich Nietzsche 1874 durchaus zeitgemäße Beobachtungen.

### 2 Die Analyse der Aussage Friedrich Nietzsches

Durch die logische Struktur seiner Aussage stellt Nietzsche zwei konträre und zugleich extreme Möglichkeiten der Menschen im Umgang mit ihrer Geschichte zur Diskussion. Die einleitende Konjunktion „[a]lso" und der sich anschließende Doppelpunkt wecken die Erwartungshaltung des Lesers.

Der Philosoph geht von der **These** aus, dass die Menschen die Chance haben, „glücklich zu leben". Diese Lebensart setzt er mit einem Dasein „fast ohne Erinnerung" (Z. 1) gleich. Mit dem Beginn des Zitates („es ist möglich") und der Verwendung eines Vergleichs („wie das Thier zeigt") verweist Nietzsche bereits auf den rein **hypothetischen Charakter einer glücklichen Existenz** unter der Voraussetzung der „fast" nicht vorhandenen Erinnerung. Dementsprechend erscheint es ihm „aber ganz und gar unmöglich, ohne Vergessen überhaupt zu leben" (Z. 2). Diese **Antithese** unterstreicht sogleich die **Lebensnotwendigkeit des Vergessens**.

Im zweiten Teil des Zitates **exemplifiziert** Nietzsche seine Aussage: „Das Lebendige [kommt] zu Schaden […] und [geht] zuletzt zu Grunde" (Z. 4 f.), wenn der Mensch das Erfahrene und Erlebte ständig „wiederkäut", immer wieder durchlebt, bis hin zur „Schlaflosigkeit". Es lässt ihn nicht zur Ruhe kommen.

Mit dem Verb Wiederkäuen greift Nietzsche erneut auf das Tierreich zurück und betrachtet die Beschäftigung der Menschen mit der Geschichte als eine Form, lediglich um Vergangenes zu kreisen. Dies wird allerdings dem heutigen Anspruch einer Bewertung und Bewältigung von geschichtlichen Ereignissen nicht gerecht.

Die **Klimax** am Schluss der Aussage unterstreicht, dass aus dieser einseitigen, undifferenzierten Art, sich mit Geschichte zu befassen und darüber die Gegenwart aus dem Auge zu verlieren, Schaden erwächst und davon nicht nur das Individuum, „ein Mensch" (Z. 5), sondern **ganze Völker und Kulturen betroffen** sind.

## 3 Die Positionen Nietzsches in der Auseinandersetzung mit der Novelle „Im Krebsgang“ von Günter Grass

### 3.1 Die historische Dimension der Novelle

Bereits mit der Wahl des Stoffes mischt sich der Autor Günter Grass in die Diskussion um Erinnern und Vergessen ein. Grundlage der Novelle bildet der tragische **Untergang** des mit ostpreußischen Flüchtlingen beladenen ehemaligen Kreuzfahrtschiffes **„Wilhelm Gustloff“** am 30. Januar 1945 in der Ostsee, nachdem es von sowjetischen Torpedos getroffen wurde. In Verbindung mit dem markanten Datum (Jahrestag des Machtantritts Hitlers) wurde das ehemalige Traumschiff der nationalsozialistischen Propagandaorganisation „Kraft durch Freude“ nicht nur zum eisernen Sarg für etwa 9 000 Menschen, sondern auch zum **Sinnbild für Aufstieg und Untergang des Dritten Reichs**.

Indem Grass an das lange verdrängte Schicksal der ostpreußischen Flüchtlinge im bitterkalten Kriegswinter 1944/45 erinnert, löst er eine breite Diskussion über die „Opferrolle“ der Deutschen im Zweiten Weltkrieg aus. Die Zeitschrift *Der Spiegel* macht den „neuen Grass“ in einer Februarausgabe 2002 zum Titelthema und geht der Frage nach, warum die Katastrophe so lange verschwiegen wurde. Wollte man „fast ohne Erinnerung […] glücklich […] leben“ (Z. 1)?

Die Nachkriegsgeneration der Bundesrepublik will vor allem in der **68er-Bewegung** wenig wissen von Deutschen als Opfern. Opfer dürfen nur jene sein, die Hitler offen verfolgt haben. Das Leid des deutschen Volkes sei die Konsequenz für den Krieg, für die Judenverfolgung … Irgendjemand müsse doch büßen für die Kriegsverbrechen. Die **DDR** dagegen will das Bild der ruhmreichen Sowjetunion im Sieg über den Faschismus nicht beschmutzen. Es entsteht allerdings mit dieser beiderseitigen **Verdrängungstaktik** durchaus kein Glücksgefühl. Das große, bedrückende Schweigen beginnt. Wer sich dem widersetzt, wie z. B. die Vertriebenenorganisationen, wird schnell als Revanchist abgestempelt.

Die Wende 1989 macht auf eindrucksvolle Weise deutlich, dass es nicht möglich ist, ohne Vergessen zu leben. Als die deutsche Frage beantwortet und die deutsche Ostgrenze endgültig festgeschrieben ist, traut man sich, sich öffentlich zu erinnern, demonstriert man, dass es unmöglich ist, ohne Vergessen zu leben.

### 3.2 Vergessen und Erinnern in der Familie Pokriefke

Grass zeigt in seinem 2002 entstandenen Werk, auf welche Weise sich **Vertreter dreier Generationen einer Familie** mit dem Untergang der Gustloff auseinandersetzen. Insofern geht die Novelle weit über das Ereignis der Vergangenheit hinaus und beleuchtet vor allem auch die **Nachwirkungen der Katastrophe** auf die Kinder und Enkel.

#### 3.2.1 Tulla Pokriefke

Tulla Pokriefke ist die Großmutter der Familie. Sie hat den Zweiten Weltkrieg als Jugendliche erlebt. Im Sinne des Nietzscheschen „**Wiederkäuens**“ erinnert sie sich daran, dass sie als hochschwangere junge Frau mit ihren Eltern, die bereits 1939 an einer KdF-Reise mit der *Gustloff* teilgenommen haben, von Danzig nach Gotenhafen flieht, um auf der *Gustloff* Ostpreußen zu verlassen. Tulla überlebt die Katastrophe, ihr Sohn Paul wird in der Unglücksnacht geboren. Ihr Bewusstsein und ihr Unterbewusstsein sind also einerseits von der **nationalsozialistischen Ideologie geprägt**, andererseits von **traumatischen Erinnerungen** an Krieg und Vertreibung.

Tulla lebt in der Vergangenheit. So erzählt sie immer wieder in ihrem Heimatdialekt (Danziger Platt: „Mecht mal bloß wissen, was sich dieser Russki jedacht hat“) über das Erlebte, demonstriert eine überspitzte Heimatliebe und gilt als **Ewiggestrige**. Mit der Pflege ihrer leidvollen subjektiven Erinnerungen prägt sie ihren Enkel und beschwört letztendlich eine Katastrophe herauf, bei der „das Lebendige zu Schaden kommt“ (Z. 4).

### 3.2.2 Paul Pokriefke

Paul Pokriefke, der in der Unglücksnacht auf dem Schiff oder Beiboot geborene Sohn Tulla Pokriefkes, gleichzeitig Ich-Erzähler der Novelle, ignoriert und verdrängt lange Zeit die Aufforderungen seiner Mutter, „Zeugnis abzulegen" vom Untergang der *Gustloff.* Er weiß, dass das Thema in Deutschland mit einem Tabu belegt ist. Sein Verhalten ist durchaus gleichzusetzen mit dem Fakt des „Vergessens" bei Nietzsche. Dass dieses **Vergessenwollen** aber keineswegs mit einem glücklichen Leben einhergeht, beweist die Biografie Pauls.

Er empfindet sein **Geburtsdatum als Fluch**, der ihm eine offensichtliche historische Verantwortung auferlegt, der er nicht gerecht werden will und kann. Ohne politische Überzeugung und erfolglos arbeitet er, nachdem er sein Germanistikstudium 1967 in Westberlin abgebrochen hat, sowohl für die konservative Springer-Presse als auch für die linke *taz*. Alle beruflichen Bemühungen scheitern. Auch seine Ehe mit der Studienrätin Gabi geht in die Brüche und Paul verliert den Kontakt zu ihrem gemeinsamen Sohn Konrad, wird also seiner Verantwortung als Vater in keiner Weise gerecht. Für seine Mutter Tulla ist er der typische **Versager**.
Erst als ihn ein älterer anonym bleibender Schriftsteller (Grass?) auffordert, als ghostwriter über die Schiffskatastrophe zu schreiben, stellt er sich dem Auftrag. Dabei stößt er auf die Internetseite „www.blutzeuge.de" und seinen eigenen Sohn als deren Betreiber. Nachdem dieser einen Menschen getötet hat, beginnt Paul damit, die Ereignisse niederzuschreiben und deren Zusammenhänge zu untersuchen, sich **den Erinnerungen seiner Mutter zu stellen**.

Letztendlich nimmt er den Kontakt zu seinem Sohn wieder auf und zeigt durch die fertiggestellte Novelle, dass die Möglichkeit, historische Entwicklungen und Ereignisse auch ohne die von Nietzsche bezeichnete Polarisierung (Vergessen oder einseitiges Kreisen um Vergangenes) zu bewältigen, durchaus besteht.

### 3.2.3 Konrad Pokriefke

Der Sohn des Ich-Erzählers und Enkel von Tulla wird von seinen Eltern zu keiner Zeit zu einer Auseinandersetzung mit den eigenen Wurzeln, der eigenen Vergangenheit angehalten.

Ein Leben „fast ohne Erinnerung" ist also auch für ihn angedacht. Das gewerkschaftliche Engagement seiner Mutter, die als Gymnasiallehrerin in Mölln arbeitet und sich für ein liberales Schulsystem einsetzt, lehnt er als „linkslastig" ab. Seinen Vater beurteilt er als „Versager". Er lebt also durchaus nicht „glücklich". Aus Opposition zur Mutter nimmt er in Mölln **Kontakt zur rechten Szene** auf. Nach der Wiedervereinigung zieht er zu seiner Großmutter Tulla Pokriefke nach Schwerin. Bei ihm findet diese die Aufmerksamkeit, die ihr beim eigenen Sohn versagt blieb.

Sie fasziniert Konrad mit ihrer „Story vom ewigsinkenden Schiff" und schenkt ihm einen Computer, mit dem er die rechtsextreme Internetseite aufbaut. Tullas „Schlaflosigkeit", ihr Umhergetriebensein von den historischen Erlebnissen, überträgt sie „wiederkäuend" auf ihren Enkel. Eigenständige Versuche des Jugendlichen, der Vergangenheit gerecht zu werden (umfangreiche Recherchen zur Geschichte der *Wilhelm Gustloff*, Internetkontakte), führen ihn zu einem sehr **fragwürdigen Geschichtsbild**. Damit verkörpert Konrad die Notwendigkeit der Auseinandersetzung mit den eigenen Wurzeln. Ohne diese Aufarbeitung scheint ein objektives Urteil über die Vergangenheit der Vätergeneration nicht möglich zu sein. Seine verquere und verbohrte Weltsicht, die aus einer einseitigen und undifferenzierten Beschäftigung mit der NS-Zeit herrührt, führt dann auch in die Katastrophe:
Im **Chat** liefert sich Konrad unter dem Nicknamen „Wilhelm Gustloff" **ideologische Gefechte** mit dem gleichaltrigen Wolfgang Stremplin, der sich online „David" nennt – nach dem Attentäter David Frankfurter, der Gustloff ermordet hat. Konrad erschießt

schließlich Wolfgang bei einem gemeinsamen Treffen vor dem ehemaligen Wilhelm-Gustloff-Denkmal in Schwerin.

Konrad wird zu einer siebenjährigen Jugendhaftstrafe verurteilt. Folglich ist er als „das Lebendige" unter dem Einfluss der immer wiedergekehrten Erinnerung seiner Großmutter „zu Schaden" gekommen, ist verblendet worden und hat es sogar zu verantworten, dass ein anderes Menschenleben „zuletzt zu Grunde geht". In der Haftanstalt baut er ein Modell der *Gustloff* nach, zerstört es dann aber und schließt so mit der Geschichte des Schiffes ab. Ob es ihm gelingt, künftig „fast ohne Erinnerung [...] glücklich zu leben", darf bezweifelt werden.

### 3.2.4 Schlussfolgerungen

Die familiären Bindungen der fiktiven Familie Pokriefke beleuchten nicht nur den **Umgang der jeweiligen Generation mit der Vergangenheit**, die vom Grad der Schlaflosigkeit und des Wiederkäuens über den Versuch, „fast ohne Erinnerung" leben zu wollen, bis hin zur Unmöglichkeit, „ohne Vergessen überhaupt zu leben", reicht.
Sie zeigen gleichzeitig auch, dass, egal wie man sich verhält, „das Lebendige zu Schaden" kommen kann, sei es nun der Einzelne, der zum Mörder wird, oder ein Volk, das schwer an der eigenen historischen Schuld trägt, wenn man die von Nietzsche vorgestellten Extremformen im Umgang mit der Geschichte lebt. Auch wenn Nietzsche offenbar einer Vergangenheitsfixierung vorbeugen will, zeigt die Novelle doch auch, wie wichtig es ist, sich auf eine differenzierte, verantwortungsvolle Weise mit der Geschichte auseinanderzusetzen, um in der Gegenwart glücklich sein zu können.

Auf den Fakt, dass Erinnern und Verdrängen in vielfältigen Schattierungen prinzipiell zum menschlichen Dasein dazugehören, dass beides möglich und notwendig ist und eben diese Tatsache den Menschen vom Tier unterscheidet, darauf macht die Novelle von Günter Grass auf eindringliche Weise aufmerksam. Gleichzeitig betont sie auch die Gefahr, dass **aus Tabuisierung irgendwann Radikalisierung wird**, wenn man den richtigen Zeitpunkt verpasst, um sich der Vergangenheit zu stellen. In der Verknüpfung der historischen und fiktionalen Ebenen, der vergangenen und gegenwärtigen Ereignisse entsteht „im Krebsgang" dann aber doch noch ein Geflecht, bei dem nicht im Nacheinander, sondern im Miteinander auch die historische Wahrheit enthüllt wird.

Dass er selbst zu lange gewartet hat, wirft sich in der Novelle der Alte, das Alter Ego des Autors Günter Grass, vor. Vier Jahre nach Veröffentlichung der Novelle gewinnt dieser Vorwurf an Prägnanz: Kurz vor dem Erscheinen seiner Autobiografie löst Grass mit dem Geständnis, als 17-Jähriger Mitglied der Waffen-SS gewesen zu sein, eine kontroverse Diskussion um Schuld und moralisches Versagen aus. Auch hier wird die Frage nach dem Verhältnis von Vergessen und Erinnern bedeutsam.

In Abgrenzung zu der Aussage Nietzsches ist somit eine historische Betrachtungsweise zu befürworten, die für den Fortbestand der Menschheit Sorge trägt, also einen Mittelweg findet zwischen dem völligen Vergessen und einer einseitigen Rückwärtsgewandtheit.

## Thomas Mann (1875–1955): Tonio Kröger (1903)

*Der folgende Text ist dem zweiten Kapitel der Novelle entnommen. Der sechzehnjährige Tonio nimmt an einem privaten Tanzkurs für die Töchter und Söhne der angesehenen Bürgerfamilien teil, für den man François Knaak, einen Hamburger Ballettmeister, engagiert hat.*

[…]

‚Was für ein unbegreiflicher Affe', dachte Tonio Kröger in seinem Sinn. Aber er sah wohl, daß Inge Holm, die lustige Inge, oft mit einem selbstvergessenen Lächeln Herrn Knaaks Bewegungen verfolgte, und nicht dies allein war es, weshalb alle diese wundervoll beherrschte Körperlichkeit ihm im Grunde etwas wie Bewunderung abgewann. Wie ruhevoll und unverwirrbar Herr Knaaks Augen blickten! Sie sahen nicht in die Dinge hinein, bis dorthin, wo sie kompliziert und traurig werden; sie wußten nichts, als daß sie braun und schön seien. Aber deshalb war seine Haltung so stolz! Ja, man mußte dumm sein, um so schreiten zu können, wie er; und dann wurde man geliebt, denn man war liebenswürdig. Er verstand es so gut, daß Inge, die blonde, süße Inge, auf Herrn Knaak blickte, wie sie es tat. Aber würde denn niemals ein Mädchen so auf ihn selbst blicken?

O doch, das kam vor. Da war Magdalena Vermehren, Rechtsanwalt Vermehrens Tochter, mit dem sanften Mund und den großen, dunklen, blanken Augen voll Ernst und Schwärmerei. Sie fiel oft hin beim Tanzen; aber sie kam zu ihm bei der Damenwahl, sie wußte, daß er Verse dichtete, sie hatte ihn zweimal gebeten, sie ihr zu zeigen, und oftmals schaute sie ihn von weitem mit gesenktem Kopfe an. Aber was sollte ihm das? Er, er liebte Inge Holm, die blonde, lustige Inge, die ihn sicher darum verachtete, daß er poetische Sachen schrieb … er sah sie an, sah ihre schmal-geschnittenen, blauen Augen, die voll Glück und Spott waren, und eine neidische Sehnsucht, ein herber, drängender Schmerz, von ihr ausgeschlossen und ihr ewig fremd zu sein, saß in seiner Brust und brannte …

„Erstes Paar en avant!" sagte Herr Knaak, und keine Worte schildern, wie wunderbar der Mann den Nasallaut hervorbrachte. Man übte Quadrille, und zu Tonio Krögers tiefem Erschrecken befand er sich mit Inge Holm in ein und demselben Karree. Er mied sie, wie er konnte, und dennoch geriet er beständig in ihre Nähe; er wehrte seinen Augen, sich ihr zu nahen, und dennoch traf sein Blick beständig auf sie …

Nun kam sie an der Hand des rotköpfigen Ferdinand Matthiessen gleitend und laufend herbei, warf den Zopf zurück und stellte sich aufatmend ihm gegenüber; Herr Heinzelmann, der Klavierspieler, griff mit seinen knochigen Händen in die Tasten, Herr Knaak kommandierte, die Quadrille begann.

Sie bewegte sich vor ihm hin und her, vorwärts und rückwärts, schreitend und drehend, ein Duft, der von ihrem Haar oder dem zarten, weißen Stoff ihres Kleides ausging, berührte ihn manchmal, und seine Augen trübten sich mehr und mehr. ‚Ich liebe dich, liebe, süße Inge', sagte er innerlich, und er legte in diese Worte seinen ganzen Schmerz darüber, daß sie so eifrig und lustig bei der Sache war und sein nicht achtete. Ein wunderschönes Gedicht von Storm fiel ihm ein: „Ich möchte schlafen, aber du mußt tanzen." Der demütigende Widersinn quälte ihn, der darin lag, tanzen zu müssen, während man liebte …

[…]

*Aus: Mann, Thomas: Tonio Kröger. In: Mann, Thomas: Romane und Erzählungen. S. Fischer Verlag*

**Theodor Storm (1817–1888): Hyazinthen (1852)**[1]

Fern hallt Musik; doch hier ist stille Nacht,
Mit Schlummerduft anhauchen mich die Pflanzen.
Ich habe immer, immer dein gedacht;
Ich möchte schlafen, aber du mußt tanzen.

Es hört nicht auf, es rast ohn Unterlaß;
Die Kerzen brennen und die Geigen schreien,
Es teilen und es schließen sich die Reihen,
Und alle glühen; aber du bist blaß.

Und du mußt tanzen; fremde Arme schmiegen
Sich an dein Herz; o leide nicht Gewalt!
Ich seh dein weißes Kleid vorüberfliegen
Und deine leichte, zärtliche Gestalt. – –

Und süßer strömend quillt der Duft der Nacht
Und träumerischer aus dem Kelch der Pflanzen.
Ich habe immer, immer dein gedacht;
Ich möchte schlafen, aber du mußt tanzen.

*In: Storms Werke in zwei Bänden. Berlin und Weimar: Aufbau-Verlag 1988, Bd. 1, S. 39*

1 Hyazinthen: Die stark duftenden Blumen sind nach einer Gestalt aus der griechischen Mythologie benannt. Der schöne Jüngling Hyazinth war der Liebling Apolls, des Gottes der Dichtkunst und des Lichtes.

**Arbeitsanweisung:**

Interpretieren Sie den Auszug aus Thomas Manns Novelle *„Tonio Kröger"*.
Vergleichen Sie die Situation des Protagonisten mit der des lyrischen Sprechers in Theodor Storms Gedicht „Hyazinthen".

## Lösungsvorschlag

*Hinweise zur Bearbeitung: Bei dieser Aufgabe wird von Ihnen verlangt, dass Sie den Textauszug aus Thomas Manns „Tonio Kröger" interpretieren. Dafür sollten Sie über sichere Kenntnisse der Novelle verfügen und die Methodik des Interpretierens beherrschen. Ordnen Sie den Textauszug in die Handlung des Gesamtwerkes ein, deuten Sie anschließend den Inhalt und die verwendeten sprachlich-stilistischen Mittel in ihrer Funktion für die Textaussage. Dabei sollten Sie Ihr Hintergrundwissen zu „Tonio Kröger" einfließen lassen.*
*Das Gedicht von Storm muss nicht umfassend interpretiert werden, beschränken Sie sich auf das Erfassen des Sinngehaltes und vergleichen Sie die Situation, in der sich Tonio Kröger befindet, mit der des lyrischen Subjekts in „Hyazinthen".*

### Einordnung des Textauszuges in die Novelle

Thomas Mann veröffentlichte 1903 die Novelle „Tonio Kröger", in der er den **Konflikt eines Menschen**, der zwischen zwei Welten und ihren Wertvorstellungen gefangen ist, thematisiert. Die Titelfigur ist der Sohn eines Lübecker Kaufmanns, des einflussreichen Konsuls Kröger, und seiner schönen, aus der Ferne stammenden Frau. Tonios fremdartiges Aussehen, sein Wesen und sein Denken unterscheiden sich von allem, was seine Umgebung von einem norddeutschen Kaufmannssohn erwartet, denn er beschäftigt sich frühzeitig mit Literatur und schreibt Verse, geht nicht typischen Jungenbeschäftigungen nach. Sein Mitschüler Hans Hansen wird für Tonio zum Idol, denn der ist mit sich im Reinen und wird von der Gesellschaft geachtet. Genauso wie Inge Holm, mit der Tonio seine erste Liebeserfahrung hat, verkörpert Hansen Tonios **Sehnsucht nach Selbstgewissheit, Unkompliziertheit und Lebensfreude**. Tonio Kröger verlässt nach dem Tod des Vaters und der Neuvermählung der Mutter seine Heimatstadt und findet in München seine Erfüllung als Künstler, kehrt aber später in den Norden zurück. In Dänemark begegnet er schließlich zwei Menschen, in denen er seine Jugendlieben wiederzuerkennen meint – allerdings nur in seiner Fantasie. Trotzdem wird er erneut mit seiner Jugenderfahrung konfrontiert, durch sein Anderssein nicht in die Gesellschaft zu passen.
Dieses Gefühl der Fremdheit und Isolation wird auch im Textauszug deutlich. Die vorliegende Szene aus dem zweiten von insgesamt neun Kapiteln spielt während eines privaten Tanzkurses, der für die Töchter und Söhne angesehener Familien eingerichtet wurde, um diesen Lektionen in Tanz und Anstand zu erteilen. Damit sollen die Kinder der Familien auf ihre gesellschaftliche Rolle vorbereitet werden.

### Interpretation des Textauszuges

### Der Inhalt des Textauszuges

In der im Textauszug dargestellten Situation sind die Söhne und Töchter der Bürgerfamilien gerade dabei, die Quadrille zu erlernen. Während sich die anderen ganz dem Tanzen hingeben, konzentriert sich Tonio nicht auf dieses, sondern er beobachtet das Geschehen und reflektiert es. Im Mittelpunkt seiner Betrachtungen stehen drei Personen. Zuerst widmet er sich dem Tanzlehrer François Knaak, der eigens für diesen Unterricht engagiert wurde. Er bewertet ihn als „unbegreifliche(n) Affe(n)" (Z. 2), der gewandt und selbstgefällig auftritt (vgl. Z. 5 f.). Während die anderen den Tanzlehrer als „liebenswürdig" (Z. 9 f.) empfinden, wirkt er auf Tonio dumm (vgl. Z. 8 f.). Gerade Knaacks Dummheit bedingt in Tonios Augen seine stolze Haltung und seine allgemeine Beliebtheit. Ironisch beurteilt er ihn (vgl. Z. 22 f.). So erscheint Knaak als Zerrbild eines Künstlers. Zur Beschreibung Knaaks und der Tanzgesellschaft wird das unpersönliche Pronomen „man" genutzt (vgl. Z. 8 ff. und 23), was eine Distanz des Betrachters zum Geschehen deutlich macht.
Neben dem Tanzlehrer rückt vor allem Inge Holm in den Fokus. Ihr Name wird mehrfach wiederholt und mit verschiedenen Attributen versehen, die stets positiv belegt sind, z. B. „die lustige Inge" (Z. 3) und „die blonde, süße Inge" (Z. 10), und dadurch die Haltung des Betrachters ihr gegenüber deutlich zeigen. Die Bewunderung Tonios für die Hingabe, mit der sich Inge dem

Tanzen widmet, mündet darin, dass er sich seiner schmerzvollen Liebe zu ihr bewusst wird (vgl. Z. 33 f.). Obwohl er versucht, sich von ihr fernzuhalten, sucht er gleichzeitig ihre Nähe. Die Angebetete allerdings zeigt in ihrem eifrigen Tanz gar keine Reaktion auf ihren Verehrer. Für Tonio verkörpert Inge Holm durch ihr Verhalten und ihr Äußeres all das, was er unter Bürgerlichkeit und Erstrebenswertem versteht.

Die dritte Person, die sich in Tonios Gedanken drängt, ist Magdalena Vermehren. Sie ist die Einzige, die an Tonio Kröger interessiert ist. Bei der Damenwahl kommt sie zu ihm (vgl. Z. 14) und sie zeigt Interesse an Tonios Versen (vgl. Z. 15). In ihrem Äußeren und ihrem Wesen gleichen sich die beiden, was auch der Grund dafür ist, dass Tonio für Magdalena keine Liebe empfinden bzw. entwickeln kann, denn er sieht in ihr seine Probleme gespiegelt. Beide sind empfindsame und sensible Außenseiter in der Gesellschaft.

**Gestalterische Mittel in ihrer Funktion**

In der Novelle ist die **Gestaltung eines Leitmotivs** das zentrale Kompositionsmittel. Bei „Tonio Kröger" steht der **Konflikt der Titelfigur**, das **Leben zwischen Bürgerlichkeit und Künstlertum**, im Mittelpunkt. Deshalb finden sich im gesamten Werk, genau wie im vorliegenden Textauszug, **gegensätzliche Motivreihen**, in denen dieser Konflikt immer wieder zum Tragen kommt.

So verdeutlichen schon die **Namen einzelner Figuren** Herkunft und Wesen dieser. Typisch norddeutsche Namen, wie Hans Hansen, Ferdinand Matthiessen und Inge Holm, verkörpern das etablierte Bürgertum, fest auf traditionellem Boden stehend, bar jeglicher Exotik.

Vermehren dagegen ist ein relativ seltener Nachname und verweist dadurch auf eine Außenseiterstellung der Trägerin. Magdalena als klangvoller, biblischer Vorname lässt die Assoziation zur Büßenden zu und zeigt damit deutlich den Gegensatz zur lustigen Inge.

Im Namen Tonio Kröger verbinden sich **Gegensätze**: mütterliche und väterliche Wurzeln, der Süden und der Norden, Fremdes und Traditionelles. Dadurch werden der Künstler und der Bürger in einer Person vereint und gleichzeitig der in ihr herrschende Konflikt benannt.

Weitere typische Charakterisierungen für Gegensätzlichkeit finden sich z. B. in der **Beschreibung der Blonden und Blauäugigen** (Inge Holm und auch Hans Hansen) als Motiv für normales, bürgerliches Leben mit einem gewissen Maß an Selbstsicherheit und Unbeschwertheit im Unterschied zu **Dunkelhaarigen und Dunkeläugigen** (Magdalena Vermehren). Letztere verkörpern das Künstlerische, Sentimentale, auch Schwermütige und somit das Ausgeschlossensein vom Bürgerlichen und den seelischen Schmerz darüber, nicht dazugehören zu können. Der Hang zur Poesie und das selbstständige Verseschreiben charakterisieren ebenfalls diese Figuren.

Deutlich wird im vorliegenden Textauszug der **Wechsel von Beobachtung und Reflexion** seitens Tonios. Nachdem er beschrieben hat, was er wahrnimmt – z. B. „Aber er sah wohl ...." und „Knaaks Bewegungen verfolgte" (Z. 2 f., 4) – ergänzt er gedanklich die Wirkung, die ein solches Verhalten auf ihn hat, nämlich dass er den oben genannten Bewegungen „etwas wie Bewunderung abgewann" (Z. 5). Eine ähnliche Vorgehensweise findet sich bei der Beschreibung der zwei Mädchen Inge und Magdalena (vgl. Z. 13 ff. und 31 ff.).

In dem vorliegenden Auszug kommt dem **Tanz** eine besondere Bedeutung zu, er steht für vorschriftsmäßige Bewegung („Man übte Quadrille", Z. 23), für Anstand und Beherrschung und verdeutlicht bürgerliche Lebensfreude. Erkennbar ist dies auch an der Freude und Hingabe, mit der die blonde Inge „so eifrig und lustig bei der Sache" (Z. 35) ist, während die dunkelhaarige, dem Künstlerischen zugeordnete Magdalena oft hinfällt (vgl. Z. 14). Für den Protagonisten ist der Tanz das Gegenstück zur Liebe, denn er erkennt für sich den „Widersinn [...], der darin lag, tanzen zu müssen, während man liebte" (Z. 37). Er zitiert an dieser Stelle Storms Gedicht mit den Worten „Ich möchte schlafen, aber du mußt tanzen", was Rückschlüsse auf seine Haltung erlaubt: Das Sich-Abwenden von der Welt im Schlaf erscheint ihm für seine Liebe passender als der lebenszugewandte, reglementierte und allgemein akzeptierte Gesellschaftstanz.

Die starren Regeln des Tanzes kommen auch **sprachlich** deutlich zum Ausdruck, die Reihung von „hin und her, vorwärts und rückwärts, schreitend und drehend“ (Z. 31) ahmt das geordnete und monotone Schreiten der Quadrille nach und tritt in einen Kontrast zu den Empfindungen Tonios. Die Wahrnehmung Inges wird dominiert von detaillierten Beschreibungen, die durch die Wortwahl („zart“, „weiß“, Z. 32) und eine bewusst eingesetzte Metapher (ein „Duft … berührte ihn manchmal“, Z. 32 f.) dennoch eine starke Zärtlichkeit ausstrahlen. Insgesamt lebt der Textauszug von der **starken Anschaulichkeit**, die durch die Verwendung vieler Attribute entsteht. Auch andere Personen werden in ihren Handlungen sehr genau beschrieben. Knaak verfügt z. B. über „wundervoll beherrschte Körperlichkeit“ (Z. 4 f.), Inge Holm bewegt sich mit „einem selbstvergessenen Lächeln“ (Z. 3), Magdalena Vermehren hat einen „sanften Mund“ (Z. 13). Selbst die „knochigen Hände“ (Z. 29) des Klavierspielers werden mit beschrieben. Diese direkt wiedergegebene genaue Beobachtungsgabe der Hauptfigur ermöglicht dem Leser das **vertiefte Einfühlen in Tonios Gedankenwelt** und lässt ihn dessen innerste Überlegungen unmittelbar nachvollziehen. Unterstützt wird dies noch durch den **Satzbau**, der mit immer wieder auftauchenden Ausrufen oder Fragen (vgl. Z. 5 f., Z. 11) sowie nicht zu Ende gedachten Satzfragmenten (Z. 25 f.) eine starke Subjektivität transportiert.

### Vergleich der Situation Tonios mit der des Sprechers im Gedicht

Das lyrische Ich in Theodor Storms Gedicht „Hyazinthen“ befindet sich in einer **ähnlichen Situation wie Tonio**. Es nimmt nicht am heiteren Leben und Tanz teil und empfindet dieses Treiben, das er nur von fern als akustisches Signal wahrnimmt („Fern hallt Musik“, V. 1), als unangenehm (vgl. V. 5 f.). Somit befindet sich das lyrische Ich ebenso wie die Titelfigur der Novelle außerhalb der Gesellschaft. Beide sind mit ihren Gedanken bei der Geliebten. Das lyrische Ich sieht in ihr auch etwas Besonderes und genau wie bei Tonio wird das geliebte Wesen als unschuldig und rein idealisiert. Als **Symbol** dafür steht in beiden Texten das weiße Kleid (vgl. Z. 32, V. 11), das die Mädchen tragen. Das **Grundmotiv** beider Texte ist eine **einseitige, unerfüllbare Liebe**. Unterschiedlich ist die Tatsache, dass das lyrische Ich bei Storm im Gegensatz zu Tonio nicht am Tanz teilnimmt und von diesem auch räumlich weiter entfernt ist, während Tonio, selbst tanzend, nur eine innerlich distanzierte Haltung einnimmt.
Zweimal formuliert der Sprecher im Gedicht den Vers „Ich möchte schlafen, aber du mußt tanzen“ (V. 4, 16), der den Gegensatz zwischen Wunsch und Zwang darstellt. Dieser Vers wird im Novellenauszug vom Protagonisten zitiert. Dass ihm dieser Vers einfällt, lässt Rückschlüsse auf Tonios Inneres zu. Er überträgt die Situation des lyrischen Ichs auf sich selbst, reflektiert den „Widersinn“ (Z. 37), der im dargestellten Kontrast steckt, und fasst ihn weiter, indem er formuliert: „tanzen zu müssen, während man liebte“ (Z. 37).
Tonio kennt also das Gedicht von Storm und dessen Inhalt genau. Der **Titel „Hyazinthen“** verweist auf sehr stark duftende Blumen, die im Gedicht mit ihrem „Schlummerduft“ (V. 2) auf das lyrische Ich wirken und als „süß“ und „träumerisch“ beschrieben werden (vgl. V. 13 f.). Im Textauszug findet der Titel keine Beachtung, obwohl sich durchaus eine Verbindung zu Hyazinth, dem Jüngling aus der griechischen Mythologie, ziehen lässt. Dieser war der Liebling Apolls, des Gottes der Dichtkunst und des Lichts. Wahrscheinlich sind Tonio seine künstlerischen Ambitionen noch nicht so bewusst oder klar, obwohl er spürt, dass er sich vom normalen bürgerlichen Leben distanziert.

### Literaturhistorische Einordnung

Die Novelle „Tonio Kröger“ wurde 1903 veröffentlicht und gehört somit in die Epoche der Literatur um die Jahrhundertwende bzw. der Moderne, genauer in die Strömung des **Impressionismus**. Ein oft gestaltetes Thema ist darin das der **Verbindung bzw. des Gegensatzes von Kunst und Leben**. Das adlige oder bürgerliche Individuum, häufig ein Künstler, steht im Vordergrund, wie auch die Titelfigur in dem Werk Thomas Manns. Dieser konzentriert sich auf die Darstellung des subjektiv Erlebten und kleinster seelischer Regungen. In seiner Novelle beschreibt er den Künstler als Sonderling, der Gefahr läuft, Außenseiter der Gesellschaft zu sein.

Thomas Mann war, als er die Novelle „Tonio Kröger" schrieb, 28 Jahre alt. Wie schon 1901 in den „Buddenbrooks" verarbeitet der Autor darin seine **Kindheits- und Jugenderfahrungen** aus seiner Heimatstadt Lübeck, obwohl diese in keinem der Werke beim Namen genannt wird. Der Widerspruch zwischen Kunst und Leben, der Thomas Mann zeitlebens beschäftigte, wird thematisiert. Gleichzeitig stellt die Novelle ein **Bekenntnis zum Künstlertum** dar, verweist aber permanent auf die Sehnsucht nach bürgerlicher Geborgenheit und trägt somit autobiografische Züge des Autors.

**Hilde Domin[1] (1909–2006): Der übernächste Krieg (1996)**

Ich habe keine Arme
Meine Hände sind an meine Schulter geheftet
wie Flügel
vielleicht sollte ich ein Vogel werden
aber ich fliege nicht
vielleicht ein Mensch
ich töte nicht
und ich brauche euch nicht zu umarmen
ihr Töter
deren Hand den Stein wirft
von Anbeginn
nur die Schleuder hat sich verändert.

Der übernächste Krieg
sagte Einstein
wird wieder mit Pfeil und Bogen geführt
der übernächste Kühlschrank
wird wieder ein Tonkrug
mit Regenwasser sein.

Bis dahin
für die Unangepaßten der Welt
vielleicht noch der Mond
als universales KZ

*In: Domin, Hilde: Sämtliche Gedichte. Hs. Herweg, Nikola und Reinhold, Melanie. Frankfurt am Main: S. Fischer-Verlag GmbH 2009, S. 193f.*

1 Tochter eines jüdischen Rechtsanwalts in Köln; Studium von Jura, Volkswirtschaftslehre, Soziologie und Philosophie; ab 1932 Exil in Italien, Großbritannien, der Dominikanischen Republik (Herkunft ihres Künstlernamens); 1954 Rückkehr in die Bundesrepublik Deutschland; 1957 erste Veröffentlichungen in Zeitschriften; ab 1960 freie Schriftstellerin: Gedichte, Prosa, Publizistik

**Arbeitsanweisung:**

Interpretieren Sie das Gedicht.
Beziehen Sie dabei folgende Aussage der Autorin ein:

„Ein Schriftsteller braucht drei Arten von Mut. Den er selber zu sein. Den Mut, nichts umzulügen, die Dinge beim Namen zu nennen. Und drittens den, an die Anrufbarkeit der anderen zu glauben.“

*(zitiert nach http://de.wikipedia.org/wiki/Hilde_Domin vom 15. 11. 2006)*

## Lösungsvorschlag

*Hinweise zur Bearbeitung: Um diese Aufgabe zu bewältigen, benötigen Sie Sicherheit im Umgang mit lyrischen Texten, d. h., Sie können Interpretationsmethoden richtig anwenden und stellen Ihre Kenntnisse zur Gegenwartsliteratur unter Beweis. Sie müssen das Gedicht deuten und anschließend oder parallel die beigefügte Aussage der Autorin in Ihre Überlegungen einbeziehen, um der Aufgabenstellung gerecht zu werden. Achten Sie darauf, Ihre Aussagen immer mit Textbeispielen zu belegen. Wenn möglich, bringen Sie Ihr Wissen über die Schriftstellerin Hilde Domin in Ihre Darstellung ein und berücksichtigen Sie die in der Aufgabe angegebenen Hintergrundinformationen.*
*Die Dichterin verwendet teilweise komplexe, rätselhafte Bilder, die sich nicht eindeutig auflösen lassen. Thematisieren Sie eventuelle Verständnisschwierigkeiten und suchen Sie nach einer plausiblen Deutung.*

### Die Autorin

Hilde Domin wurde als Hilde Löwenstein in Köln geboren. Während des Naziregimes hielt sich die Jüdin in verschiedenen Auslandsstationen auf, nach Deutschland kehrte sie im Jahr 1954 zurück. So stellte das Exil für sie eine Grunderfahrung dar, die sie in ihrer Lyrik thematisierte. Ebenso setzte sie sich mit persönlicher Sinnsuche sowie historischer Verantwortung auseinander. Das Gedicht „Der übernächste Krieg“ gehört in diesen Kontext. Für die Autorin war „das Gedicht der kürzeste Weg von Mensch zu Mensch“.

### Interpretation des Gedichts

Auffällig an dem Gedicht „Der übernächste Krieg“, das 1996 veröffentlicht wurde, ist eine optische **Dreiteilung**, welche einer dreigeteilten inhaltlichen Aussage entspricht.
Anfangs stellt das lyrische Ich seine ganz **persönliche Sichtweise** in den Mittelpunkt, dem folgt eine **Betrachtung der Geschichte**, und schließlich zielt die Darstellung auf eine **sarkastische Überlegung** ab.

Auf **gestalterische Elemente** wird auf den ersten Blick weitgehend verzichtet, es gibt kein Reimschema oder Versmaß. Jedoch entfaltet der betont sparsame Einsatz von **Satzzeichen** eine starke Wirkung, die durch die Kürze der Verse und häufige **Zeilenumbrüche** verstärkt wird. So enden die erste und zweite Strophe des Gedichts als in sich abgeschlossene Aussagen jeweils mit einem Punkt, die dritte und kürzeste Strophe jedoch bleibt ohne Satzzeichen im Raum stehen. Der Schlussgedanke des lyrischen Ichs erhält eine unbefriedigende und irritierende Offenheit: Das Ende des Gedichts könnte sowohl mit einem Punkt markiert werden als auch mit einem Ausrufe-, vielleicht sogar einem Fragezeichen. Der Leser wird so direkt angesprochen, zum Nachdenken angeregt und selbst mit in die Verantwortung für die Frage genommen, wie mit dem im Raum schwebenden Szenario umzugehen ist.
Umso bestimmter sind im Vergleich zu dem offenen Schluss die beiden ersten Strophen mit ihren Zeilensprüngen gestaltet: Zwar handelt es sich um in sich geschlossene Aussagen, dennoch erhält durch die Enjambements jeder Teil des Satzes sein eigenes Gewicht, jedes Glied in der Gedankenkette des lyrischen Ichs verlangt eigenen Raum, um Wirkung entfalten zu können.

Die **erste Strophe** des Gedichts umfasst die Verse 1 bis 12. Zu Beginn stellt sich das lyrische Ich ohne Arme und mit an die Schultern gewachsenen Händen (vgl. V. 1 f.) und somit als etwas Außergewöhnliches vor. Dieses Bild lässt verschiedene Assoziationen zu, deren Deutung dem Leser selbst überlassen bleibt, wie es für die moderne Lyrik typisch ist. Das lyrische Ich ist **auf der Suche nach seiner eigenen Identität**. Es folgen zwei Überlegungen zu seiner Bestimmung, jeweils eingeleitet mit dem Modaladverb „vielleicht“ und dadurch stark parallelisiert. Beide Überlegungen erscheinen dadurch gleich wahrscheinlich. Der Vergleich „wie Flügel“ (V. 3) verweist auf ein mögliches Leben des lyrischen Ichs als Vogel, was mittels der entgegenstellenden Konjunktion „aber“ (V. 5) korrigiert wird, da das wesentliche Merkmal eines

Vogels – das Flugvermögen – nicht vorhanden ist. Die nächste Überlegung, ein Mensch zu sein (vgl. V. 6), wäre für den Betrachter eigentlich naheliegender. Für das lyrische Ich ist sie jedoch ebenfalls nicht logisch, denn es tötet nicht (vgl. V. 7). Das Töten wird anscheinend als typische menschliche Eigenschaft erfahren. Der Vers „ihr Töter" (V. 9) bringt diese Ansicht schonungslos auf den Punkt: Das Wesensmerkmal der Gewalt führt zur Bezeichnung für die Menschen, „Töter", die gesamte Leserschaft ohne Ausnahme wird direkt angesprochen. In diesem Vers steht dank **Zeilensprung** weiter nichts – die Aussage ist genau so gemeint, ohne relativierende Einschränkungen. Gleichzeitig unterstreicht das lyrische Ich seine Einzigartigkeit, denn aufgrund seiner körperlichen Gestalt ist es ihm nicht möglich, die als gewalttätig empfundene Menschheit zu umarmen (vgl. V. 8 ff.). Dadurch grenzt sich das lyrische Ich gegenüber den „Töter(n)", die „von Anbeginn" (V. 11) der Menschheitsgeschichte an Gewalt ausüben, ab. Hier findet sich der Bezug auf ein biblisches Motiv, die Aufforderung Jesu „Wer unter euch ohne Sünde ist, der werfe den ersten Stein". Die Bedingung „wer ohne Sünde ist" entfällt jedoch in der Sichtweise des lyrischen Ichs, die Menschheit wird als überheblich genug dargestellt, um „schon immer" selbst zu richten und Gewalt anzutun. Es wird festgestellt, dass sich im Laufe der Geschichte daran nichts außer den Waffen geändert hat.

Dieser **Blick** auf die Veränderung der Waffen und damit **auf den geschichtlichen Verlauf** steht in der zweiten Strophe im Zentrum der Betrachtung. Mittels eines **Autoritätsarguments**, eines Zitats von Albert Einstein (vgl. V. 13 ff.), wird die in der ersten Strophe angesprochene Vergangenheit einer möglichen Zukunft gegenübergestellt. Die Zukunft wird als der „übernächste Krieg" (V. 13) bezeichnet, der (wohl nach dem Einsatz hochtechnisierter Waffen mit gewaltiger Zerstörungskraft im nächsten Krieg) wieder unter primitiven Lebensumständen und mit archaischen Waffen durchgeführt werden wird. Der Bildbereich „mit Pfeil und Bogen" (V. 15) verhält sich analog zu „Stein" (V. 10) und „Schleuder" (V. 12) aus der ersten Strophe und stützt so die Aussagen. Das bedeutet, dass der Fortschritt in Wissenschaft und Technik die Gefahr birgt, sich gegen die Menschheit zu richten, wenn diese nicht in der Lage ist, verantwortungsvoll mit ihm umzugehen und moralisch richtig zu handeln. Die Konsequenzen dieses Handelns beeinflussen sowohl die Kriegsführung als auch den Alltag der Menschen, was durch den Parallelismus der Verse 13 –15 und 16 –18 noch einmal deutlich betont wird. Die menschliche Gewalt führt dazu, dass ihr Fortschritt schließlich in einem Rückschritt gipfelt.

Die letzten vier Verse verweisen auf die **Gegenwart** („Bis dahin", V. 19). An dieser Stelle wird der Umgang mit den „Unangepaßten" (V. 20) hervorgehoben. Für jene dient „der Mond als universelles KZ" (V. 21 f.), was eine drastische **Überhöhung** darstellt.
Sicher fließen hier Erfahrungen der Autorin bezüglich ihres Exils und der NS-Herrschaft ein, aber indem sie von Unangepassten „der Welt" (V. 20) spricht, erweitert sie deren Menge und stellt einen universellen Kontext her. Sarkasmus spricht aus der Verwendung des **Mondmotivs** im Zusammenhang mit Menschenverachtung und Ausgrenzung, denn eigentlich steht der Mond in der traditionellen Literatur für Sehnsucht, Licht und auch Schönheit. Hier jedoch dient der weit entfernte Mond dazu, die Aussage über das KZ noch zu überspitzen: Alles Unangepasste kann weit weggeschoben („auf den Mond geschossen") werden.

Die intensive **Metaphorik** des Gedichts sowie die **sarkastische Schlusspointe** sollen den Leser dazu anregen, über die Aussage des Gedichts nachzudenken. Ihm wird bewusst gemacht, dass die Gefahr von Kriegen und den daraus resultierenden Folgen immer noch existiert, sich im Laufe der Geschichte unablässig wiederholt. Wie er damit umzugehen hat, muss er – impliziert durch die offene Form – selbst entscheiden.

### Bezug zur Aussage der Autorin

Hilde Domin äußerte sich 2006 in einem Interview zu drei Arten von Mut, die ein Autor benötigt. Demnach braucht der Schriftsteller Mut, „er selber zu sein", wahrhaftig zu schreiben und daran zu glauben, mit seinen Werken andere Menschen erreichen zu können. Diese Arten von Mut erkennt man in dem Gedicht „Im übernächsten Krieg" deutlich.

Die erste Strophe greift das **Selbstsein** auf, auch den Mut, sich so anzunehmen, wie man ist, als etwas Besonderes. Das lyrische Ich ohne Arme fügt sich nicht in eine Masse ein, sondern ist auf der Suche nach seiner eigenen Identität, wenn diese auch schwer zu finden ist. Das eröffnet Möglichkeiten, sich von der Masse abzugrenzen bzw. seinen eigenen Standpunkt zu vertreten.

**„Die Dinge beim Namen“** nennt Hilde Domin v. a. in der zweiten Strophe des Gedichts, indem sie Einstein zitiert und daraus schließt, welche Folgen Kriege haben. Auch die Bezeichnung „Töter“, die sie dem Leser schon in der ersten Strophe ins Gesicht schleudert, lässt an Deutlichkeit nichts zu wünschen übrig.

Insgesamt zeigt sich in dem Gedicht deutlich die Intention der Autorin, **wachzurütteln** und dem Leser die Realität vor Augen zu führen. Zwar wirkt der Ton des Gedichts insgesamt ruhig, teilweise resigniert und von der Grundstimmung her pessimistisch, dies jedoch verstärkt ihr Anliegen nur noch. Schon die Tatsache, dass Hilde Domin überhaupt ein **Antikriegsgedicht** schreibt, zeigt ihren Glauben „an die Anrufbarkeit der anderen“. Die Hoffnungslosigkeit im Ton und das offene Ende, das eben kein Patentrezept zur Lösung gibt, machen die Bedeutung der Thematik erst recht dringlich.

Dass die Autorin ihre Aussagen zum Mut eines Schriftstellers selbst beherzigt, zeigt sich auch in vielen ihrer anderen Gedichte. Domin glaubt an einen immer möglichen Neuanfang, wie sie während der Frankfurter Poetik-Vorlesungen betonte und was sich u. a. an ihrem berühmten Gedicht „Abel steh auf“ deutlich zeigt. Hoffnung bestimmt den Wunsch „damit es anders anfängt zwischen uns allen“. Das ist ein klarer Aufruf an die Menschheit, an die Veränderbarkeit zu glauben und dementsprechend zu handeln.

## Grundkurs Deutsch (Sachsen): Abiturprüfung 2010
## Aufgabe 3

**Friedrich Dürrenmatt (1921–1990) im Gespräch mit „Panorama" (1961)**

[...]

Die Kunst, vor allem die dramatische, muß auf Konstellationen ausgehen, in der der Mensch vor Gewissensfragen gestellt wird. Der kategorische Imperativ Kants ist zu einer gesellschaftlichen, einer allgemeinen Aufgabe geworden. Was entwickelt werden muß, ist ein gesellschaftliches Gewissen. Das heutige Gewissen ist pervertiert. Es lautet nicht: Ich bin gut. Es lautet: Die anderen sind ja auch schlecht. Meine Kategorie Gewissen ist aus dem Denken abgeleitet. Das Gewissen ist ein Denkprozeß schärfster Art. Er erfolgt, wenn die Standpunkte des Problems rein entwickelt werden. Aus der Darstellung der Gegensätze geht die Erkenntnis hervor, die zum Gewissen führt. Aus einem Spielbetrieb wird so etwas Objektives gesellschaftlicher Art, eben das gesellschaftliche Gewissen. Das läßt sich durch die Darstellung des Inwendigen, des Inneren, des „Gemütes", der „Herzlichkeit" nicht erreichen. Eine der größten Schwindeleien ist die Behauptung, daß es nur „auf das Herz" ankomme. Eine Dramatik, die es darauf anlegt, ist ebenso verlogen wie schädlich. Geschaffen werden muß, wenn er nicht vorhanden, der denkende Zuschauer. Da man dem Publikum nicht vorschreiben kann, wie es denkt und fühlt, muß man Konstellationen schaffen, die eine Herausforderung darstellen. [...]

Ich kann den Zuschauer nie von der Verpflichtung entbinden, nachdenken zu müssen.

[...]

*Ernst Schumacher: Stören-Friedrich Dürrenmatt*
*aus: Friedrich Dürrenmatt: Der Klassiker auf der Bühne. Gespräche 1961–1970.*


**Figurenverzeichnis: Die Physiker**

| | |
|---|---|
| Johann Wilhelm Möbius | Patient |
| Einstein | alias Ernesti, eigentlich Joseph Eisler, Patient |
| Newton | alias Beutler, eigentlich Jasper Kilton, Patient |
| Dr. Mathilde v. Zahnd | Irrenärztin |

**Figurenverzeichnis: Besuch der alten Dame**

| | |
|---|---|
| Claire Zachanassian | die „alte Dame", Multimilliardärin |
| Boby | ihr Butler, ehemals Oberrichter in Güllen |
| Alfred Ill | Kramladenbesitzer |
| der Bürgermeister, der Pfarrer, der Lehrer, der Arzt, der Polizist | Honoratioren von Güllen |

**Arbeitsanweisung:**

Analysieren Sie den Gedankengehalt des Auszugs und erörtern Sie die Position Dürrenmatts zur Aufgabe der dramatischen Kunst.
Zeigen Sie anhand eines seiner Theaterstücke, dass er Konstellationen geschaffen hat, die für den Zuschauer „eine Herausforderung darstellen".

## Lösungsvorschlag

*Hinweise zur Bearbeitung: Die Aufgabenstellung verlangt von Ihnen, sich zuerst mit dem Interviewauszug zu beschäftigen. Lesen Sie ihn genau und fassen Sie die Positionen Dürrenmatts zur Funktion von dramatischer Kunst zusammen. Bei der sich anschließenden Erörterung dieser Auffassungen müssen Sie von Ihrem Wissen über den Autor und seine Theaterkonzeption ausgehen. Auch Fakten zur Dramentheorie allgemein können hier sinnvoll eingebaut werden. Welches Werk Sie in Ihre Überlegungen einfließen lassen, ist Ihnen überlassen und wahrscheinlich davon abhängig, womit Sie sich (im Unterricht) intensiver beschäftigt haben. Der vorliegende Lösungsvorschlag bezieht sich auf „Die Physiker" und beinhaltet zusätzliches Hintergrundwissen zu den „21 Punkten zu den Physikern", in denen Dürrenmatt seine Dramentheorie auf das konkrete Werk bezieht.*

### Der Gedankengehalt des Interview-Auszuges

Der vorliegende Text ist ein Auszug aus einem Interview mit Friedrich Dürrenmatt, das 1961 in der Zeitschrift „Panorama" abgedruckt wurde. Darin stellt Dürrenmatt sein Verständnis von Dramaturgie im 20. Jahrhundert dar, indem er davon ausgeht, dass eine veränderte Welt auch eine veränderte Dramatik benötigt. Deshalb sei es notwendig, neue dramatische Konstellationen zu schaffen und einen neuen Zuschauer zu erziehen.

Dürrenmatt formuliert als Ziel dramatischer Kunst die Schaffung von Konstellationen, durch die „der Mensch vor Gewissensfragen gestellt wird" (Z. 2 f.). Da das heutige Gewissen pervertiert sei (vgl. Z. 5 f.), müsse ein „gesellschaftliches Gewissen" (Z. 5) hergestellt werden. Für Dürrenmatt bedeutet das Gewissen einen „Denkprozeß schärfster Art" (Z. 7), welcher im Nachdenken über dargestellte Gegensätze beim Zuschauer entstünde. Daraus entwickle sich ein gesellschaftliches Gewissen (vgl. Z. 10). Wenn die Dramatik nur die Gefühle des Publikums anspricht, sei sie für Dürrenmatt „ebenso verlogen wie schädlich" (Z. 13f.). Ziel müsse „der denkende Zuschauer" (Z. 14 f.) sein, welcher durch das Theater herausgefordert wird und immer die Verpflichtung habe, „nachdenken zu müssen" (Z. 18).

### Erörterung der Position Dürrenmatts

Friedrich Dürrenmatt steht mit seiner Forderung nach der **Abkehr von einer rein emotionalen Wirkung** der Bühne in der Tradition des **epischen Theaters**. Dieses soll den Zuschauer desillusionieren und zur kritischen Auseinandersetzung mit den Stücken führen. Er steht aber der Absicht Brechts, dem „Erfinder des epischen Theaters", eine Gesellschaftsveränderung im marxistischen Sinne zu erzielen, skeptisch gegenüber. Für Dürrenmatt ist die Komödie die einzig mögliche Antwort auf die widersprüchliche und chaotische Welt, die nicht mehr überschaubar ist. Dafür nutzt er die **Groteske** und **paradoxe Konstellationen**. Der Zuschauer kann sich nur schwer mit dargestellten Personen und deren Entscheidungen identifizieren, da der Autor sie in ihrer Unglaubwürdigkeit zwar überzeichnet, dem Publikum aber dadurch ein Erkennen der Wirklichkeit anbietet. Dieses muss nachdenken, einen „Denkprozeß schärfster Art" einleiten, damit es das Chaotische erfasst und sich ein kritisches Urteil bilden kann. Ob sich daraus ein „gesellschaftliches Gewissen" entwickeln kann, ist fraglich. Der Einzelne erkennt durchaus die Problematik und weiß um die Notwendigkeit, etwas zu verändern. Sein persönliches Gewissen wird angesprochen. Es bedarf mehrerer, damit daraus ein „gesellschaftliches Gewissen" werden kann.

Durch die Groteske gelingt es, pointierter auf gesellschaftliche Missstände zu verweisen, als dies vielleicht in der Tragödie des **Aristoteles** oder in den nachfolgenden Theaterpoetiken möglich ist. Denn hier werden seelische Erregungszustände beim Zuschauer hervorgerufen, aber es kommt auch zur **Katharsis**, sodass der Betrachter am Ende des Stückes erleichtert ist. In der **Aufklärung** formulierte man auch eine **moralische Funktion** der Tragödie. Aufgrund des Mitleidens mit dem Helden sollte eine Haltungsänderung beim Zuschauer erzielt werden. Für Dürrenmatt ist diese Art des Theaters „verlogen" und „schädlich" (Z. 13 f.), denn dem Zuschauer wird bereits eine vorgefertigte Lösung präsentiert. Er muss sich also nicht um ein Urteil bemühen und kann das Theater erlöst verlassen.

Deutlich werden die oben genannten Auffassungen Dürrenmatts in seinem Stück „Die Physiker“, das 1962 in Zürich uraufgeführt wurde. Das Stück hat **Modellcharakter**, Dürrenmatt selbst erläutert konkrete dramentheoretische Gedanken in den „21 Punkten zu den Physikern“, die dem Drama angehängt sind.

Die Welt einer Irrenanstalt erweist sich als **Konstellation**, die Handlung erscheint durch diese Situierung von Anfang an grotesk. In einer privaten Nervenheilanstalt sind drei scheinbar wahnsinnige Männer untergebracht, die sich für zwei berühmte Physiker (Einstein, Newton) halten. Der dritte, Möbius, behauptet, ihm erscheine der biblische König Salomo. Mehrere sich steigernde **unerwartete Wendungen** lassen die Geschichte nun zunehmend paradox werden: Es stellt sich heraus, dass nur Möbius tatsächlich ein genialer Naturwissenschaftler ist, der sich nach der Entdeckung einer Weltformel in die Irrenanstalt geflüchtet hat. Er will, dass seine Forschungsergebnisse nie der Öffentlichkeit zugänglich werden, da sie tödliche Folgen für die Menschheit mit sich bringen können. Einstein und Newton sind dagegen Spione sich gegenüberstehender feindlicher Lager, die in den Besitz von Möbius' Formel kommen wollen. Diese eigentliche Konstellation bietet den Ansatzpunkt für noch groteskere Entwicklungen, denn laut Dürrenmatt gilt der Grundsatz, dass der Zufall die Menschen noch wirkungsvoller zu treffen vermag, je planvoller sie vorgehen. So kommt es schließlich auch: Letztlich müssen alle drei erkennen, dass sie Gefangene der Anstaltsleiterin sind, die schon alle Unterlagen an sich gerissen hat, um die Weltherrschaft zu erlangen. Die Verhältnisse haben sich damit extrem verkehrt: Die angeblich Irren stehen der wirklich Irren gegenüber, in der paradoxen Welt eines Irrenhauses mit einer verrückten Chefärztin sind schließlich alle Normen infrage gestellt.

Der Zuschauer wird beim Betrachten des Stücks gefordert, er erkennt die paradoxe Situation und gleichzeitig die **Wirklichkeit**. Die individuelle Freiheit ist eine Illusion, nämlich hier die Entscheidung Möbius', seiner Verantwortung als Wissenschaftler gerecht werden zu können. Sein Scheitern ist für Dürrenmatt vorherbestimmt, entsprechend der Grundannahme, dass jeder Versuch, ein Problem allein zu lösen, das alle angeht, notwendigerweise scheitern muss. Hier wird an das **gesellschaftliche Gewissen** appelliert: Es reicht nicht aus, dass die Wissenschaft allein auf gefährliche Forschung verzichtet, es ist die gesamte Gesellschaft gefragt.

Für Dürrenmatt ist die Geschichte schließlich zu Ende gedacht, wenn sie ihre **schlimmstmögliche Wendung** genommen hat, die aber nicht voraussehbar war. Diese Wendung hat in dem Stück zur Folge, dass weltverändernde Forschungsergebnisse in die Hände einer Irren gelangen, die sie skrupellos ausnutzen will. Der Zuschauer ist nicht geläutert, denn er sieht die Widersinnigkeit der Welt und muss sich damit auseinandersetzen. „Vor Gewissensfragen gestellt“, kann er nur entscheiden, inwieweit er sich mit einer Person bzw. mit dem Geschehen identifizieren will.

„Die Physiker“ sind, nach dem großen Publikumserfolg in Zürich, das meistgespielte Stück im deutschen Sprachraum. Wahrscheinlich ist der Besucherandrang so groß, da der Autor in dem Stück die **Frage der menschlichen Existenz** in den Mittelpunkt rückt. Aber er tut das eben nicht mit „erhobenem Zeigefinger“, sondern stellt auf eine völlig ungewohnte Art die Frage nach der Verantwortung des Wissenschaftlers in der heutigen Zeit.

Wer fähig ist, die scheinbare Widersinnigkeit einer verrückten Irrenärztin als eine Erscheinung der realen Welt zu begreifen, kann sich auch – gemeinsam mit anderen – den Herausforderungen einer derartigen Welt stellen.

**Möglichkeiten des Theaters in der Gegenwart**

Dürrenmatt fordert, neue dramatische Konstellationen zu schaffen, um den Zuschauer herauszufordern, was ihm mit seinen Stücken auch gelingt. Ob sich ein gesellschaftliches Gewissen aus der Rezeption von Theaterstücken erzielen lässt, ist bis heute nicht belegt. Theater kann Anregungen geben, es kann wirklich zum Denken auffordern. Nicht immer braucht man neue Konstellationen. Hinter jeder Aufführung steckt ein Denk- und Arbeitsprozess, an dem der Zuschauer letztlich teilnimmt. Klassische Stücke werden kaum in ihrer ursprünglichen Gestalt gespielt. Meist sind sie in moderne Zusammenhänge übertragen und somit kann das Publikum die Aktualität schneller nachvollziehen, die in manchen Inhalten bis heute steckt. Das Dresdner Schauspielhaus stellte in den letzten Jahren u. a. einen Chor auf die Bühne, um – wie in der antiken Tragödie – das Geschehen zu kommentieren und dem Zuschauer Kausalitäten zu verdeutlichen. Dieser Chor bestand aus Dresdner Bürgern. Bei Hauptmanns „Die Weber" war es ein Chor von Hartz-IV-Betroffenen, denen die Bühne ein Podium gab, ihre Lage zu schildern. Sie machten sich Luft und lösten eine kontroverse Diskussion unter den Zuschauern und in der Presse aus. Viele Theaterbesucher positionierten sich, erkannten sich bzw. bestimmte Situationen wieder und setzten sich mit verschiedenen tagesaktuellen Sachverhalten auseinander. Der „denkende Zuschauer" war geschaffen.

## Leistungskurs Deutsch (Sachsen): Abiturprüfung 2010
## Aufgabe 1: Interpretation dramatischer Texte

**Thema: Friedrich Schiller (1759–1805): Maria Stuart. Ein Trauerspiel (erschienen 1801)**

**Text 1: Friedrich Schiller: Maria Stuart. Ein Trauerspiel, Dritter Aufzug, Vierter Auftritt (Auszug)**

*Maria Stuart trifft im Park des Schlosses Fotheringhay auf Elisabeth I. Anwesend sind außerdem Leicester, Shrewsbury und Paulet sowie weitere Gefolgsleute.*

[…]
MARIA. Regiert in Frieden!
Jedwedem Anspruch auf dies Reich entsag ich.
Ach, meines Geistes Schwingen sind gelähmt,
Nicht Größe lockt mich mehr – Ihr habts erreicht,
Ich bin nur noch der Schatten der Maria.
[…]
– Jetzt macht ein Ende, Schwester. Sprecht es aus,
Das Wort, um dessentwillen Ihr gekommen,
Denn nimmer will ich glauben, daß Ihr kamt,
Um Euer Opfer grausam zu verhöhnen.
Sprecht dieses Wort aus. Sagt mir: „Ihr seid frei,
Maria! Meine Macht habt Ihr gefühlt,
Jetzt lernet meinen Edelmut verehren.“
Sagts, und ich will mein Leben, meine Freiheit
Als ein Geschenk aus Eurer Hand empfangen.
– Ein Wort macht alles ungeschehn. Ich warte
Darauf. O laßt michs nicht zu lang erharren!
[…]
ELISABETH. Bekennt Ihr endlich Euch für überwunden?
Ists aus mit Euren Ränken? Ist kein Mörder
Mehr unterweges? Will kein Abenteurer
Für Euch die traurge Ritterschaft mehr wagen?
– Ja, es ist aus, Lady Maria. Ihr verführt
Mir keinen mehr. Die Welt hat andre Sorgen.
Es lüstet keinen, Euer – vierter Mann
Zu werden, denn Ihr tötet Eure Freier
Wie Eure Männer!
MARIA *(auffahrend).* Schwester! Schwester!
O Gott! Gott! Gib mir Mäßigung!
ELISABETH *(sieht sie lange mit einem Blick stolzer Verachtung an).*
Das also sind die Reizungen, Lord Leicester,
Die ungestraft kein Mann erblickt, daneben
Kein andres Weib sich wagen darf zu stellen!
Fürwahr! Der Ruhm war wohlfeil zu erlangen,
Es kostet nichts, die *allgemeine* Schönheit
Zu sein, als die *gemeine* sein für *alle!*

MARIA. Das ist zuviel!
ELISABETH *(höhnisch lachend)*. Jetzt zeigt Ihr Euer wahres
Gesicht, bis jetzt wars nur die Larve.
MARIA *(vor Zorn glühend, doch mit einer edeln Würde)*.
Ich habe menschlich, jugendlich gefehlt,
Die Macht verführte mich, ich hab es nicht
Verheimlicht und verborgen, falschen Schein
Hab ich verschmäht, mit königlichem Freimut.
Das Ärgste weiß die Welt von mir und ich
Kann sagen, ich bin besser als mein Ruf.
Weh Euch, wenn sie von Euren Taten einst
Den Ehrenmantel zieht, womit Ihr gleißend
Die wilde Glut verstohlner Lüste deckt.
Nicht Ehrbarkeit habt Ihr von Eurer Mutter
Geerbt, man weiß, um welcher Tugend willen
Anna von Boleyn das Schafott bestiegen.
SHREWSBURY *(tritt zwischen beide Königinnen)*.
O Gott des Himmels! Muß es dahin kommen!
Ist das die Mäßigung, die Unterwerfung,
Lady Maria?
MARIA. Mäßigung! Ich habe
Ertragen, was ein Mensch ertragen kann.
Fahr hin, lammherzige Gelassenheit,
Zum Himmel fliehe, leidende Geduld,
Spreng endlich deine Bande, tritt hervor
Aus deiner Höhle, langverhaltner Groll –
[...]
Der Thron von England ist durch einen Bastard
Entweiht, der Briten edel herzig Volk
Durch eine listge Gauklerin betrogen.
– Regierte Recht, so läget *Ihr* vor mir
Im Staube jetzt, denn *ich* bin Euer König.
*(Elisabeth geht schnell ab, die Lords folgen ihr in der höchsten Bestürzung)*
[...]

*Aus: Schiller, Friedrich: Maria Stuart. In: Schiller, Friedrich: Sämtliche Werke in 5 Bänden. München, Wien: Carl Hanser Verlag 2004. Bd. II, S. 626ff.*

**Figurenverzeichnis**

| | |
|---|---|
| Elisabeth | Königin von England |
| Maria | Königin von Schottland |
| Georg Talbot, Graf von Shrewsbury | Berater Elisabeths |
| Robert Dudley, Graf von Leicester | Vertrauter Elisabeths |
| Paulet | Ritter, Maria Stuarts Kerkermeister |

**Text 2: Bertolt Brecht: Der Streit der Fischweiber. Aus: Der Messingkauf (1939–1955)**

Bertolt Brechts theatertheoretisches Werk *Der Messingkauf* enthält *Übungsstücke für Schauspieler*, darunter *De(n) Streit der Fischweiber*, eine Parallelszene zum *Streit der Königinnen*[1] aus Friedrich Schillers *Maria Stuart*.

*Fischmarkt am Abend. Nur noch ein einziges Fischweib, Frau Scheit, sitzt da. Neben ihr ihr Neffe*[2] *[…]. Frau Zwillich und Herr Koch kommen …*

[…]

Frau Zwillich Behaltens den Fischmarkt! Verkaufens allein Fisch in Gottes Namen! Ich geb meinen Stand auf für ewig. Sie habens geschafft mit mir. Sie haben mich gebrochen. Ich bin nur ein Schatten von der Zwillichen, die ich gewesen bin. Jetzt machens ein End mit der Verfolgung und sagens ihr[3]: Gehens in Frieden, ich hab Ihnen gezeigt, was eine Harke ist, und jetzt zeig ich Ihnen, wie sich ein Christenmensch benimmt. Sagen Sie das und ich sag Dankschön und meins auch. Aber lassens mich nicht zu lang warten auf das Wörtchen. […]

Frau Scheit Sehens endlich, daß ich Sie am Boden hab? Sind Ihnen Ihre Tricks ausgegangen? Ist der Polizist vom Marktplatz ein bissel abgekühlt? Habens keine Ritter mehr? Sie gehen ja mit jedem ins Kino, der Ihnen eine Bestellung vermittelt und wenn er zehnmal verheiratet ist!

Frau Zwillich Jetzt muß ich mich aber wirklich beherrschen, Sie gehen zu weit.

Frau Scheit *nachdem sie sie lang verächtlich betrachtet hat:* Das ist also die Frau Zwillich, wo immer so freundlich ist, Hugo? Auf die alle fliegen und neben der unsereins nur ein altes Monstrum ist, so ein alter Dreckhaufen am Marktplatz, um den man herumgeht! Eine ganz gewöhnliche Hur ist sie.

Frau Zwillich Das ist zuviel!

Frau Scheit *höhnisch lachend:* So, das ist ihr wahres Gesicht! Jetzt ist ihr die hübsche Larv heruntergerutscht.

Frau Zwillich *zornglühend, aber mit Würde:* Herr Koch, ich geb zu, ich bin jung und hab meine Fehler. Ich hab einen vielleicht ab und zu freundlich angeschaut, wenn er bei mir gekauft hat, aber ich hab nichts heimlich gemacht. Wenn das mein Ruf ist, kann ich nur sagen, ich bin besser als mein Ruf. An Sie kommts schon noch, Frau Scheit! Sie deckens zu, was Sie für Vergnügungen haben. Der ganze Markt weiß, daß Sie in keiner guten Haut stecken. Ihre Mutter war nicht umsonst im Kriminal seinerzeit!

Herr Koch Um Gottes willen! Jetzt ist alles aus! Sie haben sich nicht beherrscht, Frau Zwillich, wie Sies versprochen haben!

Frau Zwillich Beherrschung ist gut, Herr Koch. Ich hab geschluckt, was irgendein Mensch schlucken kann. Jetzt red ich. Jetzt pack ich aus, alles. –

Herr Koch Sie ist ganz außer dem Häuschen, sie weiß nicht, was sie sagt, Frau Scheit!

Der Neffe Hör nicht hin auf sie, Tante! Komm, wir gehen! Ich nehm schon die Körb!

Frau Zwillich Stinkende Fisch hat sie in den Roten Löwen geschickt! Ein Schandfleck ist sie für den ganzen Fischmarkt! Den Stand hat sie nur gekriegt, weil ihr sauberer Bruder einen Saufkumpan bei der Marktpolizei hat!

*Aus: Brecht, Bertolt: Der Messingkauf – hier: Der Streit der Fischweiber (Parallelszene zu Schillers „Maria Stuart", 3. Akt). In: Brecht, Bertolt: Werke. Große kommentierte Berliner und Frankfurter Ausgabe in 30 Bänden. Berlin und Weimar; Frankfurt a. M.: Aufbau-Verlag; Suhrkamp-Verlag. 1988–2000. Bd. XXII/2, S. 838ff.*

1 Dieser Szenentitel stammt von Brecht.

2 Hugo, der Neffe der Frau Scheit, hat Frau Zwillich im Auftrag seiner Tante arglistig des Betrugs überführt und bei der Polizei denunziert. Vorwand für die gegenseitigen Anfeindungen sind falsche Gewich-

te auf der einen und stinkende Fische auf der anderen Seite. Wenn Frau Scheit die Anzeige nicht zurücknimmt, droht Frau Zwillich die gerichtliche Verfolgung des Sachverhalts.

3 Sie spricht hier von sich selbst in der dritten Person Singular.

**Arbeitsanweisung:**

Interpretieren Sie den Auszug aus Friedrich Schillers „Maria Stuart". Ziehen Sie Bertolt Brechts „Streit der Fischweiber" vergleichend hinzu.

---

## Lösungsvorschlag

*In diesem Fall liegt Ihnen eine vergleichende Texterschließung zweier Szenenauszüge unterschiedlicher Epochen vor. Beachten Sie bei der Planung Ihrer Arbeit die Besonderheiten des klassischen Trauerspiels bei Schiller bzw. des epischen Theaters bei Brecht.*
*Schwerpunkt der Aufgabe ist die Interpretation des Schiller-Auszugs. Eine solide Werkkenntnis ermöglicht es Ihnen, den Szenenauszug einzuordnen und entsprechende Schlussfolgerungen bezüglich der Entwicklung des Konfliktes zu ziehen.*
*Eine genaue Analyse des Dialogs der Königinnen sollte in Ihrer Arbeit den inhaltlichen Schwerpunkt bilden. Beachten Sie Besonderheiten der sprachlich-künstlerischen Gestaltung des Dialogs und klären Sie Fragestellungen wie:*

- *Wie ist der Dialog strukturiert?*
- *Wer dominiert das Gespräch?*
- *Sprechen die Partner miteinander oder aneinander vorbei?*
- *Was sind jeweils deren Intentionen, welche Strategien verfolgen sie?*
- *Welche Funktion haben gestalterische Auffälligkeiten?*

*Ihre Analyseresultate münden in deutende und wertende Ausführungen, die sie mit den Kenntnissen zum Autor, dessen Dramentheorie und weltanschaulichen Vorstellungen verknüpfen können. Versuchen Sie, Ihre Ausführungen möglichst mit Zitaten zu belegen.*
*Anschließend gehen Sie zum vergleichenden Erschließen der Brecht-Szene über. Sie sollten auf Brechts Konzept der Verfremdung eingehen und dies sowohl an den verwendeten Figuren als auch an deren Sprache verdeutlichen.*
*Ein abschließendes Fazit könnte auf die deutlichen Unterschiede in der literarischen Gestaltung von Machtkonstellationen bei beiden Autoren verweisen und wertend die Aktualität der Autoren bzw. Texte betonen.*

### 1 Einleitung

Was sind die entscheidenden Prämissen für sittliches Handeln des Menschen, besonders, wenn sich dieser in einer Machtposition befindet? Inwieweit darf die Privatsphäre politische Handlungsräume beeinflussen? Kann Machteroberung und -erhaltung überhaupt moralischen Grundsätzen gehorchen?

Friedrich Schiller behandelt in seinem Drama *Maria Stuart*, das als Muster eines Trauerspiels der deutschen Klassik gelten darf, genau diese Koordinaten menschlichen Agierens auf höchster staatlicher Ebene. Auch Bertolt Brecht hat sich für den Stoff interessiert, parodiert ihn aber gemäß seinen künstlerischen und weltanschaulichen Vorstellungen:
Er verlegt den Streit auf einen Fischmarkt, aus einer königlichen Staatsaktion wird die Auseinandersetzung um Marktanteile als Lebensgrundlage.

## 2 Interpretation des Szenenauszuges aus „Maria Stuart“

### 2.1 Einordnung

Maria Stuart ist aufgrund der Verstrickung in die Ermordung ihres Gatten Darnley als abgesetzte Königin von Schottland zu ihrer königlichen „Schwester“, der Königin von England, geflüchtet. In der katholisch erzogenen Maria sieht Elisabeth eine ernst zu nehmende Rivalin, zumal deren Ansprüche auf die englische Königskrone berechtigt sind. Auf Grundlage eines eigens für Maria erlassenen Gesetzes wird diese im Schloss Fotheringhay gefangen gehalten. Elisabeths Ziel ist es, Maria machtpolitisch auszuschalten. Vertreter ihres umfangreichen Beraterstabes – allen voran Burleigh – haben die schottische Königin wegen vermeintlicher Verschwörungsabsichten angeklagt und von einem englischen Gericht zum Tode verurteilen lassen. An der Vollstreckung scheiden sich jedoch die Geister am Hofe. Marias Bewacher Paulet und dessen Neffe Mortimer erreichen über den einstigen Verehrer Marias und nunmehrigen Günstling Elisabeths, Lord Leicester, dass die Vollstreckung des Todesurteils aufgeschoben wird und die englische Königin einem Treffen mit Maria zustimmt. Sie erhoffen sich davon deren Begnadigung.

### 2.2 Dialoganalyse und Sinngehalt

Der vierte Auftritt des dritten Aufzuges, durch die Lokalisation im Park besonders herausgestellt, stellt den Höhepunkt des Trauerspiels dar: Beide Königinnen treffen persönlich aufeinander – eine dramatische Zuspitzung historisch nicht verbürgter Tatsachen. In der Realität sind sich die beiden Königinnen nie begegnet.
Hauptakteure sind die kalte, pflichtbewusste Elisabeth und die attraktive, emotionale und selbstbewusste Maria. An einer Stelle des Streits schreitet Shrewsbury schlichtend ein. Die Unterredung verläuft im Beisein des Staatsrats und „weitere[r] Gefolgsleute“, d. h. alles andere als diskret und privat. Der Textauszug setzt mit der Zuspitzung des Dialogs ein. Nach mehreren Versuchen Marias, durch demutsvolle Gesten ihre Verwandte milde und gnädig zu stimmen, verweigert Elisabeth jedwede Annäherung.

Die **Verse 1–18** zeigen eine um Freilassung bittende, sich ihrer Rivalin vollkommen **unterwerfende Maria**, obwohl diese im bisherigen Verlauf der Begegnung bereits einige Beleidigungen verkraften musste. In pathetisch klagendem Ton verrät die Metapher „Ach, meines Geistes Schwingen sind gelähmt“ (V. 4) ihre resignative Grundhaltung.
Sie ist zum Verzicht auf die englische Thronanwartschaft bereit („Regiert in Frieden! / Jedwedem Anspruch auf dies Reich entsag ich“, V. 2 f.) und fleht um ihre Freiheit. Die zahlreichen Bittenshandlungen belegen dies eindrücklich: „Sprecht es aus, / Das Wort“ – „Sprecht dieses Wort aus. Sagt mir …“ – „Sagts“ – „Ich warte / Darauf. O laßt michs nicht zu lang erharren!“ (V. 8–18). Interjektionen wie „ach“ und „o“ betonen ihre emotionale Erregung. Dennoch steckt in ihren Worten ein Rest Machtinstinkt, wenn sie nahezu fordernd ihrer Antagonistin die Worte der Freiheit in den Mund legt: „Sagt mir: ‚Ihr seid frei …‘“ (V. 12).

**Elisabeths Reaktion** fällt **brutal und gnadenlos** aus. In den **Versen 20–37** zeigt sie sich gefühlsarm und unbeeindruckt angesichts der vorherigen Worte. Aus Marias Bitten entwickelt sie keine Gnade, die Anrede „Schwester“ (V. 8), mithilfe der Maria einerseits ihre königliche Ebenbürtigkeit betont, andererseits an ihre verwandtschaftliche Bindung appelliert, beantwortet Elisabeth mit der zynischen Form „Lady Maria“ (V. 24), mit der sie ihre Rivalin von sich fernhält und durch die königlichen, offiziellen Anredeformen degradiert.
Mit vier vernichtenden Fragen (V. 20–23), die Maria aufs Äußerste reizen, provoziert Elisabeth schließlich die Eskalation des Gesprächs. Neid und Missgunst ob Marias Schönheit münden in üble Beleidigungen. Ungerechtfertigte Verallgemeinerungen sollen Maria erscheinen lassen wie eine lüsterne Serienmörderin („Freier“ wie „Männer“ werden im Plural verwendet, V. 26 f.). Die Worte „Ja, es ist aus …“ (V. 24) werden durch das Abweichen vom Metrum des Blankverses besonders akzentuiert. Elisabeth benennt klar die

Machtsituation und glaubt, dass Maria durch die Beleidigungen auf persönlicher Ebene nun alle schützenden Hüllen der Unterwerfung fallen lassen wird und sich öffentlich entlarvt.
Ab Vers 29 gewinnt der Dialog weiter an Dynamik. Durch die Regieanweisung *„auffahrend“* und die folgenden Exklamationen – versehen mit Ausrufezeichen – wird Marias Anspannung wirkungsvoll gezeigt, sie hat sichtlich Mühe, sich zu beherrschen.
Elisabeth wiegt sich in Sicherheit, eine Redepause wird durch einen „Blick stolzer Verachtung“ (V. 31) ausgefüllt. Politisch betrachtet ist Elisabeth eigentlich am Ziel, doch sie will auch persönlich den vollständigen Triumph über Maria, Rachegelüste und die erotische Konkurrenz vor Leicester treiben sie an. Als die englische Königin zu diesem gewandt das Wortspiel „allgemein“ – „gemein für alle“ (V. 36 f.) benutzt, um erneut Maria zu diffamieren, sie im Kern ihrer Persönlichkeit zu treffen, kippt der Dialog.

Die deutliche Zäsur bildet Marias Ausruf: „Das ist zuviel!“ (V. 38). Noch sieht Elisabeth ihre Überlegenheit gewahrt, sie hofft nunmehr auf Entlarvung Marias: „Jetzt zeigt Ihr Euer wahres / Gesicht, bis jetzt wars nur die Larve“ (V. 39 f.). Die **Verse 41–71** belegen schließlich den **rhetorischen Triumph Marias** in diesem Rededuell, obwohl sie damit ihr Todesurteil faktisch schon unterzeichnet hat.
Elisabeth kommt im letzten Abschnitt dieses Auftrittes nicht mehr zu Wort. Maria gibt ein ehrliches, unverstelltes Bekenntnis ab, das nur durch einen zur Mäßigung mahnenden Einwurf Shrewsburys unterbrochen wird. Sie übernimmt ab diesem Moment eindeutig die dominante Position im Gespräch. Ebenso findet sie durch die Provokationen ihrer Rivalin zu „einer edeln Würde“ (V. 41) zurück, obwohl sie vor Zorn glüht. Freiheit gibt es ab diesem Moment für die Gefangene nur durch das Ablegen ihrer diplomatischen Strategie der Zurückhaltung und inszenierten Unterwürfigkeit.
Zu Beginn gesteht sie jugendliche Verfehlungen ein, stolz rechtfertigt sie ihr offenes Wesen (Verse 42–47). Aber sie kann ihren Zorn nicht bezähmen und vergilt Gleiches mit Gleichem, indem sie nun Elisabeth angreift und für einen handfesten Eklat sorgt: „Weh Euch, wenn … Nicht Ehrbarkeit habt Ihr von Eurer Mutter / Geerbt …“ (V. 48–52). Shrewsbury versucht vergeblich Einhalt zu gebieten, Mäßigung wird durch Maria in drei sprachlich kunstvollen Personifizierungen ausgeschlossen. Der klassischen Form entsprechend hebt sie pathetisch an, „lammherzige Gelassenheit“ (V. 60), „leidende Geduld“ (V. 61) und „langverhaltene[n] Groll“ (V. 63) nunmehr von sich zu weisen. Die drei durch Alliteration klanglich verknüpften und jeweils attribuierten Begriffe gehören zusammen. Imperativisch gebrauchte Verben der Bewegung unterstreichen den Drang nach Freiheit um den Preis der Mäßigung.
Abschließend macht Maria ihre Thronansprüche geltend und diffamiert Elisabeth aufs Schärfste, wobei sie auch auf deren uneheliche Geburt anspielt („Bastard“, „listge Gauklerin“, V. 65 und 67). Unterbrochen durch einen Gedankenstrich wird die Pointe angekündigt. Die asymmetrische Situation am Anfang der Szene wird durch Maria ins Gegenteil verkehrt. Stolz und Stärke verkünden die beiden Schlussverse, die reale Machtsituation verdrängend: „… denn *ich* bin Euer König“ (V. 69).
Die Regieanweisung (V. 70 f.) verdeutlicht den Eklat, das Scheitern einer einvernehmlichen Lösung im Sinne eines Gnadenerlasses durch Elisabeth und der Freilassung Marias: Elisabeth verstummt, ihr überstürzter Abgang zeigt, dass ihr wundester Punkt getroffen wurde. Die Folgen dieses Streits sind nun absehbar: Marias stolzes Aufbegehren zwingt Elisabeth und ihre Anhänger zum Handeln.
Nach der Szene ist das Todesurteil Marias nahezu besiegelt, die Handlung steuert unweigerlich auf die Katastrophe im fünften Aufzug, ihre Hinrichtung, zu.

**3 Vergleich mit Brechts „Der Streit der Fischweiber“**
Bertolt Brechts Parallelszene liest sich als **Parodie** der Schiller-Szene. Brecht verlagert das Geschehen auf einen Fischmarkt und verfremdet auf diese Weise die Situation am

englischen Königshof radikal. Die Ausgangsszene wird im Sinne des epischen Theaterkonzepts so umgebaut, dass der Leser/Zuschauer zum heiter-distanzierten Nachdenken angeregt wird. Aus Königinnen werden zwei Marktkonkurrentinnen, die über geschäftlichen Erfolg und betrügerische Tricks beim Fischverkauf streiten. Bereits der Begriff *Parallelszene* verweist auf starke Ähnlichkeiten im Aufbau und Entsprechungen bei den Figuren. Frau Zwillich stellt die Parallelfigur zu Maria dar, die als jüngere Frau der etwas älteren und um ihre Marktposition kämpfenden Frau Scheit (Parallelfigur zu Elisabeth) die Hand zur Versöhnung reichen möchte (Z. 5 ff.)
Diese reagiert wie in der Vorlage mit verhöhnenden Bemerkungen, ihre neu erlangte Überlegenheit über die aufgebende Konkurrentin auskostend. Frau Zwillich geht nach den Beleidigungen (Z. 14–17) in die Gegenoffensive und triumphiert am Ende nach gescheiterten Vermittlungsversuchen durch Herrn Koch (Shrewsbury).
Brecht übernimmt zahlreiche Passagen direkt („Das ist zuviel!", Z. 18) oder verwendet stark an die Vorlage angelehnte Formulierungen wie „Jetzt machens ein End ..." (Z. 4 f.). Die hohe Sprache in Blankversen verwandelt sich in dialektal gefärbte Umgangssprache, die Prosa des Alltags, wie sie von den proletarischen Händlern gesprochen wird. Inhaltlich verlagert Brecht die Handlung von der höchsten politischen Ebene auf die kleinste ökonomische. Es geht bei den Fischweibern um die nackte Existenz. Durch Beziehungen zur Marktpolizei versucht sich Frau Scheit Vorteile zu verschaffen, was ihre Rivalin aufdeckt.

## 4 Fazit

Brechts Umgang mit der hohen Tragödie der Weimarer Klassik lässt die Vorlage in ganz neuem Licht erscheinen: Der pathetische Gestus, situiert auf einem Fischmarkt und zwei Fischweibern in den Mund gelegt, stellt einen bewussten Bruch dar und bewirkt so eine gewisse Komik. Die Königinnen aus Schillers Drama werden als streitende Frauen entlarvt, die bei dem Disput die Würde ihres Standes und sogar ihren Anstand völlig vergessen und „wie die Fischweiber" zanken.
Dieser parodistische Umgang mit dem klassischen Theater, der einer Profanierung gleichkommt, schafft bewusst Distanz: Ohne sich in persönliche Schicksale einzufühlen, soll sich der Zuschauer Urteile bilden über Machtkämpfe im ökonomischen Alltag, einem Alltag, dem er selbst zugehörig ist.

**Leistungskurs Deutsch (Sachsen): Abiturprüfung 2010**
**Aufgabe 2: Interpretation lyrischer Texte**

**Thema: Rainer Maria Rilke (1875–1926): Der Auszug des verlorenen Sohnes (1907)**
**Franz Kafka (1887–1924): Heimkehr (1920/22)**

## Text 1: Rainer Maria Rilke: Der Auszug des verlorenen Sohnes[1]

NUN fortzugehn von alledem Verworrnen,
das unser ist und uns doch nicht gehört,
das, wie das Wasser in den alten Bornen,
uns zitternd spiegelt und das Bild zerstört;
von allem diesen, das sich wie mit Dornen
noch einmal an uns anhängt – fortzugehn
und Das und Den,
die man schon nicht mehr sah
(so täglich waren sie und so gewöhnlich),
auf einmal anzuschauen: sanft, versöhnlich
und wie an einem Anfang und von nah;
und ahnend einzusehn, wie unpersönlich,
wie über alle hin das Leid geschah,
von dem die Kindheit voll war bis zum Rand –:
Und dann doch fortzugehen, Hand aus Hand,
als ob man ein Geheiltes neu zerrisse,
und fortzugehn: wohin? Ins Ungewisse,
weit in ein unverwandtes warmes Land,
das hinter allem Handeln wie Kulisse
gleichgültig sein wird: Garten oder Wand;
und fortzugehn: warum? Aus Drang, aus Artung,
aus Ungeduld, aus dunkler Erwartung,
aus Unverständlichkeit und Unverstand:

Dies alles auf sich nehmen und vergebens
vielleicht Gehaltnes fallen lassen, um
allein zu sterben, wissend nicht warum –

Ist das der Eingang eines neuen Lebens?

*In: Rilke, Rainer Maria: Werke in drei Bänden. Bd. 1. Frankfurt am Main und Leipzig: Insel Verlag 1991, S. 247f.*

[1] Bibelgleichnis von der Heimkehr des verlorenen Sohns (Lukas 15): Der jüngere von zwei Söhnen hatte sein vorab ausgezahltes Erbteil in einem „fernen Lande“ verprasst. Als er reumütig auf den Hof des Vaters zurückkehrt, richtet dieser ein großes Fest für ihn aus. Einwänden des älteren Sohnes begegnet der Vater mit folgenden Worten: „Du solltest aber fröhlich und guten Mutes sein; denn dieser dein Bruder war tot und ist wieder lebendig geworden, er war verloren und ist wiedergefunden.“

### Text 2: Franz Kafka: Heimkehr

Ich bin zurückgekehrt, ich habe den Flur durchschritten und blicke mich um. Es ist meines Vaters alter Hof. Die Pfütze in der Mitte. Altes, unbrauchbares Gerät, ineinanderverfahren, verstellt den Weg zur Bodentreppe. Die Katze lauert auf dem Geländer. Ein zerrissenes Tuch, einmal im Spiel um eine Stange gewunden, hebt sich im Wind. Ich bin angekommen. Wer wird mich empfangen? Wer wartet hinter der Tür der Küche? Rauch kommt aus dem Schornstein, der Kaffee zum Abendessen wird gekocht. Ist dir heimlich, fühlst du dich zu Hause? Ich weiß es nicht, ich bin sehr unsicher. Meines Vaters Haus ist es, aber kalt steht Stück neben Stück, als wäre jedes mit seinen eigenen Angelegenheiten beschäftigt, die ich teils vergessen habe, teils niemals kannte. Was kann ich ihnen nützen, was bin ich ihnen und sei ich auch des Vaters, des alten Landwirts Sohn. Und ich wage nicht, an der Küchentür zu klopfen, nur von der Ferne horche ich, nur von der Ferne horche ich stehend, nicht so, daß ich als Horcher überrascht werden könnte. Und weil ich von der Ferne horche, erhorche ich nichts, nur einen leichten Uhrenschlag höre ich oder glaube ihn vielleicht nur zu hören, herüber aus den Kindertagen. Was sonst in der Küche geschieht, ist das Geheimnis der dort Sitzenden, das sie vor mir wahren. Je länger man vor der Tür zögert, desto fremder wird man. Wie wäre es, wenn jetzt jemand die Tür öffnete und mich etwas fragte. Wäre ich dann nicht selbst wie einer, der sein Geheimnis wahren will.

*In: Kafka, Franz: Sämtliche Erzählungen. (Hrsg. Paul Raabe). Frankfurt/Main: Fischer Taschenbuch Verlag GmbH 1986, S. 320f.*

### Arbeitsanweisung:

Interpretieren Sie das Gedicht Rainer Maria Rilkes. Vergleichen Sie die Gestaltung des Motivs vom verlorenen Sohn bei Rilke und Kafka.

---

## Lösungsvorschlag

*Die besondere Arbeitsaufgabe des Gedichtvergleichs unter motivischen Aspekten ist Ihnen vertraut. Im vorliegenden Fall soll ein lyrischer Text mit einem Prosatext motivisch verglichen werden, eine geringfügige Abweichung vom bereits bekannten Verfahrensmuster.*
*Unter Beachtung bekannter Texterschließungsverfahren und der Lehrplaninhalte sind als Grundlage Texte von zwei Autoren der Literatur um 1900 gewählt worden – Rilke und Kafka.*
*Als Operator dient zunächst „Interpretieren Sie", des Weiteren enthält die Arbeitsanweisung den Operator „Vergleichen Sie". Das bedeutet im konkreten Fall, das Verfahren des Motivvergleichs anzuwenden.*
*Zunächst sollte das Rilke-Gedicht genau untersucht werden. Wie immer bei dieser Gattung bedeutet dies, dass Sie die Anlage der Darstellung selbst planen müssen. Verlangt wird genaue Textwahrnehmung, Sensibilität und Gespür für das Thema sowie für die Sprache im Gedicht. Ziel ist eine begründete, sinnerhellende Annäherung.*
*Dabei wird von Ihnen auch verlangt, die zu interpretierenden Texte angemessen in den literarischen Kontext einordnen zu können. Kenntnisse zu Leben und Werk Rilkes und Kafkas sollten bei dieser Aufgabenbearbeitung einfließen.*
*Ihrem subjektiven Wertungsbestreben werden keine Grenzen gesetzt. Eine schlüssige, problemorientierte Einordnung des Hauptmotivs sowie das Erkennen und Benennen von biografischen Hintergründen sind in jedem Fall qualitätsfördernde Aspekte der Gesamtdarstellung.*

## 1 Einleitung

Abschied nehmen von der Kindheit und aufbrechen, um den Lebensweg im Bewusstsein des Selbst zu gestalten, ist ein unvermeidlicher Abschnitt menschlicher Entwicklung. Gerade nach der abgeschlossenen Schulausbildung steht er den meisten jungen Menschen bevor. Die bis dato erlebte Sozialisation fruchtbar zu machen im Sinne eigener Vorstellungen, Pläne und Ziele, ist ein natürlicher, aber manchmal auch schmerzhafter Prozess. Der eingeschlagene Weg kann unter Umständen weit weg vom Zuhause, zu Trennung oder Verlust führen, immer gibt es jedoch ein Zurück. So will es das bekannte Bibelgleichnis von der Heimkehr des verlorenen Sohnes aus Lukas 15 verstanden wissen, das motivisch den Texten Rainer Maria Rilkes und Franz Kafkas zugrundeliegt.

Die zu vergleichenden Autoren der hier vorliegenden Texte haben zahlreiche biografische Berührungspunkte, unterscheiden sich in einigen Aspekten jedoch auch deutlich. Das Motiv des verlorenen Sohnes wird im Gedicht Rilkes bzw. in der Parabel Kafkas ebenfalls unterschiedlich behandelt, was bereits an den Titeln erkennbar ist.

## 2 Interpretation von Rainer Maria Rilkes „Der Auszug des verlorenen Sohnes"

### 2.1 Lyrische Situation

Wie schon die Überschrift andeutet, befindet sich der lyrische Sprecher in der Position eines von seiner Kindheit und Jugend Scheidenden, der über den Grat zwischen bisher Erfahrenem und unvorhersehbar Kommendem reflektiert. Klar ist für ihn jedoch, dass der Schlussstrich unter die erste als verworren empfundene Lebensphase gezogen werden muss bzw. gezogen ist. Was kommt, erscheint ihm vage und ungewiss. Es ist für ihn nicht ausschließbar, dass die Suche nach einer neuen Lebensexistenz scheitert, dennoch begibt sich das Subjekt – wenn auch zögerlich und fragend – auf Sinnsuche in einer neuen Lebensphase. Es verwendet eine generalisierende Wir-Perspektive („unser", „uns", V. 2), die das Gesagte als verallgemeinerbar kenntlich macht.

### 2.2 Analyse und Deutung der lyrischen Struktur und des Sinngehalts

Das Gedicht lässt sich in **zwei abgegrenzte Teile** gliedern. An der Stelle des Paarreims „Rand" – „Hand" (V. 14 f.) treffen diese beiden Teile aufeinander, durch die Konjunktion „Und" (V. 15) sind die Gegensätze verbunden und relativiert. Während im **ersten Teil (Verse 1–14)** darüber reflektiert wird, was den Sprecher an die **vergangenen Tage** der Kindheit erinnert, wird im **zweiten Teil (Verse 15–27)** eher über das **Kommende** nachgedacht. Als **semantischer Leitfaden fungiert „fortgeh[e]n"**, das insgesamt fünfmal über den gesamten Text verteilt ist.
Am Ende des Gedichts ist auch optisch ein Fazit abgesetzt (V. 24–27), das die Spekulationen über die Zukunft zusammenfasst und die Entscheidung über den Fortgang kritisch infrage stellt.

Am Anfang steht ein Entschluss, für den die Zeit gekommen scheint: „NUN fortzugehn von alledem Verwornen" (V. 1). Anschließend erweist sich das „Verworrne" als primär negativ Assoziiertes aus der **Vergangenheit**, als etwas, „das sich wie mit Dornen / noch einmal an uns anhängt" (V. 5 f.). Dinge und Personen („Das und Den", V. 7), über die hier gesprochen wird, entstammen einer Kindheit, die als leidvoll erfahren wurde (V. 13 f.) und nun aus der Distanz gesehen wird. Erst jetzt wird die Umgebung, die zu sehr zur Gewohnheit geworden ist, wieder bewusst wahrgenommen und kann „sanft, versöhnlich" (V. 10) betrachtet werden.

Das Ende des Rückblicks ist markiert durch einen Gedankenstrich und einen Doppelpunkt (V. 14). Ab Vers 15 wenden sich die Überlegungen der **Zukunft** zu. Hier wird trotz aller verheilten Narben, die eine getrübte Kindheit hinterlassen hat („als ob man ein

Geheiltes neu zerrisse“ (V. 16), der einmal gefasste Entschluss bekräftigt „**dann doch** fortzugehen“ (V. 15).
Ab Vers 17 wird der künftige Weg mit allerlei **Unwägbarkeiten** reflektiert. Die Häufungen von Worten mit dem Suffix un- (V. 22 f.) verweisen auf einen Zustand, der nicht absehbar ist und den Sprecher verunsichert. Dieser muss sich an dem Punkt seines Daseins **elementaren Fragen** nach dem Wohin und dem Warum stellen, Sicherheiten müssen abgelegt werden, um sich unter Umständen in einem „warme[n] Land“ (V. 18) neue Horizonte zu eröffnen. Aber inbegriffen in solch ein Fortgehen ist immer auch ein **mögliches Scheitern** – das neue Land wird mit negativ konnotierten Begriffen umschrieben, es kann „unverwandt“ (V. 18), „gleichgültig“ (V. 20) oder nur „Kulisse“ (V. 19) sein. Ein letztes Mal fragt der Sprecher nach dem Warum seines Auszugs. Die Gründe sind für ihn wie für jeden von uns wohl nur schwer zu filtern, da die Positiva der mit un- verneinten Begriffe, also Geduld, Verständlichkeit und Verstand, vielleicht eben nur ein Verharren auf der Stelle bedeuten könnten.
Das Fazit in den Versen 24–27 bringt die ambivalenten Aussichten noch einmal auf den Punkt: Es gibt keine Alternative für ein „neue[s] Leben“ (V. 27), Freiheit gibt es nur um den Preis des Lösens von Vertrautem und nur um den Preis möglicher Einsamkeit („allein zu sterben“, V. 26).

Der ambivalenten Situation des lyrischen Sprechers entspricht eine **unregelmäßige Struktur** des Gedichts **im rhythmischen und syntaktischen Bereich**. Endreimstrukturen durchziehen den Text, ohne ein einheitliches Schema zu ergeben. In den ersten Versen wird Kreuzreim verwendet (Verse 1–5), im weiteren Verlauf gehen Kreuzreime und Paarreime ineinander über (Verse 14 f. und 16–20), ein umarmender Reim schließt den Text ab. Enjambements (z. B. V. 5 f. und 19 f.) schaffen Verbindungen der sich flüssig von Vers zu Vers fügenden Gedanken. Kommata und Semikola reihen einzelne Aspekte des Nachdenkens wie eine Kette aneinander, unterbrechen dafür aber jeweils den rhythmischen Fluss. Syntaktisch gesehen besteht das Gedicht aus einer permanent ergänzten und unterbrochenen Periode, deren Aussagekern lautet: „Nun fortzugehn – ist das der Eingang eines neuen Lebens?“ (V. 1; V. 27). In diesen **Rahmen** vom ersten bis zum letzten Vers sind die häufig mit *und* eingeleiteten Nachträge, elliptischen Formen und Einwortsätze eingebettet. Ein Doppelpunkt (V. 23) signalisiert innerhalb dieser verworrenen Struktur die Ankündigung der Schlussfrage (V. 27), die durch einen Gedankenstrich nochmals von den drei abgesetzten Versen 24–26 abgetrennt ist.

Rilkes Gedicht steht in ästhetisch ausgeformter Weise für die **Sinnsuche** eines im Aufbruch Befindlichen, für den Übergang zu autonomer Existenz, letztlich zur Selbstfindung – alle Unsicherheiten, die die Zukunft bereithält, einschließend. Verloren ist der Sohn insofern, als er ab diesem Übergang eben nicht mehr nur Sohn ist, sondern ein auf sich selbst gestelltes Wesen, ein Mensch.

## 3 Kafkas „Heimkehr“

Das Motiv der Heimkehr des verlorenen Sohnes wird in Kafkas Parabel nur im Titel verwendet. Kafkas heimgekehrter Ich-Erzähler findet nach **anfänglicher Vertrautheit** keinen mehr, der ihm die Tür herzlich öffnet. Stattdessen werden die Gefühle der Rückkehr und Ankunft (Z. 1–5) mehr und mehr verdrängt von **Fremdheit**. Die Umgebung zeigt sich abweisend und verlebt (Z. 3: die Treppe ist verstellt; Z. 2, Z. 3 f.: alte Gegenstände fallen ins Auge), und obwohl aus dem Haus Zeichen eines familiären Zusammenseins dringen (Rauch aus dem Schornstein, Z. 5 f., Kaffee zum Abendessen, Z. 6), ist die Entfremdung des Erzählers unüberwindbar. Trotz Erinnerungen an die Kindheit kommt keine Verbindung zustande, der Heimkehrer wird nicht erwartet. Auch spricht der Erzähler betont von seines Vaters Haus und schließlich bezeichnet er sich als „des Vaters, des alten Landwirts Sohn“ (Z. 7 und 10), jedoch ohne sich in dieser Rolle wiederzufinden. Das **typische**

**Strukturmuster** Kafka'scher Erzählungen und Parabeln, der **Wandel** von einem zunächst sicher wirkenden zu einem immer unsicherer werdenden bis ängstlichen Erzähler schlägt sich auch hier nieder. So vermutet er seinen Ausschluss vom „Geheimnis der dort Sitzenden" (Z. 15), ohne diese Tatsache durch ein Öffnen der Tür überhaupt zu prüfen. Über Konjunktive wird am Ende des Textes deutlich, dass auch der Erzähler selbst seine Verschlossenheit gegenüber der Vergangenheit wahren möchte.

Kafkas Erzähler demonstriert eindringlich eine Rückkehr in die Fremde, die keine Heimkehr ist.

## 4 Zusammenfassung

Beide Autoren thematisieren das Motiv des verlorenen Sohnes ähnlich, jedoch ist bereits am Titel die **veränderte Perspektive in der Motivgestaltung** ablesbar.
Bei Rilke geht es nicht um Heimkehr, die steht dem lyrischen Sprecher in ungewisser Ferne bevor, es geht im Gedicht überhaupt erst um Auszug im Sinne von Wegziehen oder Verlassen.
Das Gedicht verarbeitet eine **Lebensphase des Übergangs**, d. h. in diesem Fall des Loslösens aus Situationen der Begrenzung, wie sie Kindheit und Jugend weitgehend darstellen.
Kafkas Text behandelt im Gegensatz dazu eine **nicht gelungene Heimkehr**, Gefühle der Fremdheit und des Ausgeschlossenseins dominieren die Darstellung, obgleich auch hier schwache Erinnerungen an die Kindheit aufleben. Man könnte Kafkas Szenario als eine Bestätigung für Rilkes Befürchtungen bezüglich einer Zukunft nach dem Auszug verstehen.
Eine **Abkehr von der Behandlung im Lukasevangelium** ist beiden Adaptionen eigen. Vergebung gegenüber dem reuigen Sünder spielt keine Rolle mehr. Zu dieser Thematik kommt es gar nicht, ein mangelndes Urvertrauen in die Familie bzw. Vatergestalt verhindert das Aufeinander-Zugehen, wie es im Bibeltext elementar ist. Gründe für diese ähnlichen Variationen des Motivs liegen in der Zeitgenossenschaft der Autoren und ähnlichen Erfahrungen in den Elternhäusern im Prag der k. u. k. Monarchie.

Rilke und Kafka haben neben der Zugehörigkeit zu einer Generation (geboren 1875 bzw. 1883) zahlreiche **biografische Parallelen**. Unter anderem sind beide in Prag geboren, wachsen in dieser Stadt auf, und Kafka findet sogar seine letzte Ruhestätte in der Stadt an der Moldau.
Nach den entbehrungsreichen Kindheitsjahren mit einer dominanten Mutter und den Jahren in den Militärrealschulen in St. Pölten und Mährisch-Weißkirchen verlässt **Rilke** 1897 Prag und geht zunächst nach Berlin. Er wird ein **ruhelos Reisender** bleiben, der zeitlebens die Künstlerexistenz einem festen bürgerlichen Wohnsitz vorzieht. Weitere wichtige Stationen werden unter anderem München, Paris, Russland und Worpswede bei Bremen sein.
**Kafka** darf sich eher als **ewiger Sohn** sehen, dem ein vollständiges Loslösen, einerseits vom übermächtig empfundenen Vater, andererseits von seiner Heimatstadt, nie gelang. Seine Gefühle der Fremdheit als Jude in der Bürgerwelt der k. u. k. Stadt, aber auch Bindungsängste gegenüber Frauen, insbesondere im Bezug auf eine Eheschließung, sowie die Vorrangstellung seines künstlerischen Schaffens gegenüber seinem bürgerlichem Beruf prägen den Autor.
Beide Autoren sahen sich also mit einiger Sicherheit selbst als verlorene Söhne.

**Leistungskurs Deutsch (Sachsen): Abiturprüfung 2010**
**Aufgabe 3: Literarische Erörterung**

## Thema: Daniel Kehlmann (* 1975): Festrede zur Eröffnung der Salzburger Festspiele 2009 (Auszug)

### Daniel Kehlmann: Festrede zur Eröffnung der Salzburger Festspiele 2009 (Auszug)

[...]

Bei uns ist etwas Absonderliches geschehen. Irgendwie ist es in den vergangenen Jahrzehnten dahin gekommen, dass die Frage, ob man Schiller in historischen Kostümen oder besser mit den inzwischen schon altbewährten Zutaten der sogenannten Aktualisierung aufführen solle, zur am stärksten mit Ideologie befrachteten Frage überhaupt geworden ist. Eher ist es möglich, unwidersprochen den reinsten Wahnwitz zu behaupten, [...] als leise und schüchtern auszusprechen, dass die historisch akkurate Inszenierung eines Theaterstücks einfach nur eine ästhetische Entscheidung ist, nicht besser und nicht schlechter als die Verfremdung, auf keinen Fall aber ein per se reaktionäres Unterfangen. Als vor vier Jahren der Satiriker Joachim Lottmann im *Spiegel* einen spöttischen Artikel über deutsche Regiegebräuche veröffentlichte, ging eine Empörungswelle durch die Redaktionen, als schriebe man das Jahr 1910 und einer hätte Kaiser Wilhelm gekränkt. Es hat wohl mit der folgenreichsten Allianz der vergangenen Jahrzehnte zu tun: dem Bündnis zwischen Kitsch und Avantgarde. Nach wie vor und allezeit schätzt der Philister das Althergebrachte, aber mittlerweile muss sich dieses Althergebrachte auf eine strikt formelhafte Weise als neu geben. Denn wer ein Reihenhaus bewohnen, [...] seine Kinder auf Privatschulen schicken und sich dennoch als aufgeschlossener Bohemien ohne Vorurteil fühlen möchte – was bleibt ihm denn anderes als das Theater? In einer Welt, in der niemand mehr Marx liest und kontroverse Diskussionen sich eigentlich nur noch um Sport drehen, ist das Regietheater zur letzten verbliebenen Schrumpfform linker Ideologie degeneriert.

Wie alt die Fragestellung und auch die Praxis ist, zeigt sich auch darin, dass der scharfsinnigste Text darüber aus dem Jahr 1926 stammt: Karl Kraus[1] furioser Aufsatz „Mein Vorurteil gegen Piscator". Der große Regisseur Erwin Piscator hatte in Berlin eine, das Wort war damals neu, „aktualisierte" Inszenierung von Schillers „Räubern" auf die Bühne gebracht, was Kraus dazu veranlasste, grundsätzlich zu werden. In Wahrheit, so Kraus, sei Aktualisieren das Gegenteil dessen, was die Presse darunter verstehe, nämlich die behutsame Wiederherstellung dessen, was wir nicht mehr von der Vergangenheit wüssten, was uns unwiderruflich von ihr trenne. *„Aktuell"* schrieb er, *„ist die Überwindung des Zeitwiderstands, die Wegräumung des Überzugs, den das Geräusch des Lebens dem Gehör und der Sprache angetan hat. Für aktuell aber halten die Zutreiber der Zeit den Triumph des Geräusches über das Gedicht, die Entstellung seiner Geistigkeit durch ein psychologisches Motiv, das der Journalbildung"* – also der Bildung des Journalismus – *„erschlossen ist."*

Man muss Kraus hierin nicht folgen, man kann es auch ganz anders sehen, man darf selbstverständlich auch für die drastischste Verfremdung eintreten, aber man sollte sich deswegen nicht für einen fortschrittlichen Menschen halten. Kraus war in keiner Weise ein Anhänger des großen Ausstattungstheaters, er trat für äußerste Reduktion ein; was ihm vorschwebte, war näher bei dem Minimalismus eines Peter Brook als bei Max Reinhardt[2]. Ein anderer Minimalist, Samuel Beckett, verbot regelmäßig Aufführungen seiner Werke, die er als entstellend empfand und die von seinen akribischen Regieanweisungen abwichen – möchte man ihn darum rückständig nennen? Wer gegen das sogenannte Regietheater[3] ist, muss beileibe nicht konservativ sein, aber gerade mancher tiefkonservative Mensch hält die teuren und konventionellen Spektakel des Regietheaters für unangreifbar. Ein teuflischer Kreis: Wo Regisseure die Stars sind, dort halten sich die Autoren zurück. Wo sich die Autoren zurückhalten, beanspruchen die Regisseure wiederum den Status eines Stars, dem kein Urheber, lebend oder tot, dreinzureden habe: „Wir sind die Praktiker!“, rufen sie und haben vom Praktischen oft weniger Ahnung als jeder Beleuchter, der hinter ihrem Rücken die Augen verdreht, wenn ihnen wieder einmal die Einfälle kommen. Und unterdessen bleibt der Großteil der interessierten Menschen, die einstmals Publikum gewesen wären, daheim, liest Romane, geht ins Kino, kauft DVD-Boxen mit den intelligentesten amerikanischen Serien und nimmt Theater nur noch als fernen Lärm wahr, als Anlass für wirre Artikel im Feuilleton, als Privatvergnügen einer kleinen Gruppe folgsamer Pilger, ohne Relevanz für Leben, Gesellschaft und Gegenwart. „Das traurigste Gewerbe“, sagte Reinhardt – und nicht selten ist man versucht, ihm zuzustimmen, sich abzuwenden und einfach das Fernsehen einzuschalten.

[…]

*Quelle: http://kurier.at/kultur/1925770.php vom 14. 8. 2009*

1 Karl Kraus (1874–1936): österreichischer Schriftsteller, Publizist, Sprach- und Kulturkritiker

2 Theaterregisseure

3 Eine Inszenierung wird als „Regietheater-Inszenierung“ bezeichnet, wenn die Ideen des Regisseurs einen größeren Einfluss auf die Darbietung haben als die Ideen des Autors.

**Arbeitsanweisung:**

Analysieren Sie den Auszug aus der Festrede Daniel Kehlmanns. Erörtern Sie ausgewählte Thesen des Autors. Beziehen Sie hierbei Ihre Theatererfahrungen ein.

---

## Lösungsvorschlag

*Die Aufgabenstellung erfordert zunächst die Analyse des gedanklichen Aufbaus und der sprachlichen Gestaltung des Redeauszugs. Dabei erfassen und erläutern Sie die Intention des Redners unter Beachtung der sprachlichen Gestaltung in ihrer Wirkung. Sie können Inhalt und Form unmittelbar verknüpfen oder, wie im Lösungsvorschlag gezeigt, die sprachlich-stilistische Gestaltung des Textes in einem eigenen Abschnitt darstellen.*

*Auf jeden Fall ist es aber Ihre Aufgabe, die Sprache in ihrer inhaltlichen Funktion zu untersuchen. Es wird erwartet, dass Sie die Ihnen bekannten Begriffe aus der Argumentationslehre zur Anwendung bringen.*

*Die Erörterung erfordert eine Auseinandersetzung mit ausgewählten Thesen Kehlmanns.*

*Dabei erfordert die Aufgabe das Einbringen eigener Theatererfahrungen. Es ist deshalb in diesem Lösungsvorschlag nur bedingt möglich, auf ganz konkrete Theaterinszenierungen einzugehen. Auf jeden Fall sollten Sie sich auf individuelle oder im Leistungskurs Deutsch gemachte Theatererlebnisse besinnen und resümieren, inwiefern die dramaturgische Leistung mit der Textvorlage konform ging und wie das Ihre Befindlichkeit als Zuschauer beeinflusst hat.*

## 1 Einleitung

Seit Theater gespielt wird, beschäftigen sich die Theaterleute mit dessen Wirkung. Es soll rühren, erschüttern, erziehen, unterhalten.
Johann Wolfgang Goethe stellte seinem „Faust. Der Tragödie erster Teil" ein Vorspiel im Theater voran, bei dem der Theaterdirektor im Gespräch mit dem Dichter und der lustigen Person darüber debattiert, wie Theater zu sein hat.
Während dem Theaterchef vor allem ein volles Haus wichtig ist, orientiert sich der Dichter ausschließlich an seinen eigenen Befindlichkeiten bei der Entstehung des Stücks. Der lustigen Person hingegen liegt das Publikum am Herzen, das im Theater gut unterhalten werden soll.
Der 1975 geborene Daniel Kehlmann mischt sich in diese Diskussion um den Stellenwert des Theaters ein. Er gehört seit seinem Erfolgsroman „Die Vermessung der Welt" zu den jungen Literaten, die die gegenwärtige deutschsprachige Literaturszene mitbestimmen. Dass er 2009 die Festrede zur Eröffnung der Salzburger Festspiele übernahm, scheint daher eine logische Konsequenz seines gesellschaftlichen Engagements zu sein. Nicht selten ist das österreichische Theaterereignis aufgrund seiner Inszenierungen im Fokus der Öffentlichkeit.

## 2 Die Analyse der Rede

### 2.1 Inhalt und Struktur

Kehlmann setzt sich in seiner Festrede kritisch mit dem **Regietheater** auseinander. Er zeigt sich verwundert darüber, dass der Charakter einer Theaterinszenierung inzwischen „irgendwie" (Z. 2) zu einer ideologischen Grundsatzentscheidung, „zur am stärksten mit Ideologie befrachteten Frage überhaupt" (Z. 5) erhoben wird.
Der Redner behauptet, es sei fast schon zur Selbstverständlichkeit geworden, **Verfremdungen als Voraussetzung für zeitgemäßes Theater** zu betrachten. Demgegenüber traue man sich mitunter kaum noch, „die historisch akkurate Inszenierung" (Z. 7) als „ästhetische Entscheidung" (Z. 8), die sich der Werktreue verpflichtet sieht, auf die Bühne zu bringen, wenn man nicht Gefahr laufen will, als „reaktionär" (vgl. Z. 9) abgestempelt zu werden.
Die Kontroverse, ob historische Stücke originalgetreu inszeniert oder aktualisiert und damit verfremdet werden, bestimme die Theaterszene schon seit Langem. An einem Beispiel zeigt Kehlmann, dass Kritiker der „deutsche[n] Regiegebräuche" (Z. 13 f.) einer breiten „Empörungswelle" (Z. 11) ausgesetzt sind. Kehlmann sieht den Grund dafür in einer jahrzehntelangen Tradition: „dem Bündnis zwischen Kitsch und Avantgarde" (Z. 14). Zwar schätze der Durchschnittsbürger das „Althergebrachte"(Z. 14 f.), aber um nicht als altmodisch zu gelten, müsse es sich als modern geben.
Kehlmann bewertet das Regietheater als „letzte verbliebene Schrumpfform linker Ideologie" (vgl. Z. 20) in einer Zeit, die von Desinteresse am politischen Leben gekennzeichnet ist und in der Theater als Aufwertung eines ansonsten eher konventionellen, konsumorientierten Lebens fungiert.
Der Festredner verweist mit einem Autoritätsargument auf eine lange Tradition der Auseinandersetzung über die Art und Weise von Theaterinszenierungen. 1926 habe bereits Karl Kraus, ein österreichischer Publizist, in einem „furiosen Aufsatz" (vgl. Z. 23) eine Inszenierungspraxis kritisiert, die den literarischen Text unter dem Deckmantel der sogenannten Aktualisierung verfremdet und missbraucht. Kraus definiert stattdessen das Aktualisieren als „Überwindung des Zeitwiderstands" (Z. 29 f.), als eine Möglichkeit, Vergangenheit ins Gedächtnis der Gegenwart zu transferieren.
Kehlmann räumt ein, dass man sich der Meinung von Kraus nicht anzuschließen braucht, dass man natürlich „auch für die drastischste Verfremdung eintreten" (Z. 36) darf. Allerdings habe man kein Recht, Verfremdung mit Fortschritt gleichzusetzen. Auch Karl Kraus

sei kein „Anhänger des großen Ausstattungstheaters“ (Z. 38) gewesen, stattdessen aber ein Verfechter der „äußerste[n] Reduktion“ (Z. 38).
Kehlmann hält nichts von einem Theater, bei dem die **Regisseure die Stars** sind. Er verweist auf den irischen Dramatiker Samuel Beckett, der großen Wert auf die Umsetzung seiner „akribischen Regieanweisungen“ (Z. 41) legte und der trotzdem keinesfalls als „rückständig“ (Z. 42) gelte.
Der Redner bewertet das sogenannte „Regietheater“ (Z. 42 f.) als „teure[s] und konventionelle[s] Spektakel“ (Z. 44) und das (Nicht)zusammenspiel von Autor und Regisseur mitunter als Teufelskreis. Er sieht in dieser Entwicklung eine Ursache für den **Zuschauerschwund** in deutschen Theatern. Geschockt vom Modernismus ziehen sich ehemals interessierte Theatergänger zurück, suchen Ersatz in den häuslichen Medien und nehmen die Vorgänge am Theater nur noch über Rezensionen in der Presse wahr.
Was bleibt, ist laut Kehlmann Theater „als Privatvergnügen einer kleinen Gruppe folgsamer Pilger“ (Z. 53 f.), also ohne gesellschaftliche Bedeutung.
Abschließend übernimmt der Redner die Bewertung des Theaters durch den Regisseur Max Reinhardt als „das traurigste Gewerbe“ (vgl. Z. 54) und ist geneigt ihm zuzustimmen.

### 2.2 Auffälligkeiten in der sprachlichen Gestaltung

Kehlmanns taktisches Argumentieren wird vor allem in der **Wortwahl** deutlich. Für das Regietheater und dessen Befürworter findet der Redner überwiegend **negativ** anmutendes Vokabular: „sogenannten Aktualisierung“ (Z. 4), „reinsten Wahnwitz“ (Z. 6), „letzten verbliebene Schrumpfform“ (Z. 20), „die teuren und konventionellen Spektakel“ (Z. 44), „[E]in teuflischer Kreis“ (Z. 45), „fernen Lärm“ (Z. 52), „Anlass für wirre Artikel“ (Z. 53).
In der Gegenüberstellung benutzt Kehlmann für das Autorentheater dagegen eher einen **positiv** besetzten Wortschatz: „Schiller in historischen Kostümen“ (Z. 3), „die historisch akkurate Inszenierung“ (Z. 7), „auf keinen Fall […] ein […] reaktionäres Unterfangen“ (Z. 9).
Der antithetische Sprachgebrauch verdeutlicht zudem die unterschiedlichen ästhetischen Entscheidungsmöglichkeiten bei der Umsetzung einer Theaterinszenierung.
Mit **ironisierenden Vergleichen**, unter Verwendung von **Konjunktivformen** und vagen Formulierungen wie „etwas Absonderliches“, „[i]rgendwie“ (Z. 2), „als schriebe man das Jahr 1910 und einer hätte Kaiser Wilhelm gekränkt“ (Z. 12), Regisseure als Stars, denen „kein Urheber, lebend oder tot, dreinzureden habe“ (Z. 47) und „weniger Ahnung als jeder Beleuchter“ (Z. 48) wird die offensichtliche Überbewertung des Regietheaters erkannt und ad absurdum geführt.
Letztendlich verdeutlicht er die Konkurrenzsituation des Theaters durch zahlreiche, mitunter sogar unreflektierte Alternativen zum Theater: Romane, DVDs „mit den intelligentesten amerikanischen Serien“ (Z. 51 f.), das Fernsehen (vgl. Z. 56).

Die Rede **kritisiert** also nicht nur die Aktualisierungsmethoden des Regietheaters und verteidigt die Gegner dieser Form, sondern sie blickt auch sorgenvoll in die Zukunft des Theaters an sich und **appelliert** an die Verantwortlichen, nach Lösungsmöglichkeiten zu suchen.

## 3 Auseinandersetzung mit ausgewählten Positionen Kehlmanns

### 3.1 Die historisch akkurate Inszenierung als ästhetische Entscheidung

Jeder Theaterdichter hat sein Stück **in seiner Zeit für seine Zeit** geschrieben. So bilden die Dionysos-Festspiele im antiken Griechenland die Grundlage für die Entstehung der Tragödie „Antigone“ von Sophokles.

Sophokles hält sich dabei an die von Aristoteles in seiner Poetik vorgegebenen drei Einheiten von Ort, Zeit und Handlung. Die Anzahl der Figuren ist begrenzt. Ein Chor übernimmt die Rolle des Volkes, er kommentiert und wertet die Handlung. Die Handlungsträger werden durch Gewänder und Masken vereinheitlicht. Der Inhalt der Tragödie entstammt der griechischen Mythologie.
Muss der Regisseur den Intentionen des antiken Stückeschreibers Sophokles folgen? Sicher kann er auch 2000 Jahre nach der Entstehung des Stücks dieses nach den antiken Vorgaben auf die Bühne bringen und damit dem Anspruch von Karl Kraus gerecht werden, der die Wiederaufführung eines Stücks als „behutsame Wiederherstellung dessen, was wir nicht mehr von der Vergangenheit wüssten" (Z. 27 f.), sieht.
Die Thematik der Tragödie unterstützt dieses Ansinnen: Der Konflikt zwischen Einzelnem und Staat, verkörpert in den beiden Protagonisten Antigone und Kreon, die Forderungen, die der Staat gegenüber seinen Bürgern erhebt, aber auch die Forderung des Individuums nach Selbstbestimmung sind heute noch genauso aktuell wie Antigones Aussage gegenüber Kreon: „Nicht mitzuhassen, mitzulieben bin ich da." Zwei Menschen kämpfen kompromisslos um ihr Recht. Beide haben starke Argumente.
Es ist eine ästhetische Entscheidung, diesen zeitlosen Klassiker auf die Bühne zu bringen und der gehobenen Sprache und den würdigen Bewegungen der alten Griechen treu zu bleiben, aber es ist ebenso legitim, als Regisseur seine Lesart des Stücks im Interesse des heutigen Publikums durchzusetzen.
Jede Zeit entdeckt in den alten Stoffen etwas Neues. Bei einer Inszenierung im Chemnitzer Schauspielhaus stehen die Schauspieler eben nicht mehr mit antiken Gewändern, sondern im Businessanzug und Kostüm auf der Bühne. Antigone überragt Kreon durch ihre körperliche Größe, der Königspalast von Theben wird durch eine spartanische Bühne ersetzt. Auf den Chor wird verzichtet.
Dem Inhalt des Stücks und dessen Wirkung tut das keinen Abbruch: Der Zuschauer – auch der jugendliche Theatergänger – erlebt ein Lehrstück über die Folgen von Starrsinn und Selbstüberschätzung, das er gegebenenfalls auf das eigene Leben übertragen kann.

**3.2 Der Umgang des Regisseurs mit der literarischen Vorlage – Grenzen und Möglichkeiten bei der Aktualisierung und Verfremdung älterer Texte**

Kehlmann betont, dass die **Aktualisierung** eines Stücks im Sinne der Regisseure nichts mit **fortschrittlichem Denken** zu tun hat, andererseits eine **werkgetreue Aufführung** nichts mit **Konservatismus**: „[M]an darf […] für die drastischste Verfremdung eintreten, aber man sollte sich deswegen nicht für einen fortschrittlichen Menschen halten." (Z. 35 ff.)
Wenn man davon ausgeht, dass jede Zeit ihre eigenen Forderungen an das Drama hat und jede Zeit ihr Drama hervorgebracht hat, dann ist eine Aktualisierung durchaus denkbar, wenn ein Stück erneut auf die Bühne kommen soll.
Ungeachtet seiner Entstehungszeit muss ein geschriebenes Drama für die Bühne **bearbeitet**, das heißt für die Aufführung vorbereitet werden.
Wenn der Regisseur lediglich befolgt, was der Autor festgeschrieben hat (Sprechtext, Regieanweisungen etc.), dann wird er zum **Arrangeur**, zumal die vom Dichter autorisierte Musteraufführung meist gar nicht existiert, auch wenn es Autoren wie Samuel Beckett gibt, die „regelmäßig Aufführungen [ihrer] Werke [verbieten], die [sie] als entstellend [empfinden] und die von [den] akribischen Regieanweisungen abwichen" (Z. 40 ff.).
Eine **Umsetzung auf der Bühne** heißt also zugleich, den Text zu **interpretieren**. Mit einer solchen Deutung und Wertung ist immer die Möglichkeit einer **persönlichen Sicht** des Regisseurs auf das Stück gegeben. Er wählt aus, worauf er besonderen Wert legen, wie er Charaktere, Stimmungen usw. auf der Bühne vergegenständlichen möchte. Er kann das Stück nach der ihm innewohnenden **Aktualität befragen**.
Ein berechtigter Einwand ist, dass die Regisseure manchmal den Eindruck erwecken, sie wollen sich auf Kosten des Werks profilieren. Natürlich darf eine Provokation nicht um

der Provokation willen gewählt werden, die Forderung muss hier sein, dass Verfremdungen eines Stücks für den Zuschauer immer **nachvollziehbar** bleiben.
Dies vorausgesetzt, hat ein Regisseur jedoch auf jeden Fall die Möglichkeit, die literarische Vorlage nach ihrer Tauglichkeit, unser Leben zu verstehen, zu untersuchen und wenn nötig auch verfremdet zu reflektieren. Im Ergebnis dieser Vorbereitung sehen die Zuschauer mitunter Stücke, die sie zwar zu kennen glauben, weil sie den Text gelesen haben, nun aber ganz anders auf der Bühne erleben, weil der Regisseur die Textvorlage verändert, Szenen gestrichen oder umgestellt, eigene oder fremde Gedanken eingefügt, Geschriebenes durch Aktionen und Bilder ersetzt, verfremdet, ironisiert hat.
Mitunter wird die Handlung aus einem vergangenen Jahrhundert auch in die Gegenwart oder Zukunft transferiert. In dieser Art wurde 2009 am Schauspiel Chemnitz William Shakespeares Tragödie „Macbeth" von 1608 inszeniert.
Der englische Dramatiker thematisiert darin die Geschichte des Königs von Schottland Macbeth (1040–1057), der seinen Vorgänger Duncan ermordete und selbst im Kampf gegen Duncans Sohn Malcolm fiel. Shakespeare entwirft eine Welt, die im Chaos versinkt. Es geht um Verführbarkeit durch Macht und die Faszination des Bösen. Ein aktuelles Thema?
Das Bühnengeschehen in der Chemnitzer Inszenierung findet durchweg auf einer mit erdig durchsetzten Sägespänen ausgelegten Bühne statt. Diese gleicht zudem einem Boxring, der von Stahlträgern begrenzt wird, die dem Kampfplatz eigentlich Stabilität verleihen sollen, aber so eingedellt sind, dass sie jeden Moment zusammenzustürzen drohen.
Von einem erhöhten Podest schaut eine Band aufs Schlachtfeld und kommentiert das Geschehen mit einem gefälligen Sound. Der shakespearesche Text wird extrem verfremdet, indem zum Beispiel Vokabular verwendet wird, das dem jugendlichen Jargon von heute entspringt. Die Schauspieler scheinen im Brecht'schen Sinne Abstand zu ihren Figuren zu haben. Sie verkörpern keine Charaktere, sondern Widersprüche. Macbeth ist ein wahnsinniger Typ. Er stiert ins Leere, bleckt die Zähne und fasziniert als Bestie.
Lady Macbeth pudert sich kübelweise, die Blutschuld kann sie nicht verdecken.
Die Rezeption des Stücks reicht von Ablehnung bis Anerkennung. Gegner behaupten, das Stück sei „danebengegangen", weil es nicht in erster Linie Machtgier, sondern durch das Dominieren von „Bühnengemetzel" eher Krieg und Blut in den Vordergrund rücke. Der ursprüngliche Text sei kaum noch erkennbar.
Befürworter des Stücks argumentieren mit dem hohen Maß der Inszenierung an Bildgewalt und Körperlichkeit, die wegen ihrer Originalität in Erinnerung bleiben. Man spüre an dieser Inszenierung, dass sich Schauspiel mit Klassik auseinandersetze, Neues entdecke und den Zuschauer auf diese Entdeckungsreise mitnehme.
Die Kontroverse in der Diskussion zu diesem Stück zeigt, dass eine Abweichung von der traditionellen Leseart durchaus dazu angetan ist, ein Stück besonders **in den Fokus der Öffentlichkeit** zu stellen.

### 3.3 Der Zuschauer als Rezipient

Es gibt Zuschauer, die sich darüber empören, dass sie nicht den Shakespeare auf der Bühne sehen, den sie gelesen zu haben glauben.
Gotthold Ephraim Lessing formulierte in seiner Hamburgischen Dramaturgie: „Man hat keinen Geschmack, wenn man nur einen einseitigen Geschmack hat, aber oft ist man desto parteiischer … Es ist einem jeden vergönnt, seinen eigenen Geschmack zu haben."
Ähnlich definiert es ein Zeitgenosse Lessings, der Philosoph Immanuel Kant: „Es gibt gar keinen Geschmack, das heißt kein ästhetisches Urteil, welches auf jedermanns Bestimmung rechtmäßigen Anspruch machen könnte." Insofern gibt es auch **keine richtige oder falsche Inszenierung**.
Der Zuschauer ist stattdessen gefordert genau hinzusehen, im Fremden das Eigene zu finden, zu fühlen und zu erkennen, zu rezipieren und zu interpretieren. Das Theaterstück muss seine Fantasie und seinen Intellekt berühren. Er muss und kann auf eine Entdeckungsreise mitgenommen werden, die von ihm Aufgeschlossenheit und Mitdenken erfordert.

Durch Einfühlung, Intuition und Ideen des Regisseurs kann der Zuschauer zum Staunen gebracht werden. Viele begreifen inzwischen, dass Theaterkunst mehr ist als bloße schauspielerische Wiedergabe einmal verfasster Texte auf der Bühne.
Demzufolge ist Theater auch eine Plattform für den „Philister“ (Z. 14), der sich als „aufgeschlossener Bohemien ohne Vorurteil fühlen möchte“ (Z. 17 f.). Das Regietheater darf ihm eine **Gelegenheit für Abwechslung, Zerstreuung und Diskussionen** bieten.

Andererseits besteht aber auch die Gefahr der **Überforderung**. Das geschieht vor allem dann, wenn das Stück so sehr „vergeistigt“ wird, dass der Zuschauer auch beim besten Willen nicht oder nur schwer folgen kann.
Mitunter werden so viele Assoziationen inszeniert, dass der Rezipient außen vor bleibt. Der Regisseur muss es einem einigermaßen gebildeten Zuschauer also ermöglichen, einen **Zugang** zum Stück zu finden. Ist dies nicht möglich, dann scheint das Stück nur ein Sammelsurium von Einfällen ohne dramaturgisches Konzept zu sein.

### 3.4 Mögliche Gründe für den Bedeutungsverlust des Theaters

Kehlmann konstatiert in seiner Rede, dass „der Großteil der interessierten Menschen, die einstmals Publikum gewesen wären, daheim [bleibt]“ (Z. 50 f.). Einige Gründe dafür nennt er selbst: Die **Medienwelt** habe sich dermaßen vervielfältigt, dass Kino und DVD mitunter den Theaterbesuch ersetzen.
Zudem hat sich auch der **Mensch** in unserer schnelllebigen Zeit verändert. Der von der Arbeitswelt gestresste Bürger sucht Abwechslung und Ablenkung: Theater hat für ihn allenfalls einen Unterhaltungswert. Die Frage nach dem Nutzen wird häufiger gestellt und kann durch Theaterkunst nur schwer beantwortet werden, unabhängig von Stoff und Art der Inszenierung. Die Anzahl der Zuschauer sagt aber beileibe nichts über die Qualität des Stücks und der Aufführung aus.
Kehlmann zitiert den Theaterregisseur Max Reinhardt mit seiner Bewertung des Theaters als „das traurigste Gewerbe“ (Z. 54 f.). Und einen **Wirtschaftsfaktor** hat das Theater tatsächlich. Regisseure sind nicht nur Theaterkünstler, sie sind auch für die Umsetzung des Stücks auf der Bühne verantwortlich. Das kostet Geld. Theater sind abhängig von staatlichen und kommunalen Förderungen und natürlich von den Eintrittsgeldern ihres Publikums. In Zeiten einer allgemeinen Wirtschaftsflaute leidet auch das Theater unter finanziellen Engpässen. Fehlen dem Theater die Mittel, dann orientiert es sich am Machbaren, um möglichst ohne Qualitätseinbußen überleben zu können.
Eine minimalistische Bühnengestaltung muss also nicht immer dem Ansinnen des Regisseurs entspringen, „für die drastischste Verfremdung ein[zu]treten“ (Z. 36), sondern kann auch eine Folge von Sparzwängen sein.

### 3.5 Schlussgedanken

Das Theater ist eine lebendige Kunstform und sie kann nur bestehen, wenn den Texten Leben verliehen wird. Eben das ist ein wesentlicher Part des Regietheaters. **DIE Werktreue gibt es nicht**. Eine gelungene Inszenierung präsentiert dem Zuschauer etwas, was ihm die bloße Lektüre nicht bieten könnte.
Er erlebt in einem alten Text seine eigene Gegenwart. Das Theater erklärt Welt und menschliches Verhalten, erzählt von Liebe und Leid. Es ist ein Ort der spielerischen Reflexion, und wer nur unterhalten werden und nicht denken will, sollte doch lieber auf die „intelligentesten amerikanischen Serien“ (Z. 51 f.) zurückgreifen.

**Grundkurs Deutsch (Sachsen): Abiturprüfung 2011**
**Aufgabe 1: Interpretation eines Textauszuges**

**Thema: Ludwig Tieck (1773–1853): Der blonde Eckbert (1797)**
**Joseph von Eichendorff (1788–1857): Zwielicht (1815)**

**Ludwig Tieck: Der blonde Eckbert**

[...]

Eckbert spornte sein Roß, so schnell es nur laufen konnte, durch Wiesen und Wälder, bis es erschöpft unter ihm zusammenstürzte. – Unbekümmert darüber setzte er nun seine Reise zu Fuß fort.

Er stieg träumend einen Hügel hinan; es war, als wenn er ein nahes munteres Bellen vernahm, Birken säuselten dazwischen, und er hörte mit wunderlichen Tönen ein Lied singen:

Waldeinsamkeit
Mich wieder freut,
Mir geschieht kein Leid,
Hier wohnt kein Neid,
Von neuem mich freut
Waldeinsamkeit.

Jetzt war es um das Bewußtsein, um die Sinne Eckberts geschehn; er konnte sich nicht aus dem Rätsel herausfinden, ob er jetzt träume oder ehemals von einem Weibe Bertha geträumt habe; das Wunderbarste vermischte sich mit dem Gewöhnlichsten, die Welt um ihn her war verzaubert und er keines Gedankens, keiner Erinnerung mächtig.

Eine krummgebückte Alte schlich hustend mit einer Krücke den Hügel heran. „Bringst du mir meinen Vogel? Meine Perlen? Meinen Hund?“ schrie sie ihm entgegen. „Siehe, das Unrecht bestraft sich selbst: Niemand als ich war dein Freund Walther, dein Hugo.“

„Gott im Himmel!“ sagte Eckbert stille vor sich hin, „in welcher entsetzlichen Einsamkeit hab ich dann mein Leben hingebracht!“

„Und Bertha war deine Schwester.“

Eckbert fiel zu Boden.

„Warum verließ sie mich tückisch? Sonst hätte sich alles gut und schön geendet, ihre Probezeit war ja schon vorüber. Sie war die Tochter eines Ritters, die er bei einem Hirten erziehn ließ, die Tochter deines Vaters.“

„Warum hab ich diesen schrecklichen Gedanken immer geahndet?“ rief Eckbert aus.

„Weil du in früher Jugend deinen Vater einst davon erzählen hörtest; er durfte seiner Frau wegen diese Tochter nicht bei sich erziehen lassen, denn sie war von einem andern Weibe.“

Eckbert lag wahnsinnig und verscheidend auf dem Boden; dumpf und verworren hörte er die Alte sprechen, den Hund bellen und den Vogel sein Lied wiederholen.

*Aus: Tiecks Werke. In zwei Bänden. Berlin und Weimar: Aufbau-Verlag 1985, S. 98 f.*

**Joseph von Eichendorff: Zwielicht**

Dämmrung will die Flügel spreiten,
Schaurig rühren sich die Bäume,
Wolken ziehn wie schwere Träume –
Was will dieses Graun bedeuten?

Hast ein Reh du lieb vor andern,
Laß es nicht alleine grasen,
Jäger ziehn im Wald und blasen,
Stimmen hin und wieder wandern.

Hast du einen Freund hinieden,
Trau ihm nicht zu dieser Stunde,
Freundlich wohl mit Aug und Munde,
Sinnt er Krieg im tück'schen Frieden.

Was heut müde gehet unter,
Hebt sich morgen neugeboren.
Manches bleibt in Nacht verloren –
Hüte dich, bleib wach und munter!

*Aus: Eichendorffs Werke. In einem Band. Berlin und Weimar: Aufbau-Verlag 1986, S. 38f.*

**Arbeitsanweisung:**

Interpretieren Sie den Auszug vom Ende des Textes!
Stellen Sie inhaltliche Bezüge zu Eichendorffs Gedicht *Zwielicht* her!

## Lösungsvorschlag

*Zur Lösung der Aufgabe ist es notwendig, dass Sie das Kunstmärchen „Der blonde Eckbert" von Ludwig Tieck gut kennen. Ordnen Sie zuerst den Auszug in die Handlung des gesamten Textes ein und daran anschließend geben Sie den Inhalt, die Struktur und den Sinngehalt des Auszuges wieder. Vergleichen Sie dann die Aussagen in Eichendorffs Gedicht mit dem Textauszug. Dazu müssen Sie das Gedicht nicht vollständig interpretieren, berücksichtigen Sie inhaltliche Gemeinsamkeiten. Eine Einordnung in die Epoche der Romantik kann Ihre Darstellung abrunden.*

### Einordnung des Textauszuges in den Gesamtzusammenhang

Das **Kunstmärchen** *Der blonde Eckbert* von Ludwig Tieck erschien erstmals 1797 in einer von ihm selbst herausgegebenen Sammlung mit dem Namen *Volksmärchen*.
In dem Märchen wird das Leben des Protagonisten Eckbert und seiner Frau Bertha geschildert. Beide leben in einer selbst gewählten **Einsamkeit** auf einer Burg im Harz. Ihr einziger Kontakt zur Außenwelt ist Philipp Walther. Zwischen ihm und Eckbert entwickelt sich über Jahre hinweg eine tiefe Freundschaft. Als Walther wegen eines Unwetters gezwungen ist, über Nacht auf der Burg zu bleiben, fordert Eckbert seine Frau auf, ihm als Vertrauensbeweis ihre Vergangenheit zu offenbaren. Diese Darstellung umfasst ca. die Hälfte des gesamten Textes. Zu Beginn ihrer Erzählung merkt Bertha an, dass die Geschichte zwar sonderbar klinge, aber kein Märchen sei. Im Alter von acht Jahren ist Bertha von zu Hause weggelaufen, weil sie die schlechte Behandlung durch ihren Vater nicht mehr aushielt. Im Wald trifft sie auf eine alte Frau, die sie in ihre Hütte mitnimmt. Die Alte erzieht das Mädchen, es lernt spinnen und lesen und umsorgt den Hund sowie einen Perlen und Edelsteine legenden Vogel. Nach sechs Jahren wird aber die Sehnsucht Berthas nach der Welt der Ritter, die sie aus Büchern kennt, übergroß und sie flieht. Sie bindet den Hund in der Hütte fest, nimmt Edelsteine und den Vogel mit auf den Weg in ihre einstige Heimat. Im Dorf ihrer Eltern erfährt sie von deren Tod. Deshalb geht sie weiter bis in die Stadt, wo sie schließlich den Ritter Eckbert kennenlernt und ihn heiratet. Nachdem Bertha mit ihrer Erzählung endete, bedankt sich Walther für die Vertraulichkeit, merkt aber noch an, dass er sich gut vorstellen könne, wie Bertha den kleinen Strohmian gefüttert habe. Da Eckberts Frau nie den Namen des Hundes erwähnte, wachsen in ihr und Eckbert starke Zweifel über die Integrität Walthers. Dieser zieht sich immer mehr von dem Paar zurück. Bertha erkrankt schwer und Eckbert hält Walther für den Schuldigen an ihrer Krankheit. Eines Tages trifft Eckbert Walther im Wald und nutzt die Gelegenheit, ihn zu töten. Als er nach Hause kommt, ist auch Bertha tot. Eckbert vereinsamt zunehmend, wird von Schuldgefühlen und dem unaufgeklärten Geheimnis seiner Frau stark belastet. Später schließt er sich dem jungen Ritter Hugo an, dem er die Wahrheit anvertraut. Eckbert muss feststellen, dass auch jener sich mehr und mehr von ihm distanziert. In Hugo glaubt Eckbert, Walthers Züge wieder zu erkennen, woraufhin Eckbert flieht und versucht, seine Welt neu zu ordnen. Ein Bauer, den Eckbert im Nachhinein wieder als Walther erkennt, weist ihm den Weg, nachdem er sich verirrte.
Der vorliegende Textauszug ist der Schluss des Märchens, in dem Eckberts Erkenntnis und sein Tod beschrieben werden.

### Interpretation des Textauszuges

Ein **auktorialer Erzähler** berichtet davon, dass Eckbert in panischer Weise in die Natur flieht und nun seinen Weg zu Fuß fortsetzen muss, nachdem er sein Pferd zu Tode gehetzt hatte. Während er träumend einen Hügel emporsteigt (vgl. Z. 5), vernimmt er „ein nahes munteres Bellen" (Z. 5) und das Lied „Waldeinsamkeit", das er aus den Erzählungen seiner Frau kennt. Dieses Lied fungiert als **Leitmotiv des Märchens** und tritt an dieser Stelle zum dritten Mal im Märchen auf. Die Klänge wirken auf Eckbert zwar „wunderlich" (Z. 6), geben ihm aber die Gewissheit, sicher zu sein (vgl. Z. 10). Allerdings ist er nicht mehr in der Lage, zwischen

Realität und Traum zu unterscheiden, denn „das Wunderbarste vermischte sich mit dem Gewöhnlichsten“ (Z. 16), deutlich zeigt sich seine geistige Verwirrung. In dieser Situation kommt ihm eine „krummgebückte Alte“ (Z. 18) entgegen und lüftet das Geheimnis von seiner und Berthas Schuld. Mit Fragen nach Verlorenem, nämlich „Bringst du mir meinen Vogel? Meine Perlen? Meinen Hund?“ (Z. 18 f.), schlägt sie den Bogen in die Vergangenheit. Sie bestätigt Eckberts Vermutungen über die Identität von Walther und Hugo und ergänzt noch: „Niemand als ich war dein Freund Walther, dein Hugo.“ (Z. 20). Eckbert erkennt, dass die Personen, zu denen er Freundschaften aufbaute, offenbar nur Instrumente zur Rache oder gar Masken der alten Frau gewesen sind, und er muss feststellen, „in welcher entsetzlichen Einsamkeit“ (Z. 21 f.) er sein Leben verbracht hat. Dieses Alleinsein steht in krassem Gegensatz zur „Waldeinsamkeit“, die stets paradiesisch erschien. Berthas Krankheit und Tod stehen ursächlich mit ihrer Schuld in Zusammenhang, was durch die Anklage der Alten deutlich wird (vgl. Z. 25). Die **Frage nach der Schuld Eckberts** ist nicht so leicht zu beantworten. Es bleibt unklar, ob er Walther nun tatsächlich getötet hat oder nicht. Allerdings ist ja bekanntlich schon der Versuch strafbar.

„Und Bertha war deine Schwester“ (Z. 23), enthüllt die Alte ferner und vergrößert noch die Schuld Eckberts, der demzufolge eine inzestuöse Ehe führte. Er erfährt vom Betrug seiner Eltern, den er als Ursache für seine lebenslange Isolation sieht. Diese Einsamkeit beginnt damit, dass ihm seine Schwester verheimlicht wurde und setzt sich fort, indem Eckbert den falschen Personen zu sehr vertraut. Als ihm die Alte die grausame Wahrheit offenbart hat, erliegt Eckbert seinem Wahnsinn (vgl. Z. 32). Die wunderbaren Empfindungen, wie sie Eckbert zu Beginn des Textauszuges erfährt, haben sich ins Gegenteil verkehrt. Über der ganzen Situation steht der Satz, den die alte Frau ausgesprochen hat: „Siehe, das Unrecht bestraft sich selbst“ (Z. 19 f.). Keiner der im Märchen begangenen Verstöße gegen Recht und Sitte bleibt ungerächt, Eckbert und Bertha sterben ohne äußere Einwirkung im Bewusstsein ihrer Schuld. Im Gegensatz zu den beiden leben die Alte und ihre Tiere, die doch beide im Verlauf der Handlung zu Tode gekommen sind, immer weiter. In **personaler Erzählweise** wird im letzten Satz wiedergegeben, dass Eckbert „die Alte sprechen, den Hund bellen und den Vogel sein Lied wiederholen“ (Z. 33) hört. Letzterer singt: „Waldeinsamkeit | Mich wieder freut“ (Z. 8 f.), die Ausgangssituation in der Natur, in der es kein Streben nach Reichtum und Ehre gibt, ist somit wieder hergestellt.

**Inhaltliche Bezüge zum Gedicht Eichendorffs**

In Joseph von Eichendorffs Gedicht *Zwielicht* von 1815 findet sich, wie in Tiecks Märchen, das für die Romantik typische **Traummotiv**, wobei es sich hier um „schwere Träume“ (V. 3) handelt, die das lyrische Subjekt heimsuchen. Eckbert befindet sich in der „Waldeinsamkeit“ und auch Eichendorff schildert den **Wald als einen magischen Ort** (vgl. V. 2). Beiden, Eckbert und dem lyrischen Subjekt, ist gemeinsam, dass sie ihrer Umwelt mit Misstrauen begegnen. Deutlich zeigt sich dies im Gedicht durch das Bild des Rehs (vgl. V. 5 ff.) und das des Freundes (vgl. V. 9 ff.). Ersteres muss beschützt werden. Bezüglich des Freundes ergeht die Warnung, ihm nicht zu trauen, weil er nicht ehrlich auftritt, auf „Krieg im tück'schen Frieden“ (V. 12) sinnt. An dieser Stelle zeigen sich Parallelen zum Prosatext, denn Eckbert musste diese Täuschung durch scheinbar gute Freunde mehrmals erleben.

Während Tiecks Hauptfigur u. a. auch an dieser Erkenntnis zugrunde geht, wird am Ende des Gedichts zur Wachsamkeit aufgerufen, um dem „Graun“ (V. 4), das die Träume mitbringen, entgegenzutreten. In beiden Texten verschmilzt **Wirkliches mit Phantastischem**. Eckbert nimmt seine Umwelt als „verzaubert“ (Z. 17) wahr und kann nicht mehr zwischen Realität und Traum unterscheiden. Die Gefahr, dass während der Dämmerung Ähnliches mit dem lyrischen Subjekt geschieht, wird auch im Gedicht offensichtlich.

**Literaturhistorische Einordnung**

Verweist bei dem Text *Der blonde Eckbert* schon das Genre des Kunstmärchens auf die Romantik, so ist auch die Durchsetzung des Epischen mit **lyrischen Elementen**, hier dem Lied von der Waldeinsamkeit, ein typisches Merkmal. Die **Epoche der Romantik** umfasst den Zeitraum zwischen 1793 und 1830 und wird innerhalb dieses Zeitraumes in verschiedene Phasen geteilt. Den Beginn der Romantik verbindet man u. a. mit Ludwig Tieck, der 1793 gemeinsam mit Wilhelm Heinrich Wackenroder zu einer Wanderung durch die Fränkische Schweiz aufbrach. Beide erhoben aufgrund ihrer Eindrücke das Mittelalter zum sogenannten „Goldenen Zeitalter". So spielt eben auch Tiecks Märchen in der Ritterzeit.

Phantastisches findet sich neben dem Traummotiv oft in romantischen Texten. Beides kann – wie in den vorliegenden Textauszügen – mit der Realität verschmelzen, sodass sich die Grenzen zwischen Wirklichkeit und Vorstellungen bei den Protagonisten verwischen.

Eichendorff ist wie Tieck ein Vertreter der Romantik. Er schrieb neben Novellen und einem Roman viele **volksliedhafte Gedichte**, in denen typische romantische Motive zu finden sind und Gefühle im Mittelpunkt stehen. Er thematisiert oft eine **Schwellensituation**, wie er es auch im Gedicht *Zwielicht* tut. Hier wird diese schon im Titel deutlich, zeigt sich aber auch im gesamten Verlauf des Gedichts. Zum einen verweist die Dämmerung auf den Übergang zur Nacht, zum anderen schwankt das lyrische Subjekt zwischen Realität und Phantastischem.

Aufgrund ihres Inhaltes und ihrer Form sind beide Texte typisch für die damals vorherrschende Literaturepoche.

Heute assoziiert man mit dem Begriff „Romantik" und dem Adjektiv „romantisch" vor allem bestimmte Bilder, wie Sonnenuntergänge, Kerzenlicht sowie Sternenhimmel mit Mondschein. Dass die Autoren der Romantik mittels verschiedener literarischer Genres eine Vielzahl von Themen bearbeiteten, ist im Laufe der Zeit fast untergegangen. Hervorzuheben ist auch ihr Verdienst um die echte Volkstümlichkeit in Liedern und Märchen. Und nicht zuletzt waren die Schauergeschichten jener Zeit auch Vorgänger aktueller Horrorliteratur.

**Grundkurs Deutsch (Sachsen): Abiturprüfung 2011**
**Aufgabe 2: Interpretation eines epischen Textes**

## Thema: Thomas Hürlimann (*1950): Flug durch Zürich (1992)

### Thomas Hürlimann[1]: Flug durch Zürich

Zürich, hinterm Bahnhof, ein Morgen im Februar. Die junge Frau zeigt in die Luft, weinend, sie haben ihr, sagt sie, die Füße ausgerissen. Ihr? die Füße? Ja, sagt sie schniefend, dort, dort oben, dort fliegt sie, wo, was, ich verstehe kein Wort, bin verkatert, will weiter, bloß weg hier, aber die Frau, mich einholend, packt mich am Ärmel. Sie ist bleich, schmal, fast noch ein Kind. Hilf mir, sagt sie, so hilf mir doch, siehst du, dort stirbt sie, hoch in der Luft.

Ich riskiere ein Grinsen.

Du Arsch, schreit sie, meiner Taube fehlen die Füße, ohne Füße kann sie nicht landen, kapiert.

Ein Reflex: Meine Hand greift zum Gesäß, kontrolliert das Portemonnaie. Oder will ich ihr Geld geben, mich loskaufen?

Die Frau sieht plötzlich alt aus, ein keifendes Weib, trotzdem tut sie mir leid in ihren abgewetzten, löchrig dünnen Jeansklamotten, das T-Shirt voller Rotz, am Hals ein paar Stiche, Schwären, sie *ist* alt, ein altes Kind. Hilfst du mir? betteln die großen, nassen Augen.

Auf der Tramhaltestelle stehen die Jemands in einer Reihe. Jemand beißt die Zähne zusammen, jemand hört hin, jemand sieht weg, jemand trägt Schlaf im Gesicht, und jemand blickt in den Abgrund seiner Zeitung, jetzt eine Klingel, schrill naht das Tram, paß doch auf, Idiot, meine Nerven.

Meine Nerven! Die Jemands drängen sich zum Pulk, und der Mann, der die Zeitung gelesen hat, klemmt sich den Abgrund unter den Arm, sauber gefaltet.

Die Kindfrau glotzt vor sich hin, dann zeigt sie ein scheues Lächeln, und dann, als wolle sie mir eine verbotene Ware verkaufen, tut sich ihre Hand langsam auf. Stoff? Nein, auf ihrem Handteller liegen zwei Vogelfüße, graudünne Läufe mit vier Zehen. Begreifst du jetzt, fragt sie leise, fast flüsternd, glaubst du mir?

Verkehr, es ist kalt, bitterkalt, aber dort oben erscheint nun die Sonne, ein Teich aus Licht, aus Eis, auch der Himmel friert zu. Vielleicht, denke ich, hat sie tatsächlich recht, verschatte die Augen, suche den Himmel ab, aber meiner ist leer. Ich lüpfe die Achseln. Nichts, sage ich.

Aber die Füße, sagt sie, hier sind die Füße! Soviel hätte ich verstanden, sage ich, die Taube habe ihre Füße verloren, sodaß sie nun fliegen müsse, immerzu fliegen, kreisen und steigen, ja! schreit sie, ja, und wieder starrt sie nach oben, verzweifelt, entsetzt, nur sie, die Ermattete, hat die Augen, um den sterbenden Vogel zu sehen und das Grauen um ihn herum, Himmelsfetzen, Häuserzeilen, Kamine, Antennen. Verschwunden, sagt sie plötzlich, fort, und schließt, als möchte sie den Vogel liebkosen, ihre Hand.

Wieder haben die Jemands unsere Insel erobert. Wieder blickt jemand in die Zeitung, riecht jemand nach Unglück, drängen sich alle zum Pulk, lautlos, und jemand, der seine Mappe umklammert, hat seinen Gummischuh als erster auf dem Trittgitter.

Was soll ich ihr sagen?

Sie wird sich, sobald es geht, in die nächste Spritze stürzen, aber den zum Fliegen verdammten Vogel läßt sie nicht aus den Augen, heute nicht, morgen nicht, sie gehören zusammen, die sterbende Taube und das Mädchen, ein Flug, ein Tanz durch die Stadt.

Als das nächste Tram naht, trete ich unter meinesgleichen, die Türen flappen zu, wir rollen davon. Jemand hört hin, jemand sieht weg. Hin und wieder flackert Sonne durch die Scheiben, und irgendwo da oben fliegt dieser Vogel, der sich ein Mädchen hinterherzieht, von Wolke zu Wolke, durch den Nebel, in die Sonne.

Zürich, hinterm Bahnhof, ein Morgen im Februar.

*Aus: Hürlimann, Thomas: Die Satellitenstadt. Zürich: Ammann Verlag AG 1992, S. 156 ff.*

1 Schriftsteller und Dramatiker; lebt in seinem Geburtsland, der Schweiz, und in Berlin; Träger bedeutender Literaturpreise

**Arbeitsanweisung:**

Interpretieren Sie den Text!

---

## Lösungsvorschlag

*Da in der Aufgabenstellung keine Aspekte bzw. Schwerpunkte angegeben sind, gestalten Sie selbstständig die Textinterpretation. So ist der Einstieg über den Titel möglich: Welche Assoziationen löst dieser bei Ihnen aus? Geben Sie anschließend den Inhalt und die Struktur der Geschichte wieder, achten Sie dabei auf die Charakterisierung der Hauptpersonen. Wichtig ist es, sprachlich-stilistische Mittel in ihrer Funktion zu beschreiben. Am Ende können Sie den Text persönlich bewerten oder ihn mit Texten zum gleichen Thema in Beziehung setzen. Es ist durchaus auch möglich, Typisches der Textart abschließend zu betrachten.*

### Einstieg über den Titel

*Flug durch Zürich* steht über dem Text von Thomas Hürlimann. Der Titel lässt verschiedene Assoziationen zu. Vielleicht geht es um das Schweben im Heißluftballon über die Stadt, um diese zu betrachten. Aber das heißt eigentlich fahren, nicht fliegen. Vergeht die Zeit in dieser Stadt vielleicht „wie im Fluge" oder wird Zürich rasend schnell passiert, z. B. mit einem Flugzeug oder dem Schnellzug?
Beim ersten Lesen bleibt allerdings nichts von den genannten Vermutungen übrig, vielmehr macht sich zunächst Verwirrung breit.

### Inhalt und Struktur des Textes

Die **Kurzgeschichte** *Flug durch Zürich* von Thomas Hürlimann wurde 1992 in der Sammlung *Die Satellitenstadt* veröffentlicht. Der im Titel genannte Ort kehrt elliptisch zu Beginn des Textes wieder, nämlich als „Zürich, hinterm Bahnhof" (Z. 1). Im ersten Satz erfährt der Leser – ebenfalls in Form einer **Ellipse** – neben dem Ort auch die Zeit des Geschehens („ein Morgen im Februar", Z. 1). Unversehens ist man mitten im Geschehen, in dessen Zentrum die zufällige Begegnung des **Ich-Erzählers** mit einer jungen Frau an einer Straßenbahnhaltestelle steht. Für kurze Zeit tritt der Erzähler durch das Zusammentreffen aus der anonymen Masse, am Schluss gehört er wieder zu dieser. Sein Hauptaugenmerk richtet sich momentan auf die junge Frau, die ihm weinend mitteilt, man habe einer Taube die Füße abgerissen, sodass jene nun ständig fliegen und letztlich sterben müsse (vgl. Z. 2 ff.). Der Text wird dadurch gegliedert, dass mehrfach das Geschehen unterbrochen wird. Immer wieder schwenkt die Wahrnehmung des Erzählers zwischen der Begegnung mit der Frau und der knappen Kennzeichnung derer, die auf die Straßenbahn warten. Höhepunkt der Geschichte ist die genaue Beschreibung der Taubenfüße, die in der Hand der Frau liegen (vgl. Z. 24). Danach suchen beide den Himmel nach dem Vogel ab, sehen allerdings völlig verschiedene Dinge. Mit der Frage „Was soll ich ihr sagen?“ (Z. 39), die sich der Ich-Erzähler stellt, wird zum letzten Teil des Textes übergeleitet. Die Ellipse „Zürich, hinterm Bahnhof, ein Morgen im Februar“ (Z. 47) beendet den Text und schließt gleichzeitig den Erzählrahmen. Das Dargestellte ist nur eine **Momentaufnahme**, umfasst wenige Minuten, wodurch Erzählzeit und erzählte Zeit nahezu identisch sind.

### Charakteristik der Personen

Der Ich-Erzähler trifft an diesem Morgen an einer Straßenbahnhaltestelle auf eine Frau, welche er nicht kennenlernen will. Er ist „verkatert, will weiter“ (Z. 3), aber die junge Frau packt ihn am Arm. So nimmt er sie nun durchaus sehr genau und detailliert wahr, nachdem er sich überlegte, ob er sich der Herausforderung stellt oder sich lieber loskaufen sollte (vgl. Z. 10 f.). Er empfindet trotz ihres Erscheinungsbildes Mitleid mit der Frau (vgl. Z. 12). Deshalb sucht er als Geste des Verständnisses nach der Offenbarung der Vogelfüße den Himmel nach der fliegenden Taube gemeinsam mit ihr ab. Rat- und hilflos mischt er sich anschließend wieder unter seinesgleichen (vgl. Z. 43). Damit grenzt er sich aktiv von der jungen Frau ab und beendet die Begegnung mit ihr.
„Die junge Frau“ (Z. 1), die dem Erzähler an diesem Februarmorgen entgegentritt, „ist bleich, schmal“ (Z. 4 f.) und fordert von ihm Hilfe (vgl. Z. 5). Sie achtet nicht auf ihr Äußeres, ist für die Jahreszeit unpassend gekleidet und dreckig (vgl. Z. 12 f.). Für ihre **Drogensucht** sprechen „am Hals ein paar Stiche“ (Z. 13 f.) und die Vermutung des Erzählers, sie wolle ihm „Stoff“ (Z. 23) verkaufen ebenso wie die Beobachtungen bezüglich **ihres Alters**. Denn anfangs ist sie „fast noch ein Kind“ (Z. 5), dann sieht sie „plötzlich alt aus“ (Z. 12). Der Erzähler stellt fest: „[S]ie *ist* alt, ein altes Kind“ (Z. 14). Die psychische Konstitution der „Kindfrau“ (Z. 22) spiegelt ihr Äußeres. Sie lebt in einer völlig anderen Welt, ist „verzweifelt, entsetzt“ (Z. 32) und nur sie, „die Ermattete, hat die Augen, um den sterbenden Vogel zu sehen und das Grauen um ihn herum“ (Z. 33 f.). Dieses Grauen bedeutet für die junge Frau Normalität in dieser Stadt, in Zürich, und zeigt damit ihr persönliches Elend. Sie steigert sich in das Leid der Taube hinein und der Erzähler bemerkt, dass „die sterbende Taube und das Mädchen“ (Z. 42) zusammengehören. Die logische Schlussfolgerung ist für ihn, dass sie sich „sobald es geht, in die nächste Spritze stürzen“ wird (vgl. Z. 40), sich also selbst ihrem eigenen Ende wieder ein Stück nähern wird.
Neben den zwei im Mittelpunkt stehenden Personen werden weitere Menschen angedeutet. An der Straßenbahnhaltestelle warten „die Jemands in einer Reihe“ (Z. 16). Das **Indefinitpronomen** symbolisiert die anonyme Menschenmasse. Die Wartenden werden durch ihr Verhalten gekennzeichnet, sie lesen Zeitung, sind noch müde, interessieren sich für das, was um sie herum geschieht, oder eben nicht (vgl. Z. 16 ff.). Zum Schluss bezeichnet der Erzähler diese Menschen als „meinesgleichen“ (Z. 43) und er befindet sich wieder unter den Wartenden und gehört zu ihnen, was das Personalpronomen „wir“ (Z. 43) zeigt.

### Sprachlich-stilistische Mittel

Die Textaussage wird von einer Vielzahl stilistischer Mittel gestützt. **Ellipsen** geben präzise Dargestelltes wieder, der Blick wird auf das Wesentliche gelenkt, v. a. am Anfang und Ende des Textes. Des Weiteren überwiegt **parataktischer Satzbau** und Satzteile werden gereiht (z. B. Z. 26 ff.), was eine hohe Dichte des Textes zur Folge hat. Der Verzicht auf Anführungszeichen bei der wörtlichen Rede unterstützt die Schnelligkeit des Textflusses.
Die Verwendung von **Anaphern** bzw. **Parallelismen** weist auf sich wiederholende Vorgänge und gleichzeitige Abläufe. Deutlich zeigt sich dies bei der Beschreibung der Wartenden: „jemand hört hin, jemand sieht weg, jemand trägt Schlaf im Gesicht“ (Z. 17). Die Haltestelle als Ort des Geschehens fungiert hierbei als **Symbol für Anonymität und Rastlosigkeit**, für ständiges Kommen und Gehen und zufälliges Aufeinandertreffen von Menschen.

Die wiederholte Aufforderung der jungen Frau an den Ich-Erzähler: „Hilf mir, […] so hilf mir doch“ (Z. 5) variiert in Zeile 14 zur bettelnden Frage „Hilfst du mir?“, wodurch das Suchen nach Hilfe in seiner Eindringlichkeit gesteigert wird. Eine weitere Wiederholung bzw. Variation findet sich in der Darstellung von Kälte (vgl. Z. 26 f.), die symbolisch die Beziehung zwischen den Menschen bezeichnet. Es herrscht ein Mangel an menschlichem Miteinander.
Insgesamt lebt die Kurzgeschichte von **rhetorischen Figuren**, was eine **gehobene Sprachebene** verdeutlicht. Im Gegensatz dazu fällt die **vulgäre Sprache** auf, derer sich die junge Frau bedient, z. B. „[d]u Arsch“ (Z. 8), und die der Ich-Erzähler teilweise zu ihrer Beschreibung nutzt, z. B. „voller Rotz“ (Z. 13) oder „glotzt“ (Z. 22). Dadurch erfolgt eine noch stärkere Abgrenzung der Frau von den anderen, sie umgebenden Menschen.

### Deutungsansatz

Die Bedeutung des Titels erschließt sich erst im Laufe der Geschichte. Eine Taube, der die Füße ausgerissen wurden, muss nun ununterbrochen durch Zürich fliegen. Eng mit deren Schicksal verbunden ist das der jungen Frau. Man kann nur spekulieren, ob sie es selbst war, die einen Vogel verstümmelte und damit seinen Tod besiegelte, oder ob sie die Füße bloß gefunden hat. Im vorgestellten Leiden der Taube spiegelt sich aber dasjenige der Frau, sie kann sich völlig in die Lage des Vogels versetzen, sich in dessen Leid hineinsteigern und offenbart damit ihr ganz persönliches Elend. Als Abhängige ist sie dazu verdammt, ununterbrochen auf der Suche nach Drogen durch die Stadt zu ziehen – ähnlich dem Schicksal der Taube ist ihres besiegelt. Den Vogel werden die Kräfte verlassen, er wird abstürzen und sterben – die junge Frau wird sich „in die nächste Spritze stürzen“ (Z. 40) und so systematisch ihr Leben weiter zerstören. Ebenso wie der fliegenden Taube – tatsächlich oder nicht – die Füße fehlen, hat die junge Frau den Boden unter den Füßen verloren. Sie setzt sich implizit mit ihrer eigenen Situation auseinander, ist ebenfalls ein „zum Fliegen verdammte[r] Vogel“ (Z. 40 f.) und schickt einen Hilferuf an den unbekannten Passanten. Nach anfänglichen Schwierigkeiten versteht er sie, ist aber außerstande, ihr zu helfen und verschwindet wieder in der gesichtslosen Menschenmenge, nachdem er eine Zeit lang an der Nahtstelle zwischen dem Alltag des Durchschnittsbürgers und der Außenseiterin verweilt hat, deren Realität der zwanghafte „Flug“, der Drogenrausch, ist.

### Schlussbemerkungen

Wie die weitere Demontage dieses Lebens aussieht, lässt der **Schluss der Kurzgeschichte offen**. Der Leser muss sich selbst ein Bild machen und überlegen, wie das Leben der Beteiligten weitergeht. Dass die Geschichte nicht nur in Zürich spielen kann, liegt auf der Hand. In jeder Großstadt bewegt man sich in einer anonymen Menschenmasse und wird vielleicht nur durch eine solch extreme Begegnung für kurze Zeit angeregt, über den Menschen, der sich hinter manch einer Fassade verbirgt, nachzudenken.

## Grundkurs Deutsch (Sachsen): Abiturprüfung 2011
## Aufgabe 3: Literarische Erörterung

**Thema: Jurek Becker (1937–1997): Jakob der Lügner (1969)**

**„Wenn nur die Lüge uns retten kann, so ist es aus, so sind wir verloren."**
*Jean-Jacques Rousseau (1712–1778)*

**„Lügen ist ein Laster, wenn man damit Schaden anrichtet, aber eine Tugend, wenn man damit nutzt."**
*François Marie Voltaire (1694–1778)*

**Jurek Becker: Jakob der Lügner (ohne Text)**

**Figurenverzeichnis**

| | |
|---|---|
| namenloser Ich-Erzähler | |
| Jakob Heym | |
| Kowalski | Nachbar und Freund Jakob Heyms; Friseur |
| Lina | achtjähriges Kind |
| Rosa Frankfurter und Mischa | Liebespaar |
| Felix Frankfurter und seine Frau | Rosas Eltern; Vater ehemals Schauspieler |
| Herschel Stamm | ehemals Synagogendiener; strenggläubig |
| Leonard Schmitt | assimilierter Jude |
| Professor Kirschbaum | Chirurg; stirbt durch Suizid |
| Elisa Kirschbaum | Schwester von Prof. Kirschbaum |

**Arbeitsanweisung:**
Erörtern Sie die Aussagen der beiden französischen Schriftsteller und Philosophen auf der Grundlage von Jurek Beckers Roman *Jakob der Lügner*!

## Lösungsvorschlag

*Zuerst sollten Sie sich darüber klar werden, welche Kernaussage in den beiden Zitaten französischer Philosophen steckt. Anschließend überlegen Sie, mit welchen Romaninhalten Sie diese belegen bzw. widerlegen können. Dabei achten Sie darauf, immer wieder Bezüge zu den Zitaten herzustellen und setzen sich erörternd damit auseinander. Auch aktuelle Situationen können Sie in Ihre Erörterung einfließen lassen, um das Besondere am Lügen im Roman herauszustellen.*

### Rousseau und Voltaire über das Lügen

Manch aktuelle Untersuchung kommt zu dem Ergebnis, dass wir Menschen täglich bis zu zweihundertmal lügen würden. Was aber heißt lügen? Ist es nur das Verschweigen von Wahrheiten oder das ungenaue Ausdrücken? Oder versteht man unter lügen, dass jemand einem anderen bewusst die Unwahrheit sagt, dabei eventuell noch planvoll vorgeht?
Im Alltag rutscht uns schon einmal eine Ausrede über die Lippen. Das ist dann wohl eher eine Notlüge, entweder um sich selbst oder den anderen zu schützen. Damit tut man kaum weh. Kleine Kinder sind noch nicht in der Lage, alle Wahrheiten zu erfassen, deshalb wählen wir Erwachsenen aus ihnen aus und verschweigen so einiges.
Die französischen Philosophen aus dem 18. Jahrhundert, Jean-Jacques Rousseau und François Marie Voltaire, äußerten sich beide zur Problematik des Lügens. Rousseau formuliert ein absolutes Bekenntnis zur Wahrheit. Denn er sagt, dass wir Menschen verloren seien, sollte uns nur noch die Lüge retten können. Das heißt, auch in einer aussichtslosen Lage ist die Lüge abzulehnen, sonst „ist es aus".
Demgegenüber unterscheidet Voltaire bezüglich des Zwecks von Lügen. Kann man mit der Preisgabe von Unwahrheiten nutzen, so sei das eine Tugend. Richtet jemand dagegen mit Lügen Schaden an, sei das nicht moralisch vertretbar, denn es handele sich um ein Laster.

### Jakob Heyms Lügen im Roman *Jakob der Lügner*

Jurek Beckers Roman *Jakob der Lügner* erschien 1969 in der DDR. Becker, der selbst seine Kindheit im Ghetto verbringen musste und dem es gemeinsam mit seinem Vater gelang, den Holocaust zu überleben, stellt in den Mittelpunkt der Geschichte Jakob Heym, der, wie der Titel schon verrät, zum Lügner wird. Ausschlaggebend dafür ist die **Ausnahmesituation**, in der er sich gemeinsam mit vielen anderen Ghettobewohnern befindet. Abgeschlossen von der Umgebung und aufgrund vieler Verbote völlig von der Außenwelt isoliert, haben die Juden im Lager keine Möglichkeit, sich über Ereignisse jenseits des Zaunes, der sie einschließt, zu informieren. Die Umstände, unter denen sie leben müssen, sind unmenschlich. Es gelten strenge und demütigende Regeln im **Ghetto**. Hunger, Verzweiflung und eine hohe Selbstmordrate bestimmen das Leben der Gefangenen.
In dieser Lage erfindet Jakob Heym den Besitz eines Radios. Zufällig hörte er auf dem Revier Nachrichten von Kampfhandlungen, die auf einen Vormarsch der russischen Armee schließen lassen. Um seinen Leidensgenossen Mischa während der Arbeit vor einer Dummheit, die ihm das Leben kosten könnte, zu retten, teilt er ihm das Gehörte mit. Um seine Aussage zu verstärken, sagt er, dass er ein Radio habe. Zügig verbreitet sich diese Nachricht wie ein Lauffeuer unter den Ghettobewohnern. Regelmäßig suchen nun Leute Jakobs Nähe, nicken ihm verschwörerisch zu und fordern neue Informationen. Jakob bedient ihre Neugier, weil er **verantwortungsbewusst** ist: Seine erfundenen Nachrichten lassen wieder Hoffnung wachsen. Das zeigt sich auch daran, dass im Ghetto die Selbstmordrate sinkt. Ebenso beginnen Mischa und Rosa, die ein Liebespaar sind, Pläne für die Zeit nach dem Krieg zu schmieden. Sie wollen heiraten und sich einrichten. Auch der Friseur Kowalski, ein Freund Jakobs, überlegt sich, wie er sein Leben in Zukunft gestalten wird, z. B. in welches Geschäft er investiert. Jakob kümmert sich seit geraumer Zeit um Lina, ein achtjähriges Mädchen, das ohne Familie im Ghetto lebt. Ihr gibt er sogar eine Radio-Vorstellung, nachdem Lina ihn einige Tage lang bedrängte und überall nach dem Radio gesucht hatte. Im Keller spielt Jakob selbst Radio,

indem er in verschiedene Rollen schlüpft, ein fiktives Interview zum Besten gibt und selbst, von Ehrgeiz angestachelt, ein ganzes Orchester nachahmt. Schließlich gibt er noch den Märchenonkel und erzählt das „Märchen von der kranken Prinzessin". Hier zeigt sich deutlich **Jakobs Fürsorge** für Lina, aber auch, dass er für die Folgen seines Lügens Verantwortung übernimmt. Er vertraut Lina. Allerdings durchschaut das Mädchen Jakob, was dieser wenig später erkennen muss, als er zufällig hört, wie Lina das Märchen weitererzählt. Sie gibt an, es von Onkel Jakob gehört zu haben, verrät aber nicht die Radio-Vorstellung.
Angesichts dieser Situation stimmt die Aussage Voltaires für einen Teil des Romans, dass das Lügen eine Tugend sei, wenn es nützt. Fast allen bringen Jakobs Lügen neuen Lebensmut. Unter den herrschenden Umständen im Lager erscheint Jakobs Lügen in seiner Wirkung auf andere tugendhaft. Allerdings empfindet Heym selbst sein Verhalten als belastend, als Laster. Er richtet zwar keinen Schaden an, was in Voltaires Bemerkung das Kriterium für die Einstufung einer Lüge als Laster ist, aber die Lügen lassen Jakob zweifeln, er hat ein schlechtes Gewissen. Ihm fehlt die Kraft, weiterhin mit diesen Lügen zu leben, sich stets neue Nachrichten auszudenken, und er sucht nach Auswegen aus seinem **Dilemma**. Eine kurze Zeit der Entspannung bringt ihm eine weitere Lüge, nämlich die vom kaputten Radio. Nur kann er diese nicht lange aufrechterhalten. Letztlich entschließt er sich, Kowalski die Wahrheit zu gestehen. Er sei an seine Grenzen gestoßen und könne einfach nicht mehr, teilt Jakob seinem Freund mit und dann offenbart er sich ihm. Jakobs Geständnis hat fatale Folgen: Kowalskis Lebenswille ist zerstört, er bringt sich anschließend um. An dieser Stelle hat die Wahrheit eher Schaden angerichtet, und nicht die Lüge. Lügen im Ghetto aus dem Beweggrund heraus, anderen eine positivere Lebenseinstellung zu gestatten, kann nicht kategorisch abgelehnt werden. Rousseaus Aussage stimmt aber dahin gehend, dass Jakobs Lügen nichts an der „verlorenen" Situation der Bewohner des Ghettos ändern. Die Deportationen in die Vernichtungslager gehen weiter, was sehr anschaulich am Beispiel der Familie Frankfurter im Roman geschildert wird. Letztlich muss auch Jakob Heym zusammen mit Lina das Ghetto in einem Viehwaggon verlassen und einer ungewissen Zukunft entgegensehen. Noch einmal bedient er sich der Lüge, d. h., er verschweigt Lina das eigentliche Ziel, um sie nicht zu ängstigen, und sagt nur, dass sie verreisen würden. Für die Deportierten gilt Rousseaus Aussage: „[S]o ist es aus, so sind wir verloren."
Obwohl das Lügen Jakobs im Zentrum steht, zeigen andere Verhaltensweisen im Roman auch, dass in einer solchen Ausnahmesituation, wie sie die Lage im Ghetto darstellt, Täuschungen alltäglich sind. Kowalskis Verhalten, nachdem Jakob ihm die Wahrheit gestand, lässt nicht schlussfolgern, dass er den Freitod wählen wird. Er lächelt und blickt pfiffig, macht Jakob keinerlei Vorwürfe. Kowalskis Äußerungen zeugen eher von Bewunderung für Jakobs Verhalten. Dadurch will er es Heym vielleicht etwas leichter machen, mit seinen Gewissensbissen umzugehen. Lügen an dieser Stelle geschieht wieder aus Menschlichkeit.
Ein weiteres Beispiel für eine Lüge zeigt sich bei Professor Kirschbaum, einem Herzspezialisten. Dieser tötet sich selbst, indem er unter den Augen seiner Bewacher Tabletten schluckt. Er wurde von seinem Zuhause abgeholt, um Sturmbannführer Hardtloff, den Kommandanten der Wachmannschaft, medizinisch zu versorgen. Kirschbaum täuscht bewusst, denn er sagt, es seien Tabletten gegen Sodbrennen. So umgeht er die Behandlung des verhassten Sturmbannführers, der letztlich stirbt. Kirschbaum ist sich seiner Verantwortung bewusst und weiß sicher auch, dass eine mögliche Rettung Hardtloffs keinen Einfluss auf sein eigenes Überleben haben würde.
Eine andere Form der Lüge, die vollständig Voltaires Aussage „Lügen ist ein Laster, wenn man damit Schaden anrichtet" stützt, findet sich gleich zu Beginn des Romans. Jakob wird von einem Wachposten aufs Revier geschickt, weil er sich angeblich nach acht Uhr abends auf der Straße befunden hätte. Aus Willkür und der Freude daran, Menschen zu demütigen, demonstriert der Posten seine Macht und Menschenverachtung, indem er Jakob belügt. In diesem Zusammenhang kann das Lügen ausschließlich als moralisch verwerflich eingeschätzt werden, es ist ein Laster. Aus niederen Beweggründen wird auch verschwiegen, wohin die meist letzte Reise der Lagerinsassen geht. Durch die Mitnahme von Gepäck – erlaubt sind

5 Kilogramm – gaukelt man den Juden ein Weiterleben an anderer Stelle vor. Damit kann die Deportation geordnet und relativ ruhig ablaufen, so wie später auch das Ermorden der jüdischen Bevölkerung.

**Abschließende Wertung**

Grundsätzlich werden in unserer Gesellschaft, auch aus christlichen Werten heraus, Lügen abgelehnt. Hintergrund hierfür ist vor allem die Möglichkeit, dass dadurch anderen Schaden zugefügt werden kann bzw. persönliche Vorteile erschlichen werden. Aktuelle Beispiele finden sich genügend: Steuerhinterziehungen schaden dem Staatssäckel. Gedopte Sportler erzielen Rekordmarken. Hier wird bewusst getäuscht, nur um auf Kosten anderer besser dazustehen.
Dies war aber niemals der Grund zu lügen für die Titelfigur in Jurek Beckers Roman. Ausschlaggebend für Jakobs Unwahrheiten war es ausschließlich, Menschen Gutes zu tun und ihnen unter extremen Bedingungen **Lebensmut** zu geben. Solche Lügen kann man akzeptieren, auch wenn deren dauerhafter Erfolg letztlich fraglich ist. Somit ist Voltaires Aussage zuzustimmen.
Aber auch bei Rousseau findet sich Wahres, denn eigentlich befinden sich Menschen schon auf verlorenem Posten, wenn sie mittels Lügen versuchen müssen, ihr Leben und das anderer zu retten.

**Leistungskurs Deutsch (Sachsen): Abiturprüfung 2011**
**Aufgabe 1: Interpretation von Kurzprosa**

## Thema: Günter Kunert (*1929): Ein Ausflug (1964)

### Günter Kunert[1]: Ein Ausflug

So gingen wir aufwärts. Der breite Weg, Zwitter von Straße und Pfad, nur von Geländewagen befahrbar, stieg stetig, aber nicht steil an. Quellen ließen vor unsere Füße ihr Wasser laufen, so daß sich Rinnen gebildet hatten, kieselglänzend, die zu übertreten es keiner Mühe bedurfte. Wir gingen immer weiter aufwärts. Bergkuppen, trotz des Sommers noch schneebeladen, wuchsen hinter niedrigeren Bergkuppen auf. Dann wurde die Bahn schmaler, holpriger, hier hinauf fuhren die Holzfäller wahrscheinlich nicht mehr. Und während wir aufwärts gingen, spürten wir zunehmende Kühle: eine feuchte Kälte, klamm wie vollgesogene Tücher, die uns umwanden und sich als Dunst sichtbar zu machen suchten.

Das Aussehen der Bäume veränderte sich: sie wurden kleiner und krüppliger, wirkten verrenkt und beschädigt, standen nicht mehr so dicht und hoch wie zu Beginn unserer Wanderung, auf der wir uns jetzt den Wolken näherten, zu denen sich der kalte Nebel verdichtete. Von den Stämmen und den von Bewuchs entblößten Felsen tropfte Nässe; von Zweigen und Ästen hingen triefende Fransen; die Sicht nahm ab, je weiter aufwärts es ging. Immer langsamer kamen wir voran, da Moos und Gestein glitschiger wurden und den Eindruck verursachten, von fließendem Gewässer stellenweise überspült zu sein, wie Küstenstreifen bei Flut.

Geräusche, ohja, aber nicht zu deuten: gleichmäßige Schläge, Holzfäller oder ein dem Gebirge innewohnendes Geschehen, dunkle Rufe, von wem zu wem, wir ahnten es nicht und würden es nie erfahren. Tiere mögen in unserer Nähe gewesen sein, zumindest die erste Zeit, später gewiß nicht mehr, als die unkenntliche Umgebung unwirtlicher wurde und der Pfad aufhörte, und wir uns von Gewächs zu Gewächs vorwärts und aufwärts tasteten, bis die Vegetation gänzlich zurückblieb.

Eine Strecke grober Kies kam, wurde überwunden, dann sah man nicht mehr, wohin man die Sohlen setzte, sondern vertraute einfach dem Boden: mußte es wohl oder übel. Wir verständigten uns in diesem dichten quirlenden Grau durch Zuruf, wobei es mir nach einer Weile vorkam, als hätte sich unsere Gruppe um einige Stimmen verringert. Es waren nur noch drei auszumachen, und als ich laut „Hallo! Hallo!“ schrie, erwiderten die anderen Stimmen mit Verzögerungseffekt: „Hallo … Hallo …!“ Und ganz leise schon: „Hallooo …“ Ich schrie einen Namen, der im gleichen Rhythmus und Klang an mein Ohr zurückkehrte: die drei restlichen Stimmen entlarvten sich als ein mehrfaches Echo: ich war allein, wie lange bereits, konnte ich nicht einmal vermuten. Ich mußte den Abstieg wagen, wandte mich um, spürte, daß etwas nicht in Ordnung sei, und fuhr mit den Händen auf dem Boden herum, wobei ich einen fauligen Ast erwischte. Wie mit einem Blindenstock tappte ich abwärts, wollte ich abwärts, stocherte aber sofort ins Leere. Hinkniend verlängerte ich so den Tentakel, stieß jedoch mit Stock und Arm auf keinen Widerstand: ein Abgrund von unbestimmter Tiefe mußte sich da auftun, den ich im wattigen Gewoge unwissentlich bezwungen hatte. Ich konnte nur weiter aufwärts gehen und hinter dem Gipfel den Abstieg suchen.

Nach einiger Zeit, es waren bestimmt schon Stunden, entdeckte ich, daß ich direkt auf dem Grat wanderte, rechts und links von Abstürzen begleitet, die ich nur vermuten konnte, wenn mein Fuß ein Steinchen ins Rollen brachte, dessen Hinunterpoltern ich nachlauschte. Dann: ein gelblackierter Kasten an einem Holzpfahl: „Für Wünsche und Beschwerden – Einwurf hier“ beschriftet. Nachdem ich alles notiert, Wegstrecke, Tageszeit und meine Absicht, weiter emporzusteigen, damit man, falls mir etwas zustieße, mich auch fände, warf ich den Zettel in den Kasten. Leider: der Boden fehlte, und das Notizblatt wurde gleich weggewirbelt. Das geschah derart unerwartet, daß ich minutenlang reglos dastand, in die Schwaden starrend, als könne das Papier einem Vogel gleich zurückgeflattert kommen, stumm und erbarmungswürdig als mein eignes, mir entflogenes Selbst. Sobald ich jedoch diesen Zustand überwunden hatte, stieg ich weiter voran, von neuer Hoffnung erfüllt: wo ein solcher Meldekasten hing, selbst wenn er ein wenig defekt war, mußten Menschen in der Nähe sein: irgendwer jedenfalls. Und irgendwer ist besser als nirgendwer, hat man einmal eine Grenze überschritten ohne es zu merken, weil ihre Markierungen unter veränderten Wetterbedingungen ganz einfach ihre Gültigkeit verloren haben.

*Aus: Kunert, Günter: Tagträume in Berlin und andernorts. München: Carl Hanser Verlag 1972, S. 94 f.*

1 Günter Kunert, einer der produktivsten Autoren der ehemaligen DDR, schreibt seit 1948, vor allem Gedichte und Erzählungen. In den sechziger Jahren wurde ihm vorgeworfen, eine „Philosophie der Lebensangst“ zu verbreiten. Der vorliegende Text erschien in einem Münchner Verlag. Als Kunert 1976 gegen die Ausbürgerung Wolf Biermanns protestierte, wurde er aus der SED ausgeschlossen. 1979 siedelte er in die Bundesrepublik Deutschland über.

**Arbeitsanweisung:**

Interpretieren Sie den Text!

---

## Lösungsvorschlag

*Bei dieser Aufgabe kommt es darauf an, dass Sie einen epischen Text interpretieren können. Da die Aufgabenstellung allgemein gehalten ist, d. h., eine vertiefte Beschäftigung z. B. mit der Biografie des Autors oder dem Epochenhintergrund nicht erwartet wird, können Sie sich ganz intensiv dem werkimmanenten Interpretationsansatz widmen. Dazu gehört, dass Sie nach einer kurzen Inhaltsangabe eine detaillierte Strukturanalyse vornehmen, auf deren Grundlage Sie dann Ihre Interpretationshypothesen entwickeln und überprüfen. Als hilfreich für die textangemessene Deutung hat sich die Auseinandersetzung mit Textmerkmalen erwiesen, die auf eine Zuordnung zu einer bestimmten Textsorte bzw. einem Genre schließen lassen. Diese Fokussierung ist zwar in der Aufgabenstellung nicht explizit ausgewiesen, wird aber oft als Grundbestandteil einer Interpretation mit vorausgesetzt.*
*Beachten Sie, dass Ihnen vorgelegte Informationen immer eine Funktion zu erfüllen haben. In diesem Fall können Sie die beigegebene Fußnote nutzen, um eine ungefähre Einordnung des Autors und der Entstehungszeit vorzunehmen. Das kann bei der Akzentuierung von Analyseergebnissen nützlich sein, sollte jedoch niemals der alleinige Ausgangspunkt von Deutungsvorschlägen sein. (Mit den Informationen „1964“, „DDR-Autor“ und „Philosophie der Lebensangst“ kann man schnell in eine ideologische Sackgasse geraten, wenn man sich von ihnen die Richtung seiner Untersuchung vorgeben lässt.)*
*Analysieren Sie also zuerst gründlich den Text und versuchen Sie, mehr als einen Deutungsansatz für sich zu formulieren. Schauen Sie dann, ob, durch die Zusatzinformationen begründet, ein bestimmter Ansatz in der Endversion Ihrer Darlegungen bevorzugt werden soll.*

*Falls Sie im Deutschunterricht oder in Ihrer privaten Lektüre bereits anderen Texten des Autors oder thematisch ähnlichen Texten begegnet sind, sollten Sie das nutzen, um auf Ihre werkübergreifenden Kenntnisse aufmerksam zu machen. Auch wenn Sie nur sinngemäß zitieren oder auf die Titel vergleichbarer Texte verweisen, wird Ihre Darstellung dadurch gewinnen.*

## 1 Einleitung

Einen Ausflug machen. Abschalten. Ausspannen. Entspannen. Kraft tanken. Sich sammeln. Dies sind Assoziationen, die wohl gewöhnlich mit der Überschrift *Ein Ausflug* von Günter Kunerts kurzem Prosatext aus dem Jahr 1964 verbunden werden können. Doch schon bei der ersten Lektüre zeigt sich, dass Kunert diese herkömmlichen Erwartungen nicht bedient. Was nach Freizeit und Frohsinn klingt, wird hier zur Herausforderung, ja zur Bedrohung. Was normalerweise mit Partnern, Freunden, Gleichgesinnten stattfindet, wird hier zum Erlebnis von Verlust und Einsamkeit.

## 2 Textimmanente Interpretation

### 2.1 Inhalt und Aufbau

Ein Ich-Erzähler erzählt in fünf Abschnitten, wie eine Gruppe von Menschen in einer Gebirgsgegend unterwegs ist. Betont wird neben der schroffen Landschaft vor allem die stetige **Aufwärtsbewegung**. Wo zunächst noch passables Fortkommen möglich war, wird es bald unwegsam. Dem entspricht auch die Veränderung der Wetter- und der Vegetationsverhältnisse: Es wird kühler und feuchter; die Bäume werden „kleiner und krüppliger"(Z. 10), bis schließlich „die Vegetation gänzlich zurück[bleibt]" (Z. 23). „Dunst" (Z. 8) und „Nebel" (Z. 12) behindern die Orientierung im Gelände. Als auch die akustische Wahrnehmung nur noch eingeschränkt möglich ist, lassen die zunehmende Unwirtlichkeit der Umgebung und der zunächst gar nicht bemerkte **Verlust der Weggefährten** den Erzähler an den Abstieg denken. Dieser jedoch erweist sich als schwierig: Die anfänglich kaum spürbare, jetzt aber deutlich ins Bewusstsein tretende **Orientierungslosigkeit** dokumentiert sich in der Tatsache, dass selbst mit Hilfsmitteln nur noch „ins Leere" (Z. 35) gestochert werden kann, es eröffnet sich „ein Abgrund von unbestimmter Tiefe" (Z. 37), der eine selbstbestimmte Umkehr unmöglich macht.

Bei seiner notgedrungen fortgesetzten Wanderung „auf dem Grat" (Z. 40 f.) gerät eine seltsame Konstruktion in den Blick des Erzählers. In Form und Farbgebung an einen Briefkasten erinnernd, verheißt sie Hilfe und Hoffnung: **Kommunikation scheint möglich**.

Obwohl das Notwendigste fehlt, der Boden, und ungeachtet dieser Tatsache, dass dadurch die Botschaft (mehr oder weniger ein Hilferuf) nicht zugestellt werden kann, endet der Text in einer völlig **offenen Situation:** Der Aufstieg hat zu keinem Ziel geführt, der Erzähler ist also offensichtlich noch immer unterwegs, Wegmarkierungen haben „unter veränderten Wetterbedingungen ganz einfach ihre Gültigkeit verloren" (Z. 54 f.). Er ist jedoch voller **Zuversicht** darüber, dass allein schon das Vorhandensein eines „solche[n] Meldekasten[s]" (Z. 51) Grund zu „neuer Hoffnung" (Z. 51) wäre, und äußert auf dem Notizblatt „[s]eine Absicht, weiter emporzusteigen" (Z. 45).

### 2.2 Erzählverhalten

Die Bewegungsrichtung „aufwärts" ist konstituierend für den Text. Im ersten Abschnitt betont der sich in einem „Wir" aufgehoben fühlende Ich-Erzähler „[s]o gingen wir aufwärts" (Z. 1), „[w]ir gingen immer weiter aufwärts" (Z. 4) und „während wir aufwärts gingen" (Z. 7). Ganz offensichtlich hat die Gruppe ein **gemeinsames Ziel**, das auch die anfänglichen Beschwerlichkeiten des Weges (Wasser vor den Füßen, holprige Bahn, „zunehmende Kühle", Z. 7) kompensieren kann.

Als sich jedoch mit der fehlenden Orientierung auch der Kontrollverlust des Erzählers über die Fortsetzung des Weges abzeichnet, gelangt der Text an seinen **Wendepunkt**. Letztmalig ist von einem „Wir“ die Rede, als die Zurufe zwischen den Gruppenmitgliedern der Absicherung des gemeinsamen Weges im „dichten quirlenden Grau“ dienen sollen (Z. 25 f.). Ab diesem Zeitpunkt muss sich der Ich-Erzähler als **isoliert in einer feindlichen Umwelt** betrachten, der auch Entscheidungen für sich allein fällen muss und auf niemanden mehr zählen kann. Dabei behält er jedoch die ursprüngliche Richtung und Absicht bei: „Ich konnte nur weiter aufwärts gehen“ (Z. 38); selbst als er mit der Enttäuschung über die nicht weiterzugebende Nachricht von seinem Aufenthaltsort umgehen muss, steigt er von neuer Hoffnung erfüllt „weiter voran“ (Z. 50).
Die Fähigkeit des Ich-Erzählers, mit unvermuteten Situationen fertig zu werden, zeigt sich am deutlichsten in der Überwindung seiner Schreckstarre, als sich erweist, dass die von ihm erhoffte Weitergabe seiner Daten in einem Meldesystem nicht funktionieren würde. Nachdem er anfangs „stumm und erbarmungswürdig“ (Z. 49) gleichsam den **Verlust seiner Identität** („mein eignes, mir entflogenes Selbst“, Z. 49 f.) empfindet, überwindet er diesen Zustand und spricht sich selbst Mut zu. Die Begründung dafür, die er sich konstruiert, erscheint abwegig. Es widerspricht unseren Erfahrungen, dass „irgendwer [...] besser [ist] als nirgendwer“ (Z. 52 f.). Nicht umsonst heißt es im Sprichwort: „Der Starke ist am mächtigsten allein“ (vgl. Friedrich Schiller: *Wilhelm Tell*, 1. Aufzug, 3. Szene).
Aber dem Erzähler hilft diese Konstruktion, **sich nicht selbst aufzugeben** und die Krise des ungelesen bleibenden Textes durch fortgesetzte Bewegung auch jenseits von überschrittenen Grenzen zu überwinden.

### 2.3 Sprachlich-künstlerische Mittel

Der Kunert'sche „Ausflug“ erweist sich weniger als eine Wanderung zur Erbauung, vielmehr als eine Reise in unbekanntes Terrain, bei der „eine Grenze überschritten [wird] ohne es zu merken“ (Z. 53). Die **subtile Metaphorik** des Erzähltextes muss in ihrer Mehrdeutigkeit erschlossen werden, wenn die Intention des Autors zum Vorschein kommen soll.
Bemerkenswert ist jedenfalls, dass der Handlungsraum durch die auch im Sommer schneebeladenen Bergkuppen (vgl. Z. 4 f.) als eine **Hochgebirgslandschaft** zu identifizieren ist. Für den DDR-Autor Kunert ist das Mitte der 60er-Jahre bereits ein Raum, der jenseits der Alltagserfahrung seiner Leser mit eingeschränkter Reisefreiheit gelegen haben dürfte. Die Bildhaftigkeit, die diesem Raum zu eigen ist, ist aber durchaus ambivalent zwischen der wörtlichen sowie der übertragenen Bedeutung und lädt so zu einer Reihe von Deutungen ein.
Die Gefährdung des Wanderers durch die ihn umgebende feindliche Natur zeigt sich im negativ konnotierten „Abgrund“ (Z. 37) ebenso wie in der **Gratwanderung** (vgl. Z. 41), in den potenziellen „Abstürzen“ (Z. 41), die schon vorhanden sind oder auch erst eintreten können, wenn der Erzähler die falschen „Steinchen ins Rollen“ (Z. 42) bringt, ebenso im „dichten quirlenden Grau“ (Z. 26) und im „wattigen Gewoge“ (Z. 38). Es findet eine Verschränkung verschiedener Bildbereiche statt: Die Metaphorik der Berge wird ergänzt durch die Bildwelt der Wetterphänomene („feuchte Kälte, klamm wie vollgesogene Tücher“, Z. 7 f.; „tropfte Nässe“, Z. 13) und der Pflanzenwelt („von Zweigen und Ästen hingen triefende Fransen“, Z. 14; „bis die Vegetation gänzlich zurückblieb“, Z. 23).
Die Sinneswahrnehmungen des Erzählers werden durch Synästhesie („dunkle Rufe“, Z. 19) und Personifizierung veranschaulicht: „die drei restlichen Stimmen entlarvten sich als ein mehrfaches Echo“ (Z. 31).
Das **zentrale Symbol** im zweiten Teil des Textes ist aber der „gelblackierte Kasten“ (Z. 43). Von ihm aus lassen sich alle anderen Bilder und Strukturen erschließen. Seine Beschriftung gibt Auskunft über die ihm zugedachte Funktion, nämlich Wünsche und Beschwerden, auch als Kritik bezeichnet, dort einwerfen zu können. Ein solcher Brief-

kasten dient normalerweise der Kommunikation zwischen denen, die ihre Nachrichten dort hinterlassen, und denen, die sie aufnehmen, für die diese Nachrichten geschrieben werden. Wenn nun ein solcher Kasten keinen Boden mehr hat, die Kommunikation also „bodenlos“ geworden ist, „abgründig“, und wenn der Zustand eines solchen funktionslos gewordenen „Meldekasten[s]“ (Z. 51) lediglich als „ein wenig defekt“ (Z. 51 f.) beschrieben wird, obwohl er doch grundlegend unbrauchbar ist – dann ist dieses Bild von erschreckender Deutlichkeit für das **zerstörte Vertrauensverhältnis** zwischen denen, die („aufwärts“) unterwegs sind, und denen, die für die Wege im Gebirge verantwortlich sind, die sie kennen, instand halten und für deren Sicherheit garantieren sollten.
Angesichts dieses Verhältnisses ist die Reglosigkeit verständlich, die den Erzähler befällt, als er seine letzten Hoffnungen auf dem Notizblatt im Winde verwirbelt sieht. Er sieht sich diesem Zustand „derart unerwartet“ (Z. 47) ausgesetzt, dass der rettende Strohhalm – die bloße Existenz eines solchen Kastens – als mentaler Trost nur allzu verständlich erscheint.
Die Betrachtung der sprachkünstlerischen Mittel in ihrem Zusammenhang legt nahe, dass es Kunert weder um einen Reisebericht noch um eine Kurzgeschichte, etwa über die Bewährung im Gebirge, ging. Die **parabolische Konstruktion** des Textes verweist stattdessen auf die Wahrnehmung von gesellschaftlicher Wirklichkeit durch den Autor, für die er hier eine anschauliche Form der Verschlüsselung gefunden hat.

## 2.4 Zusammenfassung und Wertung

Dass diese Art von kodifizierten Texten ihre Intention eher verhüllt als offenlegt, hat zweifellos mit den Bedingungen des DDR-Literatur- und -Zensursystems zu tun, denen sich Kunert in der Mitte der 60er-Jahre ausgesetzt sah. Autoren mussten ihr Unbehagen an gesellschaftlichen Zuständen in einer Art von „Sklavensprache“ zum Ausdruck bringen, anderenfalls waren Veröffentlichungen unter Umständen gefährdet. Der Erstveröffentlichungsort für diesen Text (München) unterstützt diese These, war doch der Lebensmittelpunkt für Kunert zu dieser Zeit die DDR.

Kunerts **Parabel** erweist sich so als eine Metapher für die zunehmende Einsamkeit des Einzelnen auf einem Weg der **Selbstbestimmung** und **Individualität**. Der Ich-Erzähler war als Wanderer mit seiner Gruppe aufgebrochen, um mit ihr einem gemeinsamen Ziel, neuen Gipfeln, zuzustreben. Er kommt jedoch durch die Beschwerlichkeiten des Weges und die Widrigkeiten der Witterungsverhältnisse von diesem gemeinsamen Weg ab und entscheidet sich nach anfänglichem Zögern (vgl. Z. 32 ff.) auch ohne seine Weggefährten für dessen Fortsetzung „weiter empor“, „weiter voran“ (Z. 45, 50).
Dass dieser Weg auch als **Lebensweg** verstanden werden kann, liegt in der von Kunert gewählten Bildhaftigkeit begründet: Auch bei Lebenswegen müssen oft ganz individuelle Entscheidungen getroffen werden; auch bei Lebenswegen sind diese Entscheidungen irreversibel, weil man sich zwar im Raum, nicht aber in der Zeit rückwärts bewegen kann. Auch bei Lebenswegen kommt es immer wieder zu Aufbrüchen in neues, unbekanntes Terrain, werden Krisen überwunden und Grenzen überschritten.
Bei aller dargestellten Souveränität des Individualisten macht Kunert jedoch auch die Notwendigkeit zwischenmenschlicher Beziehungen deutlich. Als er den Verlust seiner Gruppe wahrnimmt, möchte der Wanderer am liebsten umkehren. **Wo Kommunikation gestört wird, scheitert oder gar nicht erst stattfinden kann, weil die Bedingungen für eine gelingende Kommunikation nicht mehr gegeben sind, wächst die Gefahr für das Individuum in exorbitantem Ausmaß.** Die Gefahr einer schleichenden Grenzüberschreitung liegt im Wegbrechen von (gesellschaftlich gesetzten) „Markierungen“ (Z. 54) begründet; die Gefahr eines Werte-Verlustes, ja von Identität kann dann in der Regel nicht mehr kompensiert werden.

## 3 Textexterne Aspekte

Die Fähigkeit zu kritischer Kommunikation kennzeichnet Kunerts literarisches Schaffen zeit seines Lebens. Konfrontiert mit den Vorgaben der Doktrin des „sozialistischen Realismus", gelingen ihm in der Auseinandersetzung damit immer wieder lakonisch knappe, pointiert verdichtete Texte, die als „**Denkbilder**" auch heute noch häufig in den Lesebüchern zu finden sind. *Die Schreie der Fledermäuse* beispielsweise verdeutlicht die Notwendigkeit eines Korrektivs, das Hindernisse in einer ihm eigenen Sprache zu vermelden weiß, aber scheitert, wenn ihm die Möglichkeit genommen wird, in dieser Sprache zu kommunizieren.

Die Analogie zum Erzähler in der hier interpretierten Parabel ist deutlich: Er muss, auf sich allein gestellt, im Bewusstsein seiner eigenen Verantwortung, den von ihm selbst gewählten Weg beschreiten. 1979 hat Günter Kunert die Deutsche Demokratische Republik verlassen.

## Leistungskurs Deutsch (Sachsen): Abiturprüfung 2011
## Aufgabe 2: Adressatenbezogenes Schreiben

**Thema: Martin Walser (*1927): Antigone oder die Unvernunft des Gewissens (1989)**

**Martin Walser[1]: Antigone oder die Unvernunft des Gewissens**

Antigone, eine junge Frau aus gutem Hause, widersetzt sich bis zum Äußersten, bis zum Tod. Bisher war ihr alles recht gewesen. Sie ist überhaupt keine geborene Außenseiterin. Keine Spur von eigensinniger Verhärmtheit, nichts von Verstiegenheit oder Stigma. Ja, in der Familie gab es einiges. Ödipus, der Vater, und Laios, der Großvater, hatten Schlimmes und Schlimmstes zu bestehen. So genau man auch hinschaut, man weiß nicht, ob man die beiden mehr für Täter oder mehr für Opfer halten soll. Eine schwierige Vergangenheit also. Aber die ist jetzt vorbei. Die Kinder könnten leben. Da kriegen Antigones Brüder Streit. Noch einmal Kampf, Krieg, dann sind beide Brüder tot. Die Schwestern Ismene und Antigone sind übriggeblieben. Antigone ist verlobt mit dem, der bald die Macht übernehmen wird. Jetzt kann das Leben wirklich beginnen. Da staut es sich noch einmal. Ein Beerdigungsproblem. Nur einer der Brüder soll, wie es sich gehört, beerdigt werden. Eteokles. Der andere, der gegen die Vaterstadt gekämpft hat, Polyneikes, soll liegenbleiben für Hunde und Vögel. Da macht Antigone nicht mit. Sie findet, die herrschende Macht sei zu weit gegangen. Dann der normale Verlauf: keine Seite kann zurück, die Macht noch weniger als die Ohnmacht. Was für Antigone Gewissensnotwendigkeit ist, ist für Kreon Aufruhr. Eine weitere Runde der Gewalt. Am Ende siegt – die Trauer. Nichts und niemand sonst.

[…]

Die europäische Geschichte zeigt, daß der einzelne Mensch sein Gewissen nie ganz von der gesellschaftlichen oder religiösen oder staatlichen Bestimmung gefangennehmen ließ. Antigone ist in unserer Geistesgeschichte die erste große Empörerin gegen die Gefangennahme des Gewissens. Die persönliche Stimme gegen die Würde der Legitimität. Seitdem ist es Brauch geworden, daß gegen die jeweils herrschende Meinung und Sprache, also gegen die Bindung unseres Gewissens durch Obrigkeit, eine persönliche Sprache versucht wird: zum Beispiel die der Literatur. Antigone, Hamlet, Prinz von Homburg[2], Josef K.[3]: das sind Figuren, in denen das Gewissen eine eigene Sprache suchte. Eine eigene Sprache für GUT und BÖSE.

Die Geschichte zeigt, daß trotz glänzender Gewissenstaten auf dem Papier der Literatur und der Philosophie der politische Mißbrauch des Gewissens nicht verhindert wurde und wahrscheinlich auch in Zukunft nicht verhindert werden wird. Wozu also Antigone und Josef K.? Was bringt Antigone heute? Die Gegenstimme!

Die Griechen haben als erste die innere Stimme entdeckt und sie gestärkt gegen die Übermacht der öffentlichen Stimme. Antigones Haltung beruhe, sagt Hölderlin, auf dem „Superlativ von menschlichem Geist und heroischer Virtuosität".

Wir müssen Sophokles nicht mit unseren Motiven impfen, um ihn für uns brauchbar zu machen.

[…]

Die Macht des Vorgesagten nimmt bei uns täglich zu. Kreon und Teiresias, der Staat und die Medien reden auf uns ein, immer im Namen einer Vernunft. Die Vernunft ist dienlich. Man kommt über die Runden mit ihr. Im Augenblick. Die Vernunft ist das, was eine optimal konstruierte Maschine als die bestmögliche Lösung zu diesem Zeitpunkt anbieten kann. Die Vernunft ist ausgestattet mit Medienmacht. Und regelmäßig läßt die Vernunft herumfragen und nachzählen, wieviel Prozente sie wieder zur Zustimmung ge-

bracht hat. Die Vernunft produziert Zustimmung wie eine Ware. Aber sie provoziert auch die Gegenstimme. Wenn wir Glück haben, dringt die durch, wird auch öffentlich, weckt in anderen die schon im Zustimmen verlorengegangene innere Stimme, weckt Gewissen.
Es ist jedem freigestellt, sich das Antigone-Beispiel auf seine Weise anzueignen. Es kann einer in allen hier vorkommenden Stimmen seine eigene hören.
Mich beeindruckt das, was Hölderlin heroische Virtuosität nannte. Vielleicht meint er damit, daß Antigones Gefallsucht einen höheren Anspruch hat als jede andere hier vorkommende Gefallsucht. Sie will den Toten gefallen. Sie will lieber selber nicht leben, als ihr Verhältnis zu den Toten zu verletzen. Davon geht eine Wirkung aus, die ich mir in keine andere Kategorie oder Sprache übersetzen muß.
Wenn solche Beispiele in zweitausend und mehr Jahren das Schlimmste auch nicht verhindert haben, das meistens Männer außerhalb des Theaters anrichteten, so darf man doch sagen, daß der Blick auf diese Geschichte ohne solche Figuren wie Antigone schlechterdings trostlos wäre.
[…]

*In: Walser, Martin: Antigone oder die Unvernunft des Gewissens. Aus: Sophokles, Antigone: Übersetzt von Hölderlin. Bearbeitet von Martin Walser und Edgar Selge. Frankfurt a. M.: Insel Verlag 1989, S. 9 ff.*

1 deutscher Schriftsteller, Träger zahlreicher bedeutender Literaturpreise
2 Titelfigur aus Heinrich von Kleists Drama *Prinz Friedrich von Homburg* (1811)
3 zentrale Figur aus Franz Kafkas Roman *Der Prozeß* (1925)

**Sophokles (496–406 v. u. Z.): Antigone (442 v. u. Z.)**

**Figurenverzeichnis**

| | |
|---|---|
| Antigone | |
| Ismene | Antigones Schwester |
| (Eteokles†, Polyneikes†) | (Antigones Brüder) |
| Kreon | Herrscher von Theben |
| Haimon | Kreons Sohn, Antigones Verlobter |
| Teiresias | blinder thebanischer Seher |
| Chor der thebanischen Greise | |

**Arbeitsanweisung:**

1. Beschreiben Sie, worin der Autor die epochenübergreifende Bedeutung der Tragödie *Antigone* von Sophokles sieht!
2. Verfassen Sie einen Kommentar zum vorliegenden Textauszug von Martin Walser!
   *Gehen Sie von der folgenden Situation aus: Ein Schülertheater hat eine Neuinszenierung der „Antigone" von Sophokles erarbeitet. In das Programmheft soll der vorliegende Textauszug aufgenommen werden, kommentiert von Jugendlichen unserer Zeit.*
3. Erläutern Sie wesentliche inhaltliche und gestalterische Entscheidungen Ihrer Textproduktion!

Die Aufgaben sind separat zu lösen.
Die Lösung der zweiten Aufgabe bildet den Schwerpunkt.
Beachten Sie, dass in der Prüfungssituation Hinweise auf Ihren Namen, Ihren Wohnort und auf den Standort Ihres Gymnasiums unzulässig sind.

## Lösungsvorschlag

*Bei der Lösung dieser Aufgabe benötigen Sie zum einen fundierte Kenntnisse zur Antigone-Problematik. Zum anderen sind Kompetenzen zum gestaltenden Erschließen von pragmatischen Texten erforderlich: Sie müssen den Text Martin Walsers analysiert und in seinen Hauptaussagen verstanden haben, um im zweiten Teil Ihre eigenen kommentierenden Gedanken zu dieser Vorlage entwickeln zu können. Durch die vorgegebene Kommunikationssituation sind hier Ihre Fähigkeiten zum* ***adressatenbezogenen Schreiben*** *gefordert.*
*Eine besondere Schwierigkeit dieses Aufgabentyps liegt in der methodischen Trennung dieser beiden Teile. Im ersten Teil sollen Sie nur* ***beschreiben*** *– also untersuchen, welche inhaltlichen Schwerpunkte zur „Klassizität" von „Antigone" durch den Autor gesetzt werden (Analyse). Erst im zweiten Teil sollen Sie sich mit der Textvorlage* ***kreativ auseinandersetzen****. Die Gesamtleistung ergibt sich aus der Kombination von analytisch-vergleichenden, produktiven und reflektierenden Aufgabenteilen. Deren konzeptionelle Bezüge müssen erkennbar sein. Der Bewertungsschwerpunkt liegt auf der Lösung der zweiten Teilaufgabe.*
*Beachten Sie dabei, dass trotz der eindeutig beschriebenen Kommunikationssituation (Beitrag zum Programmheft einer Inszenierung des Schülertheaters) eine Vielzahl von Lösungsansätzen möglich ist. Das liegt zum einen darin begründet, dass ein Programmheft ein Medium ist, in dem sich verschiedene Textsorten wiederfinden können. (Als wesentliches Merkmal ist lediglich der* ***kommentierende Charakter*** *zu berücksichtigen.) Zum anderen ist die Vorgabe „Jugendliche(r) unserer Zeit" relativ offen. Sie können so in diesem Gestaltungsteil eine andere Identität ausprobieren und damit Ihre Kreativität unter Beweis stellen. Ausgangspunkt sollte aber immer der Walser-Text sein. Wichtig ist, dass die (inhaltlich-konzeptionelle) gestalterische Entscheidung unbedingt Gegenstand der Reflexion im Aufgabenteil 3 sein muss.*
*Der hier vorgelegte Lösungsvorschlag sieht von einer allzu festgelegten Aktualisierung ab, um in einer allgemein formulierten Musterlösung exemplarisch bestimmte Lösungsstrategien zu verdeutlichen. In Ihrem Prüfungsaufsatz sollten Sie natürlich sehr viel konkreter auf jeweils aktuelle Gegebenheiten innerhalb Ihres schulischen und gesellschaftlichen Umfeldes reagieren.*

### 1 Beschreibung der epochenübergreifenden Bedeutung der *Antigone*-Tragödie

Zweieinhalb Jahrtausende liegen zwischen der Entstehung von Sophokles' Tragödie *Antigone* und heute. Was hat dieses Drama, dass es Generation um Generation in seinen Bann zieht? Woran liegt es, dass ein griechischer Politiker und Stückeschreiber der Antike immer wieder seine Leser und Zuschauer zu fesseln vermag? Dass immer aufs Neue Dichter und Autoren antreten, um mit neuen Übersetzungen des alten Stücks seine Zeitgenossenschaft zu beweisen?
Der deutsche Schriftsteller Martin Walser hat 1989 gemeinsam mit seinem Schwiegersohn, dem Schauspieler Edgar Selge, versucht, in einer Neubearbeitung der Hölderlin'schen Übersetzung Antworten darauf zu finden.
Obwohl sich die vorliegenden Auszüge hinsichtlich ihrer thematischen Ausrichtung unterscheiden, lassen sich in allen drei Abschnitten Thesen herausarbeiten, die auf die fortwährende Aktualität des Antigone-Stoffs verweisen.
Im ersten Teil (Z. 1–17) fasst Walser die Handlung der Tragödie zusammen. In seiner komprimierten (parataktischer, manchmal sogar elliptischer Satzbau), extrem verknappten Sprache wird umso deutlicher, dass viele Handlungselemente des antiken Dramas als allgemein menschliche Zustände durch die Jahrtausende gelten können. Es gibt Wendungen, die so weit abstrahiert sind, dass sie auch noch für die jüngste Geschichte bezeichnend sein könnten: die Schwierigkeit, „Täter oder […] Opfer" (Z. 6) zu unterscheiden, „die herrschende Macht", die „zu weit gegangen" sei (Z. 14), „[e]ine weitere Runde der Gewalt" (Z. 16). Dies gilt auch für das Fazit: „Am Ende siegt – die Trauer." (Z. 16 f.)

Antigones Problem ist das **Problem des selbstbestimmten Individuums**, das die Entscheidungen seines Gewissens in einer gesellschaftlichen Wirklichkeit zu vertreten hat, deren „gesellschaftliche oder religiöse oder staatliche" (vgl. Z. 20) „Bestimmer" anderer Meinung sind. Für diese bedeutet diese „Gewissensnotwendigkeit" (Z. 15 f.) nicht anderes als Aufsässigkeit oder Renitenz, Widerstand bzw. „Aufruhr" (Z. 16).

Der zweite Abschnitt in Walsers Text illustriert diese Auffassung mit Beispielen aus der europäischen Literaturgeschichte. Antigone sei nur die Erste in einer langen Ahnenreihe mit Hamlet, dem Prinzen von Homburg oder Josef K., die sich **gegen die angemaßte „herrschende Meinung"** (Z. 23) eine eigene „persönliche Stimme" (Z. 22), eine „persönliche Sprache" (Z. 24 f.) leisteten. Die Stimme des Gewissens, die Antigone erstmals erhoben hat gegen die Willkür ihres Onkels, der meinte, sich über die überlieferten Göttergesetze hinwegsetzen zu können, hallt durch die Jahrhunderte und bestärkt das Individuum „gegen die Übermacht der öffentlichen Stimme" (Z. 32 f.).

Diese Übermacht der auf uns einredenden „Medien" (Z. 39) als einer „optimal konstruierte[n] Maschine" (Z. 41) thematisiert Walser auch im dritten Abschnitt. Er stellt jetzt direkt eine Analogie zwischen Kreon und dem heutigen Staat sowie Teiresias und den Medien her. Sie reden auf uns ein „im Namen einer Vernunft" (Z. 39), die sich gebrauchen lässt, mit der man „über die Runden" kommt (Z. 40), die „Zustimmung wie eine Ware" (Z. 44) produziert – die mit „Medienmacht" (Z. 42) ausgestattet ist.

Es wird deutlich, dass der üblicherweise positiv konnotierte „Vernunft"-Begriff hier in sein Gegenteil verkehrt wird, wenn er der **mächtigen Mehrheit** als Totschlagargument gegen das einzelne, individuelle, nur **sich selbst verpflichtete Gewissen** dient. Andererseits stellt das Vorbild Antigones auch gerade die andere Möglichkeit vor Augen – sich nämlich gerade durch die Abgrenzung von dieser Majorität zur Selbstbehauptung, zu Individualität und der **Verteidigung der eigenen Identität** provozieren zu lassen.

## 2 Kommentar zum vorliegenden Textauszug

**Was bringt Antigone heute? – Die Gegenstimme.**
**(Sophokles, Walser und kein Ende)**

1 Zweieinhalb Jahrtausende liegen zwischen der Entstehung von Sophokles' Tragödie *Antigone* und heute. Was bewegt uns hier und heute, dieses antike Drama auf die Bühne zu bringen, und Ihnen hier im Programmheft den Walser zuzumuten? Warum zerren wir heute erneut Kreon vor den schrecklichen Richterstuhl unserer moralischen Anstalt? Haben wir nicht genügend andere Schrecknisse im letzten Jahrhundert gehabt, die uns näher lägen, als die „erste große Empörerin"?

2 Warum Antigone? – Weil unser Blick auf die Geschichte ohne sie trostlos wäre?
Weil es ohne sie diesen Blick nicht geben könnte. Sie hat damit begonnen, sich nicht abzufinden: Ihr war das Flüstern der inneren Stimme wichtiger als das wütende Geschrei des empörten Tyrannen. Das Dankeschön des toten Bruders wichtiger als das Urteil des in seiner Ehre verletzten Onkels. Die Stimme des Gewissens, die Antigone erstmals erhoben hat gegen die Willkürgesetzgebung Kreons, hallt durch die Jahrhunderte.

3 Sie hallt wider, wenn Hamlet „Schmach und Gram" beklagt, weil er die Welt wieder einrichten soll, die seinem Vater aus den Fugen geriet. Und Franz Joseph K(afka) – für welchen Vater hätte er sich (an wem?) zu rächen gehabt? Gregor Samsa mit der „schönen Seele"? Welche Lügen sollen wir Ihnen auf die Bühne bringen, dem Jakob gleich, der Disteln köpft vor lauter Übermut, um Sie zu lehren, wie man der Wirklichkeit standhält? Kowalski will lieber selbst nicht leben, als sein Verhältnis zur Wahrheit zu verletzen. Seine Aufrichtigkeit erlaubt ihm nicht, mit der Lüge Jakobs weiterzuexistieren.

Zugegeben, die Situation Kowalskis im Ghetto ist mit unserer demokratischen Verfasstheit wohl kaum zu vergleichen. Aber etwas ist faul, nicht nur im Staate Dänemark.

4 „Die Macht des Vorgesagten nimmt bei uns täglich zu." Ist es nicht schon mehr als zweihundert Jahre her, dass Immanuel Kant vom Ausgang des Menschen aus seiner selbst verschuldeten Unmündigkeit geschrieben hat? Hieß es nicht, man müsse den Mut haben, sich seines eigenen Verstandes zu bedienen? Wer bedarf denn des „Vorgesagten"? Der Unmündige.

5 Als Schülertheatergruppe in X. haben wir es uns in den letzten Jahren zum Anliegen gemacht, mit unseren Inszenierungen unterstützend zum Deutschunterricht und zu den dort behandelten Texten zu wirken. Gern werden Sie sich unserer *Alten Dame* oder der *Physiker* erinnern. Das war gut verdaulicher Stoff – ernsthaft und doch komisch. Immer was zum Lachen – auch wenn es manchmal im Halse stecken blieb. In *Antigone* haben wir Ihnen nichts Komisches zu bieten. Die Tragödie ist eine feine Sache. Alle Versuche, jemanden zu retten, bleiben vergeblich. Die Trostlosigkeit, die Walser für außerhalb des Theaters befindet, wird auch heute auf unseren Brettern zu sehen sein. Die die Welt bedeuten. Weil das nicht aufhört. Nie hört das auf.

6 Ein gutes Gewissen ist ein sanftes Ruhekissen.

7 Nur tote Fische schwimmen mit dem Strom.

8 Ich weiß nicht, was soll es bedeuten, dass ich so traurig bin.

9 Die Traurigkeit bei Heinrich Heine ist dieselbe wie bei Sophokles. Es wissen immer schon alle Beteiligten, dass sie am Ende untergehen müssen. Das ist das Dilemma der Gattungen, das wir in der Wirklichkeit eigentlich so nicht ständig wiederholen müssten. Aber wenn wir uns die Geschichte ansehen, so ist sie voll von Geschwistern Antigones. Sie heißen Giordano Bruno oder Graf von Stauffenberg, Sophie Scholl oder Rosa Luxemburg.

10 1989, das Jahr, in dem Martin Walser und Edgar Selge die Hölderlin'sche Übersetzung der Tragödie neu bearbeiten. Im Frühjahr oder im Herbst? Vor der „Wende" – oder durch sie angeregt? Hat Martin Walser Rosa Luxemburg gelesen? – „Freiheit ist immer die Freiheit der Andersdenkenden". – Hat Rosa Luxemburg *Antigone* gelesen?

11 Die Unvernunft des Gewissens. In der parlamentarischen Demokratie ist der Abgeordnete nur seinem Wähler verpflichtet – und seinem Gewissen. Es sei denn, es herrscht gerade Fraktionszwang. Es sei denn, es muss gerade „Zustimmung wie eine Ware" produziert werden. Es sei denn, es ist gerade mal wieder etwas faul im Staate Deutschland.

Für diesen Fall wäre es gut, es würde sich mancher unserer Volksvertreter „das Antigone-Beispiel auf seine Weise" aneignen. Es wäre gut für ihn, danach zu fragen, wessen Stimme er noch hört, wenn er seine eigene abgibt – und wem er sie schenkt. Welche „Gefallsucht" gerade seine Entscheidung beeinflusst hat, und ob er am Ende des Tages den Blick in den Spiegel noch aushalten wird. Antigone war – heroisch virtuos – mit sich selbst im Reinen, weil sie auf nichts sonst hörte als auf die leise Stimme ihres Gewissens. Dass das in der Wahrnehmung ihrer Gegenspieler „unvernünftig" war, konnte sie aushalten: Es war ein Teil ihres Heldentums. Es war ein Teil ihrer Lebenskunst: diesem Leben einen Sinn abzugewinnen, auch wenn es kürzer dauern sollte als wünschenswert gewesen wäre. Es war ein Teil ihres Anspruchs an diese Welt: sie verlassen zu dürfen erhobenen Hauptes, weil sie noch Helden braucht. Damit unser Blick auf sie nicht allzu trostlos wird.

## 3 Erläuterung wesentlicher Gestaltungsentscheidungen

Der vorliegende Kurzessay nimmt die Aufgabenstellung zur Verfassung eines „Kommentars“ ernst, wandelt sie allerdings für das Medium „Programmheft“ leicht ab. Die Betonung der Subjektivität, aber vor allem eine **akzentuierte ästhetische Gestaltung** gehen über die Anforderungen des bloßen Kommentierens hinaus. Die gestalterische Entscheidung dafür resultiert aus der literarischen Qualität des Walser-Textes, der vor allem im ersten Abschnitt ähnlich verfährt und eine Reihe von stilistischen Merkmalen (z. B. Ellipsen) anbietet, auf die auch in der Gestaltungsaufgabe zurückgegriffen wurde.

Inhaltlich orientiert sich der Beitrag für das Programmheft wie gefordert an der Vorgabe von Martin Walser. Es werden drei thematische Schwerpunkte gesetzt: die **Tragödie** des Sophokles, **Walsers Perspektive** auf die Hauptfigur und schließlich deren Echo in der **Literaturgeschichte**. Diese drei Bereiche bedingen sich gegenseitig und werden schließlich durch die Perspektive des „Jugendlichen unserer Zeit“ miteinander verschränkt.

Der Einstieg in den Essay greift den Beginn der Analyse auf und fügt einen Gedanken Friedrich Schillers aus seinem *Schaubühne*-Text hinzu: Mit drei rhetorischen Fragen wird ein Leseanreiz geschaffen, um zu erklären, warum das Schülertheater (als **moralische Anstalt**) nun gerade dieses Stück inszeniert hat. Mit dem Blick auf zentrale Handlungselemente der Tragödie beantwortet der zweite Abschnitt bereits einen Teil dieser Fragen.

Im dritten Abschnitt werden die bei Walser genannten literarischen Figuren um weitere Beispiele ergänzt, die einerseits in die **Traditionslinie** seit Antigone passen, andererseits auch aus dem **Lektürekanon** des Deutschunterrichts bekannt sind. Erneut wird das Mittel der rhetorischen Frage genutzt, um zu verdeutlichen, dass es Differenzen zwischen den Figuren ein und desselben Autors gibt: Kafkas Romanfigur Joseph K. aus dem *Prozeß* agiert nun einmal anders als Gregor Samsa, aber wer hat die „schönere Seele“? – Jurek Becker und Goethe in einem Atemzug zu nennen, mag zunächst verblüffen. Aber wenn man bedenkt, welche Aufgaben sich einerseits Prometheus, andererseits Jakob selbst auferlegen, scheint diese Analogie nicht zu weit hergeholt.

Der vierte Abschnitt verbindet, indem er ausgehend von der Epoche der **Aufklärung** zur eigentlichen Begründung der Theatergruppe überleitet. Hier wird auf vergangene Inszenierungen verwiesen und eine Gegenüberstellung zwischen der antiken Tragödie und der Tragikomödie bei Dürrenmatt als der heutigen, zeitbedingten Daseinsweise des Tragischen angedeutet (kollektive Schuld „in der Wurstelei unseres Jahrhunderts“, vgl. Friedrich Dürrenmatt: *Theaterprobleme*, 1955). Die folgenden Zitate in den Abschnitten 6–8 bereiten die Grundlage für die stärker an Walser orientierten Schlussgedanken in 9–11. Während dort zunächst auf Anouilh hingedeutet wird (Dilemma der Gattungen, Wissen über bevorstehenden Untergang – **episches Theater**), verweisen die historischen Figuren, die sämtlich für ihre Überzeugung sterben mussten, bereits auf die trostlose Welt jenseits des Theaters. Mit dem „Wendejahr“ 1989 ist zugleich das Entstehungsjahr der Textvorlage aufgerufen, in dem die heutige Form der Bundesrepublik ihren Ursprung hat. Der millionenfache Ruf „**Wir sind das Volk**“ lässt sich ebenfalls als ein Echo der eigenen Stimme verstehen; mit der friedlichen Revolution in der DDR beweist sich die Richtigkeit von Walsers Auffassung, dass es auf die Gegenstimme ankommt: Die sich dagegen wendeten, immer nur Zustimmung zu produzieren, haben Welt verändert.

Zum Abschluss des 10. Abschnitts wird auf das **Wechselverhältnis von Autor(en) – Text(en) – Leser(n)** verwiesen, das Anlass geben sollte, über Einflüsse von Rezeption auf eigene (Text-)Produktion zu reflektieren.

Der Beitrag endet mit einer deutlichen Bezugnahme auf Walsers Vorlage, wenn dessen Hölderlin-Zitat von der „heroische[n] Virtuosität“ (Z. 49) in eine gegenwärtige Sprache transformiert wird. Auch wenn die Begriffe „Heldentum“ und „Lebenskunst“ womöglich etwas frei übersetzt scheinen, so treffen sie doch den Kern von Antigones Persönlichkeit und der Faszination, die für Walser von dieser Figur ausgeht.

Die Struktur des Textes ergibt sich aus der assoziativen Verknüpfung der einzelnen Gegenstände. Während einige Abschnitte (am Beginn und am Ende) einen logisch-argumentativen Charakter aufweisen, fällt die asyndetische Reihung von Sprichwörtern und sprichwörtlichen Wendungen im Mittelteil ins Auge. Damit wird auch der Tatsache Rechnung getragen, dass im Anschluss an den umfangreichen und schwierig zu rezipierenden Walser-Text nun eine aufgelockertere Darstellung folgen sollte.
Der Beitrag nutzt zahlreiche sprachlich-künstlerische Mittel, um dem Leser die Rezeption zu erleichtern und die Abstraktionsebene, auf der sich Walser bewegt, etwas anschaulicher zu gestalten. Beispielhaft sei dies an dem Begriff der „Stimme" verdeutlicht: In den Abschnitten 2, 3 und 4 taucht er in zahlreichen **Bildern, Antithesen und Paraphrasen** auf (Flüstern – Geschrei, Dankeschön – Urteil, Stimme erheben, Widerhall der Stimme). Wenn das Wortfeld im 11. Abschnitt wieder aufgegriffen wird, ist es um das Abstraktum „Zustimmung" sowie um die Wendungen „Stimme abgeben" und „auf seine eigene Stimme hören" bereichert.
Eine Reihe von **Zitaten und Anspielungen** ist bereits weiter oben erwähnt worden. Darüber hinaus ist die Bezugnahme auf Brecht („Unglücklich das Land, das Helden nötig hat", *Leben des Galilei*, 13. Bild) im letzten Abschnitt für den literaturkundigen Zuschauer ebenso zu entschlüsseln wie das Zitat aus Günter Grass' *Krebsgang* im Abschnitt 5 („Das hört nicht auf. Nie hört das auf.").
Auf der syntaktischen Ebene wird mit wechselnden Satzbaumustern gearbeitet. Auffällig ist der hohe Anteil von rhetorischen Fragen (Abschn. 1–4, 10) zur Aktivierung des Lesers, der Ellipsen (Abschn. 2, 3) zur sprachlichen Verknappung und Verdichtung sowie der Parallelismen (Abschn. 2, 11) zur leichteren Fasslichkeit bzw. Hervorhebung von Wesentlichem. Ansonsten dominiert die Parataxe, um dem Theaterbesucher bereits vor der Aufführung oder in der Pause (nach dem 3. Epeisodion) die Gelegenheit zu einem schnellen Blick ins Programmheft zu geben.

## Leistungskurs Deutsch (Sachsen): Abiturprüfung 2011
## Aufgabe 3: Literarische Erörterung

**Thema: Franz Kafka (1883–1924): Die Verwandlung (erschienen 1915)**
**Florian Reinartz (*1980): Täuschung und Selbsttäuschung in Kafkas „Betrachtung“ (2008)**

### Florian Reinartz[1]: Täuschung und Selbsttäuschung in Kafkas „Betrachtung“[2]

Als Leser von Kafkas Texten fühlt man sich häufig hintergangen, in die Irre geleitet, verwirrt, um einen Sinn betrogen oder kurz: getäuscht. […]
Dass Kafka damit ein exemplarischer Autor der Moderne ist, die Texten keinen Sinn mehr zugestehen soll, ist als Begründung nicht ausreichend. Es gilt vielmehr auf einer übergeordneten Ebene nachzuweisen, wie sich diese Verwirrungen und Täuschungen in Kafkas Texten niederschlagen, wie sie funktionieren und warum Kafka ein ständiges Spiel mit Erwartungen, Täuschungen und Ent-Täuschungen in seinen Texten auf mehreren Ebenen vollzieht.
[…]

*Quelle: http://www.kafka-gesellschaft.de/mediapool/35/354056/data/Abstracts/ Reinartz.pdf (19. 07. 2011). Internationale Tagung der Deutschen Kafka-Gesellschaft e. V. „Betrachtung“ (Heidelberg 18.–20. 07. 2008)*

1 deutscher Germanist
2 Kafka, Franz, *Betrachtung* (erschienen 1913): Sammelband mit meist kurzen Prosatexten, Kafkas erstes veröffentlichtes Buch

### Franz Kafka: Die Verwandlung

### Figurenverzeichnis

Gregor Samsa
sein Vater
seine Mutter
seine Schwester Grete
drei Zimmerherren
die Bedienerin
der Prokurist

### Arbeitsanweisung:

Erörtern Sie Florian Reinartz’ Sicht auf Kafkas Texte unter besonderer Berücksichtigung der Erzählung *Die Verwandlung*!

## Lösungsvorschlag

*Bei der Bearbeitung dieser Aufgabe weisen Sie Ihre Fähigkeiten zum literarischen Erörtern nach. Zunächst müssen Sie den vorliegenden Text, der Ausgangspunkt für die Erörterung ist, inhaltlich und sprachlich-stilistisch erfassen. Auf der Grundlage Ihrer Analyse beschäftigen Sie sich dann unter Bezugnahme auf den Reinartz-Text erörternd mit Franz Kafkas „Die Verwandlung".*

*Dabei ist Ihr vielfältiges Wissen aus der Behandlung des Werkes im Unterricht und aus eigener Lektüre ebenso gefordert wie Ihre analytische Fähigkeit und Ihr logisch-strukturiertes Arbeiten. In Verbindung mit dem Zitat sollten Sie folgende Aspekte berücksichtigen:*

- *die Erzählung „Die Verwandlung",*
- *andere Ihnen bekannte Werke Kafkas, wie z. B. seinen „Brief an den Vater",*
- *die Biografie des Autors,*
- *literaturgeschichtliche Aspekte zur Moderne,*
- *rezeptionsästhetische Fragen.*

*Auf der Grundlage Ihrer Erörterung kommen Sie zu einer abschließenden begründeten Wertung und beenden Ihre Arbeit mit einem abrundenden Schlussgedanken.*

### 1 Einleitung

Eine kaiserliche Botschaft, die den Empfänger trotz anfänglicher Zweifellosigkeit nicht erreicht, ein Mann, der zeit- und erfolglos vor der Tür des Gesetzes wartet, bis sie geschlossen wird, ein Schutzmann, der nach dem Weg gefragt wird und den Frager auslacht … Wohl kein anderer Autor versammelt in seinen Werken eine solche Fülle an düsteren, bedrohlichen, grotesken Situationen wie Franz Kafka. Meist bleibt er dem Leser eine Erklärung schuldig; die erhoffte Lösung des Konflikts, die Erlösung der handelnden Figuren findet nicht statt.

Gerade diese Vielfalt der Themen und die Ambivalenz der Deutungsansätze regen Leser und Literaturwissenschaftler gleichermaßen an, sich mit Franz Kafkas Werk auseinanderzusetzen und sich zu positionieren.

### 2 Die Analyse der Aussage von Florian Reinartz

Anlässlich der Tagung der Deutschen Kafka-Gesellschaft im Juli 2008 versucht der Germanist Florian Reinartz, mit Bezug auf Frank Kafkas 1913 erschienen Sammelband *Betrachtung*, seinem ersten veröffentlichten Buch mit meist kurzen Prosatexten, die Wirkung von Kafkas Texten auf den Leser zu beschreiben. Er geht davon aus, dass ansonsten übliche Erwartungshaltungen beim Leser nicht erfüllt würden. Diesen Zustand des Lesers umschreibt Reinartz selbst mit einer Reihe von Synonymen – „hintergangen, in die Irre geleitet, verwirrt, um einen Sinn betrogen" (Z. 1 f.) – , die letztendlich in dem Fazit enden, dass der „Leser von Kafkas Texten … getäuscht" werde (Z. 1 f.).

Dabei erscheint es dem Germanisten „nicht ausreichend" (Z. 4), diesen Eindruck zu erklären durch den Umstand, dass Kafka „ein exemplarischer Autor der Moderne" (Z. 3) sei, „die Texten keinen Sinn mehr zugestehen soll" (Z. 3 f.).

Stattdessen gelte es, Kafkas „ständiges Spiel mit Erwartungen, Täuschungen und Ent-Täuschungen" (Z. 6 f.) zu untersuchen und so deren Funktion und Wirkungsweise „auf mehreren Ebenen" (Z. 8) zu hinterfragen. Interessant erscheint hierbei die Schreibweise des Nomens „Ent-Täuschung". Hiermit wird einerseits die Enttäuschung als aufklärerisches „Ende einer Täuschung" und andererseits als frustrierende Desillusionierung charakterisiert.

Dass dabei neben der „Täuschung" auch der „Selbsttäuschung" ein Stellenwert zukommt, schließt Florian Reinartz mit der Wahl der Überschrift für seinen Beitrag ausdrücklich ein, was aber im vorliegenden Textauszug nicht weiter thematisiert wird.

## 3 Franz Kafkas Erzählung *Die Verwandlung*

Auch in der Erzählung *Die Verwandlung* lässt sich Kafkas „Spiel mit Erwartungen, Täuschungen und Ent-Täuschungen" (Z. 7) feststellen. Die bei Reinartz genannten verschiedenen Ebenen, auf denen dieses Spiel stattfindet, können in diesem Fall etwa die ästhetische, psychologische, gesellschaftliche und biografische Perspektive sein.

### Ästhetische Ebene

Die Verwandlung eines Menschen in ein Tier ist dem Leser aus den Volksmärchen der Gebrüder Grimm durchaus geläufig.
Fast jeder hat als Kind staunend miterlebt, wie dank der Liebe einer Königstochter ein hässlicher Frosch in einen jungen Königssohn rückverwandelt wurde und die Hochzeit der beiden das gute Ende des Märchens darstellte.
Mit dieser positiven, aus der Kenntnis von Märchen und Mythen vorhandenen Erfahrung geht der Leser in Franz Kafkas Erzählung hinein, wenn er gleich am Anfang mit dem **Motiv der Metamorphose** konfrontiert wird, nicht ahnend, dass er in seiner Erwartung enttäuscht werden wird.
Kafkas Protagonist Gregor Samsa erwacht eines Morgens als riesiges Ungeziefer in seinem Zimmer der elterlichen Wohnung. Der Leser erlebt also eine kafkaeske, verwirrende Situation, die vom realistischen Erzählen abweicht und den Einbruch des Irrationalen in die Vorstellungswelt des Rezipienten bedeutet.
Von diesem Zeitpunkt seines Lebens an erfährt Gregor zunehmende Isolation und Animalisierung, Vernachlässigung und Verachtung der Außenwelt und seiner Familie, bis er schließlich an einer ihm von seinem Vater zugefügten Verletzung stirbt.Wie beim Märchen liegt auch hier der Akt der Verwandlung außerhalb des Erlebens des Lesers.
Aber anders als der Frosch übersteigt dieser Käfer das ihm normalerweise eigene Vorstellungsvermögen und erzeugt in ihm einen Grad der Verwirrung, der allein schon dadurch zustande kommt, dass sich der Protagonist abgesehen von diesem Märchenmotiv in einer durchaus realen Welt befindet.
Die **Erzählperspektive** ist die des verwandelten Gregor. Trotz seines veränderten Äußeren behält der personale Erzähler seine menschliche Identität und lässt uns teilhaben an seinen körperlichen Befindlichkeiten und geistigen Überlegungen. So nimmt der Rezipient zunächst teil an Gregors Betrachtungen an diesem Morgen. Er erfährt von Samsas kräftezehrender und ungeliebter Tätigkeit als Handlungsreisender, seiner untergeordneten Stellung gegenüber dem Prokuristen, seiner finanziellen Aufopferung für die Familie.
Anders als der Protagonist, der das Ereignis nicht hinterfragt, sondern offensichtlich als Selbstverständlichkeit annimmt, kann der Leser aber die Ungeheuerlichkeit der Verwandlung nicht einfach fraglos hinnehmen. Er sucht nach einem „Sinn" (vgl. Z. 3), der ihm bis zum Ende verwehrt bleiben wird. Der Grund der Verwandlung bleibt trotz aller Mutmaßungen seinerseits im Dunkeln.
Für Irritationen, für „Täuschungen", sorgt zudem, dass im Mittelpunkt der Handlung nicht der Erlösungsvorgang wie im Märchen, sondern das fortschreitende Leiden Gregor Samsas steht. Dem Prozess der animalischen Bewusstwerdung entspricht die weitere **zunehmende Animalisierung** Gregors. Er gewöhnt sich an tierisches Verhalten, bekommt etwas Essbares auf einer Zeitung oder in einem Napf.

### Psychologische Ebene

Für „Ent-Täuschung" sorgt auch das Verhalten der Familie. Der Ort der Verwandlung, die heimische Umgebung, suggeriert dem Leser, dass der Betroffene Verständnis und tätige Hilfe erfährt.
Doch auch die Familie – Vater, Mutter und Schwester Grete – hinterfragt die neue Situation keinesfalls. Die Mutter ist der neuen Situation hilflos ausgeliefert. Zwar achtet sie mit ihrem mütterlichen Instinkt und ihrem durchaus vorhandenen Einfühlungsvermögen noch am ehesten Gregors menschliche Identität, jedoch ist sie viel zu schwach, um sich

zu ihrem Sohn zu bekennen. Sie beschränkt sich auf demütiges Flehen und ihre tatsächliche Ohnmacht ist auch im übertragenen Sinne zu werten.
Der früher gebrechliche, auf Kosten seines Sohnes lebende Vater besinnt sich jetzt auf seine eigenen Kräfte. Er wird selbst wieder zum Ernährer der Familie und damit zum anerkannten Familienoberhaupt, indem er seine Berufstätigkeit wieder aufnimmt.
Gregor hat seinem in physischer wie psychischer Hinsicht überlegenen, dominanten Vater, der namenlos bleibt wie auch die meisten anderen Figuren der Erzählung, nichts entgegenzusetzen. Er fügt sich, unternimmt nichts zur Verteidigung oder zur Flucht. In ihm spiegelt sich **Kafkas eigene Selbstsicht** seinem Vater gegenüber, der ihm zeit seines Lebens als übermächtig erscheint.
Von ihm hat Gregor keinerlei Milde zu erwarten und er weiß das auch. Letztendlich wird der Vater für seinen Sohn zur „**todbringenden Instanz**", weil er ihn nach einem Ausbruch mit einem Apfel bewirft und ihm damit eine körperliche Wunde zufügt, die nicht mehr heilen wird.
Am offensichtlichsten und enttäuschendsten ist die Wandlung der Schwester. Zunächst übernimmt sie wie selbstverständlich – trotz ihres Ekels – die regelmäßige Versorgung des Bruders und erfüllt damit durchaus die Erwartungshaltung des Lesers. Später, als der Bruder die Entfernung des Bildes der Dame aus seinem Zimmer verhindern will, vernachlässigt sie ihre Fürsorge. Als sich schließlich Gregor während Gretes Violinspiel vor den drei Zimmerherren zeigt, bricht eine offene Feindschaft aus ihr heraus, die in dem folgenschweren Satz gipfelt: „Weg muss es". Letztendlich fühlt sich der Leser vom Verhalten der Schwester „hintergangen", eine letzte Hoffnung auf einen glücklichen Ausgang, wie er ihn vom Grimm'schen Märchen *Brüderchen und Schwesterchen* kennt, zerschlägt sich. Noch in derselben Nacht stirbt Gregor in seinem Zimmer, ohne seine menschliche Gestalt zurückgewonnen zu haben.
Der Leser wird mit der Frage nach dem „Sinn" des **Antimärchens**, bei dem es kein glückliches Ende gibt, aus der Erzählung entlassen. Er erlebt einen Protagonisten, dessen Probleme bereits vor der Verwandlung existierten und die im Handlungsgefüge des literarischen Textes nun ihre Überspitzung und Überhöhung erfahren und für Irritationen sorgen.
Das Gefühl, von der Familie nicht als Mensch mit Hoffnungen, Träumen und Wünschen wahrgenommen zu werden, sondern lediglich als Ernährer zu fungieren, beherrscht im Zusammenhang mit der ungeliebten beruflichen Tätigkeit zwar Gregor Samsas Leben, befähigt ihn aber nicht dazu, sich selbstbewusst und aus eigener Kraft dagegen aufzulehnen. Stattdessen wenden sich der Protest und die Rebellion gegen die als unerträglich empfundene persönliche und soziale Situation nicht offensiv gegen die Familie oder den Vorgesetzten, sondern gegen sich selbst.
Die **Flucht oder auch Befreiung** aus den Zwängen, eine Verwandlung also auf „mehreren Ebenen", die Gregor nicht als Mensch zu verwirklichen imstande ist, bedeutet letztendlich eine neue Gefangenschaft in einem animalischen Körper.
Der **Verlust sozialer Beziehungen**, die Isolation innerhalb der Familie und außerhalb der Gesellschaft, die völlige Einsamkeit und Verlassenheit führen schließlich zum Tod.
Auch der Titel der Erzählung stützt diese **Mehrfunktionalität**. Nicht nur der Protagonist verwandelt sich äußerlich und innerlich, sondern auch seine Beziehung zu den übrigen Familienmitgliedern ergibt eine neue, sich verändernde Abhängigkeit, nicht zuletzt durch deren eigene Verwandlung. Aus den von Gregors Arbeitsleistung parasitär lebenden Außenseitern wird eine Gemeinschaft, die am Ende der Erzählung, nach Gregors Tod, mit neuer Kraft und Lebensmut in ein bürgerliches Leben startet. Eine Verheiratung Gretes „mit einem braven Mann" wird ins Auge gefasst. Es ist anzunehmen, dass dieser Gregors Rolle als Ernährer der Familie einnehmen soll. Insofern bleibt die Wandlung zum Guten nur Schein.

**Gesellschaftliche Ebene**
Gregor Samsa zieht sich aus seinen sozialen Beziehungen zurück und sucht die Isolation; seine anfängliche Rücksichtnahme auf die Familie wird zur Flucht vor anderen. Der einzige Kontakt zur ansonsten räumlich getrennten Außenwelt erfolgt über das Lauschen an der Tür oder Beobachtungen aus dem Fenster. Tür und Fenster erweisen sich somit als **Kommunikationssperren**.
Mit seiner Erzählung *Die Verwandlung* ist Kafka durchaus ein exemplarischer Autor der Moderne. Er thematisiert den **Ausbruchsversuch** eines Protagonisten aus der Welt des kleinbürgerlichen Miefs und der Enge, der jedoch zum Scheitern verurteilt ist, weil der Mensch an den Maßstäben der Gesellschaft gemessen wird, denen er sich nicht entziehen kann und an deren gestörter Kommunikation er oftmals erkrankt.
Ebenso zum Scheitern verurteilt ist der **Wunsch nach Individualisierung**, weil der Mensch ein soziales Wesen ist, das sich aus den Bindungen und den durch Erziehung erworbenen Verhaltensmustern und Denkstrukturen nur schwer lösen kann.
Gemeinsam ist Franz Kafka mit anderen Autoren der Moderne, insbesondere des Expressionismus, das Antibürgerliche, der Wunsch, aus der Enge dieser doktrinären Welt auszubrechen und sie anders zu erleben.
Diese wie auch immer geartete Suche nach einem neuen Sinngehalt erwächst aus der Orientierungslosigkeit, die die expressionistische Künstlergeneration bei aller Differenziertheit vereint.

**Biografische Ebene**
Hilflosigkeit und Ohnmacht gegenüber **äußeren Zwängen** hat Franz Kafka am eigenen Leib verspüren müssen. Insofern sind die Themen seiner Werke nicht unbedingt die, mit denen sich der Leser gern beschäftigen möchte, sondern eher der Tatsache geschuldet, dass sich Kafka von seinen Sorgen und Nöten freischreiben musste.
Dazu gehört neben dem Vater-Sohn-Verhältnis, das Franz Kafka auch in seinem fiktiven *Brief an den Vater* thematisiert, sein Umgang mit Frauen.
Ebenso wie Gregor verband auch Kafka eine tiefe Zuneigung zu seiner Schwester Ottla. Jedoch ist er ihr gegenüber ebenso wenig wie Gregor gegenüber Grete nicht fähig, eine Beziehung zu pflegen, die auch extremen Situationen standhält. Die harte, ungeliebte Arbeit als Versicherungsangestellter, die Probleme innerhalb der Familie und seine innere Zerrissenheit halten ihn davon ab.
Diese selbst empfundene und in seinen Werken dargestellte **Isolation und Beziehungslosigkeit** sind auch ein Grund für die „Ent-Täuschung" der Protagonisten, die für „Verwirrung" beim Leser sorgt.

## 4 Schluss

Dass Kafkas Werk *Die Verwandlung* in verschiedener Hinsicht die von Florian Reinartz festgestellten „Verwirrungen und Täuschungen" enthält, konnte deutlich gemacht werden. Leider bleibt im vorliegenden Text ungeklärt, was der Germanist unter der „Selbsttäuschung" versteht. Sollte er damit auch den Leser meinen? Denn nur dann, wenn der Leser einseitige oder zu hohe Erwartungen an ein literarisches Werk stellt, auch mit Blick auf eine mögliche Sinnstiftung, kann er auch enttäuscht werden.

**Grundkurs Deutsch (Sachsen): Abiturprüfung 2012**
**Aufgabe 1: Interpretation lyrischer Texte**

**Thema: Johann Wolfgang von Goethe (1749–1832): Gesang der Geister über den Wassern (1789)**
**Theodor Storm (1817–1888): Meeresstrand (1856)**

## Johann Wolfgang von Goethe: Gesang der Geister über den Wassern[1]

Des Menschen Seele
Gleicht dem Wasser:
Vom Himmel kommt es,
Zum Himmel steigt es,
Und wieder nieder
Zur Erde muss es,
Ewig wechselnd.

Strömt von der hohen,
Steilen Felswand
Der reine Strahl,
Dann stäubt er lieblich
In Wolkenwellen
Zum glatten Fels,
Und leicht empfangen,
Wallt er verschleiernd,
Leis rauschend,
Zur Tiefe nieder.

Ragen Klippen
Dem Sturz entgegen,
Schäumt er unmutig
Stufenweise
Zum Abgrund.

Im flachen Bette
Schleicht er das Wiesental hin,
Und in dem glatten See
Weiden ihr Antlitz
Alle Gestirne.

Wind ist der Welle
Lieblicher Buhler;
Wind mischt vom Grund aus
Schäumende Wogen.

Seele des Menschen,
Wie gleichst du dem Wasser!
Schicksal des Menschen,
Wie gleichst du dem Wind!

*Aus: Echtermeyer. Deutsche Gedichte. Hg. Elisabeth Paefgen und Peter Geist. Berlin: Cornelsen Verlag 2005, S. 189f.*

1 Auf einer Reise in die Schweiz im Jahre 1779 besuchte Goethe den 300 Meter hohen Staubbachfall Lauterbrunnen. Dieser Wasserfall fällt als neblige Gischt über eine senkrechte Felswand.

## Theodor Storm: Meeresstrand

Ans Haff nun fliegt die Möwe,
Und Dämmrung bricht herein;
Über die feuchten Watten
Spiegelt der Abendschein.

Graues Geflügel huschet
Neben dem Wasser her;
Wie Träume liegen die Inseln
Im Nebel auf dem Meer.

Ich höre des gärenden Schlammes
Geheimnisvollen Ton,
Einsames Vogelrufen –
So war es immer schon.

Noch einmal schauert leise
Und schweiget dann der Wind;
Vernehmlich werden die Stimmen,
Die über der Tiefe sind.

*Aus: DER NEUE CONRADY. Hg. Karl Otto Conrady. Düsseldorf und Zürich: Patmos Verlag GmbH & Co. KG 2000, S. 485*

**Arbeitsanweisung:**

Interpretieren Sie Goethes Gedicht „Gesang der Geister über den Wassern“.
Vergleichen Sie es mit Storms Gedicht „Meeresstrand“.

---

## Lösungsvorschlag

*Die Aufgabenstellung verlangt von Ihnen einen sicheren Umgang mit lyrischen Texten. Sie müssen zuerst das Goethe-Gedicht interpretieren. Achten Sie hierbei besonders auf die Struktur und den Sinngehalt des Textes. Zeigen Sie, inwieweit die sprachliche Gestaltung die Aussage des Gedichtes stützt. Anschließend wählen Sie sich selbstständig Aspekte, unter welchen Sie dieses Gedicht mit dem Storms vergleichen. Dabei sollten Gemeinsamkeiten und Unterschiede in der Gestaltung sowie in der inhaltlichen Aussage betrachtet werden. Außerdem sollten Sie die Gedichte literaturhistorisch einordnen, um so Gründe für unterschiedliche Gestaltung angeben zu können.*

### Einstieg über die Titel

Die vorliegenden Gedichte geben in ihren Titeln schon den Bezug zur Natur, genauer zum Wasser, wieder. Bei dem Wort „Meeresstrand“, der Überschrift des Gedichtes von Theodor Storm, eröffnet sich dem Leser wohl sofort eine bildliche Vorstellung. Etwas schwieriger wird dies bei dem Gedicht Goethes, denn dessen Überschrift verweist zusätzlich auf Geistergesang und geht damit über den Bereich der sinnlichen Erfahrung hinaus.

### Aufbau und Sinngehalt des Goethe-Gedichts

Beim Lesen von Goethes **Ode** „Gesang der Geister über den Wassern“ von 1779 wird schnell deutlich, dass der Dichter hier ausgehend von einer Naturbeobachtung den natürlichen Kreislauf des Wassers schildert. Dieser Kreislauf wird mit dem Verlauf des menschlichen Lebens in Beziehung gesetzt.

Inhaltlich lässt sich der Text in **drei Sinneinheiten** teilen. In der ersten Strophe wird festgestellt, dass „[d]es Menschen Seele“ (V. 1) dem Wasser gleicht (vgl. V. 2). Das Wasser befindet sich in einem ewigen Kreislauf zwischen Himmel und Erde (vgl. V. 3 ff.) wie die menschliche Seele, die ständig wechselt zwischen Göttlichem und Irdischem, das heißt zwischen Ideal und Wirklichkeit.

In der zweiten bis fünften Strophe wird der Weg, den das Wasser nimmt, genauer beschrieben. Den Ausgangspunkt, die Quelle des Strömens, bildet die „Felswand“ (V. 9), die der „reine Strahl“ (V. 10) hinunterrinnt. Dabei muss das Wasser Klippen und Kaskaden bewältigen (vgl. V. 18 ff.), bevor es im „flachen Bette“ (V. 23) ankommt, um durch das Tal bis zum „glatten See“ (V. 25) zu gelangen. An dieser Stelle „[w]eiden ihr Antlitz alle Gestirne“ (V. 26 f.), denn der Kreislauf ist vollkommen. Parallelen zum menschlichen Leben werden sehr deutlich. Während seines Lebens muss auch der Mensch Klippen überwinden, sich mit Hindernissen auseinandersetzen. In der Jugend geschieht dies noch „unmutig“ (V. 20), also emotional aufgeladen, wie der Vergleich mit dem Wasser zeigt. Später wird der Mensch aufgrund seiner Erfahrungen gelassener und vollendet sein irdisches Dasein.

Als „lieblicher Buhler“ (V. 29) gesellt sich in der fünften Strophe ein weiteres Naturelement zum Wasser – der Wind. Er ist es, der das Wasser in Bewegung hält, den gleichförmigen Ablauf stört. Aber er gehört zur „Welle“ (V. 28) dazu, macht aus ihr „[s]chäumende Wogen“ (V. 31).

Die sechste Strophe nimmt noch einmal durch den Ausruf „Seele des Menschen, | Wie gleichst du dem Wasser!“ (V. 32 f.) den Vergleich aus der ersten Strophe auf und erweitert die Aussage um den Vergleich von Schicksal und Wind. Wie der Wind das Wasser in Bewegung hält, so wirkt das Schicksal auf die menschliche Seele.

**Sprachliche Gestaltung des Gedichts**

Die Ode, die aus sechs Strophen mit unterschiedlicher Verszahl besteht, ist in **freien Rhythmen** verfasst. Bei einigen Versen wurde der **Jambus als Metrum** verwendet und unterstreicht die regelmäßige Bewegung des Wassers (V. 3 ff. und 12 f.).
Dieses Gleichmaß vermittelt ebenso der **Parallelismus** „Vom Himmel kommt es, | Zum Himmel steigt es" in der ersten Strophe. **Enjambements** verdeutlichen das Fließen des Wassers; das zeigt sich z. B. in der zweiten Strophe in den Versen 11 bis 13 sowie in der dritten Strophe. In der letztgenannten Strophe nimmt außerdem das Adjektiv „[s]tufenweise" (V. 21), da es allein einem Vers bildet, eine exponierte Stellung ein. Auf diese Weise wird die Wasserbewegung sehr anschaulich. Es ist kein glattes Fallen, das beschrieben wird, sondern das Wasser sucht sich seinen Weg, stürzt eben in einzelnen Abschnitten abwärts. **Verben und Partizipien, die Bewegungen ausdrücken**, stützen in der zweiten und dritten Strophe dieses Bild vom fallenden Wasser, denn dieses „[s]trömt" (V. 8), „stäubt" (V. 11), „[w]allt … rauschend" (V. 15 f.) und „[s]chäumt" (V. 20). Dagegen vermitteln die Verben „schleichen" (V. 24) und „weiden" (V. 26) in der vierten Strophe ein Gefühl der Ruhe und Gelassenheit. Treffende Adjektive charakterisieren das Wasser als reinen, lieblichen sowie leisen Strahl (vgl. V. 10 ff.), der sich gegen unwirtliche Gegebenheiten durchsetzen muss. So überwindet das Wasser hohe und steile Wände (vgl. V. 8 f.) und „Klippen" (V. 18). **Metaphern und Personifikationen** wie „[i]m flachen Bette [s]chleicht er" (V. 23 f.) oder „[l]ieblicher Buhler" (V. 29) verstärken ebenso die Bildlichkeit im Gedicht wie **Alliterationen**, z. B. „Wolkenwellen" (V. 12) und „Wind ist der Welle …" (V. 28).
Die Ode ist durchgängig im Präsens geschrieben, was zum einen die Unmittelbarkeit des Naturvorganges ausdrückt und zum anderen die Allgemeingültigkeit der Aussagen unterstützt. So scheint der Wasserfall gerade eben ins Tal zu stürzen und genauso zeitlos aktuell sind die Vergleiche mit dem menschlichen Leben.

**Vergleich mit dem Gedicht von Theodor Storm**

Die beiden Gedichte beschreiben ein **Naturerlebnis in Verbindung mit dem Element Wasser**, obwohl die Schauplätze völlig andere sind. Goethe erlebte die Gewalt des Wasserfalls auf einer Reise in den Schweizer Bergen und abstrahiert das Erlebte, indem er das Fallen des Wassers mit dem menschlichen Leben vergleicht.
Storm dagegen thematisiert in dem Gedicht „Meeresstrand" sein heimatliches Umfeld. Er schildert anschaulich eine Abendstimmung am Meer.
Beide Schriftsteller sehen den **Menschen als Teil der Natur**. Deshalb muss auch der sich den Regeln vom Werden und Vergehen unterordnen, da diese allgemeingültig sind. Deutlich wird dies bei Storm in der dritten Strophe, denn hier stellt er fest: „So war es immer schon" (V. 12). Auch Goethe spricht von einem immer wiederkehrenden Kreislauf, dem ewigen Wechsel (vgl. V. 7).
Trotzdem unterscheiden sich beide Gedichte stark in ihrer Darstellung. Bei Goethe ist das **lyrische Subjekt ein Außenstehender**, der Erlebtes erst genau beschreibt, um es dann zu verallgemeinern. Storm dagegen lässt sein **lyrisches Ich** anfangs einen realen Schauplatz detailgetreu beschreiben. Im Laufe des Gedichts verstärkt sich dessen subjektive Wahrnehmung, was sich z. B. daran zeigt, dass Inseln mit Träumen verglichen (vgl. V. 7) und Töne als geheimnisvoll wahrgenommen (vgl. V. 9 f.) werden. Eine mystische Grundstimmung entwickelt sich: „Vernehmlich werden die Stimmen, | [d]ie über der Tiefe sind" (V. 15). Die Realität wird somit poetisch überhöht.
Theodor Storm verfasste ein **regelmäßig aufgebautes Gedicht**, das aus vier Strophen mit je vier Versen besteht und somit fast volksliedhaft wirkt. Jeweils der zweite und vierte Vers jeder Strophe reimen sich. Während bei Goethe freie Rhythmen und Reimlosigkeit die ewige, ungleichmäßige Bewegung des Wassers verdeutlichen, wird durch das Regelmäßige bei Storm eine Ruhe vermittelt. Aufgrund der Dichte des Dargestellten wirkt diese fast mystisch, was auch durch den Substantiven vorangestellte Attribute unterstrichen wird. Es sind „feuchte

Watten“ (V. 3), gärender Schlamm (vgl. V. 9) und geheimnisvolle Töne (vgl. V. 10), die eine besondere Stimmung hervorrufen und auf das lyrische Ich wirken. Das lyrische Subjekt im Goethe-Gedicht ist zwar auch gefangen vom Naturschauspiel, analysiert dieses jedoch, um anschließend eine Erkenntnis zu formulieren.

**Gründe für die verschiedenen Darstellungen der Natur**

Johann Wolfgang von Goethe schrieb sein Gedicht „Gesang der Geister über den Wassern“ zur Zeit der **deutschen Klassik** (1776–1805). Typisch für diese Literaturepoche ist die Gestaltung allgemeingültiger Themen, **Weltanschauungslyrik** rückt in den Mittelpunkt. Überaus deutlich wird im vorliegenden Gedicht Goethes **pantheistische Auffassung**. Danach ist Gott eins mit der Natur und das Lebensprinzip der Natur gleicht dem der menschlichen Seele. In der Ode vergleicht er das menschliche Leben mit dem ewigen Wasserkreislauf, also natürlichen Abläufen. Eine erhabene (klassisch schöne) Sprache unterstützt seine Aussagen.
Theodor Storm dagegen ist ein Vertreter des **bürgerlichen bzw. poetischen Realismus in der zweiten Hälfte des 19. Jahrhunderts**. Im Mittelpunkt dieser Epoche steht die Wirklichkeit, allerdings nicht das bloße Wiedergeben dieser, sondern Realität soll gestaltet bzw. verklärt werden. Das gelingt Storm in seinem Gedicht „Meeresstrand“, indem er ausgehend von einer realen, vorstellbaren Situation subjektive Befindlichkeiten schildert.
Immer wieder beschreiben Dichter also, wie die Natur auf den Menschen wirkt und welche Rückschlüsse aus ihr auf das menschliche Leben gezogen werden können. Wie dies dargestellt wird, ist stets abhängig von der jeweiligen Entstehungszeit der Texte und dem Verhältnis, das der Autor zur Natur entwickelt.

**Grundkurs Deutsch (Sachsen): Abiturprüfung 2012**
**Aufgabe 2: Interpretation eines epischen Textes**

## Thema: Klabund (1890–1928): Der Flieger (1916)

### Klabund[1]: Der Flieger

Als der Fliegerunteroffizier Georg Henschke, Sohn eines märkischen Bauern, vom Kriege nach Hause auf Urlaub kam, stand sein Heimatdorf schon einige Tage vorher Kopf. Bei seiner Ankunft lief alles, was Beine hatte, ihm halber Wege, einige Beherzte sogar eineinhalb Stunden bis zur Bahnstation Baudach entgegen, und die Kinder und die halbwüchsigen Mädchen saßen auf den Kirschbäumen, welche die Straße säumten, die er kommen mußte.

Nun war er da. Das ganze Dorf drängte sich eng um ihn, daß er kaum Luft holen konnte, seine Mutter weinte: „Georgi, mein Georgi!", und der Pastor sagte: „Welch eine Fügung Gottes!" „Kinder", lachte Georg Henschke, „Kinder, ich habe einen Mordshunger!" Da stob man auseinander, um sich gleich darauf zu einem Zuge zu gruppieren, der ihn würdevoll zur Tafel geleitete. Sie war unter freiem Himmel aufgeschlagen. Das Dorf nahm sich die Ehre, ihm ein Essen zu geben. Man zählte ungefähr sieben Gänge, und in jedem kam in irgendeiner Form Schweinefleisch vor. Dazu trank man süßen, heurigen Most.

Nach dem Essen, als der Wein seine Wirkung tat, wurde man keck. Man wagte Georg Henschke anzusprechen, zu fragen, zu bitten. „Georgi," staunte zärtlich seine Mutter, „du kannst nun fliegen!" „Wollen Sie uns nicht einmal etwas vorfliegen?" fragte schüchtern die kleine Marie. „O," lachte Georg Henschke, „das geht nicht so ohne weiteres. Da gehört ein Apparat dazu!" „Er hat ihn sicher in der Tasche," grinste verschmitzt der Hirt, „er will uns nur auf die Folter spannen." „Ein Apparat, das ist so etwas zum Aufziehen?" fragte seine jüngste Schwester Anna. Denn sie dachte daran, daß er ihr einmal aus Berlin einen Elefanten aus Blech mitgebracht hatte. Eine Stange lief unbarmherzig durch seinen Bauch, und wenn man sie ein paarmal herumdrehte, begann der Elefant zu wackeln, mit seinem Rüssel auf den Boden zu klopfen und plötzlich wie ein Wiesel und in wirren Kreisen im Zimmer herumzulaufen.

„Nein", sagte Georg Henschke, „ich habe den Apparat nicht bei mir, denn er gehört dem Staat." „So, so," meinte der Hirt mit seinem weißhaarigen Kopf, „der Staat. Das ist auch so eine neue Erfindung." „Ganz recht", lachte Georg Henschke.

„So erzähle uns doch etwas vom Fliegen, und wie man es lernt, Georgi", bat seine Mutter. Sie war so stolz auf ihn.

Da stand Georg Henschke auf, und alle mit ihm.

„Gut, ich will es tun. Hört zu!"

Er sprang auf einen Stuhl. Sie scharten sich um ihn. Aufgeregt, seinem Willen hingegeben, wie die Herde um das Leittier. Sie hoben ihre Köpfe, sehnsüchtig, und der blaue Himmel lag in ihren Augen. Georg Henschke aber reckte die Arme, schüttelte sie gegen das Licht, in seinen Blicken blitzte die Freude des Triumphators, und als er sprach, flammte es aus ihm. Er selber fühlte sich so leicht werden, so lächelnd leicht, der Boden sank unter seinen Füßen, seine Arme breiteten sich aus wie Schwingen, wiegten sich, und wie ein Adler stieß er hoch und steil ins Blau.

Das ganze Dorf stand wie ein Wesen, das hundert Köpfe in den Himmel bog. Und sie sahen Georg Henschke im Äther schweben, ruhig und klar, fern und ferner, bis er ihren Blicken entschwand.

*Aus: Klabund: Kriegsbuch. [Kindle Edition] Urheberrechtsfreie Ausgabe, S. 255 ff.*

1 Pseudonym des Autors

**Arbeitsanweisung:**
Interpretieren Sie den Text.

---

## Lösungsvorschlag

*Bei der Bewältigung dieser Aufgabe müssen Sie Ihre Kenntnisse zum Interpretieren von Kurzprosa anwenden. Machen Sie sich den Inhalt der Geschichte klar, indem Sie besonders auf die Funktion der Figuren innerhalb der Handlung achten, und untersuchen Sie, wie die Geschichte sprachlich gestaltet ist. Schließlich sollten Sie verschiedene Interpretationsansätze in Ihre Darstellung einfließen lassen und mögliche Aussageabsichten formulieren.*

### Einstieg über den Titel

Beim Lesen des Titels von Klabunds Kurzgeschichte „Der Flieger“ erwartet man, einen Text über einen Piloten und/oder ein Flugzeug zu lesen. Wird jedoch das Entstehungsjahr 1916 in die Überlegungen einbezogen, scheint die Schilderung einer Situation aus dem Ersten Weltkrieg, der von 1914 bis 1918 dauerte, folgerichtig.
Die Erwartungen, die der Titel auslöst, werden in der Kurzgeschichte nur teilweise erfüllt. Zwar steht als Figur ein Pilot im Mittelpunkt des Erzählten, aber dieser gibt keine Kriegserlebnisse preis, sondern er fungiert hier als starker Kontrast zu den Dorfbewohnern. Dies wird im Verlauf der Geschichte immer deutlicher.

### Der Inhalt und die Figurenkonstellation

Der Fliegerunteroffizier Georg Henschke kommt auf Heimaturlaub, was sein ganzes Dorf mobilisiert, denn sein Heimatdorf stand „schon einige Tage vorher Kopf“ (Z. 2). Er wird von den Bewohnern euphorisch mit einem Festmahl empfangen. Anschließend wagen sie es, den Fliegerunteroffizier um eine Vorführung seines Könnens, also seiner Flugkünste, zu bitten. Aber Georg Henschke muss wegen des fehlenden Flugzeugs ablehnen. Bei den Dorfbewohnern löst die Vorstellung von einem solchen „Apparat“ (Z. 19) im Folgenden ungewöhnliche Assoziationen aus (vgl. Z. 20 ff.).
Als Georgs Mutter ihn auffordert, wenigstens vom Fliegen zu erzählen (vgl. Z. 29), kommt er dieser Bitte nach. Das ganze Dorf lauscht gebannt seinen flammenden Ausführungen und starrt ihm schließlich in den Himmel nach, als Georg abhebt und davonfliegt.
Im Mittelpunkt der Geschichte steht klar Georg Henschke. Da er ein Pilot ist, erscheint er im Vergleich zu den anderen als welterfahren, denn er besitzt Kenntnisse und Fertigkeiten, die ihn von den Dorfbewohnern abheben. Deshalb genießt er auch während seines Heimaturlaubes eine fast kultische Verehrung und wird zur Heldenfigur stilisiert und zu einem individuellen Höhenflug animiert.
Zu Beginn der Geschichte tritt „[d]as ganze Dorf“ (Z. 7) als Masse auf, ebenso steht am Ende das Dorf als ein hundertköpfiges Wesen da (vgl. Z. 40). Einige Dorfbewohner werden im Handlungsverlauf jedoch exemplarisch benannt.

So zeigt die Mutter Georgs ihre Liebe zum Sohn und ist „so stolz auf ihn“ (Z. 30). Kurzzeitig steht sie wegen ihres Sohnes im Zentrum des Geschehens. Eine Autoritätsperson stellt der Pastor dar. Er bezeichnet Georgs Ankunft sogar als „Fügung Gottes“ (Z. 8 f.) und wertet den Heimkehrer dadurch seinerseits auf.
Marie, ein Mädchen des Dorfes, formuliert mit ihrer schüchternen Frage „Wollen Sie uns nicht einmal etwas vorfliegen?“ (Z. 17) den Wunsch der Dorfbewohner. Anna äußert ihre Gedanken zu Beschaffenheit des Flugapparates und zeigt dadurch ihre Naivität (vgl. Z. 20).
Eine besondere Stellung nimmt der Hirt ein, der „verschmitzt“ (Z. 19) grinst, als er seine Überlegungen preisgibt. Flugapparat und Staat sind für ihn neue Erfindungen (vgl. Z. 27 f.), was beweist, dass sein Lebensumfeld sehr wenig mit Politik und Technik zu tun hat, sondern das Leben mit der Natur für ihn an erster Stelle steht.

**Die sprachliche Gestaltung und ihre Funktion**

Der von einem **auktorialen Erzähler** wiedergegebene Text lebt durchgängig von einer **religiösen Metaphorik**. Schon zu Beginn erinnern der überschwängliche Empfang Georgs sowie das üppige Mahl an die Geschichte von der **Heimkehr des verlorenen Sohnes**. Auch die **Anwesenheit des Hirten** verweist auf das Christliche. Einerseits spielen Hirten in der Bibel eine wichtige Rolle, andererseits werden auch die geistlichen Führer als Hirten bezeichnet. In der Geschichte ist der Hirte derjenige, der Lebensweisheit zeigt, verdeutlicht durch seinen „weißhaarigen Kopf“ (Z. 27), und auch für die anderen Dorfbewohner spricht. Allerdings ist seine Perspektive wie diejenige der anderen Dorfbewohner sehr beschränkt. Alle stehen „wie die Herde um das Leittier“ (Z. 34), als Georg schließlich die deutlichste religiöse Anspielung beginnt, nämlich seine **Himmelfahrt**.
Der Protagonist erzählt so intensiv, dass er vom Boden abhebt und die anderen ihm nur staunend nachstarren können. Georg Henschke gleicht fast einem Messias, der in den hintersten Winkel des Landes Kunde von Neuigkeiten aus Politik und Technik trägt. Dem stehen Natürlichkeit und Tradition im Leben der Dorfbewohner gegenüber. Auch kann man sich nicht vorstellen, wie ein Mensch fliegen sollte, wenn dazu erst ein Apparat gebraucht wird. Georg Henschke ist etwas Besonderes, fast Exotisches für die Dörfler. Im wahrsten Sinne des Wortes bleiben sie am Boden, während Georg abhebt.
Viele **Vergleiche** aus der Tierwelt innerhalb der Geschichte machen diesen Kontrast anschaulich. Zum Beispiel läuft der Elefant – an den Anna denkt, wenn vom Apparat die Rede ist – „wie ein Wiesel“ (Z. 24), Georgs „Arme breiteten sich aus wie Schwingen“ (Z. 38), das Dorf ähnelt einem hundertköpfigen Wesen (vgl. Z. 40) und „wie ein Adler“ (Z. 39) steigt Georg in den Himmel.
Treffende **Attribute** geben zusätzliche Informationen, z. B. ist der Flieger Sohn eines „märkischen“ (Z. 1) Bauern, der Hirt „weißhaarig“ (Z. 27) und Marie klein (vgl. Z. 18). Außerdem werden **Adjektive** zur intensiven Darstellung genutzt, wie z. B. im Schlussteil, als Georg „hoch und steil ins Blau“ (Z. 39) stößt und später „ruhig und klar, fern und ferner“ (Z. 41) schwebt.
Die wenigen im Text namentlich genannten Figuren werden durch ihre wörtliche Rede charakterisiert, etwa der Pastor durch sein oben genanntes Zitat oder der Hirte durch seine Bemerkung zum Staat (vgl. Z. 27 f.). Letztere Aussage lässt ebenso wie Georgs Hinweis zum Besitzer des Flugapparates gesellschaftliche Hintergründe aufblitzen. Daneben treiben die Fragen der Mädchen Marie und Anna die Handlung voran.
**Alliterationen** unterstützen den Erzählfluss, so ist es die „Bahnstation Baudach“ (Z. 4), an welcher der Urlauber ankommt, der „Wein“ tut seine „Wirkung“ (Z. 15) und in Georgs „Blicken blitzte die Freude“ (Z. 36), er wird „lächelnd leicht“ (Z. 37).

**Die Aussage des Textes**

Lässt man beim Lesen des Textes den historischen Hintergrund außer Acht, thematisiert die Geschichte vor allem den enormen Unterschied zwischen dem Leben der Titelfigur und der Dorfbewohner. Letztere werden als schlichte, naturverbundene Menschen gezeigt, die mit der

Technisierung, die sich in Metropolen wie Berlin (vgl. Z. 21) oder auf den Schlachtfeldern abspielt, überfordert sind. Georg dagegen nimmt regen Anteil am technischen Fortschritt, er steuert ja sogar ein Flugzeug. Somit überragt er durch sein Wissen die Menschen im Dorf. Dass der Flieger über den Dorfbewohnern steht, zeigt sich akzentuiert am Ende der Geschichte. Hier springt er „auf einen Stuhl“ (Z. 33) und ist durch sein Pathos in der Lage, die nach oben blickenden Dorfbewohner durch sein Reden zu bannen sowie Fantasien zu wecken.
Betrachtet man den Text in seinem historischen Kontext, so ergibt sich eine weitere Aussageabsicht. Klabund lebte von 1890 bis 1928 und schrieb die Geschichte 1916, also inmitten des Ersten Weltkrieges. Anfangs schildert er realistisch den Fronturlaub eines Fliegerunteroffiziers, der in seiner Heimat wohlwollend, aufgeregt und mit großem Interesse erwartet wird. Eine regelrechte Idylle mit „Kirschbäumen“ (Z. 5), „Schweinefleisch“ (Z. 13) und „Most“ (Z. 14) zum Sieben-Gänge-Menü und einem Spielzeug, einem aufziehbaren Elefanten (vgl. Z. 22 f.), wird beschrieben. An keiner Stelle werden Kriegserlebnisse erfragt bzw. erzählt, obwohl Georg Henschke ja direkt aus dem Krieg kommt (vgl. Z. 2). Dadurch wirkt das ganze Geschehen **surreal**. Zum Schluss steigert sich das Ganze durch die Darstellung des Abhebens noch ins **Groteske**.

**Schluss**

Zwar steht im Zentrum des Geschehens ein Fliegerunteroffizier, wie der Titel vermuten ließ, aber das reale historische Umfeld wird völlig ausgeblendet. Nur das Wort „Krieg“ zu Beginn des Textes gibt einen knappen Hinweis auf die außerhalb des Dorfes stattfindenden Ereignisse. Im Übrigen wird der Protagonist nur als Lichtgestalt gesehen, weil er „fliegen“ kann. Was er im Krieg tut, interessiert nicht. Man will nur wissen, wie das Fliegen so ist. Aber vielleicht ist es gerade diese Einseitigkeit, die den Leser dazu anregt, über den Text nachzudenken. Auf diese Weise kann die Kurzgeschichte „Der Flieger“ dazu dienen, dem Leser deutlich zu machen, dass der Erste Weltkrieg von Teilen der Zivilbevölkerung nicht als das erkannt wurde, was er wirklich war: Zerstörung, Leid und Verlust moralischer Werte. Auch in Zeiten von Cyberwar und Drohneneinsatz sollte dieser Aspekt des Krieges stets im Gedächtnis bleiben, denn Krieg bedeutet immer noch, dass Zivilisten neben den Soldaten die Leidtragenden sind.

**Grundkurs Deutsch (Sachsen): Abiturprüfung 2012**
**Aufgabe 3: Literarische Erörterung**

**Thema: Dieter Lenzen: Vater (1997)**
**Günter Grass: Im Krebsgang (2002) (ohne Text)**

## Dieter Lenzen[1]: Vater

Zu den elementaren Beziehungen jedes Menschen gehört die Beziehung zu seinem Vater. Jeder Mensch hat einen Vater. Dieses ist so lange eine universelle Tatsache, wie die Erzeugung von Menschen durch Genmanipulation noch nicht faktisch vollzogen wurde. Die Tatsache, daß jeder Mensch einen Vater hat, bedeutet noch nicht, daß jeder Mensch auch eine Beziehung zu seinem Vater besitzt. So kann der Vater aus vielfältigen Gründen (Tod, Trennung der Eltern usw.) abwesend sein. Eine solche Abwesenheit ist ein wachsendes Charakteristikum von Vaterschaft in den westlichen Gesellschaften des 20. Jahrhunderts geworden, weil einerseits Väter in nie gekanntem Maßstab durch Kriegseinwirkung ihr Leben verloren haben, und andererseits, weil der Zerfall der Familien ein besonderes Charakteristikum des Verlusts gemeinsamer, orientierender Weltanschauungen ist, die die Wahrnehmung von Vaterfunktionen zu ihren Grundwerten zählten.
Die Betrachtung dieser Situation zeigt, daß Vaterschaft differenziert werden muß. Wenn vom „Vater" die Rede ist, dann kann damit zum einen seine Rolle als „Genitor", als Erzeuger eines Kindes, gemeint sein. Dieser Begriff hebt auf die reproduktive Rolle des Vaters vor der Geburt (ante partum) ab. Ebenso bezeichnet „Vater" aber auch eine Funktion nach der Geburt (post partum). Sie umfasst im wesentlichen drei Grundfunktionen, die teilweise auch in der Etymologie des indogermanischen Verbstamms *pa* enthalten sind: Nähren, Schützen, Zeigen.
[...]

*Aus: Vom Menschen. Handbuch Historische Anthropologie. Hg. Christoph Wulf. Weinheim und Basel: Beltz Verlag 1997, S. 334*

1 Dieter Lenzen: Professor für Erziehungswissenschaft, Interdisziplinäres Zentrum für Historische Anthropologie an der Freien Universität Berlin

## Günter Grass (*1927): Im Krebsgang (2002) (ohne Text)

### Figurenverzeichnis

| | |
|---|---|
| Paul Pokriefke | Journalist, Ich-Erzähler |
| Konrad Pokriefke, auch Konny | Sohn Paul Pokriefkes |
| Tulla Pokriefke | Mutter Paul Pokriefkes |
| Gabi Pokriefke | geschiedene Ehefrau Paul Pokriefkes |
| Rosi | Freundin Konrad Pokriefkes |
| Tante Jenny | Freundin Tulla Pokriefkes |
| Wolfgang Stremplin – online Jude David | zunächst Konrads Chat-Partner, später dessen Opfer |
| David Frankfurter | Jude, Medizinstudent, bekannt durch das Attentat auf Wilhelm Gustloff |
| Wilhelm Gustloff | Landesgruppenleiter der NSDAP-Auslandsorganisation in der Schweiz, getötet durch das Attentat D. Frankfurters |
| Alexander Marinesko | sowjetischer U-Bootkommandant |

**Arbeitsanweisung:**
Erörtern Sie die Gestaltung der Figur Paul Pokriefke in ihrer Rolle als Vater und Sohn auf der Grundlage des Textauszuges von Dieter Lenzen.

---

## Lösungsvorschlag

*Grundlage für die Bearbeitung dieser Aufgabe ist die Analyse eines Sachtextes, wobei Sie den Inhalt und den Aufbau dieses Textes von Dieter Lenzen zuerst wiedergeben. Anschließend setzen Sie wesentliche inhaltliche Aussagen des Artikels in Beziehung zur Figur Paul Pokriefke. Dazu müssen Sie über gesicherte Werkkenntnisse von Günter Grass' Novelle „Im Krebsgang" verfügen, damit Sie überprüfen können, inwieweit die Inhalte des Sachtextes für Paul Pokriefke zum einen als Sohn und zum anderen als Vaterfigur in der Novelle gelten. Kompetenzen im Erörtern sind Grundlage für die Bearbeitung dieser Aufgabe. Ein kurzes Resümee kann den Abschluss der Darstellung bilden.*

### Einstieg über aktuelle Bezüge des Themas

In unserer Gesellschaft spielt das Thema „Vaterschaft" heutzutage eine große Rolle. Nicht nur innerhalb der Familie ist es bedeutsam. Anfechtungen von Vaterschaft erregen mediales Aufsehen, Gerichte werden bemüht, wenn es darum geht, herauszufinden, wer der richtige Vater eines Kindes ist. Im Zentrum solcher Ereignisse steht meist die Frage nach dem Unterhalt. Zur Vaterschaft gehören aber nicht nur finanzielle Aspekte. Dass es auch tiefer gehende Gesichtspunkte gibt, die für das Leben eines Kindes ausschlaggebend sein können, zeigen u. a. die pädagogischen Auseinandersetzungen sowie die Gestaltung des Themas in der Literatur.

### Analyse des Textauszuges

Dieter Lenzen, Professor für Erziehungswissenschaft, äußert sich in „Vom Menschen. Handbuch Historische Anthropologie" zum Thema Vaterschaft. Diese ist für ihn ein elementares biologisches und soziales Grundverhältnis des Menschen und „eine universelle Tatsache" (Z. 2). Er schränkt aber ein, dass diese Tatsache, dass jeder Mensch einen Vater habe, nicht bedeute, dass jeder Mensch auch eine Beziehung zum Vater besitze (vgl. Z. 4 f.). Lenzen nennt verschiedene Gründe für die Abwesenheit des Vaters (Z. 6) und stellt die Vaterlosigkeit als Charakteristikum der westlichen Gesellschaften im 20. Jahrhundert dar (vgl. Z. 7 f.). Als wesentliche Ursachen führt er „Kriegseinwirkung" (Z. 8 f.) an und den „Zerfall der Familien" (Z. 9), der gleichzeitig zum Verlust gemeinsamer Wertvorstellungen führe. Daraus resultiere das Fehlen der „Wahrnehmung von Vaterfunktionen" (Z. 11) und somit wichtiger Grundwerte menschlicher Beziehungen.
Schließlich differenziert Lenzen den Begriff der Vaterschaft, indem er dem Vater zum einen eine Rolle als „Erzeuger eines Kindes" (Z. 13 f.), zum anderen „eine Funktion nach der Geburt" (Z. 15 f.) zuweist. Diese Funktion umfasse hauptsächlich drei Grundfunktionen, nämlich „Nähren, Schützen, Zeigen" (Z. 18).

### Die Novelle „Im Krebsgang" von Günter Grass

Günter Grass' Novelle „Im Krebsgang" erschien 2002 und thematisiert Flucht und Vertreibung am Ende des Zweiten Weltkrieges am Beispiel des Untergangs der „Wilhelm Gustloff" und leitet aus der gesellschaftlichen Verdrängung dieses Flüchtlingsdramas das Weiterleben von Rechtsradikalismus und Antisemitismus in Deutschland ab.
Geschildert wird die Geschichte vom **Ich-Erzähler Paul Pokriefke**, einem Journalisten, der im Internet auf einer rechtsradikalen Seite viele Informationen über den Nationalsozialisten Wilhelm Gustloff entdeckt. Das bringt ihn dazu, sich mit dem Untergang des Schiffs gleichen

Namens am 30. Januar 1945 zu beschäftigen und damit auch mit seiner eigenen Vergangenheit. Denn Paul Pokriefke wurde in jener Nacht des Untergangs der „Wilhelm Gustloff“ auf der Flucht aus Pommern geboren. Die immer wiederkehrenden Schilderungen seiner Mutter Tulla über die Unglücksnacht will er nicht hören. Für Paul ist sein Geburtsdatum ein an ihm haftender Makel. Erschrocken stellt er schließlich fest, dass der Betreiber der rechtsradikalen Website „www.blutzeuge.de“ sein eigener Sohn Konrad Pokriefke ist.

**Pauls Vaterlosigkeit**

Paul Pokriefkes prägende biografische Erfahrung ist die „**Vaterlosigkeit**“. Zwar hat er einen Erzeuger, aber er kennt ihn nicht, weiß nicht einmal dessen Namen. Denn seine Mutter präsentiert ihm immer wieder neue Varianten. Unter anderem spricht Tulla von einem Cousin, einem Luftwaffenhelfer und einem Feldwebel, die Pauls biologischer Vater sein könnten. Paul leidet unter dieser Unklarheit, kann seine eigene Identität dadurch nicht richtig entwickeln. Eine intakte Familie lernt er nie kennen. Dazu kommt die Ungewissheit über die Umstände seiner Geburt, da er nur die Version seiner Mutter kennt, die behauptet, er sei just in dem Moment auf die Welt gekommen, als die „Gustloff“ unterging. Paul glaubt ihr das nicht.
Vordergründig sieht es so aus, als sei Pauls Vaterlosigkeit eine Folge der Kriegswirkung, wie von Lenzen als ein typischer Grund für die Abwesenheit von Vätern im 20. Jahrhundert benannt. Aber Paul weiß überhaupt nichts über seinen Vater, kann also nicht einmal in seinem Kopf eine Beziehung zu ihm aufbauen, ihn sich vorstellen. Seine Mutter Tulla will ihren Sohn benutzen. Er soll aufschreiben, wie es gewesen ist an diesem geschichtsträchtigen 30. Januar 1945, Paul soll von der Katastrophe künden. Da Tulla zu den Überlebenden zählt, wird auch sie zu einer Art Auserwählten. Daran kann sie sich festhalten. Ihr gelingt es auch gut, sich als Parteigenossin in neue Verhältnisse zu integrieren, ihrem Sohn nicht. Für Paul resultieren Heimat- und Orientierungslosigkeit aus den Geschehnissen und der Unklarheit darüber. Er wächst zwar in Schwerin auf, wird aber später die DDR verlassen. Prägender Charakterzug Pauls ist sein Bestreben, jede echte Bindung zu vermeiden. Er selbst beschreibt sich als Versager, der den privaten Anforderungen und denen des Berufes nicht gewachsen war. Stets führt er die Umstände seiner Geburt als Begründung dafür an.
Sicher ist dies eine Last, die er trägt, aber neben dem Einfluss seiner Mutter spielt auch Pauls eigene Einstellung eine nicht unerhebliche Rolle. Er verweigert über viele Jahre die Auseinandersetzung mit seiner Herkunft und den Ansprüchen seiner Mutter.

**Paul als Vaterfigur**

Zur Auseinandersetzung mit seiner eigenen Vergangenheit wird er erst gezwungen, als er erkennt, dass sein eigener Sohn rechtsradikal geworden ist und im Internet verquere Ansichten zum Untergang der „Wilhelm Gustloff“ äußert. Nun stellt Paul auch Überlegungen zu seiner eigenen **Vaterrolle** an. Seinem Sohn Konny nützt es wenig, dass er seinen Vater kennt. Seine Eltern leben getrennt, eine intakte Familie lernt auch er nicht kennen. Für ihn ist Paul sein Erzeuger, aber er entwickelte keine echte Beziehung zu ihm. Eine wesentliche Ursache dafür ist in Paul selbst zu sehen. Er kann kein richtiger Vater sein, weil er nie einen Vater in dieser „Funktion nach der Geburt“, wie Lenzen (Z. 15 f.) schreibt, wahrgenommen hat. Seinen Sohn Konrad sieht er nur besuchsweise, das Verhältnis zwischen beiden ist gestört. In diese Lücke, nämlich die **fehlende Wahrnehmung von Vaterfunktion** (vgl. Lenzen, Z. 11) springt die Großmutter Konrads. Sie ist es auch, die der Enkel nach dem Mauerfall zuerst besuchen will und die aus Konny etwas Großes machen will. Dabei hat sie einen fatalen Einfluss auf ihren Enkelsohn, dem die Lehrer u. a. ein vergangenheitsbezogenes Denken bescheinigen. Und eben weil zwischen Paul und Konrad keine Kommunikation stattfindet, die Tullas Ansichten hätte korrigieren können, nutzt Konny das Internet als Kommunikationsersatz. Er wählt sich lieber den „Blutzeugen“ als imaginäres Vorbild, als sich an seinem Vater zu orientieren. Beide, Paul und Konny, suchen sich „**Ersatzväter**“. Paul sieht seinen wohl im „Alten“, seinem einstigen Lehrer und Mentor, einer Autoritätsperson. Konny dagegen versucht, die Vaterlosigkeit durch die Figur Wilhelm Gustloff zu kompensieren.

**Abschließende Gedanken**

„Nähren, Schützen, Zeigen" (Z. 18) machen gemäß Lenzen die Funktion des Vaters nach der Geburt aus. Im 20. Jahrhundert ist zur Nahrungssicherung der Vater nicht mehr absolut notwendig. Frauen waren v. a. nach dem Zweiten Weltkrieg, auch notgedrungen, und sind heute in der Lage, ihre Kinder zu ernähren. Sie können sie auch vor Gefahren schützen, aber nicht umfänglich. Um selbstbewusst und selbstständig zu werden, braucht der Heranwachsende beide Elternteile, denn die männliche Lebenswelt kann eben nur vom Vater gezeigt werden.

Eine Abwesenheit des Vaters – aus welchen Gründen auch immer – führt, v. a. bei Söhnen, zur Suche nach einer Ersatzfigur, die für die Orientierung des Betroffenen äußerst wichtig ist. Es kann allerdings passieren, dass falsche Vorbilder, im Falle Konnys faschistische, die Stelle des eigentlichen Vaters einnehmen. Für Konrad Pokriefke ist es schwierig, historische Fakten kritisch zu hinterfragen, da ihm die steuernde Instanz des Vaters fehlt. Aber Paul Pokriefke ist selbst auch nicht in der Lage, die geschichtlichen Ereignisse aus nationalsozialistischer Zeit umfassend zu reflektieren. Für ihn sind die Umstände seiner Geburt stets ein Schild, hinter dem er sich verstecken kann.

Günter Grass beschreibt in seiner Novelle die fatalen Folgen von Vaterlosigkeit. Im weitesten Sinne sind Kriegseinwirkung und der Zerfall der Familie, wie Lenzen meint (vgl. Z. 8 ff.), auch hier Gründe für den Verlust gemeinsamer Wertvorstellungen.

Letztlich kommt es wohl darauf an, dass Kinder weibliche und männliche Werte vorgelebt bekommen. Letztere müssen nicht zwingend durch den „richtigen" Vater, also den Erzeuger des Kindes, vermittelt werden. Um ein Abgleiten auf die falsche Bahn zu vermeiden, ist es aber unumgänglich, dass jemand die Rolle des Vaters nach der Geburt einnimmt, das Kind nährt, schützt und ihm einiges zeigt, damit dieses ein selbstbestimmtes Leben führen kann.

## Leistungskurs Deutsch (Sachsen): Abiturprüfung 2012
## Aufgabe 1: Interpretation lyrischer Texte

**Thema: Rainer Maria Rilke (1875–1926): Kindheit (1906)**
**Friedrich Hölderlin (1770–1843): [Da ich ein Knabe war ...]* (ca. 1797/98)**

* vom Autor ohne Titel veröffentlicht

### Rainer Maria Rilke: Kindheit

Es wäre gut viel nachzudenken, um
von so Verlornem etwas auszusagen,
von jenen langen Kindheit-Nachmittagen,
die so nie wiederkamen – und warum?

Noch mahnt es uns –: vielleicht in einem Regnen,
aber wir wissen nicht mehr was das soll;
nie wieder war das Leben von Begegnen,
von Wiedersehn und Weitergehn so voll

wie damals, da uns nichts geschah als nur
was einem Ding geschieht und einem Tiere:
da lebten wir, wie Menschliches, das Ihre
und wurden bis zum Rande voll Figur.

Und wurden so vereinsamt wie ein Hirt
und so mit großen Fernen überladen
und wie von weit berufen und berührt
und langsam wie ein langer neuer Faden
in jene Bilder-Folgen eingeführt,
in welchen nun zu dauern uns verwirrt.

*Aus: Rilke, Rainer Maria: Werke in drei Bänden. Bd. 1.*
*Frankfurt am Main und Leipzig: Insel Verlag 1991, S. 266 f.*

**Friedrich Hölderlin**

Da ich ein Knabe war,
Rettet' ein Gott mich oft
Vom Geschrei und der Rute der Menschen,
Da spielt ich sicher und gut
Mit den Blumen des Hains,
Und die Lüftchen des Himmels
Spielten mit mir.

Und wie du das Herz
Der Pflanzen erfreust,
Wenn sie entgegen dir
Die zarten Arme strecken,

So hast du mein Herz erfreut,
Vater Helios[1]! und wie Endymion[2]
War ich dein Liebling,
Heilige Luna[3]!

O all ihr treuen
Freundlichen Götter!
Daß ihr wüßtet,
Wie euch meine Seele geliebt!

Zwar damals rief ich noch nicht
Euch mit Namen, auch ihr
Nanntet mich nie, wie die Menschen sich nennen,
Als kennten sie sich.

Doch kannt ich euch besser,
Als ich je die Menschen gekannt,
Ich verstand die Stille des Äthers,
Der Menschen Worte verstand ich nie.

Mich erzog der Wohllaut
Des säuselnden Hains
Und lieben lernt ich
Unter den Blumen.

Im Arme der Götter wuchs ich groß.

*Aus: Hölderlins Werke in zwei Bänden. Berlin und Weimar: Aufbau-Verlag 1968, Bd. 1, S. 137f.*

1 Der griechische Sonnengott, auch allgemein als das Licht, der Himmel aufgefasst, wird von Hölderlin immer neben der „Mutter Erde" als Vater der Menschen, des Lebens überhaupt, bezeichnet.

2 ewig jugendlicher Liebhaber der Luna

3 die Göttin des Mondes, Schwester des Helios

**Arbeitsanweisung:**
Interpretieren Sie das Gedicht von Rainer Maria Rilke.
Vergleichen Sie es mit dem von Friedrich Hölderlin in Bezug auf die Gestaltung des Themas Kindheit.

## Lösungsvorschlag

*Bei der Bearbeitung dieser Aufgabe weisen Sie Verfahrenskenntnisse im Interpretieren und Vergleichen lyrischer Texte nach. Gemäß dem ersten Arbeitsauftrag interpretieren Sie zunächst Rainer Maria Rilkes Gedicht. Bei der Interpretation berücksichtigen Sie den Titel, die lyrische Situation sowie die künstlerische Gestaltung in ihrer jeweiligen Funktion. Aus der genauen Untersuchung des Textes, der Analyse, leiten Sie deutende und wertende Aussagen ab. Da das lyrische Werk des Dichters einen Ihrer Prüfungsschwerpunkte darstellt, wird erwartet, dass Sie biografisches Wissen über den Autor sinnstiftend einbeziehen.*
*Des Weiteren enthält die Aufgabenstellung den Operator „vergleichen". Es wird von Ihnen verlangt, dass Sie in Bezug auf die Gestaltung des Themas „Kindheit" geeignete Vergleichskriterien finden und diese auf beide Texte anwenden. Ihrer subjektiven Wahrnehmungs- und Wertungskompetenz sind keine Grenzen gesetzt, wenn sie textangemessen und logisch-schlüssig formuliert ist.*

### 1. Einleitung

Kindheit ist ein **häufig verwendetes Motiv** in der Kunst. Sie bezeichnet eine Stufe des menschlichen Alters, die trotz ihrer relativen Kürze wie kein anderer Lebensabschnitt geprägt ist von einer rasanten Entwicklung, welche das gesamte weitere Dasein entscheidend prägt.
Entsprechend thematisiert das 1906 von Rainer Maria Rilke verfasste Gedicht mit dem Titel „Kindheit" in vier Strophen, wie Kindheit erlebt wird und welche Auswirkungen diese Erfahrung auf das weitere Leben hat.

### 2. Textimmanente Interpretation im Zusammenspiel von Inhalt und sprachkünstlerischer Gestaltung

Der Dichter bedient sich traditioneller Strukturmittel: Fünfhebiger Jambus, wechselnde Kadenzen, Kreuzreim und umschließender Reim erzeugen eine Regelmäßigkeit, die auch den sich immer wiederholenden Prozess eines jeden Menschen vom Kind zum Erwachsenen widerspiegelt.
Ausgangspunkt ist die im Konjunktiv II geäußerte Überlegung des lyrischen Subjekts, dass es angeraten sei, das „Verlorne" (V. 2), etwas bisher Unausgesprochenes, zur Sprache zu bringen, es zu reflektieren, sich zu erinnern.
Es fordert nach einer durch einen Gedankenstrich (V. 4) angezeigten Denkpause auf, darüber nachzudenken, „warum" (V. 4) die scheinbar zeitlosen „langen Kindheit-Nachmittage" (V. 3) endgültig verloren sind. Die am Ende der ersten Strophe gestellte Frage nach den Ursachen dieses Verlusts wird in den folgenden drei Strophen beantwortet.
In einem Satz beschreiben die zweite und dritte Strophe die Kindheit als ein Element vergangener Lebenserfahrung. Das Strophenenjambement („so voll | wie damals", V. 8 f.) unterstützt die Zusammengehörigkeit der Strophen.
Mit der Verwendung des Personalpronomens in der 1. Person Plural wird die Erinnerung an die Kindheit nicht ausschließlich als individuelle Erfahrung, sondern als Bestandteil kollektiver Erfahrung bewertet. „Noch" (V. 5) sind die Tage der Kindheit spürbar, aber als unbestimmtes „es" (V. 5) rational nicht mehr fassbar.
Ein Gedankenstrich, ein Doppelpunkt und das sich anschließende Adverb „vielleicht" (V. 5) verweisen darauf, dass auch die passende Formulierung für dieses Kindheitserleben nicht mehr so ohne Weiteres, höchstens noch „in einem Regnen" (V. 5), zu finden ist, wie die Regentropfen, die sacht herniederfallen und von der Erde aufgenommen werden.
Doch weiß das lyrische Ich nicht mehr, „was das soll" (V. 6), kann also nicht mehr sehr viel damit anfangen, wie sich die Zeiten gewandelt haben. Es konstatiert lediglich den

Versuch, zu einem **Selbstverständnis** zu gelangen, das über Empfindungen und Ahnungen hinausgeht. Es erinnert sich fast euphorisch an eine Zeit, die wie kein anderer Lebensabschnitt ausgefüllt war „von Begegnen, von Wiedersehn und Weitergehn" (V. 7 f.), von Erfahrungen und Entdeckungen.

Die **Ursprünglichkeit der Lebensbedingungen,** die dieses Kind Kind sein ließen, garantierte die Freiheit von existenziellen Sorgen und Nöten. Da war nichts, wofür das Kind Verantwortung trug und auch über sich selbst und seine Umwelt reflektierte es nicht. Die Passivkonstruktion „da uns nichts geschah" (V. 9) unterstreicht diese kindliche Unbeschwertheit im Vergleich mit „einem Ding … und einem Tiere" (V. 10), die ebenso wenig selbstbestimmt, aber frei leben können.

Man lebte als Kind sein eigenes Leben und wurde „bis zum Rande voll Figur" (V. 12). Die Metapher versinnbildlicht das Reifen und die Persönlichkeitsentwicklung scheinbar bis zur Vollkommenheit, zur endgültigen Ausformung von Körper und Geist, ähnlich der Arbeit eines Künstlers, der eine Figur ausformt und das Rohmaterial zur Perfektion bringt.

Die vierte Strophe hebt sich nicht nur kompositorisch von den vorangegangenen ab, indem sie mit sechs Versen zwei Verse mehr aufzuweisen hat, sondern sie relativiert auch inhaltlich die Kindheitserlebnisse und zeigt deren Auswirkungen auf den erwachsenen Menschen.

Der Zusammenhang der unterschiedlichen Lebensabschnitte wird durch die syntaktische Konstruktion unterstützt: Die Anapher „und" verbindet die dritte und vierte Strophe und setzt sich in drei weiteren Versen fort. Auch die Passivkonstruktionen dauern an, allerdings erzeugen sie jetzt eher ein Gefühl der **Fremdbestimmtheit und Einsamkeit**.

In die gleiche Richtung weist auch die ambivalente Metapher vom vereinsamten Hirten (vgl. V. 13). Sie suggeriert einerseits das Heraustreten aus der Gemeinschaft, die gewonnene Erkenntnis und Weitsicht, andererseits betont der Vergleich aber auch das Alleinsein in einer sich ständig verändernden und erweiternden Umwelt.

Die Determination von außen setzt sich in den Wortgruppen „mit großen Fernen überladen" (V. 14) und „von weit berufen" (V. 15) fort. Das lyrische Ich weiß also möglicherweise nicht, wo es hin soll. Auch der „lange neue Faden" (V. 16) versinnbildlicht den Einfluss von außen, wie bei einer Marionette, die von einem anderen bewegt und gelenkt wird.

„[L]angsam" (V. 16) wird das lyrische Ich fremdbestimmt in „jene Bilder-Folgen eingeführt" (V. 17), die sein Leben als Erwachsener künftig bestimmen werden, die im Gegensatz zur Vergänglichkeit der Kindheit „[an]dauern" (V. 18) werden und die es eher verunsichern und „verwirr[en]" (V. 18), als in der Suche nach dem Lebenssinn und der eigenen Identität unterstützen.

Demnach prägen die Einflüsse der Kindheit also wesentlich das Erleben des Erwachsenen; die Erinnerung an diesen ersten Lebensabschnitt ist notwendig zur Lebensbewältigung, ein Garant für ein selbstbestimmtes Leben scheint sie nicht zu sein. Der Mensch bleibt ständig auf der **Suche nach der eigenen Identität**, nach dem Sinn seines Lebens bzw. des Lebens überhaupt. Das im Vers 12 angesprochene „Figur-Werden" lässt den Menschen zwar zu einer neuen Qualität gelangen, jedoch erfolgt dieser Prozess nicht verlustfrei. Infolgedessen kann er auch die anfangs zum Ausdruck gebrachte Unsicherheit bezüglich des Lebenssinns nicht beseitigen.

Der Mut, sich dem Nachdenken-Wollen, der Reflexion und dem Erinnern zu stellen, eröffnet allerdings eine entscheidende Möglichkeit, die dauerhaften Verwirrungen im Leben auszuhalten.

**3. Biografischer Bezug zu Rainer Maria Rilke**

Der österreichische Dichter, in Prag geboren und zeitlebens ein Getriebener, ständig auf Reisen, hatte eine konfliktgeladene Kindheit und Jugend.
Die Ehe der Eltern ging in die Brüche, das Verhältnis der Mutter zum Sohn war angespannt, der Vater wollte ihn zum Offizier ausbilden lassen. Der 15-Jährige bricht jedoch mit dem Drill der Militärschule. Auf der **Sinnsuche** nach seinem Lebensinhalt gelangt er zur Dichtung: „Wer spricht von Siegen? Überstehn ist alles", lautet der Schlusssatz von Rilkes Gedicht „Requiem" (1908), der sein eigenes Lebens berührt und sich im Gedicht „Kindheit" widerspiegelt.

**4. Vergleich mit Hölderlins Gedicht**

Friedrich Hölderlin, der von 1770 bis 1843 lebte, gilt als Lyriker zwischen Weimarer Klassik und Romantik. Seine Sprachform wurde auch zum Vorbild für Rainer Maria Rilke.
Das zum Vergleich vorliegende Gedicht von 1797/98 trägt keinen Titel, aber der erste Vers: „Da ich ein Knabe war" verweist ebenso wie Rilkes Gedicht auf das Thema „Kindheit" aus dem Blickwinkel des Erwachsenen. Zugleich suggeriert dieser Vers einen Bezug zu Johann Wolfgang von Goethes Sturm-und-Drang-Hymne „Prometheus": „Da ich ein Knabe war …".
Das lyrische Subjekt reflektiert in Hölderlins 8-strophigem, reimlosem Gedicht einen Lebensabschnitt, der vergangen ist, aber eben noch nachwirkt. Es bringt zum Ausdruck, dass es als Kind häufig „[v]om Geschrei und der Rute der Menschen" (V. 3) verunsichert wurde und dass es deren Worte nie verstand (vgl. V. 27). Hölderlins Auffassung zeigt sich bei Rilke in einer Sprachskepsis, die er in einem Gedicht von 1898 zum Ausdruck bringt: „Ich fürchte mich so vor der Menschen Wort." Das lyrische Subjekt in Hölderlins Gedicht lehnt jegliche Beziehungen zwischen den Menschen als unecht ab: „wie die Menschen sich nennen, [a]ls kennten sie sich." (V. 22 f.).
Bei Rilke findet sich diese Distanz wieder in der Flucht in die Einsamkeit („Und wurden so vereinsamt wie ein Hirt", V. 13) und dem Bewusstsein der marionettenhaften Fremdbestimmung („wie ein langer neuer Faden … eingeführt", V. 16 f.).
Während in Rilkes Gedicht die Aufforderung im Fokus steht, man müsse sich an die Kindheit erinnern, um zumindest die Möglichkeit zu haben, das Prägende zu erfahren, führt Hölderlins Darstellung von der Verständnislosigkeit der Menschen das lyrische Ich in eine idealisierte Ersatzwelt. Es sucht (und findet) seinen **Kraftquell in der Mythologie und der Natur**. Bei Rilke sind die Metaphern ambivalent (vgl. die Bilder von der Figur, dem Hirten oder dem langen Faden). Hölderlin hingegen benennt nicht nur die grobe Menschenwelt konkret als „Geschrei" (V. 3), sondern er findet auch für die **Parallelwelt**, für die Geborgenheit in Gott und Natur, leichter fassbare Bilder.
Es reflektiert das kindliche Spiel „[m]it den Blumen des Hains" (V. 5), die Freude an den Pflanzen, „[w]enn sie entgegen dir [d]ie zarten Arme strecken" (V. 10 f.) und gelangt über diese Erfahrungen zu einer **pantheistischen Weltauffassung.**
Im Gegensatz zu Rilke, der keinen expliziten religiösen Bezug herstellt, geben bei Hölderlin Naturbilder und Bezeichnungen aus der griechischen Mythologie das innige Verhältnis zu den Göttern wieder. „Vater Helios" (V. 13), die „Heilige Luna" (V. 15) und „all [die] treuen [f]reundlichen Götter" (V. 16 f.) fangen das lyrische Ich auf, lassen es Ruhe und Geborgenheit empfinden. Das Personalpronomen „du" (V. 8, 12) und Verben wie „retten" (V. 2), „erfreuen" (V. 12) oder „lieben" (V. 30) unterstreichen die innige Verbundenheit. **Die gehobene Wortwahl** wirkt auch in der Verwendung der Adjektive und Adverbien (vgl. „zarten", V. 11; „treuen", V. 16; „[f]reundlichen", V. 17; „säuselnden", V. 29) harmonisch-schwärmerisch. Feierlichkeit und Ruhe, die das lyrische Ich außerhalb der Alltagswelt empfindet, werden zudem durch das Versmaß des Daktylus erzielt.

Rilkes Sinnsuche lässt das lyrische Ich trotz der Reflexion der Kindheit „verwirrt“ (V. 18) zurück. Das lyrische Subjekt bei Hölderlin betrachtet die Kindheit als einen paradiesischen Urzustand und geht, abgekehrt von der Wirklichkeit, offenbar gestärkt aus diesem Erinnerungsprozess hervor: „Im Arme der Götter wuchs ich groß“ (V. 32).

**5. Schluss: Literaturhistorische Betrachtung**

Hölderlins Gedicht steht als Beispiel einer **Idealdichtung**, die die Einheit des Individuums mit Gott und Natur in den Fokus rückt. Mit einer erhabenen Wortwahl und seinem Bezug zur antiken Mythologie beschwört er bewusst illusorisch klassische Motive.

Zur Entstehungszeit des Textes (1797/98) ist seine Rolle als Verkünder von Harmonie jedoch bereits ins Wanken geraten. Bei Goethe und Schiller findet er kaum Anerkennung. Hölderlin, der Schiller sehr verehrte, ist verbittert über die Ablehnung der Weimaraner, bleibt aber um seine dichterische Autonomie bemüht. Im vorliegenden Gedicht kommt diese Enttäuschung gegenüber den Menschen gut zum Ausdruck. Über einhundert Jahre später findet er in Rainer Maria Rilke einen glühenden Verehrer, was seine Sprachbilder und Ausdrucksformen betrifft. Angesichts der allgemeinen Sinnkrise, die das Lebensgefühl der Menschen um 1900 prägt, tritt an die Stelle der klassischen Idealisierung jedoch die totale Entfremdung sowie die Abkehr von allen bisherigen **Wertvorstellungen**.

**Leistungskurs Deutsch (Sachsen): Abiturprüfung 2012**
**Aufgabe 2: Gestaltende Interpretation**

**Thema: Friedrich Dürrenmatt (1921–1990): Der Besuch der alten Dame (1956)**

**Friedrich Dürrenmatt: Der Besuch der alten Dame**

Textausschnitt 1: 2. Akt

*(Das Städtchen, nur angedeutet. Im Hintergrund das Hotel zum Goldenen Apostel. Von außen. Verlotterte Jugendstilfassade. Balkon. Rechts eine Inschrift: Alfred Ill, Handlung. Darunter ein schmutziger Ladentisch, dahinter ein Regal mit alten Waren. Wenn jemand durch die fingierte Ladentüre kommt, ertönt eine dünne Glocke.)*

[…]

ILL Kommt die Mutter zum Frühstück?

DIE TOCHTER Sie bleibe oben. Sie sei müde.

ILL Eine gute Mutter habt ihr, Kinder. Ich muß es einmal sagen. Eine gute Mutter. Sie soll oben bleiben, sie soll sich schonen. Dann frühstücken wir miteinander. Das haben wir schon lange nicht getan. Ich stifte Eier und eine Büchse amerikanischen Schinken. Wir wollen es feudal haben. Wie in den guten Zeiten, als noch die Platz-an-der-Sonne-Hütte florierte.

DER SOHN Du musst mich entschuldigen. *(Er drückt die Zigarette aus.)*

ILL Du willst nicht mit uns essen, Karl?

DER SOHN Ich gehe zum Bahnhof. Ein Arbeiter ist krank. Die brauchen vielleicht Ersatz.

ILL Bahnarbeit in der prallen Sonne ist keine Beschäftigung für meinen Jungen.

DER SOHN Besser eine als keine. *(Er geht davon.)*

DIE TOCHTER *(steht auf)* Ich gehe auch, Vater.

ILL Du auch. Wohin denn, wenn ich das Fräulein Tochter fragen darf?

DIE TOCHTER Aufs Arbeitsamt. Vielleicht gibt es eine Stelle. *(Sie geht davon.)*

ILL *(gerührt, niest in sein Taschentuch)* Gute Kinder, brave Kinder.

[…]

Textausschnitt 2: 3. Akt

*(Im Vordergrund rechts wird Ills Laden sichtbar. Neue Inschrift. Neuer blitzender Ladentisch, neue Kasse, kostbarere Ware. Tritt jemand durch die fingierte Türe: pompöses Geklingel. Hinter dem Ladentisch Frau Ill.)*

[…]

FRAU ILL Wie geht's im Geschäft?

DER ERSTE Personal angeschafft.

FRAU ILL Stelle auch ein am Ersten.

[…]

DER ERSTE … Alles voll Journalisten.

DER ZWEITE Schnüffeln im Städtchen herum.

DER ERSTE Werden auch hier vorbeikommen.

FRAU ILL Wir sind einfache Leute, Herr Hofbauer. Bei uns suchen sie nichts.

DER ZWEITE Sie fragen alle aus.

DER ERSTE Eben interviewen sie den Pfarrer.

DER ZWEITE Der wird schweigen, hat immer ein Herz für uns arme Leute gehabt. Chesterfield.

FRAU ILL Aufschreiben?

DER ERSTE Aufschreiben. Ihr Mann, Frau Ill? Sah ihn lange nicht.

FRAU ILL Oben. Geht im Zimmer herum. Seit Tagen.

DER ERSTE Das schlechte Gewissen. Schlimm hat er's mit der armen Frau Zachanassian getrieben.

FRAU ILL Ich leide auch darunter.

DER ZWEITE Ein Mädchen ins Unglück stürzen. Pfui Teufel. *(Entschlossen)* Frau Ill, ich hoffe, daß Ihr Mann nicht schwatzt, wenn die Journalisten kommen.

FRAU ILL Aber nein.

DER ERSTE Bei seinem Charakter.

FRAU ILL Ich habe es schwer, Herr Hofbauer.

DER ERSTE Wenn er Klara bloßstellen will, Lügen erzählen, sie hätte was auf seinen Tod geboten oder so, was doch nur ein Ausdruck des namenlosen Leids gewesen ist, m ü s s e n wir einschreiten.

DER ZWEITE Nicht wegen der Milliarde.

DER ERSTE Aus Volkszorn. Die brave Frau Zachanassian hat, weiß Gott, genug seinetwegen durchgemacht. *(Er schaut sich um.)* Geht's hier in die Wohnung hinauf?

FRAU ILL Der einzige Aufgang. Unpraktisch. Aber im Frühling bauen wir um.

Textausschnitt 3: 3. Akt

*(Die Familie kommt wieder. Ill schaut sich wie träumend im Laden um.)*

ILL Alles neu. Modern wie dies jetzt bei uns aussieht. Sauber, appetitlich. So ein Laden war immer mein Traum. *(Er nimmt der Tochter den Tennisschläger aus der Hand).* Du spielst Tennis?

DIE TOCHTER Habe einige Stunden genommen.

ILL Morgens früh, nicht wahr? Statt aufs Arbeitsamt zu gehen?

DIE TOCHTER Alle spielen Tennis von meinen Freundinnen.

*(Schweigen.)*

ILL Ich habe dich in einem Wagen gesehen, Karl, vom Zimmer aus.

DER SOHN Nur ein Opel Olympia, die sind nicht so teuer.

ILL Wann lerntest du fahren?

*(Schweigen.)*

Statt Arbeit zu suchen beim Bahnhof in der prallen Sonne?

DER SOHN Manchmal. (…)

ILL Ich suchte meine Sonntagskleider. Dabei fand ich einen Pelzmantel.

FRAU ILL Zur Ansicht.

*(Schweigen.)*

Alle machen Schulden, Fredi. Nur du bist hysterisch. Deine Furcht ist einfach lächerlich. Es ist doch klar, daß sich die Sache friedlich arrangiert, ohne daß dir auch nur ein Haar gekrümmt wird. Klärchen geht nicht aufs Ganze, ich kenne es, da hat es ein zu gutes Herz.

DIE TOCHTER Bestimmt, Vater.

DER SOHN Das musst du doch einsehen.

*(Schweigen.)*

ILL *(langsam)* Es ist Sonnabend. Ich möchte mit deinem Wagen fahren, Karl, ein einziges Mal.

Mit u n s e r e m Wagen.

DER SOHN *(unsicher)* Du willst?

ILL Zieht eure guten Kleider an. Wir wollen miteinander fahren.

Frau Ill *(unsicher)* Ich soll auch mitfahren? Das schickt sich doch nicht.

Ill Warum soll sich das nicht schicken? Zieh deinen Pelzmantel an, da wird er eingeweiht bei dieser Gelegenheit. Ich mache unterdessen die Kasse.

[…]

*(Der Laden verschwindet. Der Sohn stellt vier Stühle auf die leere Fläche.)*

Ill Ein schöner Wagen. Ein ganzes Leben lang mühte ich mich ab, es zu einem kleinen Vermögen zu bringen, zu etwas Bequemlichkeit, zu einem solchen Auto eben zum Beispiel, und nun, wie es soweit ist, möchte ich doch wissen, wie man sich fühlt dabei. Du kommst mit mir nach hinten, Mathilde, und Ottilie sitzt neben Karl.

*(Sie setzen sich auf die Stühle, markieren Autofahren.)*

Der Sohn Hundertzwanzig kann ich fahren.

Ill Nicht so schnell. Ich will die Gegend sehen, das Städtchen, wo ich lebte, fast siebzig Jahre. Sauber die alten Gassen, vieles schon renoviert. Ein grauer Rauch über den Kaminen und Geranien vor den Fenstern, Sonnenblumen, Rosen in den Gärten beim Goethetor, Kinderlachen, Liebespaare überall. Modern dieser Neubau am Brahmsplatz.

Frau Ill Der Kaffee-Hodel läßt bauen.

Die Tochter Der Arzt mit seinem Mercedes 300.

Ill Die Ebene, die Hügel dahinter, heute wie vergoldet. Gewaltig die Schatten, in die wir tauchen, und dann wieder das Licht. Wie Riesen die Krane der Wagnerwerke am Horizont und die Schlote von Bockmann.

Der Sohn Die Stadt will sie kaufen.

Ill Wie?

Der Sohn *(lauter)* Die Stadt will sie kaufen. *(Er tutet.)*

Frau Ill Komische Fahrzeuge.

Der Sohn Messerschmidts. Jeder Lehrling muß so etwas anschaffen.

Die Tochter C'est terrible.

Frau Ill Ottilie nimmt einen Fortbildungskurs in Französisch und Englisch.

Ill Praktisch. Küblers Schnapspinte. War schon lange nicht mehr draußen.

Der Sohn Wird ein Freßlokal.

Ill Du mußt lauter reden bei dem Tempo.

Der Sohn *(lauter)* Wird ein Freßlokal. Natürlich Stocker. Überholt mit seinem Buick alles.

Die Tochter Ein Neureicher.

Ill Fahr nun durch die Niederung von Pückenried. Am Moor vorbei und durch die Pappelallee um das Jagdschlößchen des Kurfürsten Hasso herum. Wolkenungetüme am Himmel, übereinandergetürmt wie im Sommer. Ein schönes Land, überschwemmt vom Abendlicht. Seh es heute wie zum ersten Mal.

[…]

Ill Halt an unter diesen Bäumen.

Der Sohn Bitte.

Frau Ill Was willst du denn?

Ill Durch den Wald gehen. *(Erhebt sich.)* Schön das Läuten der Glocken von Güllen her. Feierabend.

Der Sohn Vier Glocken. Erst jetzt tönt's gemütlich.

Ill Gelb alles, nun ist der Herbst auch wirklich da. Laub am Boden wie Haufen von Gold. *(Er stampft im Wald.)*

Der Sohn Wir warten unten bei der Güllenbrücke.

Ill Nicht nötig. Ich gehe durch den Wald ins Städtchen. Zur Gemeindeversammlung.

Frau Ill Dann fahren wir nach Kalberstadt, Fredi, und gehen ins Kino.

Die Tochter So long, Daddy.

Frau Ill Auf bald! Auf bald!

*In: Dürrenmatt, Friedrich: Der Besuch der alten Dame. © 1986 Diogenes Verlag AG Zürich*

**Figurenverzeichnis**

| | |
|---|---|
| Claire Zachanassian | die „alte Dame“, Multimilliardärin |
| Alfred Ill | Kramladenbesitzer |
| Mathilde Ill | seine Frau |
| Ottilie und Karl | seine Kinder |
| Der Bürgermeister, der Pfarrer, der Lehrer, der Arzt, der Polizist | Honoratioren von Güllen |

**Arbeitsanweisung:**

1. Beschreiben und bewerten Sie ausgehend von den vorliegenden Textauszügen die Entwicklung der Familie Ill.
2. Schreiben Sie einen Zeitungsartikel.
   *Gehen Sie dabei von folgender Situation aus: Versetzen Sie sich in einen Journalisten, der nach Alfred Ills Tod das Geschehen in Güllen weiterverfolgt. Grundlage Ihres Beitrags ist Ihr Besuch bei Alfred Ills Witwe und ihren Kindern und Ihr Interview dort. Anmerkung: Neben erzählenden, beschreibenden und berichtenden Passagen kann Ihr Text auch Auszüge aus dem Interview enthalten.*
3. Erläutern Sie wesentliche inhaltliche und sprachliche Entscheidungen bei der Gestaltung Ihres Artikels.

Die Aufgaben sind separat zu lösen.
Die Lösung der zweiten Aufgabe bildet den Schwerpunkt.
Beachten Sie, dass in der Prüfungsarbeit Hinweise auf Ihren Namen, Ihren Wohnort und Ihr Gymnasium unzulässig sind.

---

## Lösungsvorschlag

*Der Aufgabentyp des gestaltenden Interpretierens wird hier auf einen dramatischen Text angewandt. Die dafür übliche Dreier-Gliederung sollte aus ähnlichen Aufgaben bekannt sein. Zunächst geht es darum, einen eigenen Verständnishorizont für die angegebenen Textauszüge zu erarbeiten. Dabei ist es wichtig, diese Auszüge nicht isoliert, sondern in ihrem Zusammenhang miteinander und mit dem ganzen Drama zu betrachten. Eine kurze Inhaltszusammenfassung der Handlung erleichtert diese Darstellung. Beachten Sie, dass eine Nacherzählung der gegebenen Auszüge die Anforderungen nicht erfüllt.*
*Der 2. Teil bildet den Schwerpunkt der Gesamtaufgabe. Hier müssen die Erkenntnisse aus der 1. Teilaufgabe kreativ umgesetzt werden. Achten Sie bei der Planung Ihres Zeitungsartikels darauf, dass die vorgegebene Situation sehr verschiedene situative Anbindungen ermöglicht. Insbesondere der zeitliche Abstand zu den im Drama geschilderten Vorfällen ist von Bedeutung: Kurz nach Alfred Ills Tod werden Sie andere Ereignisse in den Blickpunkt der Presse rücken müssen als beispielsweise anlässlich eines Jubiläums (z. B. 1. Todestag). Ihre Darstellung sollte den Schreibanlass ebenso sichtbar werden lassen wie die Art des Printmediums, in dem der Beitrag erscheint. Für eine Boulevardzeitung werden Sie mit anderen stilistischen Mitteln arbeiten müssen als für die überregionale Qualitätspresse. Überraschungseffekte können Sie erzielen, wenn Sie mit den wenigen in der Prüfung verfügbaren Gestaltungsmitteln ein Layout für die Zeitungsseiten immerhin andeuten. Großschreibungen, Unterstreichungen, Hervorhebungen durch Sperrungen oder auch Raum für vorgesehene Fotos als Illustrationselemente beleben Ihren Beitrag und zeugen von Souveränität bei der Konzeption.*

*Diese Gestaltungsentscheidungen sichern Sie in der Teilaufgabe 3 noch einmal ab. Bedenken Sie, dass die Darstellung „wesentliche[r] inhaltliche[r] und sprachliche[r] Entscheidungen" sich nicht nur auf die Erläuterung von Anaphern, Metaphern u. Ä. beschränken sollte. Vielmehr überzeugen Sie durch die Einbeziehung von dramentheoretischen Kenntnissen zum Werk Dürrenmatts. Die Qualität – und Originalität – der inhaltlichen Entscheidungen wird natürlich auch von deren Stimmigkeit in Bezug auf Dürrenmatts Konzeption der Tragikomödie beeinflusst.*

## 1 Beschreibung und Bewertung der Entwicklung der Familie Ill

Friedrich Dürrenmatts Tragikomödie „Der Besuch der alten Dame" aus dem Jahr 1956 bringt ein Gemeinwesen auf die Bühne, dessen gemeines Wesen im Fortgang der Handlung immer deutlicher zutage tritt.

Dabei wird der Zuschauer im ersten Akt Zeuge des **unmoralischen Angebots** von Claire Zachanassian an die Gemeinde Güllen. Mit der in Aussicht gestellten Milliarde für den Tod von Alfred Ill, der sie geschwängert, verlassen und vor Gericht betrogen hatte, korrumpiert sie eine ganze Stadt. Das Stück zeigt in grotesker Überhöhung den **schleichenden Verfall humanistischer Werte unter dem Deckmantel der „Gerechtigkeit"**. Die Verlockungen von ökonomischer Sicherheit, ja sogar Luxus untergraben die Moral aller Beteiligten und lassen sie im Schlussbild die Wirklichkeit nach ihrer Fasson umdeuten: Nach Abfahrt der Gönnerin wollen sie ihren Wohlstand glücklich genießen …

Neben den „Honoratioren von Güllen", Vertretern der kommunalen Gremien (Bürgermeister, Lehrer, Pfarrer, Arzt, Polizist) hat Dürrenmatt auch die Familie Ill in den **Verfallsvorgang** einbezogen.

So erleben wir im 1. Textausschnitt (2. Akt) Alfred mit seinen beiden Kindern. Die Situation verdeutlicht eindringlich, dass ein echtes Familienleben nicht (mehr) stattfindet: Die Mutter mag (angeblich wegen Müdigkeit) ebenso wenig am Frühstück teilnehmen wie Tochter und Sohn. Sie bemühen sich – angeblich – beide um Arbeit. Der Sohn nimmt „Bahnarbeit in der prallen Sonne" (Z. 11) in Kauf, was Ill ebenso rührt wie Ottilies Gang aufs Arbeitsamt. „Gute Kinder, brave Kinder" (Z. 16), verkennt er die Situation. Die **Entfremdung** wird schon durch die Angabe der Figuren deutlich: Karl und Ottilie werden nur als „der Sohn" und „die Tochter" aufgeführt.

Dieses Aneinander-vorbei-Leben ist Ausdruck der Krise in der Stadt. Die guten Zeiten, „als noch die Platz-an-der-Sonne-Hütte florierte" (Z. 6 f.), sind vorbei, der Laden läuft schlecht, in den Regalen liegen alte Waren und der Verkaufstisch ist schmutzig (vgl. Regieanweisung zum 1. Textausschnitt).

Ein vollkommen anderes Bild bietet sich dem Zuschauer im 2. Textausschnitt (3. Akt). Die Regieanweisungen rücken den neuen Ladentisch, die neue Kasse und die „kostbarere Ware" in den Regalen in den Blickpunkt des Zuschauers. Aus der „dünne[n] Glocke" ist ein „pompöses Geklingel" geworden (Regieanweisung 2. Textausschnitt). Damit wird gezeigt, dass **der in Aussicht gestellte Wohlstand** durch das Geld der Zachanassian selbst im Kramladen der Ills bereits angekommen ist. Doch es ist ein Wohlstand auf Pump: Denn Ill lebt noch, er ist „oben" (Z. 33), in der Wohnung, wo er vermeintlich sicher ist. Aber der „Volkszorn" (Z. 46) ist ihm auf der Spur, die Bedrohung konkret („m ü s s e n wir einschreiten", Z. 44) und in seiner Frau hat er keine Unterstützung: „[I]m Frühling bauen wir um" (Z. 48). – Das Geld, das auf Ills Tod ausgesetzt ist, wird bereits fest eingeplant.

Der 3. Textausschnitt führt alle vier Familienmitglieder zusammen vor. Es ist die **Stunde der Wahrheit**. Ill verschließt nicht mehr die Augen vor seiner Situation, denn er hat seine Entscheidung bereits getroffen. So konfrontiert er Frau und Kinder mit den Anzeichen ihres Verrats: den Tennisstunden der Tochter, dem Opel Olympia des Sohns, dem Pelzmantel Mathildes. Er wertet dies nicht, sondern stellt nur fest. Auf einer letzten gemeinsamen Ausfahrt will er „die Gegend sehen, das Städtchen, wo ich lebte, fast siebzig Jah-

re“ (Z. 88 f.). Auffällig ist die Präteritumform, die dokumentiert, dass er mit seinem Leben abgeschlossen hat. So ist auch sein „Feierabend“ (Z. 120) zu verstehen.
Bei der Ausfahrt durch die Umgebung der Stadt werden die Zeichen der bevorstehenden Konjunktur von Ill ahnungsvoll wahrgenommen. Dieser Aufschwung bedeutet seinen Tod. Dazu gehören die „Krane der Wagnerwerke“ (Z. 96) ebenso wie „die Schlote von Bockmann“ (Z. 97), die „Messerschmidts“ (Z. 102) der Lehrlinge und Stockers „Buick“ (Z. 108) ebenso wie der Umbau von „Küblers Schnapspinte“ zu einem „Freßlokal“ (Z. 105 f.). Auf der **metaphorischen Ebene** stellt Ill fest, dass die Ebenen „heute wie vergoldet“ (Z. 95) sind und selbst das gelbe „Laub am Boden wie Haufen von Gold“ (Z. 122 f.) erscheint. Die Kehrseite dieser Schönheit ist sein **Abschied vom Leben**: „Gewaltig die Schatten, in die wir tauchen,“ (Z. 95 f.) und „Wolkenungetüme am Himmel“ (Z. 112 f.) sind unübersehbare Vorboten kommenden Unheils.
Und obwohl er seiner Familie abschließend mitteilt, dass er nun zur Gemeindeversammlung geht, ziehen sie den Kinobesuch in Kalberstadt vor. Dem unausweichlich gewordenen Schicksal des Familienvaters bringen sie nur Gleichgültigkeit entgegen.
Die Verweigerung von Mitgefühl und kommunikativem Beistand ist ein deutliches Symptom für die Auflösung aller sozialen Bindungen. **Jeder ist sich nur noch selbst der Nächste**.

## 2 „Mein Mann ist nicht umsonst gestorben!“

**Mathilde Ill (68),** im E X K L U S I V I N T E R V I E W für die ***KaTZ***

**Die Witwe des prominenten Verstorbenen bricht ihr Schweigen über die ominöse Milliarden-Spende**

Ein Bericht von Otto Graf Prochnow

*GÜLLEN.* Drei Wochen nach dem plötzlichen Tod des Güllener Bürgermeisterkandidaten Alfred Ill scheint ein Ende der Spekulationen um den unerwarteten Geldsegen für die Gemeinde in Sicht. Wegen des mehr als seltsamen Zusammentreffens von Gemeindeversammlung, Ills Ableben und Milliarden-Transfer waren in den letzten Wochen immer wieder Stimmen laut geworden, die eine unabhängige Klärung der Vorfälle forderten. Reporter der ***KaTZ*** hatten bereits seit Eintreffen von Claire Zachanassian im Umfeld der Milliardärin recherchiert, nun bekam unser Chefredakteur Otto Graf Prochnow die Möglichkeit, ein Exklusivinterview mit der Witwe des Verstorbenen zu führen.

***(Fortsetzung Seite 3)***

(die Fortsetzung auf Seite 3:)

## Bestechung und Verrat in ganz großem Stil

**Mathilde Ill** beantwortet Fragen für die ***KaTZ***
und rechnet ab mit Alfred, Claire und Güllen

Sie sieht mitgenommen aus, gezeichnet von den Aufregungen und Anstrengungen der letzten Wochen. Nicht nur der letzten Wochen wahrscheinlich; denn die herben Züge um Nase und Mund können sich unmöglich in den vergangenen drei Wochen ins Gesicht gegraben haben. Vielmehr scheinen die tiefen Falten und die schweren Tränensäcke auch Zeichen ihres entbehrungsreichen Lebens an der Seite Alfred Ills zu sein. Jahrzehntelange Aufopferung in den Diensten und Dünsten des kleinen Kramladens, den sie im Zentrum Güllens führten. Täglicher Kampf ums Überleben, vor allem in den letzten Jahren, als durch die Pleiten von Bockmann, den Wagner-Werken und der Platz-an-der-Sonne-Hütte die nachlassende Kaufkraft der Kunden deren Nachfrage hatte stetig sinken lassen. Die

Gesichtszüge der Mathilde Ill sagen mehr über die zerrütteten Verhältnisse in Güllen aus als die Konjunkturberichte der letzten Monate. Nun sei die Stunde der Abrechnung gekommen.

**KaTZ: Frau Ill, in den letzten Wochen ist viel über den Tod Ihres Gatten spekuliert worden. Insbesondere die zeitliche Nähe zur Milliardenspende Claire Zachanassians hat immer neue Fragen aufgeworfen. Sie wollen einige davon heute beantworten?**

ILL: *Ja, das erscheint mir notwendig angesichts der Verklärung, die in Bezug auf meinen Mann stattfindet. Er ist mitnichten der große Menschenfreund und großherzige Retter Güllens, wie er jetzt in allen Blättern gefeiert wird.*

**KaTZ: Verstehe ich Sie richtig? Sie wollen die Darstellung des teuren Toten relativieren?**

ILL: *Nicht nur relativieren, sondern korrigieren. Die Zeitungen und auch der Rundfunk behaupten, Alfred habe durch den Edelmut seines Betragens gegenüber seiner Jugendliebe es erst geschafft, dass diese nicht länger mit dem Ort ihrer Jugend hadere. Erst die Versöhnung der beiden Alt-Verliebten habe die Milliarden-Transaktion ermöglicht. Die Zachanassian sei von der fortdauernden Kraft der Liebe im Herzen Ills so beeindruckt gewesen, dass sie nun Abbitte leisten wollte wegen der Nichtachtung, mit der sie Güllen jahrzehntelang gestraft hatte.*

*In Wirklichkeit hatte sie sich sehr wohl mit uns hier beschäftigt. Sie wusste, was los ist in der Region, und sie hat lange darauf gewartet, ihr Geld hier hineinzupumpen. Aber sie hat erst die Bedingungen dafür schaffen müssen. Wir sollten erst am Boden sein, um ganz und gar zertreten zu werden.*

**KaTZ: Das klingt, als ob Sie Claire Zachanassian niedrige Motive unterstellen?**

ILL: *Das können Sie laut sagen. Oder wie würden Sie es bezeichnen, wenn Sie einer Gemeinde eine Milliarde in Aussicht stellen und Sie dafür ein Gemeindemitglied als Opfer fordern. Dessen Tod – eine Kopfprämie.*

**KaTZ: Mit anderen Worten: Sie bezichtigen Claire Zachanassian der Anstiftung zum Mord? Und Ihr Mann wäre demnach nicht an Freude gestorben, sondern als Opfer eines feigen Mordkomplotts?**

ILL: *Ich würde nicht so große Worte darum machen. Alfred als Opfer hinzustellen, liegt mir fern. Er war ein Waschlappen. Er hat seine Jugendliebe damals verraten und nun hat sie sich gerächt. Das passiert. Er hat mich wegen des Ladens genommen und mir zwei Kinder gemacht, die ihm wohl etwas bedeutet haben mögen. Aber er hat es nie zeigen können. Er wollte immer nur eine Rolle spielen. Deshalb ja auch die Bürgermeisterkandidatur. Mich hatte er dazu gar nicht gefragt gehabt. Und die Kläri eine Verbrecherin zu nennen – so weit würde ich auch nicht gehen wollen. Ich weiß nicht, ob sie unter Alfred so gelitten hat wie ich – aber ich kann sie verstehen, wenn sie da endlich einen Schlusspunkt dahinter setzen wollte.*

**KaTZ: Was glauben Sie, welche Konsequenzen Ihre offenen Worte haben werden? Sind Sie sich der Tragweite Ihrer Anschuldigungen für die Güllener bewusst?**

ILL: *Wissen Sie, ich habe die letzten Wochen über kaum etwas anderes nachgedacht. Mein Mann ist nicht umsonst gestorben. Güllen hat eine Milliarde dafür bekommen. Aber das gönne ich denen nicht. Sie haben es nicht verdient. Ich will, dass klar ist, wofür das Geld gezahlt wurde, damit Alfreds Tod vielleicht doch noch einen Sinn bekommt. Wenn er schon sonst zu nichts weiter gut war, soll wenigstens jetzt Klarheit geschaffen werden.*

**KaTZ: Vielen Dank.**

**3 Reflexion der Gestaltungsentscheidungen**

„Eine Geschichte ist dann zu Ende gedacht, wenn sie ihre schlimmstmögliche Wendung genommen hat." Diese These aus Dürrenmatts „21 Punkte zu den ‚Physikern'" kann, da sie zu den wichtigen **dramentheoretischen Überlegungen** des Autors zählt, mit einiger Berechtigung auch auf die **Tragikomödie** „Der Besuch der alten Dame" angewendet werden. Das Gleiche gilt für seine Aussage über das Theater, nach der es im 20. Jahrhundert keine Helden mehr geben kann, weil es – jedenfalls keine individuelle – Schuld mehr gibt. In der „Wurstelei [des] Jahrhunderts" trete vielmehr eine **Kollektivschuld** in Kraft, die letztlich zur Form der Tragikomödie führe.

Diesem Ansatz trägt der Lösungsvorschlag der Gestaltungsaufgabe Rechnung. Die Kalberstädter Tageszeitung ***(KaTZ)*** hat die Rechte für ein Exklusivinterview mit Alfred Ills Witwe erwerben können und bringt dieses nun auch auf den Seiten 1 und 3 leserwirksam zur Geltung. Als Aufmacher dient das Zitat aus dem Interview, das in seiner Doppeldeutigkeit (umsonst: d. h. ohne Kosten bzw. ohne Sinn) eine erste Lesersteuerung ermöglicht. Durch mehrfache Hinweise auf bereits vorliegende Berichterstattungen und die dabei noch ungeklärten Fragen wird dem Leser suggeriert, dass er dieses Interview unbedingt zur Kenntnis nehmen müsse, um nun volle Aufklärung zu erfahren („bricht ihr Schweigen über die ominöse Milliardenspende", „unabhängige Klärung der Vorfälle").

Indem Mathilde Ill nicht einmal durch den Tod ihres Mannes zur Besinnung kommt, wird die Geschichte durch das Interview zu ihrem **schlimmstmöglichen Ende** geführt. Durch die Veröffentlichung ihres Hintergrundwissens missachtet sie die stillschweigende Übereinkunft ihrer Kulturgemeinschaft, über Tote nur Positives auszusagen („Er war ein Waschlappen."), offenbart ihre eigenen Charakterzüge Neid, Missgunst und Habgier („Aber das gönne ich denen nicht.") sowie ihre intellektuelle Beschränktheit, wenn sie die Folgen ihres Handelns nicht abzuschätzen vermag (Schluss des Interviews). Andererseits ermöglicht diese Vorgehensweise aber auch die (paradox erscheinende) Schlussfolgerung, dass Alfreds Tod und Mathildes Schritt an die Öffentlichkeit nun vielleicht tatsächlich dazu führen könnten, dass das **(un)moralische Wertesystem Güllens** durch die Medien auf den Prüfstand gestellt – und verurteilt – wird.

Dass vom Chefredakteur selbst geführte **Interview** verdeutlicht den hohen Stellenwert, den die Kalberstädter Tageszeitung diesem Beitrag beimisst. Das Kürzel ***KaTZ*** assoziiert hochwertigen, überregionalen, investigativen Journalismus wie bei F.A.Z. oder taz, ist aber wegen der regionalen Eingeschränktheit auf den Kalberstädter Raum und die Anspielung auf die Redewendung „für die Katz'" auch ironisch zu deuten. Durch die Verschränkung von Wortfeldern („ominös, mehr als seltsam, Spekulation, Schweigen" einerseits, „Geldsegen, Milliarden-Spende, Milliarden-Transfer" andererseits) wird der Leser darauf aufmerksam gemacht, dass durch das exklusive ***KaTZ***-Interview ungelöste Fragen einer Klärung zugeführt werden können.

Dabei wird im Vorspann der Befragung weitere Spannung erzeugt, indem Mathilde Ill über ihr Äußeres porträtiert bzw. charakterisiert wird. Damit wird bereits darauf hingewiesen, dass bestimmte aktuelle Erscheinungen ihre Ursachen in weiter zurückliegenden Zeiträumen haben können oder müssen. Dass diese Ursachen in diesem ersten das Schweigen brechenden Beitrag noch nicht alle aufgearbeitet sind, sondern durch Mathilde vorerst nur angedeutet bleiben, liegt in der Natur der Berichterstattung. Es braucht erst diesen Beitrag, um die Reporter auf die Fährte weiterer Recherchen zu setzen.

**Mathilde Ill** ist sich der Tragweite ihrer Aussagen nicht im Mindesten bewusst. Triebkraft für die Gewährung des Interviews war ihr Wunsch, das Bild Alfred Ills in den Medien bzw. in der gesamtgesellschaftlichen Wahrnehmung wieder zurechtzurücken, d. h., ihre eigene, notwendig subjektive Wahrnehmung des jahrzehntelangen Ehemanns hinzuzufügen. Deshalb muss sie der Verklärung Ills entgegenwirken, deshalb bezeichnet sie ihn öffentlich als „Waschlappen", deshalb stellt sie ihn als Verräter an seiner Jugendliebe dar.

Ihre eigene Verletztheit, zweite Wahl gewesen und nur aus ökonomischen Gründen geheiratet worden zu sein, wird ebenso deutlich wie die Verhärtungen, die sich aus solchem Ehealltag notwendig ergeben. Sie stellt ihr Leiden an und mit Alfred Ill dem der Claire Zachanassian gegenüber. Damit relativiert sie zum einen deren Tat, zum anderen macht sie sich selbst zum bemitleidenswerten Opfer. Im Wechsel der Sprechweise („Kläri“ statt „Claire Zachanassian“) wird einerseits die Geringschätzung sichtbar, die sie der Konkurrentin entgegenbringt; andererseits klingt dies aber auch verständnisvoll-vertraut.
In der Entscheidung, den **Kindern** Alfred Ills im Interview keinen Raum zu geben, zeigt sich die dominante Position Mathildes gegenüber ihren Kindern. Es bleibt offen, ob Karl und Ottilie von dem Schritt ihrer Mutter überhaupt Kenntnis hatten. Sehr wahrscheinlich ist das nicht; denn sie hätten sonst nach Möglichkeiten suchen müssen, ihn zu verhindern. In der Offenbarung Mathildes stellt sich für sie wie für alle Güllener die Existenzfrage. Und so wie Alfred um dieser Existenz willen sterben musste, hätte Mathilde nach der Ankündigung ihres Interviews wenigstens mundtot gemacht werden müssen.
Die Fragen des **Chefredakteurs** sind so gestaltet, dass seine zunehmende Verwunderung und Verblüffung über die Inhalte anschaulich werden: „Verstehe ich Sie richtig?“, „Das klingt …“, „Mit anderen Worten …“. Er vergewissert sich dreimal, ob das so richtig ist, wie er es versteht. Da er jedes Mal bestätigt wird, ergibt sich logisch folgerichtig die Abschlussfrage, die in ihm während des Interviews herangereift ist. Er kann sie für sich selbst nicht gleich beantworten – eine solche Story, die alles auf den Kopf stellt, was bislang publiziert wurde, eröffnet sich einem Journalisten nur sehr selten. Infolgedessen ist seine Reaktion am Schluss die kürzestmögliche: Otto Graf Prochnow ist sprachlos.
Er muss zur Redaktionssitzung und die nächsten Schritte in der Aufarbeitung der Geschichte vorbereiten.

**Leistungskurs Deutsch (Sachsen): Abiturprüfung 2012**
**Aufgabe 3: Literarische Erörterung**

**Thema: Hermann Hesse (1877–1962): Der Steppenwolf (1927)**

## Hermann Hesse: Der Steppenwolf

[...]

Es war aber ein Radioapparat, den er *[Mozart]* da aufgestellt hatte und in Gang brachte, und jetzt schaltete er den Lautsprecher ein und sagte: „Man hört München, das Concerto grosso F-Dur von Händel."

In der Tat spuckte, zu meinem *[Harry Hallers]* unbeschreiblichen Erstaunen und Entsetzen, der teuflische Blechtrichter nun alsbald jene Mischung von Bronchialschleim und zerkautem Gummi aus, welchen die Besitzer von Grammophonen und Abonnenten des Radios übereingekommen sind, Musik zu nennen – und hinter dem trüben Geschleime und Gekrächze war wahrhaftig, wie hinter dicker Schmutzkruste ein altes köstliches Bild, die edle Struktur dieser göttlichen Musik zu erkennen, der königliche Aufbau, der kühle weite Atem, der satte breite Streicherklang.

„Mein Gott", rief ich entsetzt, „was tun Sie, Mozart? Ist es Ihr Ernst, daß Sie sich und mir diese Schweinerei antun? Daß Sie diesen scheußlichen Apparat auf uns loslassen, den Triumph unsrer Zeit, ihre letzte siegreiche Waffe im Vernichtungskampf gegen die Kunst? Muß das sein, Mozart?"

O wie lachte da der unheimliche Mann, wie lachte er kalt und geisterhaft, lautlos und doch alles durch sein Lachen zertrümmernd! Mit innigem Vergnügen sah er meinen Qualen zu, drehte an den verfluchten Schrauben, rückte am Blechtrichter. Lachend ließ er die entstellte, entseelte und vergiftete Musik weiter in den Raum sickern, lachend gab er mir Antwort.

„Bitte kein Pathos, Herr Nachbar! Haben Sie übrigens das Ritardando da beachtet? Ein Einfall, hm? Ja, und nun lassen Sie einmal, Sie ungeduldiger Mensch, den Gedanken dieses Ritardando in sich hinein – hören Sie die Bässe? Sie schreiten wie Götter – und lassen Sie diesen Einfall des alten Händel Ihr unruhiges Herz durchdringen und beruhigen! Hören Sie einmal, Sie Männlein, ohne Pathos und ohne Spott, hinter dem in der Tat hoffnungslos idiotischen Schleier dieses lächerlichen Apparates die ferne Gestalt dieser Göttermusik vorüberwandeln! Merken Sie auf, es läßt sich etwas dabei lernen. Achten Sie darauf, wie diese irrsinnige Schallröhre scheinbar das Dümmste, Unnützeste und Verbotenste von der Welt tut und eine irgendwo gespielte Musik wahllos, dumm und roh, dazu jämmerlich entstellt, in einen fremden, nicht zu ihr gehörigen Raum hinein schmeißt – und wie sie dennoch den Urgeist dieser Musik nicht zerstören kann, sondern an ihr nur ihre eigene ratlose Technik und geistlose Betriebmacherei erweisen muß! Hören Sie gut zu, Männlein, es tut Ihnen not! Also, Ohren auf! So. Und nun hören Sie ja nicht bloß einen durch das Radio vergewaltigten Händel, der dennoch auch in dieser scheußlichen Erscheinungsform noch göttlich ist – Sie hören und sehen, Wertester, zugleich ein vortreffliches Gleichnis alles Lebens. Wenn Sie dem Radio zuhören, so hören und sehen Sie den Urkampf zwischen Idee und Erscheinung, zwischen Ewigkeit und Zeit, zwischen Göttlichem und Menschlichem. Gerade so, mein Lieber, wie das Radio die herrlichste Musik der Welt zehn Minuten lang wahllos in die unmöglichsten Räume wirft, in bürgerliche Salons und in Dachkammern, zwischen schwatzende, fressende, gähnende, schlafende Abonnenten hinein, so, wie er diese Musik ihrer sinnlichen Schönheit beraubt, sie verdirbt, verkratzt und verschleimt und dennoch ihren Geist nicht ganz umbringen kann – gerade so schmeißt das Leben, die so genannte Wirklichkeit, mit dem herrlichen

Bilderspiel der Welt um sich, läßt auf Händel einen Vortrag über die Technik der Bilanzverschleierung in mittleren industriellen Betrieben folgen, macht aus zauberhaften Orchesterklängen einen unappetitlichen Töneschleim, schiebt seine Technik, seine Betriebsamkeit, seine wüste Notdurft und Eitelkeit überall zwischen Idee und Wirklichkeit, zwischen Orchester und Ohr. Das ganze Leben ist so, mein Kleiner, und wir müssen es so sein lassen, und wenn wir keine Esel sind, lachen wir dazu. Leuten von Ihrer Art steht es durchaus nicht zu, am Radio oder am Leben Kritik zu üben. Lernen Sie lieber erst zuhören! Lernen Sie ernst nehmen, was des Ernstnehmens wert ist, und lachen über das andre! [...]

*Aus: Hesse, Hermann: Der Steppenwolf. Frankfurt/Main: Suhrkamp 1981*

**Figurenverzeichnis**

| | |
|---|---|
| Harry Haller | der Steppenwolf |
| Hermine | „Kurtisane“, Seelenführerin Hallers |
| Pablo | Musikant, Freund Hermines und Marias |
| Mozart | einer der Unsterblichen |

**Arbeitsanweisung:**

Analysieren Sie den vorliegenden Textauszug.
Erörtern Sie auf dieser Grundlage die Chancen und Risiken der neuen Medien für Kunst und Kultur.

## Lösungsvorschlag

*Diese Aufgabe entspricht dem Aufgabentyp der textgebundenen Erörterung. Eine Besonderheit besteht darin, dass kein pragmatischer Text zur Erschließung vorliegt, sondern ein Auszug aus einer Ganzschrift der Pflichtlektüreliste. Damit müssen zugleich die Anforderungen des literarischen Erörterns bedient werden. Da Hesses Roman aus der unterrichtlichen Behandlung bekannt ist, sollten in der Argumentation die Ergebnisse der Textanalyse ebenso eine Rolle spielen wie Werkwissen zum „Steppenwolf". Das Erörterungsthema „Chancen und Risiken der neuen Medien" erfordert allerdings eine Transferleistung vom Diskussionsgegenstand „Radio bei Hermann Hesse" zu ganz eigenen, modernen Medienerfahrungen.*
*Die Schwerpunktsetzung für diese Argumentation ist dabei notwendig sehr subjektiv. Abhängig davon, inwieweit Sie selbst am kulturellen Geschehen – beispielsweise als „passiver" Zuschauer des städtischen Theaters oder aber als aktiver Teilnehmer z. B. von „Jugend musiziert" – partizipieren, werden Sie unterschiedliche Aspekte akzentuieren können. Scheuen Sie sich jedenfalls nicht, auch kulturelle Alltagserfahrungen zu thematisieren, sofern sie Ihrem eigenen Erleben entsprechen. Die Überzeugungskraft, die aus solchen konkreten persönlichen Beispielen erwächst, ist in der Regel durch allgemeine, oberflächlich bleibende und oft durch authentische Erfahrungen nicht gestützte Bezüge kaum zu erreichen.*

### 1 Einleitung: Neue Medien im Zeitalter der Aufklärung

„Wenn ein Buch und ein Kopf zusammenstoßen, und es klingt hohl, ist das allemal im Buch?" – So fragte schon im 18. Jahrhundert der geniale Spötter Georg Christoph Lichtenberg in einem seiner bissigen Aphorismen und fasste damit eine offensichtlich immer gültige Wahrheit präzise zusammen: Das Medium kann stets nur so viel **Sinn stiften**, wie sein Nutzer es zulässt. Zu Lichtenbergs Zeit war es das Buch, bei Hesse das Radio, später im 20. Jahrhundert das Fernsehen, das verteufelt wurde. Heute stehen Computer und Internet im Mittelpunkt vieler Diskussionen. Mit Blick auf die zahlreichen Erfahrungen der Mediengeschichte empfiehlt sich also Gelassenheit bei der Beurteilung.

### 2 Textanalyse

Diese Gelassenheit freilich fehlt dem Protagonisten und Ich-Erzähler Harry Haller aus Hermann Hesses Roman „Der Steppenwolf". Die Veröffentlichung 1927 fällt in die Zeit der „**Goldenen Zwanziger**", als Kulturbetrieb und Medienentwicklung in Deutschland eine Blütezeit erleben konnten. Nachdem ausgangs des 19. Jahrhunderts mit der Fotografie und der Kinematografie wesentliche medientechnische Entwicklungen vorangetrieben worden waren, waren es nun vor allem der Rundfunk, aber auch schon die ersten Anfänge des Fernsehens, die für Furore sorgten.

### 2.1 Einordnung in den Roman

Harry Haller, Hauptfigur von Hesses Roman „Der Steppenwolf", ist ein Vertreter des Bildungsbürgertums und in seiner Abgrenzung davon zugleich einer seiner schärfsten Kritiker. Er steht den neumodischen Tendenzen im Kulturbetrieb und auf dem Jahrmarkt der technologischen Entwicklungen ablehnend-skeptisch gegenüber. Mit glühendem Eifer verficht er ein konservatives, konventionelles Wertesystem, das durch seine dunkle, steppenwölfische Seite jedoch immer wieder Gefahr läuft, ausgehebelt zu werden.
Der vorliegende Textauszug ist am Ende des Romans einzuordnen. Harry Haller befindet sich im „Magischen Theater", wo ihm in einer Reihe von virtuellen Wirklichkeiten verschiedene Lehren, das Leben betreffend, vermittelt werden. Neben den „realen" Figuren Hermine, Maria und Pablo gehört auch der „Unsterbliche" Mozart zu seinen Lehrmeistern. Im zu erörternden Auszug versucht er, die schroffe Ablehnung Hallers gegenüber dem Radio zu relativieren. Dazu verteidigt er zwar einerseits das Medium in seiner (ge-

sellschaftlichen) Funktion. Andererseits fordert er aber Haller auch explizit auf, seine eigene Einstellung zum Rundfunk, zum Leben – und damit zu sich selbst – zu überdenken. Seine **Aufforderung**, über sich selbst **lachen zu lernen**, ist Quintessenz des Auszugs wie des gesamten Romans.

### 2.2 Das neue Medium Rundfunk

Der Textauszug ist optisch in fünf Abschnitte gegliedert, von denen der erste lediglich in die Situation einführt. Im zweiten Abschnitt (ab Zeile 5) äußert Haller in aller Drastik seine **Abscheu gegenüber dem Radio**. Dabei fällt die außerordentliche Häufung negativ konnotierter Begriffe ins Auge: Das „unbeschreibliche Erstaunen und Entsetzen" (Z. 5 f.), das Haller befällt, wird mit „jene[r] Mischung aus Bronchialschleim und zerkautem Gummi" (Z. 6 f.) begründet, die der „teuflische Blechtrichter" (Z. 6) für gewöhnlich ausspuckt. Obwohl er „hinter dicker Schmutzkruste" (Z. 9) immerhin „die edle Struktur dieser göttlichen Musik [...] erkennen" (Z. 10) kann, fragt er Mozart im folgenden dritten Abschnitt, ob „diese Schweinerei" (Z. 13) wirklich sein müsse. Von der Ekelebene wird der „scheußliche Apparat" (Z. 13) von Haller schließlich zur „letzte[n] siegreiche[n] Waffe im Vernichtungskampf gegen die Kunst" (Z. 14 f.) überhöht.
Die Polarisierung zwischen dem verteufelten Medium und der Verklärung der durch dieses Medium vermittelten Kunst, die Haller hier vornimmt, zeugt von der Verbitterung des unverbesserlich erscheinenden Kulturpessimisten, für den die Form im konkreten Beispiel über den Inhalt zu obsiegen scheint. Seiner Auffassung nach muss das tradierte Kulturgut Musik in einer originalen, authentischen Präsentationsform, also z. B. im Konzertsaal, erfahren werden. Eine andere als diese konservativ-bewahrende Form der Aneignung ist für ihn nicht hinnehmbar.
Die Antwort Mozarts folgt in den beiden abschließenden Abschnitten. Nachdem er zunächst lediglich durch sein geisterhaftes und lautloses Lachen (vgl. Z 16) seiner **intellektuellen Überlegenheit** Ausdruck verleiht, entfaltet er im fünften Abschnitt eine Argumentation, mit der er Haller **belehren und erziehen** möchte.
Da er als Unsterblicher selbst dem Ideenreich angehört, relativiert Mozart zunächst Hallers Position. Zwar bewertet auch er das Radio als „lächerlichen Apparat" (Z. 26), dessen „hoffnungslos idiotische[r] Schleier" (Z. 26) sich vor die „Göttermusik" (Z. 27) lege. Er verlacht (viermal, 4. Abs.) jedoch vor allem die fundamentale Kulturkritik Hallers, sieht mit „innigem Vergnügen" dessen „Qualen" (Z. 17 f.) zu und fordert ihn, den er abwertend „Männlein" (Z. 25, 33) nennt, vor allem auf zu „hören", bzw. „zuhören zu lernen". (achtmal, 5. Abs.). Die Notwendigkeit des eingeforderten **Lernprozesses** ergebe sich aus der Tatsache, dass das Medium trotz seiner zweifellosen Jämmerlichkeit, Dummheit und Rohheit (vgl. Z. 29 f.), mit der es irgendwo gespielte Musik wahllos in fremde Räume hineinwerfe (vgl. Z. 39), das Potenzial habe, eine Idee des Göttlichen zu transportieren.
Die Gleichsetzung von Göttlichem und Musik findet in der Neuschöpfung „Göttermusik" (Z. 27) ihren Höhepunkt. Insgesamt wird der „Urgeist dieser Musik" (Z. 31) achtmal in den Kontext von „Idee, Geist, Ewigem, Göttlichem" gestellt. **Vergleiche** („Bässe ... schreiten wie Götter", Z. 23) veranschaulichen Mozarts Wertschätzung der Musikkultur zusätzlich. Das Radio könne Haller lehren, dass der „Geist" der Kunst bzw. des Kunstwerks auch durch dessen technische Reproduktion (in unpassenden Kontexten) nicht „umzubringen" sei (vgl. Z. 42).
Der Romanauszug stellt mit seiner **Antithetik** zwischen „Ewigkeit und Zeit" (Z. 37), „Idee und Wirklichkeit" (Z. 47), zwischen „Göttlichem und Menschlichem" (Z. 38) eine Einstellung der Welt gegenüber zur Diskussion, die die Inanspruchnahme von Medien zur teilweisen Überwindung dieser Gegensätze akzeptiert. Diese Akzeptanz schließt ein, dabei auftretende technische Unvollkommenheiten zu tolerieren, und „wenn wir keine Esel sind, lachen wir dazu" (Z. 49).

## 3 Chancen und Risiken der neuen Medien für Kunst und Kultur

Was Mozart für die **Unzulänglichkeiten des Radios** kurz nach seiner öffentlichen Indienststellung konstatiert, kann in ähnlicher Weise immer wieder erfahren werden, wenn neue Medien sich in der gesellschaftlichen Praxis etablieren. Wenn wir heute die Klangqualität von Dolby-Surround-Systemen genießen oder auf dem MP3-Player keine nennenswerten Klangeinbußen gegenüber dem Original-Ereignis mehr in Kauf nehmen müssen, denken wir kaum einmal daran, mit welchen qualitativen Einschränkungen die akustische Fernübertragung von Rundfunk-Sendungen seinerzeit verbunden war. Wenn wir im 3D-Kino die Filmgeschichten in höchstmöglicher Auflösung präsentiert bekommen, möchten wir kaum mit dem Stummfilm-Besucher vor 100 Jahren tauschen wollen. Wenn wir uns heute Händels Halleluja-Chor aus dem „Messias“ als Flashmob auf YouTube ansehen, können wir uns über eine völlig neue, quasi interaktive Qualität der alten Musik in einem neuen Medium freuen. Es ist anzunehmen, dass sogar Harry Haller seine Bedenken zumindest eingeschränkt hätte. Der technologische Fortschritt und die damit verbundene immer bessere **Befriedigung von Nutzer-Bedürfnissen** können demzufolge als Charakteristikum der neuen Medien betrachtet werden.

### 3.1 Neue Medien

Dabei erscheint schon der Begriff „neue Medien“ ziemlich unklar. Zu Hesses Zeiten war das Radio zweifellos „neu“ – aber ist es das heute noch? Für unsere Großeltern war das Fernsehen „neu“, für unsere Eltern der Computer. Wir wachsen mit all diesen Medien auf, können sie bedienen und für uns nutzen, z. T. besser als unsere Eltern und Lehrer. Sind sie dann noch „neu“ für uns? Wir bewegen uns mithilfe von Computer, iPhone und Internet in sozialen Netzwerken, die vielen Älteren aus den verschiedensten Gründen verschlossen sind und bleiben. Ist das Chance oder Risiko? Und für wen? – Die Fragen zeugen davon, dass eine Erörterung dieser Thematik notwendig perspektivenabhängig ist, was natürlich auch auf die Begriffe „Kunst“ und „Kultur“ zutrifft.

### 3.2 Kunst und Kultur – Chancen

Wollte man, einem traditionellen Verständnis folgend, unter „Kunst“ lediglich zusammenfassen, was in Theatern und Konzerthallen auf Bühne und Podium, in Museen in die Ausstellungssäle und in Verlagen zwischen zwei Buchdeckel gebracht wird, wäre diese Vorgehensweise viel zu einschränkend, um der kulturellen Vielfalt heutzutage Raum zu geben. **Kunst definiert sich** ja gerade **durch Grenzüberschreitungen**: Indem der Künstler das Gewohnte und Gewöhnliche infrage stellt sowie Bekanntes in neuen Zusammenhängen denkt und arrangiert, entsteht das Verblüffende, Überraschende, Beglückende, wofür „Kunst“ so geliebt wird.
Die kreative Idee, die bekannten Medien Theater bzw. Opernhaus und Kino zusammenzubringen, hat schon vor Jahrzehnten dazu geführt, dass ziemlich erfolgreiche Opernverfilmungen wie z. B. „Carmen“ entstanden. Jüngeren Datums ist der Versuch, Opernliebhaber mit Live-Übertragungen aus renommierten Opernhäusern wie der Metropolitan Opera in New York oder der Mailänder Scala in die Kinosäle zu locken. Dabei gewinnen alle Beteiligten: Für die Kinos erschließen sich völlig neue Zuschauergruppen, die Opernhäuser bekommen eine noch größere Reichweite und die Musikliebhaber können nun an Ereignissen wenigstens virtuell teilnehmen, die ihnen bisher aus Kosten- und logistischen Gründen verschlossen blieben.
Neben der Erhöhung der Reichweite von kulturellen Angeboten habe ich vor allem die bunte Vielfalt der Medien in unserem Alltag schätzen gelernt. So kann ich anhand meines Freizeitverhaltens nachweisen, dass sich dem aktiven Nutzer durch die **Überlagerung verschiedener Medienformate** eine Menge von Erfahrungen eröffnen, die früheren Generationen nicht zur Verfügung standen. Die Musik meiner Lieblingsband – der Wise Guys – habe ich zwar durch einen konventionellen Chorauftritt kennengelernt. Aber die meisten ihrer Lieder habe ich dann auf CDs gehört – bzw., nachdem ich sie auf

der Festplatte unseres Computers gespeichert hatte, in MP3 umformatiert, sodass sie mir nun in handlicherem Format zur Verfügung standen. Inzwischen habe ich eines ihrer Lieder als Klingelton auf meinem Handy und ich bin regelmäßiger Besucher ihrer Internetseite, wo ich mir die Video-Blogs ansehen und mit anderen Fans chatten – oder sogar mit den Bandmitgliedern in Kontakt treten kann. Dass die originale Begegnung auf einem Konzert dennoch nicht zu toppen ist, lässt sich nicht bestreiten. Aber die Ergänzung dieser seltenen Höhepunkte durch die Möglichkeit der alltäglichen Nutzung diverser Begleitangebote möchte ich nicht (mehr) missen.
Die wechselseitige Ergänzung verschiedener Medien lässt sich auch anhand literarischer Beispiele veranschaulichen. Patrick Süskinds Roman „Das Parfum" habe ich bereits in der 10. Klasse mit großem Interesse gelesen. Als ich wenig später die DVD mit der Verfilmung geschenkt bekam, war meine Erwartung groß – und wurde zunächst enttäuscht, weil in der filmischen Umsetzung so vieles so anders war als bei der Lektüre. Ich habe eine Weile – mehrere Filmabende, auch mit Freunden – gebraucht, um zu erkennen, dass man Roman und Film nicht zu eng miteinander vergleichen sollte. Sie haben jeweils ihre **eigenen Gesetzmäßigkeiten**, nach denen sie funktionieren. Und wie man Süskinds Erzähler im Film eben nicht 1:1 übersetzen kann, so stellen sich beim Lesen solche üppigen Film-Bilder nicht ein, wie sie in der Kino-Fassung zu sehen sind.
Das „Auseinanderfallen" von Roman und Verfilmung führt aber auch einen weiteren Aspekt vor Augen, der als eine Folge der **zunehmenden medialen Differenzierung** ins Blickfeld gerät. Wenn ich mir ein Kunstwerk wie Kafkas Erzählung „Die Verwandlung" in sehr verschiedenen Medienformaten zu Gemüte führen kann – als Lesetext, als Hörbuch, als Verfilmung, als szenische Darbietung in der Schulaula, als Graphic Novel –, wie oft entscheide ich mich dann noch für das Original? Was in der Vielfalt zunächst noch als Chance erscheint, ist immer auch mit dem Risiko der „Aus-Wahl" und des Wegfallens verbunden.
Eine echte Chance für kulturelle Erfahrungen entsteht durch die Ausstattung von Film-DVDs mit mehreren Tonspuren. Als leidenschaftlicher Fremdsprachenlerner habe ich mir schon mehrfach die Freude bereitet, die englische, französische oder spanische Fassung zu sehen. Zugegeben: Die deutsche Version kannte ich dann jeweils schon. Aber es hat einen Riesenspaß gemacht und bietet auch ein gewisses Erfolgserlebnis, wenn man z. B. die „Harry-Potter"-**Filme im englischen Original verstehen** kann.
Ich möchte ein letztes Beispiel anführen, um die Chancen aufzuzeigen, die sich aus der Nutzung der neuen Medien ergeben. Durch die Möglichkeit in den sozialen Netzwerken, in Echtzeit über große Entfernungen kommunizieren zu können, habe ich die Distanz von mehreren tausend Kilometern zu meinen beiden Austauschschülern der vergangenen Jahre problemlos überbrücken können. Die beiden peruanischen Schülerinnen, die jeweils für sechs Wochen bei uns zu Gast waren, sind wie ich bei Facebook, was uns die Fortsetzung unserer Freundschaft auch nach dem Ende des Schüleraustausches enorm erleichtert hat. Sie schreiben auf Deutsch, ich schreibe auf Spanisch: So pflegen wir den Kontakt und bleiben in Verbindung.
Mit Recht lässt sich also der Computer als ein Fenster zur Welt darstellen. Mittels der Technik kann ich über meinen begrenzten lokalen Horizont hinausschauen ins globale Dorf – und kann teilhaben an der Kommunikation verschiedener Kulturen miteinander in dieser Welt.

### 3.3 Urheberrechte, Datenschutz – Risiken

Wenn der Computer aber als Fenster-Metapher herhalten muss, ist natürlich auch die andere Richtung zu bedenken. Durch ein Fenster kann man nicht nur hinausschauen, man kann auch einsteigen – und damit wären wir bei den Risiken, die sich bei der Nutzung vieler neuer Medien ergeben.
Als großes Problem in der gesellschaftlichen Diskussion stellt sich das **Urheberrecht** im Internet dar. Ganze Industriezweige (Musikindustrie) geraten ins Schlingern, wenn Raub-

kopien nicht verfolgt bzw. illegale Musik- und Filmdownloads nur als Kavaliersdelikt betrachtet werden. Durch die Möglichkeiten, im sozialen Netzwerk Lieder zu „posten" und zu „sharen", beteiligt sich der Einzelne an der Verteilung von Kulturgütern, die juristisch in der Grauzone liegt, weil der Urheber der Songs u. U. keinen „Lohn" mehr für seine Kreationen bekommt. Der Streit zwischen dem Videokanal Youtube und der Interessengemeinschaft der Produzenten GEMA verweist auf denselben Sachverhalt. Die Protestaktionen gegen ACTA und die erstaunlichen Erfolge der Piratenpartei zeigen auf ebenso deutliche Weise, dass diese Probleme mittlerweile im Bewusstsein vieler Menschen angekommen sind – über eine Lösung aber noch viel zu selten ernsthaft nachgedacht wird.

Bereits seit Längerem wird auch immer wieder darauf hingewiesen, dass die Bewegungen des Einzelnen im Netz Spuren hinterlassen, die nicht so einfach zu verwischen sind. Wenn ich meiner Vorliebe für bestimmte Musikrichtungen oder Literaturstile etwa bei Amazon oder Facebook Ausdruck verleihe oder wenn ich bei eBay nach einer preiswerten Gitarre Ausschau halte, muss ich mir bewusst sein, dass diese „Likes" oder Suchanfragen mit dem Ausschalten meines Computers nicht gelöscht sind.

Weil nicht alle Internet-Unternehmen mit dem hohen Gut des **Datenschutzes** so umgehen, wie man das eigentlich erwarten möchte, ist der sogenannte **„gläserne Nutzer"** keine düstere Utopie aus einer fernen Zukunft. Dieses Risiko der Preisgabe meiner kulturellen Vorlieben kann ich allerdings verschmerzen – und durch sorgsamen Umgang mit den Einstellungsoptionen auch minimieren.

Andere Gefährdungen für Kunst und Kultur, wie sie durch die schier unendliche Größe des Internets hervorgerufen werden, lassen sich dagegen kaum beeinflussen. Mit der Tatsache, dass man die allermeisten Kulturangebote wegen ihrer immensen Anzahl nicht einmal mehr wahrnehmen, geschweige denn nutzen kann, wird man sich abfinden müssen. Das Gleiche gilt für die begrenzte „Haltbarkeit" einer Webseite, auf der man die Reproduktion seines Lieblingsbildes von van Gogh vor einem halben Jahr noch finden konnte – und die nun leider gelöscht ist und unauffindbar bleibt.

## 4 Ausblick

Die Akzentuierung des neuesten Mediums hat die anderen (Verbreitungsmedien Radio, Fernsehen, Speichermedien CD, MP3, DVD, Blu-ray Disc, Festplatte) etwas in den Hintergrund rücken lassen. Von medienbedingten **neuen Kunstformen** wie den verschiedenen Arten der Web-Art war dabei aus Zeitgründen noch ebenso wenig die Rede wie von eher **ökonomischen Potenzialen** wie Crowdfunding oder Votings für Kunst und Künstler.

Klar dürfte eines geworden sein: Für jedweden **Gebrauch oder Missbrauch** ist am Ende immer der Benutzer verantwortlich. Ob er das Medium nutzt, um im Mainstream der Netzwerke mitzuschwimmen oder seiner Individualität Ausdruck zu verleihen und seine eigenen Kreationen online zu stellen, das ist keine Frage der **Qualität des Mediums**, sondern der seines Nutzers. Oder, um noch einmal an Lichtenberg zu erinnern: Wenn du das Radio anstellst und es klingt hohl – liegt das allemal am Radio? (Man könnte ja auch den Sender wechseln …)

## Abitur-Prüfungsaufgaben

Von den Kultusministerien zentral gestellte Abitur-Prüfungsaufgaben der letzten Jahre.
**Mit schülergerechten Lösungen.**

### Sachsen

Abiturprüfung Mathematik – LK Sachsen ......... Best.-Nr. 145000
Abiturprüfung Mathematik – GK Sachsen ........ Best.-Nr. 145100
Abiturprüfung Deutsch – GK/LK Sachsen ......... Best.-Nr. 145400
Abiturprüfung Englisch – LK Sachsen ............... Best.-Nr. 145460
Abiturprüfung Physik – LK Sachsen ................. Best.-Nr. 145300
Abiturprüfung Chemie – GK/LK Sachsen ......... Best.-Nr. 145730
Abiturprüfung Biologie – GK Sachsen ............. Best.-Nr. 145700
Abiturprüfung Geschichte – GK/LK Sachsen ..... Best.-Nr. 145760

### Sachsen-Anhalt

Abiturprüfung Mathematik – LKN Sachsen-Anhalt ....... Best.-Nr. 155000
Abiturprüfung Mathematik – GKN Sachsen-Anhalt ....... Best.-Nr. 155100
Abiturprüfung Deutsch – GKN/LKN Sachsen-Anhalt ....... Best.-Nr. 155400
Abiturprüfung Englisch – GKN/LKN Sachsen-Anhalt ....... Best.-Nr. 155460
Abiturprüfung Physik – LKN Sachsen-Anhalt .... Best.-Nr. 155300
Abiturprüfung Chemie – GKN/LKN Sachsen-Anhalt ....... Best.-Nr. 155730
Abiturprüfung Biologie – GKN/LKN Sachsen-Anhalt ....... Best.-Nr. 155700

### Thüringen

Abiturprüfung Mathematik – Thüringen .......... Best.-Nr. 165100
Abiturprüfung Deutsch – Thüringen ................ Best.-Nr. 165400
Abiturprüfung Englisch – eA Thüringen mit Audio-Dateien zum Downloaden ................ Best.-Nr. 165460
Abiturprüfung Physik – Thüringen .................. Best.-Nr. 165300
Abiturprüfung Biologie – gA/eA Thüringen ...... Best.-Nr. 165700
Abiturprüfung Geschichte – eA Thüringen ........ Best.-Nr. 165760

### Mecklenburg-Vorpommern

Abiturprüfung Mathematik Mecklenburg-Vorpommern ........................... Best.-Nr. 135000
Abiturprüfung Englisch mit Audio-Dateien zum Downloaden – Mecklenburg-Vorpommern ...... Best.-Nr. 135460
Abiturprüfung Biologie Mecklenburg-Vorpommern ........................... Best.-Nr. 135700

### Berlin/Brandenburg

Abiturprüfung Mathematik mit CD-ROM – LK Berlin/Brandenburg ................................ Best.-Nr. 125000
Abiturprüfung Mathematik mit CD-ROM – GK Berlin/Brandenburg ................................ Best.-Nr. 125100
Abiturprüfung Deutsch Berlin/Brandenburg ................................ Best.-Nr. 125400
Abiturprüfung Englisch Berlin/Brandenburg ................................ Best.-Nr. 125460
Abiturprüfung Biologie – GK/LK Berlin/Brandenburg ................................ Best.-Nr. 125700

## Studi-Kompass

**Wie geht es nach dem Abitur weiter?**

Die Reihe **Studi-Kompass** gibt Antworten auf Fragen zum Studium:

- ➜ Detaillierte Informationen zu jeder Hochschule – und Hochschulstadt – in Deutschland sowie alle wichtigen Adressen und Ansprechpartner
- ➜ Zahlreiche Berufsbilder, mögliche Tätigkeitsfelder und Arbeitsmarktprognosen für Absolventen
- ➜ Online-SelfAssessment zur Unterstützung der Schülerinnen und Schüler bei der persönlichen Studienentscheidung

Wirtschaftswissenschaften und Wirtschaftsingenieurwesen, Ausgabe Nord ...................... Best.-Nr. 20088A
Wirtschaftswissenschaften und Wirtschaftsingenieurwesen, Ausgabe Süd ....................... Best.-Nr. 20088B
Ingenieurwissenschaften, Ausgabe Nord .......... Best.-Nr. 20010A
Ingenieurwissenschaften, Ausgabe Süd ........... Best.-Nr. 20010B
Psychologie und Pädagogik ............................ Best.-Nr. 20094
Biologie, Chemie, Pharmazie ......................... Best.-Nr. 20073
Mathematik und Physik, Ausgabe Nord ........... Best.-Nr. 20030A
Mathematik und Physik, Ausgabe Süd ............ Best.-Nr. 20030B
Rechtswissenschaften, Ausgabe Nord ............. Best.-Nr. 20085A
Rechtswissenschaften, Ausgabe Süd ................ Best.-Nr. 20085B
Sprach- und Literaturwissenschaften ............... Best.-Nr. 20040
Kulturwissenschaften ...................................... Best.-Nr. 20076
Politik- und Sozialwissenschaften .................... Best.-Nr. 20020
Medien, Ethnologie und Journalistik ................ Best.-Nr. 20080
„So finde ich das passende Studienfach!" Leitfaden zum Online-SelfAssessment inkl. Aktivierungs-Code ................................ Best.-Nr. 20000
Aktivierungs-Code zum Online-SelfAssessment . Best.-Nr. 20000C

**Bestellungen bitte direkt an:**
STARK Verlagsgesellschaft mbH & Co. KG · Postfach 1852 · 85318 Freising
Tel. 0180 3 179000* · Fax 0180 3 179001* · www.stark-verlag.de · info@stark-verlag.de
*9 Cent pro Min. aus dem deutschen Festnetz, Mobilfunk bis 42 Cent pro Min.
Aus dem Mobilfunknetz wählen Sie die Festnetznummer: 08167 9573-0

Lernen • Wissen • Zukunft
STARK

22-VDN